**Regime Jurídico
do Capital Disperso
na Lei das S.A.**

Regime Jurídico do Capital Disperso na Lei das S.A.

2014

Erik Frederico Oioli

REGIME JURÍDICO DO CAPITAL DISPERSO NA LEI DAS S.A.
© Almedina, 2014

Autor: Erik Frederico Oioli
Diagramação: Almedina
Design de capa: FBA
ISBN: 978-856-31-8281-4

Dados Internacionais de Catalogação na Publicação (CIP)
(Câmara Brasileira do Livro, SP, Brasil)

Oioli, Erik Frederico
Regime jurídico do capital disperso na lei das S.A./Erik Frederico Oioli.
São Paulo: Almedina, 2014.
ISBN 978-85-63182-81-4
1. Controle acionário 2. Mercado de capitais
3. Regime jurídico 4. Sociedade anônima I. Título.

14-11499   CDU-347.25

Índices para catálogo sistemático:
1. Regime jurídico do capital disperso:
Sociedade anônima: Direito comercial
347.25

Este livro segue as regras do novo Acordo Ortográfico da Língua Portuguesa (1990).

Todos os direitos reservados. Nenhuma parte deste livro, protegido por copyright, pode ser reproduzida, armazenada ou transmitida de alguma forma ou por algum meio, seja eletrônico ou mecânico, inclusive fotocópia, gravação ou qualquer sistema de armazenagem de informações, sem a permissão expressa e por escrito da editora.

Novembro, 2014

Editora: Almedina Brasil
Rua José Maria Lisboa, 860, Conj.131 e 132 | Jardim Paulista | 01423-001 São Paulo | Brasil
editora@almedina.com.br
www.almedina.com.br

*À Mônica,
Com todo meu amor.
E à Maria Clara,
Minha mais nova razão de viver.*

AGRADECIMENTOS

A pesquisa e produção científica exigem tempo e dedicação. Agradeço a todos familiares, amigos e colegas pelo apoio e compreensão, em especial à Mônica, companheira de todos os momentos, pelo amor, paciência e dedicação. Você é o pilar que me sustenta e dá forças. Aos meus pais, que me ensinaram, por meio do exemplo, o valor do estudo e da dedicação. Este trabalho contou ainda com a inestimável ajuda de André Gonçalves, Lucas Nunes, Lucca Walker, Lóren Dias, Matheus Zilioti e Evandro Pontes, amigo e companheiro de pós-graduação, bem como o suporte dos amigos e colegas de escritório que supriram tão bem minhas ausências, entre os quais destaco Cínthia Foroni, Henrique Lisboa, José Alves Ribeiro, Lívia Mariz, Vanessa Faleiros e meus sócios José Barreto, Paulo Vaz e Mário Shingaki. Registro meu agradecimento aos professores membros da minha banca de doutoramento, Fernando A. Albino de Oliveira, Ivo Waisberg, José Marcelo Martins Proença e, em especial, ao Francisco Satiro de Souza Jr., que me acompanhou em todas minhas bancas de pós-graduação e com que tive a honra de dividir minha primeira banca como arguidor na USP. Nada disso seria possível, contudo, sem o inestimável apoio e inspiração do querido mestre Erasmo Valladão.

PREFÁCIO

O Doutor Erik Frederico Oioli, com seu espírito de pioneirismo, já nos havia brindado com uma excelente monografia sobre as ofertas públicas de aquisição de controle[1], tema que só começou a despertar atenção no Brasil após a instituição do "Novo Mercado" da então Bolsa de Valores de São Paulo (hoje BM&FBovespa).

Agora, com o mesmo empreendedorismo, presenteia-nos com um aprofundado estudo sobre o regime jurídico do capital disperso na Lei de S/A, que constituiu objeto de sua tese de doutorado defendida na Faculdade de Direito da Universidade de São Paulo e aprovada com distinção e louvor por banca presidida pelo signatário e pelos eminentes mestres (em ordem alfabética) Fernando A. Albino de Oliveira, Francisco Satiro de Souza Junior, Ivo Waisberg e José Marcelo Martins Proença, especialistas na matéria.

A questão central levantada no trabalho não poderia ser mais atual. O direito das sociedades por ações, de alguns anos a esta parte, está sofrendo uma constante mutação no mundo todo, a ponto de recente obra de grande fôlego, congregando ilustres juristas alemães, designar-se justamente *Aktienrecht im Wandel* (direito acionário em transformação)[2].

O autor se propõe a examinar, portanto, se a nossa Lei de S/A, que já tem quase quarenta anos de idade, ainda é adequada para enfrentar esse novo cenário.

Como se sabe, a Lei 6.404, de 15.12.1976, foi estruturada sob um modelo que assegurava o poder de controle com pouco menos de 17% do capital social

---

[1] *Oferta pública de aquisição do controle de companhias abertas*, Quartier Latin, SP, 2010.
[2] Mohr Siebeck, Tübingen, 2007, 2 vols., 2.441 páginas, coordenadores Walter Bayer e Mathias Habersack.

(se fossem emitidas ações preferenciais sem direito a voto correspondentes a 2/3 do capital social).

Ao mesmo tempo em que reconheceu a figura do acionista controlador que era olimpicamente ignorada na lei anterior, atribuindo-lhe deveres e responsabilidades próprios do cargo, reforçou o poder de controle, fazendo com que o pêndulo de interesses se concentrasse na disputa controlador versus não controladores (ou minoritários).

Diante de uma nova realidade, em que passam a despontar outras formas de controle (minoritário ou diluído, como prefere o autor, e gerencial), a nossa lei ainda é apta a resolver os problemas daí surgidos?

Sobretudo na hipótese de controle gerencial, não se cuidará mais do debate maioria versus minoria, mas sim acionistas versus administradores[3].

A Lei 6.404/76 ainda resiste? Ou é necessário um novo modelo?

Tal é a questão enfrentada com ousadia e profundidade pelo autor, que ainda investiga questões centrais do direito acionário atual.

Sinto-me mais uma vez honrado e recompensado por ter sido o seu orientador.

São Paulo, outubro de 2014.

ERASMO VALLADÃO AZEVEDO E NOVAES FRANÇA
Professor Associado de Direito Comercial da Faculdade de Direito da Universidade de São Paulo

---

[3] O assim chamado *managers-shareholders conflict* (cf. Reinier Kraakman *et alii*, *Anatomy of corporate law*, 2ª ed., 2009, Oxford University Press, p. 307).

ABREVIATURAS E CONVENÇÕES

ABVCAP	Associação Brasileira de *Private Equity* e *Venture Capital*
ACSP	Associação Comercial de São Paulo
AER	*American Economic Review*
AktG	*Aktiengesetz* de 1965
AGE	Assembleia Geral Extraordinária
AGO	Assembleia Geral Ordinária
AMR	*Academy of Management Review*
ANBID	Associação Nacional dos Bancos de Investimento
ANBIMA	Associação Brasileira das Entidades dos Mercados Financeiro e de Capitais
Bacen	Banco Central do Brasil
BM&FBovespa	BM&FBOVESPA S.A. – Bolsa de Valores, Mercadorias e Futuros
c.	Consultado em
c/c	Combinado com
CEDAM	Casa Editrice Dott. Antonio Milani
Cf.	Conforme
CF ou Constituição Federal	Constituição da República Federativa do Brasil de 1988
CFC	Conselho Federal de Contabilidade
City Code	*City Code on Take-overs and Mergers*
CLT ou Consolidação das Leis do Trabalho	Decreto-lei nº 5.452, de 1º de maio de 1943
CMN	Conselho Monetário Nacional
Codice Civile ou CCit	Decreto régio de 16 de março de 1942 (Código Civil italiano)
Código ABVCAP/ANBIMA	Código ABVCAP/ANBIMA de Regulação e Melhores Práticas para o Mercado de FIP e FIEE
Código Civil ou CC	Lei nº 10.406, de 10 de janeiro de 2002
Conselho	Conselho de Administração
CPC ou Código de Processo Civil	Lei nº 5.869, de 11 de janeiro de 1973
CPCon.	Comitê de Pronunciamentos Contábeis
Código Penal	Decreto-lei nº 2.848, de 7 de dezembro de 1940

CSC | Código das Sociedades Comerciais de Portugal, aprovado pelo Decreto-Lei nº 262/86, de 2 de Setembro de 1986 e suas alterações posteriores
CVM | Comissão de Valores Mobiliários
CVMP | Código de Valores Mobiliários de Portugal
Decreto-lei nº 2.321/87 | Decreto-lei nº 2.321, de 25 de fevereiro de 1987
Decreto-lei nº 2.627/40 | Decreto-lei nº 2.627, de 26 de setembro de 1940
Del. Code | *Delaware Code*
Dir. | Diretor
Diretiva nº 2007/36/EC | Diretiva nº 2007/36/EC, do Parlamento e Conselho Europeu, de 11 de julho de 2007
ed. | Edição
EFPC | Entidades Fechadas de Previdência Complementar
EFR | *European Finance Review*
EUA | Estados Unidos da América
EUR | Euro
Exposição de Motivos | Exposição de Motivos nº 196, de 24 de junho de 1976, do Ministério da Fazenda, referente à LSA
FIEE | Fundo de Investimento em Empresas Emergentes
FIP | Fundo de Investimento em Participação
FMFG | *Finanzmarktförderungsgesetz*
FSA | *Financial Services Authority*
Giur. Comm. | *Rivista Giurisprudenza Commerciale*
HBR | *Harvard Business Review*
IAN | Formulário de Informações Anuais
IASB | *International Accounting Standard Board*
IBDCC | Instituto Brasileiro de Direito Comercial Comparado
IBGC | Instituto Brasileiro de Governança Corporativa
Ibovespa | Índice Bovespa
ICCLJ | *International and Comparative Corporate Law Journal*
IFRS | *International Financial Reporting Standards*
IGC | Índice de Governança Corporativa
ISE | Índice de Sustentabilidade Empresarial
Instrução CVM nº 10/80 | Instrução CVM nº 10, 14 de fevereiro de 1980
Instrução CVM nº 165/91 | Instrução CVM nº 165, de 11 de dezembro de 1991
Instrução CVM nº 319/99 | Instrução CVM nº 319, de 3 de dezembro de 1999
Instrução CVM nº 324/00 | Instrução CVM nº 324, de 19 de janeiro de 2000
Instrução CVM nº 358/02 | Instrução CVM nº 358, de 3 de março de 2002
Instrução CVM nº 361/02 | Instrução CVM nº 361, de 5 de março de 2002
Instrução CVM nº 367/02 | Instrução CVM nº 367, de 27 de maio de 2002
Instrução CVM nº 391/03 | Instrução CVM nº 391, de 16 de julho de 2003
Instrução CVM nº 408/04 | Instrução CVM nº 408, de 18 de agosto de 2004
Instrução CVM nº 409/04 | Instrução CVM nº 409, de 18 de agosto de 2004
Instrução CVM nº 457/07 | Instrução CVM nº 457, de 13 de julho de 2007
Instrução CVM nº 472/08 | Instrução CVM nº 472, de 31 de outubro de 2008
Instrução CVM nº 480/09 | Instrução CVM nº 480, de 7 de dezembro de 2009
Instrução CVM nº 481/09 | Instrução CVM nº 481, de 17 de dezembro de 2009

ABREVIATURAS E CONVENÇÕES

Instrução CVM nº 483/10	Instrução CVM nº 483, de 6 de julho de 2010
Instrução CVM no 492/11	Instrução CVM nº 492, de 23 de fevereiro de 2011
IPEA	Instituto de Pesquisas Econômicas Avançadas
IPO	*Initial Public Offering*
IRRF	Imposto de Renda Retido na Fonte
j.	Julgado em
JET	*Journal of Economic Theory*
JFR	*Journal of Financial Research*
JLE	*Journal of Law and Economics*
JLR	*Journals and Law Reviews*
KonTraG	*Gesetz zur Verbessurung der Kontrolle und Transparenz im Unternehmensbereich*
Lei nº 6.385/76 ou Lei da CVM	Lei nº 6.385, de 7 de dezembro de 1976
Lei nº 4.595/64 ou Lei da Reforma Bancária	Lei nº 4.595, de 31 de dezembro de 1964
Lei nº 6.404/76, LSA, Lei das S.A. ou Lei das Sociedades Anônimas	Lei nº 6.404, de 15 de dezembro de 1976
Lei nº 7.913/89	Lei nº 7.913, de 7 de dezembro de 1989
Lei nº 8.987/95	Lei nº 8.987, de 13 de fevereiro de 1995
Lei nº 10.303/01	Lei nº 10.303, de 31 de outubro de 2001
Lei nº 12.431/11	Lei nº 12.431, de 24 de junho de 2011
LGDF	*Librairie Générale de Droit et de Jurisprudence*
n. ou nº	Número
MCBA	*Model Business Corporation Act*
MNI	Manual de Normas e Instruções do CMN e Bacen
NBER	*National Bureau of Economic Research*
Novo Mercado	Segmento de listagem de companhias abertas na BM&FBovespa
NRE	Lei *Nouvelle Régulations Économiques*
NULR	*Northwestern University Law Review*
N.Y. Bus. Corp. Law	*New York Business Corporate Law*
OAB-RJ	Ordem dos Advogados do Brasil – Seccional do Rio de Janeiro
Ob. col.	Obra coletiva
OCDE	Organização para Cooperação e Desenvolvimento Econômico
OPA	Oferta pública para aquisição de ações
p. ou pp.	Página(s)
PAEG	Programa de Ação Econômica do Governo
par.	Parágrafo
PO nº 35/08	Parecer de Orientação CVM nº 35, de 1º de setembro de 2008
PO nº 36/09	Parecer de Orientação CVM nº 36, de 23 de junho de 2009
RAET	Regime de Administração Especial Temporária
RAM	Revista de Administração do Mackenzie
RCE nº 2.157/01	Regulamento do Conselho Europeu nº 2.157, de 8 de outubro de 2001
RDB	Revista de Direito Bancário, do Mercado de Capitais e da Arbitragem
RDM	Revista de Direito Mercantil, Industrial, Econômico e Financeiro

Rel.	Relator
Relatório Winter	*Report of the High Level Group of Company Experts on Modern Regulatory Framework for Company Law in Europe*
Resolução nº 401/76	Resolução nº 401, de 22 de dezembro de 1976, do CMN
Resolução nº 3.921/10	Resolução nº 3.921, de 25 de novembro de 2010, do CMN
RT	Revista dos Tribunais
S.A.	Sociedade anônima
SAE	Sociedade Anônima Europeia
SAS	Sociedade Anônima Simplificada
SBDC	Sistema Brasileiro de Defesa da Concorrência
s.d.	Sem data
s.e.	Sem editora
SEC	*Securities and Exchange Commission*
SEP	Superintendência de Relações com Empresas da CVM
SFN	Sistema Financeiro Nacional
s.l.	Sem local
SNC	Superintendência de Normas Contábeis e Auditoria da CVM
SOX	*Sarbannes Oxley Act of 2002*
ss.	Seguintes
SSRN	*Social Science Research Network*
Trad.	Tradução
TransPuG	*Transparenz und Publizitätsgesetz*
UE	União Europeia
UMAG	*Gesetz zur Unternehmensintregrität und Modernisierung des Anfechtungsrechts*
UnB	Editora Universidade de Brasília
USGAAP	*United States Generally Accepted Accounting Principles*
v.	Vide
VOC	*Verenigde Oostindische Compagnie*
vol.	Volume
v.u.	Votação unânime
WpÜG	*Wertpapiererwerbs und Übernahmegesetz*
YLJ	*Yale Law Journal*

INTRODUÇÃO

> "A sociedade anônima não pode, por certo, cristalizar-se em estrutura imutável, alheia ao mundo econômico circunstante: desse mundo, em contínua mutação e em prodigioso transformar-se, não pode ela deixar de receber sugestões e impulsos e, em retorno, oferecer válida contribuição ao fortalecimento do sistema"
>
> (Carlo Emilio Ferri, 1965)

Há quase quatro décadas era editada a Lei nº 6.404, de 15 de dezembro de 1976, tendo como um de seus objetivos estimular a formação da "grande empresa" nacional. Para tanto, o legislador utilizou duas premissas: o estímulo à concentração empresarial e o fomento do mercado de capitais (tanto o mercado acionário, quanto o de títulos de dívida[1])[2].

Partindo-se dessas premissas, concebeu-se um modelo. Conforme ensina Tavares Guerreiro, "o modelo se fundava na segregação de ações votantes, de um lado, e de ações preferenciais não votantes, de outro, que haveriam de permitir a consolidação da dicotomia controle da empresa/capital não votante difuso. O controle seria assegurado mediante parcelas relativamente modestas do capital total em mãos do acionista controlador, individual ou plúrimo, ao passo que a capitalização em

---

[1] A Lei das Sociedades Anônimas modernizou consideravelmente, por exemplo, a legislação sobre emissão de debêntures e bônus de subscrição, e ainda previu a criação de outros títulos, como certificados de depósito, opções e partes beneficiárias.
[2] Cf. Salomão Filho, Calixto, *O Novo Direito Societário*, 3ª ed., São Paulo, Malheiros, 2006, pp. 36-37.

massa adviria da participação de investidores de mercado, com o que se estruturava a companhia com base, precisamente, numa engenharia de soluções equilibradas"[3]. Importante notar que o controle exercido a partir de tais parcelas modestas do capital era possível graças à emissão de ações preferenciais sem direito a voto no montante de até 2/3 do capital social, sendo, contudo, fundado na propriedade da porção majoritária das ações com direito a voto. O modelo consagrava, portanto, a dicotomia da relação entre maioria e minoria, expressa no antagonismo entre controladores e não controladores, considerada a "pedra de toque do sistema anonimário", refletindo a influência do pensamento dominante nos países que serviram de inspiração para a LSA[4].

Como resultado desse sistema construído a partir do modelo calcado no antagonismo entre acionistas controladores e não controladores, verificou-se extrema concentração de capital no Brasil. Por exemplo, em 2000, Valadares e Leal fizeram levantamento com 325 companhias abertas brasileiras e chegaram à conclusão de que 62,5% das companhias analisadas possuíam um único acionista detendo mais de 50% do capital votante. O controle era exercido, em média, com 74% das ações com direito a voto. Entre a totalidade de companhias da amostra, o maior acionista detinha 58% do capital votante, enquanto os três maiores e os cinco maiores acionistas detinham, respectivamente, 78% e 82% do capital votante[5].

Este cenário, contudo, parece estar mudando, ao menos nas companhias listadas no segmento conhecido como "Novo Mercado". Em estudo conduzido em 2008[6], obtiveram-se resultados interessantes a partir da

---

[3] Guerreiro, José Alexandre Tavares, *Sociedade Anônima: dos Sistemas e Modelos ao Pragmatismo*, in Monteiro de Castro, Rodrigo Monteiro, e Azevedo, Luís André N. de Moura (org.), *Poder de Controle e Outros Temas de Direito Societário e Mercado de Capitais*, São Paulo, Quartier Latin, 2010, p. 21.

[4] Com exceção dos Estados Unidos, onde Berle e Means, já no inicio do século XX, conseguiram captar o fenômeno da dispersão acionária, os demais países (mesmo a Inglaterra, onde a dispersão foi menos intensa) viviam a realidade da concentração acionária.

[5] Cf. Valadares, Sílvia Mourthé, e Leal, Ricardo Pereira Câmara, *Ownership and Control Structure of Brazilian Companies*, s.l., 2000, disponível [*on-line*] in http://papers.ssrn.com/sol3/papers.cfm?abstract_id=213409 (c. 30.6.11).

[6] Cf. Oioli, Erik F., *Oferta Pública de Aquisição do Controle de Companhias Abertas*, São Paulo, Quartier Latin, 2010, pp. 58-67. Referido estudo não foi atualizado para o presente trabalho pelo fato de o ingresso de novas companhias no Novo Mercado ter se reduzido nos anos recentes em virtude dos reflexos da crise financeira mundial iniciada no mercado hipotecário norte-americano, que afetou negativamente a atividade bursátil em todo o mundo, incluindo o Brasil. Contudo, referido estudo apresenta evidências suficientes da existência do fenômeno do controle diluído no país, que persistem até o presente.

análise da estrutura das 92 companhias listadas, à época, no Novo Mercado, os quais são detalhados no capítulo 3. Os respectivos números, ainda que restritos à amostragem do Novo Mercado, permitem inferir um movimento de dispersão acionária em determinadas companhias brasileiras. Quanto maior a dispersão do capital, maior a separação entre a propriedade e o controle. É a partir da configuração do poder de controle que se pretende definir o que seja uma companhia de capital disperso. Assim, serão sempre consideradas companhias de capital disperso aquelas cujo controle interno seja diluído ou gerencial. Trata-se, inclusive, de critério de mais fácil verificação do que a contagem de determinado número de acionistas, critério este desprovido de qualquer tecnicidade.

Por sua vez, por "controle diluído", entende-se o controle denominado, na clássica lição de Berle e Means, introduzida no país por Comparato, de "minoritário", isto é, aquele fundado na titularidade de ações em número inferior à metade das ações com direito a voto do capital social. Embora seja expressão consagrada pelos retrocitados autores, preferimos utilizar a denominação controle diluído[7] ao invés de controle minoritário[8]. Esta última, além de criar certa confusão em alusão ao termo acionista minoritário, não representa com exatidão esse tipo de controle. Apesar de exercido com menos da metade das ações com direito a voto – daí a alusão ao "minoritário" pelos referidos autores, em contraposição ao controle

---

[7] "Diluído" provém do latim *diluere*, que significa, entre outros, "abrandar (...) por dispersão" (cf. *Grande Dicionário Larousse Cultural da Língua Portuguesa*, São Paulo, Nova Cultural, 1999, p. 342). De fato, o controle dito "minoritário" é abrandado, na medida em que o controlador está sempre em uma delicada situação em relação aos demais acionistas e terceiros interessados em adquirir o controle da companhia. Não sendo detentor da maioria absoluta das ações com direito a voto, a qualquer momento, pelo menos em tese, os demais acionistas com direito a voto podem se concertar e formar nova maioria nas assembleias da companhia ou então decidir vender suas ações em uma oferta pública de aquisição de ações.

[8] O regulamento do Novo Mercado da BM&FBovespa adota ainda a expressão "controle difuso" para designar o chamado controle "minoritário". De acordo com a definição do referido regulamento, *"controle difuso significa o Poder de Controle exercido por acionista detentor de menos de 50% (cinquenta por cento) do capital social [com direito a voto], assim como por grupo de acionistas que não seja signatário de acordo de votos e que não esteja sob controle comum e nem atue representando um interesse comum"*. Aqui, mais uma vez não parece que a expressão adotada seja a mais feliz. "Difuso" significa "espalhado, disseminado, generalizado (...)" (cf. Grande Dicionário, cit., p. 323). Ora, o referido controle não é "espalhado" ou "disseminado". Muitas vezes ocorre o contrário, o controle dito "minoritário" é concentrado em um único acionista cuja vontade prevalece nas assembleias, ainda que seja apenas titular de pequena parcela do capital social com direito a voto.

"majoritário" – tal controle só existe porque seu detentor, ainda que com tal posição acionária, possui posição majoritária nas assembleias da companhia. Somente assim poderia existir um controlador "minoritário" à luz do artigo 116 da Lei das Sociedades Anônimas[9].

O controle diluído torna-se viável a partir da dispersão do capital e do fenômeno do absenteísmo nas assembleias gerais. Esse fenômeno é cada vez mais comum em função da acentuação da diferença entre acionistas empresários e acionistas capitalistas ou investidores. Os primeiros efetivamente se interessam em conduzir a empresa, enquanto os demais procuram investir capital sob administração alheia com o objetivo exclusivo de auferir renda ou ganho de capital. Assim, na medida em que este último tipo de acionista prolifera no mercado de ações, criam-se oportunidades para que acionistas empresários conduzam as atividades da sociedade apenas com uma pequena parcela do capital social com direito a voto. Hipótese já tratada como remota pela doutrina, não se pode deixar de imaginar, inclusive, a possibilidade de constituição de uma companhia por iniciativa de gestores-empresários, que vejam na figura do acionista mera fonte de fornecimento de capital. Tal cenário deixa de ser absurdo quando se observa o crescimento da constituição de fundos de investimento em participações, que nada mais são que comunhões de recursos dirigidas à aquisição de participações acionárias (ou conversíveis ou permutáveis em participação, além de debêntures simples) em outras companhias – figura muito parecida, portanto, com as *holdings* –, onde as decisões de investimento podem caber totalmente ao administrador do fundo, sem a ingerência dos cotistas[10]. A configuração desses fundos, inclusive, pode

---

[9] Conforme referido artigo, "entende-se por acionista controlador a pessoa, natural ou jurídica, ou o grupo de pessoas vinculadas por acordo de voto, ou sob controle comum, que: a) é titular de direitos de sócio que lhe assegurem, de modo permanente, a *maioria dos votos nas deliberações da assembleia geral* e o poder de eleger a maioria dos administradores da companhia (...)" (grifou-se).

[10] Os Fundos de Investimento em Participação – FIP são regidos pela Instrução CVM nº 391, de 16 de julho de 2003, e são definidos como "uma comunhão de recursos destinados à aquisição de ações, debêntures, bônus de subscrição, ou outros títulos e valores mobiliários conversíveis ou permutáveis em ações de emissão de companhias, abertas ou fechadas, participando do processo decisório da companhia investida, com efetiva influência na definição de sua política estratégica e na sua gestão, notadamente através da indicação de membros do Conselho de Administração" (art. 1º).

oferecer subsídios importantes para a estruturação de um modelo de sociedade com capital disperso, como se discutirá no capítulo 5.

Em todo o caso, no cenário de dispersão acionária há, portanto, duas hipóteses possíveis de controle: o controle fundado na participação acionária (controle diluído) ou nos efetivos poderes de gestão, porém não fundado na participação acionária (controle gerencial). O controle diluído poderá ser mais ou menos consolidado conforme o percentual de participação no capital social com direito a voto e do grau de absenteísmo das assembleias. Quanto maior o percentual de participação e maior o absenteísmo, mais ele se aproximará da situação do controle majoritário; quanto menor esse percentual e maior o ativismo, mais ele tenderá a ser volúvel ou compartilhado com a administração. Certo é que não há companhia sem controle, seja ele fundado ou não na participação acionária, pois sem controle não há empresa, enquanto atividade econômica organizada. Interessam a este estudo, por certo, os cenários em que o controle sustentado na participação acionária – que é aquele notoriamente reconhecido pela LSA – é fraco ou inexistente. É neste sentido que serão usadas as expressões controle diluído ou capital disperso.

Na medida em que o poder de controle se enfraquece, fortalece-se o poder dos administradores, que passam a ter maiores incentivos para se apropriarem de benefícios particulares decorrentes do poder de conduzir as atividades sociais. Haveria, assim, sob o ponto de vista da estrutura da sociedade, um deslocamento do foco das regras societárias, das relações decorrentes do antagonismo entre acionistas controladores e não controladores para as relações entre acionistas e administradores. Na existência de um poder de controle bem definido, o acionista controlador possui incentivos suficientes para monitorar de forma eficiente os administradores da companhia. Tal cenário se modifica na ausência ou falta de clareza da figura do acionista controlador, dando relevo aos custos de transação decorrentes do monitoramento dos administradores.

Haveria, portanto, uma clara superação do modelo inspirador do atual sistema societário construído a partir da Lei nº 6.404/76. Adverte-se ao leitor que obviamente aqui não se quer dizer que a LSA é ultrapassada ou que o modelo de dispersão acionária é "vencedor" em relação ao modelo de controle concentrado, reconhecidamente predominante no Brasil. Pensar de forma diversa levaria inevitavelmente a posturas ingênuas e pouco efetivas. Há, sim, o surgimento de um novo modelo de sociedade, que se estruturalmente já era conhecido à época da edição da lei anonimária brasileira, não foi por ela inteiramente abraçado. E as razões para isso eram óbvias.

Ainda, embora não seja escopo da análise deste estudo, não se pode esquivar do reconhecimento de que este modelo, mesmo que em sua já conhecida estrutura – ao menos no direito alienígena desde o prodigioso trabalho de Berle e Means – surge em contexto político, econômico e social bastante diverso do vivido há quase quatro décadas. O Direito Societário não pode estar alheio a isto. Se é verdade que, por um lado, a ampla liberdade política e econômica leva à consagração da autonomia da vontade e à consagração do direito de propriedade – pilares do Direito Privado – cada vez mais a esfera do privado e do público se confundem, o que dá ao Direito Societário certo caráter publicístico e que encontra razão de ser no momento em que propriedade e controle se separam e os impactos desse controle sobre a sociedade como um todo são cada vez mais significativos.

Como ensina Lamy Filho, "toda lei de S.A. constitui, ou deve constituir, um sistema, que não comporta emendas setoriais que a desfigurem e comprometam seu objetivo maior que é assegurar o bom funcionamento da empresa, a célula base da economia moderna; mas, não há lei mercantil eterna ou perfeita, porque a economia é um processo em permanente transformação. Há por isso que estar atento ao funcionamento do mercado, às suas exigências, às suas novas criações, para atender aos seus justos reclamos, para remover os empecilhos ao seu bom funcionamento"[11].

Prova disso é que, nas últimas décadas, as legislações europeias vêm passando novamente por um amplo processo de reforma, não só como esforço tentativo de uniformização[12], mas também como resposta às novas

---

[11] In Temas de S.A. – Exposições, Pareceres, Rio de Janeiro, Renovar, 2007, p. 177.

[12] Em 2001, entrou em vigor nos 25 Estados membros da EU e nos demais países do Espaço Econômico Europeu, o Regulamento do Conselho Europeu nº 2.157, de 8 de outubro, que aprova a criação da Sociedade Anônima Europeia (SAE) e a Diretiva do Conselho Europeu nº 2011/86/CE, a qual complementa o estatuto da SAE por meio da integração dos interesses dos trabalhadores. A SAE responde a uma necessidade sentida por todos os empresários europeus de contar com um instrumento adequado para a cooperação e concentração empresarial no espaço comunitário. Visa a permitir, assim, que as empresas que operem de forma habitual em mais de um Estado membro tenham um regime jurídico ajustado ao seu peculiar caráter transnacional. Trata-se de uma tentativa de uniformização. De acordo com Peironcely e Dorronsoro, a zona do euro não poderá ter uma economia competitiva se não contar com instrumentos jurídicos que dotem os agentes econômicos da estrutura adequada para competir em melhores condições com sociedades de grande porte, provenientes de outras latitudes (in *La Sociedad Anónima Europea*, Barcelona, Bosch, 2004, p. 21).

demandas da economia moderna, cada vez mais interdependentes[13]. Na Itália, por exemplo, conforme observa Angelo Bracciodieta, a legislação societária tradicionalmente marcada pela disciplina sob a ótica do sujeito (sócio), passou a focalizar a disciplina do "mercado"[14], sendo objeto de profunda *"reforma organica del diritto societario"* (Lei nº 366, de 3 de outubro de 2001, e Decretos legislativos nº 61/2002, nº 5/2003, nº 6/2003 e, mais recentemente, nº 39, de 27 de janeiro de 2010) ("Reforma Vietti"). No mesmo sentido, a França publicou sua *Loi sur les Nouvelle Régulations Économiques*, de 2001, que abre, por exemplo, novas alternativas para a composição dos órgãos de controle *lato sensu* da companhia[15]. Na Alemanha, por sua vez, alguns autores chegam a destacar o estado de "permanente reforma" do seu Direito Societário[16].

---

[13] Conforme aponta o *Report of the High Level Group of Company Experts on Modern Regulatory Framework for Company Law in Europe* (conhecido como "Relatório Winter"), de 4 de novembro de 2002 (disponível in http://www.europa.eu.int/comm/internal_market/ (c. 8.10.12)), é reconhecida a necessidade de modernização do Direito das sociedades. "A aproximação comunitária para harmonização do direito das sociedades (...) estava centrada na proteção dos acionistas minoritários e terceiros. No atual estágio do Direito comunitário de sociedades é necessário concentrar-se na eficiência e na competitividade, sem esquecer-se dos níveis de proteção já alcançados". Como premissa para o ganho de competitividade, os especialistas subscritores do Relatório Winter convergem para a simplificação das regras de proteção dos acionistas e de terceiros e a eliminação de obstáculos para a realização de operações transfronteiriças.

[14] In *La Nuova Società per Azioni*, Milano, Giuffrè, 2006, pp. 1-2.

[15] Na verdade, diversas reformas foram empreendidas nos últimos 15 anos nas legislações societária e de mercado de capitais (com reflexos na legislação societária) dos EUA, Reino Unido, Alemanha, França e Itália. Também tem sido decisiva a influência de códigos de *corporate governance* nesses países (v. notas 21 e 22 abaixo).

[16] Referidos autores se referem ao conjunto de reformas empreendidas na AktG e nas legislações sobre mercado de capitais, incluindo iniciativas autorreguladoras, nos últimos 15 anos. Tais reformas, de forma geral, se ocuparam (i) da simplificação de normas; (ii) do aumento da flexibilidade para emissores, investidores e outros participantes do mercado; e (iii) da abertura da lei alemã como opção para companhias estrangeiras (em um claro esforço de aumentar a "competitividade do Direito" alemão no mundo globalizado) (cf. Noack, Ulrich, e Zetzsche, Dirk, *Germany's Corporate and Financial Law 2007: (Getting) Ready for Competition*, in *Center for Business and Corporate Law Research Paper Series*, Düsseldorf, Center for Business and Corporate Law, 2007, disponível [*on-line*] in http://ssrn.com/abstract=992458 (c. 17.11.12), pp. 5-6. Desse esforço reformista, resultaram mais de 10 leis importantes, dentre as quais se destacam as reformas na FMFG e WpÜG e a edição da KonTraG e TransPuG e criação da *Bundesaufsichtsamt für Finanzdienstleistungen* (Agência Federal para Serviços Financeiros). Ainda, em 2001, a *Regierungskommission Corporate Governance* (Comissão do Governo para

Ainda, cada vez mais nota-se a tendência da particularização da disciplina dos tipos societários – mesmo aqueles sob o signo da "sociedade anônima" – *vis-à-vis* uma disciplina geral de aplicação supletiva, falando-se cada vez mais em estatutos jurídicos da macroempresa ou até em "sociedade anônima simplificada"[17]. Isto é reflexo do reconhecimento cada vez maior do perfil multifacetado da sociedade anônima, que possui um núcleo estrutural comum aos diversos ordenamentos que a disciplinam e que fez desse tipo societário um modelo "vencedor" no darwinismo empresarial, o que justifica sua escolha como instrumento de organização das mais variadas atividades empresariais, dos mais diversos tamanhos e objetos, e consequentemente, leva-a a assumir os diferentes perfis a que se refere acima[18].

Torna-se premente, então, a discussão sobre a adequação da lei a esta nova realidade emergente. Esta discussão perpassa, inevitavelmente, pela visão pragmática ou abstracionista sobre a lei do anonimato. O pragmatismo, exclusivamente preocupado com as consequências de uma dada definição, ajusta-a e, portanto, mutila o fenômeno descrito pela manipulação proposital de algumas de suas características; no particular, aquelas que determinam efeitos indesejáveis. O abstracionismo, por outro lado, olvida-se de que o fenômeno comporta inúmeras representações para se centrar nas representações jurídicas como realidades autônomas, de modo a limitar toda e qualquer intervenção às contenções materiais dessas realidades. Este estado de coisas decorre, em alguns casos, da predileção dos abstracionistas pelos processos mentais próprios à representação jurídica, especialmente privatista, do fenômeno em análise[19]. Em suma, isto significa procurar compreender o fenômeno da dispersão acionária mediante a reinterpretação de dispositivos da Lei das Sociedades Anônimas, dentro de

---

Corporate Governance), criou um programa de dez etapas para promover "integridade corporativa e proteção ao investidor" (*10-Punkte-Programm der Bundesregierung zur Verbesserung der Unternehmensintegrität und des Anlegerschutzes*).

[17] V. o Projeto de Lei nº 4.303/12, do deputado Laercio Oliveira, que cria o regime especial de Sociedade Anônima Simplificada (SAS) para empresas com patrimônio líquido abaixo de R$48 milhões.

[18] O Relatório Winter, por exemplo, defendia uma nova classificação das sociedades que as distinguissem entre sociedades cotadas em bolsa, sociedades abertas (suscetíveis de cotação em bolsa) e sociedades fechadas.

[19] Warde Jr., Walfrido Jorge, *Os Poderes Manifestos no Âmbito da Empresa Societária e o Caso das Incorporações: a Necessária Superação do Debate Pragmático-Abstracionista*, in Monteiro de Castro, Rodrigo R., e Azevedo, Luis André de Moura, *O Poder de* Controle, cit., p. 57.

sua reconhecida flexibilidade, ou então admitir sua inapetência para lidar com esta nova realidade, levando-se à proposição de inovações legislativas.

Chega-se, assim, ao objeto principal da tese ora proposta, qual seja, a adequação da atual lei acionária (Lei nº 6.404/76) ao modelo de dispersão acionária – diverso, portanto, do modelo que serviu de inspiração à lei – construindo-se uma disciplina (regime jurídico) aplicável ao novo modelo, seja por meio da reinterpretação de antigos dispositivos normativos, seja pela proposição de novas regras que mais se adaptem ao modelo. Tratar-se-á, portanto, apenas dos aspectos da atual lei que mereçam reflexão, sem se ocupar de uma abordagem exaustiva de institutos nela existentes ou dos dispositivos da lei que são aplicáveis aos dois modelos. A tese, dessa forma, limitar-se-á à discussão das normas da Lei nº 6.404/76 que de alguma forma são diretamente impactadas pela divergência entre a *ratio legis* dos modelos ou pela simples existência do novo modelo, notadamente aqueles relativos (i) aos direitos de participação *lato sensu* dos acionistas[20]; (ii) à administração e seu monitoramento; e (iii) às regras de transferência ou aquisição do poder de controle no contexto de dispersão do capital.

Adverte-se ao leitor que não se pretende com este trabalho a elaboração de nenhum compêndio sobre *corporate governance*[21], trabalho que se acha a

---

[20] Menezes Cordeiro, no estudo da disciplina do *status socii*, classifica, por exemplo, os direitos dos acionistas entre direitos patrimoniais, participativos e pessoais. Entre os direitos participativos, encontram-se os direitos de voto, de fiscalização e de administração da sociedade (in *Manual de Direito das Sociedades, I Das Sociedades em Geral*, Coimbra, Almedina, 2004). Analisar-se-ão, contudo, os direitos patrimoniais dos acionistas dentro dos direitos de participação, na medida em que aquelas são, em certa medida, expressão do direito de participação nos resultados e no acervo da companhia.

[21] Aqui no Brasil traduzida literalmente pelo horripilante termo "governança corporativa". A expressão *corporate governance* é de origem anglo-saxã e é utilizada sem maiores restrições na doutrina alemã. Em Portugal, utiliza-se a expressão "governo das sociedades", o que nos parece mais correto que a tradução brasileira. A locução mais correta, a nosso ver, seria "regras para a gestão das sociedades" (ou empresas). A expressão originalmente derivou da analogia entre governo político e governo das companhias. A analogia entre voto político e societário(*corporative*) era explícito nos primeiros regulamentos internos (*charters*) e escritos das companhias norte-americanas e das primeiras companhias ferroviárias alemãs (cf. Dunlavy, C. A., *Corporate Governance in Late 19th Century Europe and U.S.: the Case of Shareholder Voting Rights*", in Hopt, K. J., Kanda, H., Roe, M. J. Wymeersch, E., e Prigge, S. (coord.), *Comparative Corporate Governance. The State of Art Emerging Research*, Oxford, Oxford University, 1998, pp.5-40). A exata expressão "*corporate governance*" foi aparentemente utilizada pela primeira vez por Richard Eells, para denotar a "estrutura e funcionamento da política corporativa" (in *The Meaning of Modern Business: An Introduction to the Philosophy of Large Corporate Enterprise*, New York, Columbia University Press, 1960, p. 108).

cargo de diversos institutos e órgãos de autorregulação especializados no assunto[22]. Até mesmo porque a *corporate governance* não é definível apenas em termos jurídicos. Ela abrange um conjunto de máximas válidas para uma gestão de empresas responsável e criadora de riquezas em longo prazo, para o controle de empresas e para a transparência, envolvendo para tanto conceitos econômicos, postulados morais e até bom senso.

Assim, não se espere encontrar aqui discussões sobre se o prazo de mandato dos administradores das companhias com capital disperso deve ser de um, dois ou três anos, mas talvez discussões sobre se o mandato dos administradores deve ser unificado, na medida em que os conselhos de administração escalonados (*staggered* ou *classified boards*, como são chamados nos EUA), muitas vezes são utilizados como técnica de defesa contra tentativas de aquisição do controle de companhias abertas, restringindo o chamado "mercado de controle societário" (*market for corporate control*, na clássica expressa de H. Manne), que é importante instrumento de monitoramento (pelo mercado) da atuação dos administradores, enquanto titulares do poder de controle de fato. É bem verdade que às vezes o leitor poderá ter impressão diversa. Isto porque, ao se tratar de um novo modelo societário – especialmente um pautado pelo deslocamento de poder do acionista para o administrador – está justamente se falando sobre a forma de governo da empresa, enquanto o movimento das "boas práticas" de *corporate governance* nasceu, entre o final da década de 1980 e início da década de 1990, justamente do reconhecimento da insuficiência das leis (norte-americanas) para coibir o abuso de poder dos executivos (*officers*) e a inoperância do *board of directors*, ou seja, é fruto do mau governo das companhias pelos administradores (na realização do interesse social)[23].

Igualmente, não é escopo deste trabalho o debate sobre técnicas legislativas ou teorias da regulação e autorregulação. A proposta é objetiva: analisar a adequação da LSA ao modelo de dispersão acionária. Constatadas inadequações – e elas certamente hão de existir, pois por mais bem

---

[22] Entre os quais se pode citar o IBGC, a BM&FBovespa (Novo Mercado) ou o *American Law Institute*. Vale citar, ainda, a publicação, na Alemanha, pela Kodex Kommision, do *Deutsche Corporate Governance Kodex*, de 26 de fevereiro de 2002, e, no Reino Unido, do *Combined Code*, cuja última versão data de 2012.

[23] V. American Law Institute, *Principles of Corporate Governance: Analysis and Recommendations*, v. 1 e 2, reimpressão, Hardbound, 2008. Apoiada sobre o conceito de *agency*, essa corrente de pensamento busca revalorizar o poder jurídico dos acionistas nas sociedades, a fim de permitir o melhor sancionamento da atuação dos administradores.

feita que seja, não há lei que resista ao tempo e à evolução do pensamento humano – abrem-se as portas para que juristas, legisladores e a sociedade em geral debatam sobre a melhor forma de dirimi-las, se esta for a vontade. O Regulamento do Novo Mercado, por exemplo, foi solução contratual para falhas estruturais da lei, visando, entre outros, à redução de benefícios particulares do poder de controle e assim estimular a oferta de ações em bolsa de valores. Pequenas reformas já foram empreendidas na LSA, no passado, visando a atender demandas pontuais (algumas delas, diga-se, piorando a lei). Não será, portanto, objeto deste trabalho, a proposta de textos legislativos, a análise de projetos de lei eventualmente existentes – tal como o projeto de novo Código Comercial – ou do uso da autorregulação para este fim.

Fica, portanto, a ressalva, mais uma vez, no sentido de que o principal objetivo deste trabalho é analisar a *ratio legis* da LSA, esforço ao qual se dedicará a Parte I, e o quanto sua estrutura é flexível para acomodar o modelo de sociedade com capital disperso, buscando, em mal traçadas linhas, delinear seu regime jurídico, ao qual se dedica a Parte II. Ao fim, na Parte III, apresentar-se-ão as teses e conclusões. Trata-se da análise de tema bem delimitado, porém com um campo de pesquisa bastante amplo. Afinal, está-se tratando de uma lei já madura, com mais de 300 artigos.

Esta obra pretende, assim, contribuir modestamente – único advérbio de qualidade que cabe ao trabalho deste autor – para a reflexão e amadurecimento do fenômeno da dispersão acionária no Brasil. Como visto, trata-se de algo absolutamente recente em nossa história, com fundamentos sólidos que justificam sua análise com profundidade e seriedade, o que faz do presente trabalho pioneiro na análise da adequação da estrutura da LSA como um todo em relação ao fenômeno. E, como todo trabalho pioneiro, está inevitavelmente exposto a críticas e lacunas.

Reconhecidamente, a Lei das Sociedades Anônimas veio a ser tornar a um dos melhores textos legais de nossa história, seja pela riqueza de soluções oferecidas, seja pela funcionalidade exemplar de seus instrumentos e mecanismos. Como aponta Guerreiro, ela "está longe de ser uma lei de conjuntura, ainda que com uma ideologia muito bem definida, capaz de sofrer os influxos constantes da modernidade"[24]. A lei continua em vigor, estruturalmente a mesma, já há quase quatro décadas. A manutenção desta estrutura, sem dúvida, promove a necessária estabilidade para contínua

---

[24] Guerreiro, *Sociedade Anônima: dos Sistemas*, cit., p. 23.

promoção do crescimento dos mercados e à confiabilidade nas suas instituições. Some-se a isso o fato de que, parafraseando Joaquin Garrigues, tratar da sociedade anônima é empresa difícil, se se almeja dizer algo que já não tenha sido dito. Serão, portanto, grandes os desafios a serem enfrentados na presente obra.

Parte I
Estrutura e dinâmica do controle das companhias: a superação de paradigmas

Capítulo 1
Pressupostos e estrutura da Lei das Sociedades Anônimas

1.1 Um breve história das companhias: a evolução do fenômeno associativo até a Lei das S.A.

A sociedade anônima não foi "inventada" ou criada pelo Direito. Para compreender a sociedade anônima contemporânea e, do mesmo modo, a lei que atualmente lhe dá contornos, é preciso reconhecê-la antes como a expressão jurídica de um fenômeno econômico, político e social. A sociedade anônima que conhecemos hoje foi sendo forjada ao longo de séculos por necessidades econômicas da época e o pensamento político e social dominante ao longo de seu processo evolutivo, que fez dela um instrumento admirável, de capacidade ilimitada para mobilizar capitais e congregar técnicas e pessoas na consecução de um objetivo comum.

A S.A., mais que uma simples forma de associação, sempre foi, antes de mais nada, uma técnica de organização da empresa, influenciada de tempos em tempos pelos anseios de seus organizadores. Primeiramente, ela serviu para atender os desígnios colonizadores dos Estados europeus, interessados na exploração política e econômica no Novo Mundo, financiada pela burguesia crescente. Posteriormente, serviu à capitalização dos grandes projetos industriais da Revolução Industrial e até como instrumento de reconstrução e fomento de bem-estar social, como ocorrido na Alemanha do pós-guerra. Sempre, ou ao menos na maioria dos casos, relacionada a uma forma de organização da atividade empresarial que busca, entre outros, viabilizar a captação da poupança de terceiros não empresários interessados em partilhar lucros com o empresário-controlador. Até se atingir o ápice da evolução dessa forma societária, absolutamente desprovida do *affectio societatis*, em que desaparece por completo a figura do empresário-controlador, restando uma massa de investidores que deposita sua confiança – fidúcia – em um quadro de administradores independentes para maximização do seu investimento.

Não se pretende, nesse tópico, fazer uma análise exaustiva da história das companhias, esforço desnecessário e já perpetrado com muito êxito por inúmeros autores[25]. Importa, destarte, compreender como a sociedade anônima se transformou até atingir sua atual estrutura, como o Direito acompanhou esta evolução e, principalmente, como serviu de instrumento de transformação da sociedade e esta como instrumento de transformação do homem. Essa percepção será relevante para os tópicos seguintes deste capítulo. Em seguida, far-se-á um breve registro histórico da evolução da legislação sobre sociedade anônima no Brasil, até a edição da Lei nº 6.404/76.

O fenômeno associativo está ligado à própria origem do homem e seu sucesso no processo evolutivo, ao perceber a necessidade de unir esforços e estabelecer relações de troca como meio de sobrevivência. Contudo, o fenômeno associativo como produto da formação de grupos sociais de produção surge na Antiguidade, embora sem a formalização de um sistema jurídico próprio. Em geral, o comércio era praticado por escravos ou *filius familiae*, concentrando-se o direito sobre a propriedade imobiliária. Como ensina Galgano, o Direito Romano era baseado na conservação e não na acumulação de riqueza, sendo lapidado sobre os ideais de segurança e estabilidade[26]. Assim, para organizar esse tipo de sistema econômico, o

---

[25] Como Levin Goldschmidt (*Universalgeschichte des Handelsrecht*, 1887, tradução italiana de Puchain, V. e Scialoja, A., *Storia Universale del Diritto Commerciale*, Torino, UTET, 1913), Antonio Scialoja (*Saggi di Vario Diritto*, v. 2, Roma, Foro Italiano, 1927, Alfredo Lamy Filho e José Luiz Bulhões Pedreira (*A Lei das S.A.*, t. III (Pareceres), vol. 2, 2ª ed., Rio de Janeiro, Renovar, 1996), entre outros.

[26] In *Pubblico e Privato nella Regolazione dei Rapporti Economici. In Trattato di Diritto Commerciale e di Diritto Pubblico dell'Economia, La Constituzione Economica*, Padova, CEDAM, v. I, 1977, p. 6. Levin Goldschmidt, em sua clássica obra supracitada, embora aponte para a existência do fenômeno associativo para fins mercantis – notoriamente no comércio marítimo – reconhece que as condições sociais e econômicas da antiguidade, em especial as romanas, não eram propícias à estruturação jurídica do comércio).

Direito Romano não precisou reconhecer a *societas* como sujeito de direito. A sociedade se exauria na relação contratual entre seus partícipes[27].

O termo "companhia" surge no século XII, com as sociedades em nome coletivo, originada na comunhão familiar dos herdeiros do titular de uma casa de comércio. A palavra se formou de *cum panis*, traduzindo a idéia de pessoas que "comem do mesmo pão" ou convivem em uma mesma comunidade de vida ou de trabalho. A comunhão familiar projeta-se na responsabilidade ilimitada e solidária que caracteriza esse tipo de sociedade[28].

Ao longo dos séculos seguintes, marcados pela Revolução Comercial, são incontáveis as centelhas societárias que competem pelo título de embrião da sociedade anônima. Existem vários exemplos de fenômenos associativos nos quais se verifica a presença de posições jurídicas padronizadas em quotas ideais: as sociedades de exploração de moinhos na França, as corporações de direito minerário alemão antigo (*gewerkschaften*), as *maone* italianas e as *rheederein* holandesas. Tais instituições reuniram vários dos elementos que viriam a compor a companhia moderna, cujo primeiro exemplar, para muitos, seria a Companhia das Índias Orientais (*Verenigde Oostindische Compagnie*), fundada em 1602[29].

As primeiras companhias foram criadas por ato do Estado ("*oktroi*"), para estruturar sua associação com comerciantes e investidores de capital em empresas colonizadoras que exerciam funções de poder público e já previam a emissão de ações, embora não apresentassem, com nitidez, todas as características atuais[30]. A todos os participantes outorgava-se um comprovante da sua participação, transferível livremente, que assegurava aos respectivos titulares ação contra a companhia para haver sua parte no

---

[27] Cf. Giuseppe Piola, *Societá Commerciale (parte generale)*, in, Lucchini, Luigi, *Il Digesto Italiano*, v. 21, III, Torino, Unione Tipografico, s.d., p. 3.
[28] Cf. Scialoja, Antonio, *Saggi di Vario Diritto*, cit., p. 228. Apesar da denominação "companhia", que hoje é reservada, ao menos no Brasil, às sociedades anônimas, a sociedade a que aqui se refere é aquela organizada em nome coletivo (que, ainda hoje, admite o uso na firma social do termo "companhia" para designar os sócios que respondem ilimitadamente pelos negócios sociais, inclusive no Brasil).
[29] Cf. Simões, Marcel E. e Cipriano, Rodrigo C., *Histórico das Companhias: Evoluções e Involuções dos Mecanismos Societários nas S.A.*, in França, Erasmo Valladão Azevedo e Novaes (coord.), *Direito Societário Contemporâneo I*, São Paulo, Quartier Latin, 2009, pp. 466 e 467.
[30] Cf. Lamy, A. e Bulhões Pedreira, J. L., Lei das S.A., cit., p. 23.

patrimônio comum e nos lucros. Daí o nome de ação ("*aktie*" em holandês) atribuído ao título de participação[31].

Os sócios tinham pouca ou nenhuma influência no comando da companhia[32], limitando-se a contribuir para o capital. Em compensação, possuíam o direito de livre negociação das ações. Isto porque a companhia contemporânea nasce de um contexto específico, da associação dos Estados europeus aos comerciantes e investidores, como resposta a desafios de cunho econômico e político gerados pela exploração do Novo Mundo.

As companhias colonizadoras inglesas, por sua vez, introduziram contribuições importantes ao processo evolutivo das sociedades por ações. Embora a atribuição de direitos a uma pessoa ou entidade moral não fosse desconhecida à época, as "*regulated companies*" inglesas formavam verdadeiras corporações às quais se reconhecia personalidade jurídica[33]. Não havia dúvidas sobre a distinção entre sócios e sociedade quanto à propriedade dos bens e responsabilidades.

Importante notar, ainda, que as "*regulated companies*" são obra exclusiva de comerciantes e aristocratas, afastando-se do modelo continental europeu onde o esforço empreendedor era capitaneado pelo Estado[34]. Ainda, a

---

[31] Idem, p. 33.

[32] Além da influência do próprio Estado, a administração era feita por meio da participação em câmaras ("*Kammern*") sediadas em vários lugares. Cada câmara, por sua vez, era representada por uma pessoa, que formava finalmente um conselho responsável pela tomada de decisões (cf. Hecksher. Eli, *La Epoca Mercantilista*, tradução de Roces, Wenceslao, Mexico, Fondo de Cultura Economica, 1943, p. 344).

[33] Há farta referência literária moderna sobre a possível criação do instituto da personalidade jurídica pelos romanos, tanto no sentido público quanto privado. No direito romano, viu-se um esboço do princípio da personalidade jurídica, discutindo-se a possibilidade de uma entidade ser sujeito de direito, com capacidade legal para participar de procedimentos judiciais, adquirir propriedade, figurar no polo passivo de testamentos, etc. Já no início do século XII reaparece a noção de personalidade jurídica, ligada ao surgimento de novas entidades públicas, não comerciais, como as cidades Estado e as primeiras universidades europeias, como a Universidade de Bolonha, na Itália, e a Sorbonne, na França, além das corporações de ofício. A própria Igreja, regida pelo Direito canônico, reconhecia o conceito de personalidade jurídica de acordo com o qual as corporações eclesiásticas teriam um *corpus mysticum* (cf. Cunha, Rodrigo Ferraz Pimenta da, *Estruturas de Interesses nas Sociedades Anônimas*, São Paulo, Quartier, 2007, pp. 46-47).

[34] A ponto de recusarem o ingresso do Rei James I sob fundamento de que sua participação transformaria a companhia em empresa estatal, dada a impossibilidade de funcionar uma Assembleia em que o Rei e seus súditos divergissem (cf. Lamy Filho, A., e Bulhões Pedreira, A. L., *A Lei das S.A.*, cit., p. 36).

noção de *trust* – desconhecida no direito continental europeu – permitiu o desenvolvimento da noção dos administradores como *trustees* dos sócios[35], o que os obrigavam a agir e deliberar no interesse da sociedade como um todo, lançando o embrião do conceito de proteção das minorias e do elo de responsabilidade que se forma pela dissociação entre propriedade e controle[36].

A promulgação do Código de Comércio Francês de 1807 constituiu um divisor de águas na história das sociedades por ações[37]. A inovação substancial introduzida pelo Código consistiu em fixar normas gerais para disciplinar a formação e funcionamento das sociedades por ações; a partir dele, não mais necessitava a sociedade de lei especial para constituir-se. Marca-se, assim, o fim do regime de privilégio e dá-se início ao regime de autorização.

Por sua vez, a absoluta liberdade de constituição das companhias também tomou impulso nos países da *common law*, já no início do século XIX, por iniciativa de alguns Estados norte-americanos[38]. O *Joint-Stock Companies*

---

[35] Vale frisar que se trata da *noção de trustee*. Todavia, os administradores, no Direito anglo-saxônico, não são *trustees*, no sentido técnico do termo: os administradores não possuem o *legal title* sobre os bens sociais, nem a sociedade surge (apenas) como beneficiária do *equitable title* sobre o patrimônio da sociedade.

[36] Cf. Mignoli, Ariberto, *Idee e Problemi nell' Evoluzione dela "Company" Inglese*, Rivista dele Societá, Milano, anno 5, 1960. p. 652.

[37] O Código de Comércio da França vigeu na Itália (durante a ocupação francesa) e nos Países Baixos (de 1811 a 1838) e serviu de modelo para o Código Comercial da Espanha (de 1829), de Portugal (de 1933), da Grécia (de 1835), da Sardenha (de 1843), para as primeiras leis alemãs sobre sociedades por ações e também para o Código Comercial brasileiro de 1850 (cf. Brunetti, Antonio, *Trattato del Diritto dele Società*, 2ª ed., vol. 3, Milano, Giuffrè, 1948, p. 383, Fischer, Rudolf, *Las Sociedades Anónimas, su Regimen Juridico*, tradução do alemão por W. Roces, Madrid, Reus, pp. 37 a 45 e Lamy Filho, A. e Bulhões Pedreira, J. L., *A Lei das S.A.*, cit., p. 54). Lamy e Bulhões Pedreira sustentam que a sociedade anônima, como instituto de direito privado, surgiu apenas com o *Code de Commerce* francês de 1807. Até então, era instituto de direito público e dela não cuidavam nem as leis comerciais, nem seus comentadores. Referido código continha apenas dez dispositivos sobre a sociedade anônima, definindo algumas das suas principais características e prescrevendo a administração da sociedade por mandatários escolhidos por prazo fixo (in *Direito das Companhias*, vol. I, Rio de Janeiro, Forense, 2009, p. 778).

[38] Em 1811, o Estado de Nova York promulgou lei permitindo a livre constituição de sociedades anônimas nos principais setores da indústria, desde que o capital não excedesse de US$100 mil e a duração fosse limitada a 20 anos. Em 1837, o Estado de Connecticut adotou a primeira lei geral de incorporação aplicável "a qualquer negócio legítimo" (cf. Lamy Filho, A., e Bulhões Pedreira, A. L., *A Lei das S.A.*, cit., p. 53).

Act de 1844, do Reino Unido, é reconhecido como a primeira lei que admitiu de forma geral a constituição de companhias independentemente de lei especial ou autorização administrativa: a formação de companhias passou a processar-se mediante arquivamento no "Registro de Companhias"[39].

A liberdade de constituição de companhias, depois do exemplo da Inglaterra, foi instituída por Portugal por lei de 22 de junho de 1867, na França por lei de 24 de julho de 1867, na Alemanha, em 1870, na Itália em 1882, mesmo ano do Brasil[40]. Libertadas de seu caráter público, afastadas da conotação de privilégio e monopólio que marcou seu aparecimento no mundo econômico, as sociedades por ações, a partir de então, começaram a adquirir condições que as tornaram aptas a instrumentar a organização jurídica da grande empresa privada.

O direito das companhias formou-se no século XIX, orientado por um modelo de sociedade empresária democrática. Para isso concorreram a filosofia política e as ideias econômicas então predominantes, que se difundiram nos países do ocidente na segunda metade daquele século. A companhia foi concebida como forma de organização de um grupo de indivíduos (sócios) que se associavam com o fim de exercer em comum a função empresarial.

Segundo Ripert, a sociedade é concebida sob o modelo de Estado democrático. A soberania seria exercida pela assembleia geral da sociedade, que fixa orientação geral dos negócios da sociedade e designa os administradores, que não são representantes dos acionistas, porém órgãos da sociedade[41]. Como observa Galgano, nasce aqui a expressão "democracia acionária", que exprime a analogia estabelecida entre a criação do Estado e da sociedade, criando-se um elo entre a democracia política e a democracia econômica. A filosofia política, que pregava uma classe política dominante subjugada ao sufrágio popular, conjugava-se com uma filosofia econômica que exigia uma classe empresarial submetida ao juízo das assembleias de acionistas[42]. Essa ideia de associação entre democracia acionária e

---

[39] Cf. Schmitt-Hoff, Clive M. e Thompson, James H., *Palmer's Company Law*, 21ª ed., London, Stevens & Sons, 1968, p. 7.

[40] Cf. Lamy Filho, A., e Bulhões Pedreira, A. L., *A Lei das S.A.*, cit., p. 54.

[41] Ripert, Georges, *Aspects Juridiques du Capitalisme Moderne*, 2ª ed., Paris, Librairie Générale de Droit et de Jurisprudence, 1951 [1946], p. 41.

[42] Muitos autores, sobretudo os franceses, associaram a manifestação do acionista ao voto do cidadão, falando em "dever de votar" e criando a ilusão de acionistas interessados e ativos – esquecendo-se que ação se compra e o voto se conta por ação e não por pessoa, o que

democracia política prevaleceu por muito tempo na França, berço dos ideais libertários da democracia, o que, por muito tempo, por exemplo, fez perdurar restrições quanto à celebração de acordos sobre voto[43].

O advento da Revolução Industrial, por sua vez, foi a grande mola propulsora da expansão das companhias, especialmente por sua aptidão nata como instrumento de organização dos fatores de produção. Com efeito, como afirmam Lamy e Bulhões Pedreira, o sucesso da sociedade por ações, desde seu nascimento, em propiciar a concentração, em uma organização produtiva, de capitais financeiros de grande número de pessoas, deve ser atribuído, em sua maior parte, às características da ação – participação societária criada mediante contribuição perpétua para o capital social, de pequeno valor unitário livremente negociável e com limitada responsabilidade dos acionistas. A forma de companhia permitiu a organização de empresas com dimensões que não podiam ser atingidas pelo empresário individual, nem por grupos de empresários com os tipos tradicionais de sociedades comerciais; e a difusão do modelo promoveu, por sua vez, o desenvolvimento dos mercados de valores mobiliários.

A organização dos direitos dos acionistas em participações padronizadas e a possibilidade de cada acionista ser proprietário de várias ações facilita a concentração de poder na companhia. Em regra, todos os acionistas têm direito a participar por meio do voto, mas nem todos efetivamente participam. O princípio majoritário das assembleias gerais permite que um acionista reúna um número suficiente de ações a fim de determinar as deliberações da Assembleia Geral, viabilizando o fenômeno do controle[44].

---

transforma a assembleia em "sacos de dinheiro que votam" (cf. Lamy Filho, A., e Bulhões Pedreira, A. L., *A Lei das S.A.*, cit., p. 153). Como aponta Paillusseau, a "concepção democrática da sociedade esteve em certa voga durante os primeiros decênios desse século [XX]. Percebeu-se, depois, que ela era falsa, e a evolução do direito das sociedades tende, ao contrário, a concentrar e a unificar o poder nas mãos de certas pessoas" (in *La Societè Anonyme, Technique de Organization de l'Entreprise*, Paris, Sirey, 1967, p. 41).

[43] Cf. Ripert, Georges, *Aspects Juridiques*, cit., pp. 96 e ss.

[44] Sobre a fundamentação do princípio majoritário, v. Trimarchi, Pietro, *Invalidità delle Deliberazioni di Assemblee di Società per Azioni*, Milano, Giuffrè, 1958, p. 15; Galgano, Francesco, *Il Principio di Maggioranza nelle Società Personali*, Padova, CEDAM, 1960, pp. 31 e ss.; Gierke, Otto von, *Sulla Storia del Principio di* Maggioranza, in *Rivista delle* Società, Milano, ano 6, 1961, pp. 1063 e ss; Sena, Giuseppe, *Il Voto Nella Assemblea della Società per Azioni*, Milano, Giuffrè, 1961, pp. 2 e ss., Schmidt, Dominique, *Les Droits de la Minorité dans la Société Anonyme*, Paris, Sirey, t. 21, 1970, pp. 24 e ss.

A existência do bloco de controle tem por efeito, por conseguinte, acrescentar à estrutura formal da companhia, definida pelo estatuto social, o papel do acionista controlador, cujo ocupante detém o poder político da sociedade. Esse é de fato, e não de direito: cada ação confere apenas o direito (ou poder jurídico) de voto e o controle nasce do fato da formação do bloco de controle.

Como aponta Salomão Filho, a sociedade anônima da Revolução Industrial consagra princípios societários bastante individualistas. A sociedade passa a ser vista como coisa dos sócios. É o que previa, por exemplo, o *Code de Commerce* francês de 1807, ao estabelecer, entre seus princípios, a absoluta autonomia da Assembleia Geral para definir o interesse social e a organização societária interna. Inaugura-se, assim, um período de extremado contratualismo em matéria de sociedades anônimas[45].

Esse verdadeiro autocentrismo societário só vai ser superado, a partir da segunda metade do século XIX, quando do reconhecimento da necessidade de atração de investimentos para financiar os crescentes desenvolvimentos tecnológicos. O acionista controlador, para permitir a expansão da empresa, se vê obrigado a abrir mão de parcelas de poder, ao buscar oferecer garantias às minorias de participação no processo decisório ou, ao menos, de ter acesso à informação. A grande derrocada desse modelo – que nunca, frise-se, deixou de existir no direito societário – viria com a crise de 1929 e as guerras mundiais, que colocariam em xeque o individualismo societário e que viriam a por as companhias a serviço da reconstrução das grandes nações e do desenvolvimento social[46].

No Brasil, as sociedades anônimas sempre contaram com regras especiais. Mesmo antes de ser promulgado, em 1850, o Código Comercial – que as destacou das demais sociedades nos artigos 295 a 299, chamando-as, inclusive, para esclarecer a divisão, de companhias, em vez de sociedades, que eram estas as que se organizavam de acordo com os artigos 301 e 302 –, o Decreto nº 575, de 10 de janeiro de 1849, já estabelecia que "nenhuma

---

[45] Salomão Filho, Calixto, *Sociedade Anônima: interesse público e privado*, in *Interesse Público*, Porto Alegre, ano 5, nº 5, 2003, p. 75.

[46] É o período que, não à toa, marca o nascimento das teorias institucionalistas da empresa, introduzidas pelo economista alemão Walther Rathenau, que identifica o interesse social com o interesse público (v. a obra *"La Realtà della Società per Azioni – Riflessione Suggerite dall'Esperienza Degli Affari"*, in *Rivista delle Società*, ano 5, fasc. 4-5, julho-outubro, 1960).

sociedade anônima poderá ser incorporada sem autorização do Governo e sem que seja por ele aprovado o contrato que a constitui"[47].

O Código Comercial, por sua vez, deu à sociedade anônima privilégios diversos – em virtude da autorização governamental necessária para sua existência – e princípios diferentes dos que deveriam ser observados pelas demais sociedades. A mesma lógica foi mantida pela Lei nº 1.083, de 22 de agosto de 1860, apesar desta justamente revogar os artigos 295 a 299 do Código Comercial.

A Lei nº 3.150, de 4 de novembro de 1882, por sua vez, além de consagrar o princípio de liberdade de constituição das companhias, introduziu regulamentação inteiramente nova. Referida lei disciplinou, entre outros, a integralização de capital, circulação de ações, publicidade dos atos, prazo de mandato dos administradores, conflitos de interesses e o funcionamento da assembleia geral.

Já durante o período republicano, uma série de decretos retalharam o regime da Lei nº 3.150/82[48], em grande parte como resposta aos efeitos do encilhamento, cuja consolidação resultou no Decreto nº 434, de 4 de julho de 1891, obra de autoria de Veiga Júnior. Referido decreto vigorou por quase meio século, até a edição do Decreto-lei nº 2.627, de 26 de setembro de 1940[49].

---

[47] Nessa fase, em que a sociedade por ações constituía um privilégio outorgado pelo Estado, de acordo com Waldemar Ferreira, as sociedades anônimas no Brasil não passavam de uma dúzia. Entre elas, pode citar "o Banco Troco das Barras de Ouro e a Companhia de Seguros Conceito Público, e, ainda, a Companhia de Mineração dos Anicuns, com sede em Goiás (cujas ações seriam pagas '12$000 em dinheiro e um escravo, de 16 a 35 anos, sem moléstia alguma, com vestimenta e ferramenta')" (Cf. Ferreira, Waldemar, *Tratado de Direito Comercial*, v. 4, São Paulo, Saraiva, 1960, p. 601, e Lamy Filho, A., e Bulhões Pedreira, J. L., A Lei das S.A., cit., p. 105).

[48] São eles: Decretos nº 164 e 165, de 17 de janeiro de 1890 (sendo o primeiro, nos dizeres de Carvalho de Mendonça, cópia servil da Lei nº 3.150/82 – cf. *Tratado de Direito Comercial Brasileiro*, Rio de Janeiro, Freitas Bastos, 1957, nº 877), com assinatura de Marechal Deodoro da Fonseca e o Ministro Ruy Barbosa, nº 850, de 13 de outubro de 1890 (que alterou a legislação sobre a realização do capital da sociedade anônima, em resposta ao encilhamento), nº 997, de 11 de novembro de 1890, nº 1.362, de 14 de fevereiro de 1891, revogado seis dias depois pelo Decreto nº 1.386.

[49] Convém destacar que o Decreto nº 434/91 sofreu duas alterações relevantes na década de 1930, pela edição dos Decretos nº 21.536, de 15 de junho de 1932, e nº 22.431, de 6 de fevereiro de 1933, que, respectivamente, introduziram as ações preferenciais e a disciplina da comunhão dos interesses dos debenturistas.

Festejada obra de Trajano de Miranda Valverde, o Decreto-lei nº 2.627/40 presidiu a formação das sociedades na fase de expansão industrial experimentada pelo país na década de 1950. Contudo, não se deve ignorar o contexto econômico do período em que referido decreto foi concebido, marcado pelos efeitos da Grande Depressão de 1929 e a quase inexistência de atividade bursátil no país. Segundo Lamy e Bulhões Pedreira, "é natural, por tudo isso, que fosse uma lei restritiva, destinada mais às sociedades fechadas que às abertas, inspirada, precipuamente (sic) nos modelos vigentes nos países europeus – notadamente França e Itália – que também não possuíam mercados financeiros com vida intensa (ao menos, não tão intensa quanto a Inglaterra e os Estados Unidos)"[50].

Na década de 1970, após mais de 30 anos de vigência do Decreto-lei nº 2.627/40, o cenário do "milagre econômico" brasileiro exigia mudanças do arcabouço legal vigente. Em resposta a tais demandas, viria então a ser editada a Lei nº 6.404, de 15 de dezembro de 1976.

Por iniciativa do IPEA, em 1971, decidiu-se promover a elaboração de um anteprojeto de reforma da lei das sociedades anônimas. A iniciativa não prosperou à época, especialmente pelo fato de estar sendo debatida, no mesmo período, a redação de um novo Código Civil, unificando todo o Direito Privado. Posteriormente, em 1974, prevaleceu a diretriz do Governo do Presidente Ernesto Geisel de elaboração de lei especial para regular a sociedade anônima, sob a tutela do Ministro da Fazenda, Mário Henrique Simonsen, e do Ministro do Planejamento, João Paulo dos Reis Velloso[51].

Em agosto de 1974, os Ministros da Fazenda e do Planejamento constituíram grupo encarregado de elaborar o Anteprojeto da lei de sociedades por ações (e também o Anteprojeto que resultou na Lei nº 6.385, de 7 de dezembro de 1976, conhecida como a "Lei da CVM"), convidando como seus membros Alfredo Lamy Filho, José Luiz Bulhões Pedreira, Carlos Leoni Rodrigues Siqueira e, por indicação da Bolsa de Valores de São

---

[50] In *A Lei das S.A.*, cit., p. 112. Esta passagem é relevante, inclusive, para a análise que se seguirá, evidenciando a inspiração buscada pelos autores do anteprojeto da LSA na legislação norte-americana e inglesa para introdução de institutos novos na legislação societária brasileira visando à formação da grande companhia nacional de capital aberto.

[51] Sobre o processo de debate entre a codificação da legislação societária e a criação de lei especial para tratar a sociedade anônima, vide exposição dos professores Lamy Filho e Bulhões Pedreira in *A Lei das S.A.*, cit., pp. 131-133.

Paulo, Modesto de Souza Barros Carvalhosa. A partir de outubro de 1974, o trabalho ficou a cargo exclusivamente dos dois primeiros membros[52].

Em 2 de agosto de 1976 era encaminhado ao Congresso o Projeto de Lei que regulava as sociedades anônimas, através da mensagem nº 204. Dentro de um prazo de apenas três meses, referido projeto tramitou pelas duas casas do congresso, sendo então promulgada a Lei nº 6.404, em 17 de dezembro de 1976.

1.2 Pressupostos da Lei das Sociedades Anônimas

No período do pós-guerra, marcado pela reconstrução das grandes economias, o processo de descolonização tardia e a bipolarização entre sistemas capitalistas e socialistas, foi trazido à pauta dos debates o desenvolvimento econômico e subdesenvolvimento[53]. O processo de desenvolvimento econômico, assim como o subdesenvolvimento, suas causas e os meios para superá-los, passaram a ser prioritários na atenção de políticos, intelectuais e empresários.

Algumas premissas, à época, firmavam o consenso a respeito dos meios para se alcançar o desenvolvimento: aumento dos investimentos em capital técnico e humano como fator de crescimento da renda nacional, necessidade de pesados investimentos em infraestrutura, adoção do planejamento como meio de otimizar os investimentos e a relevância do Estado como agente promotor do desenvolvimento, seja como realizador de políticas de bem-estar social, seja como agente de mercado[54].

Ocorre que o aumento da taxa de investimento pressupõe a existência de poupança. Para tanto, sem contar com os recursos provenientes do próprio Estado, o crescimento da taxa interna de poupança depende, entre outros fatores, da consolidação do mercado de capitais – mecanismo

---

[52] Cf. Lamy Filho, A. e Bulhões Pedreira, J. L., *A Lei das S.A.*, cit., p. 134. Modesto Carvalhosa, inclusive, se tornou um dos maiores opositores ao anteprojeto, a ponto de publicar livro inteiramente dedicado às críticas ao projeto de lei (*"A Nova Lei das Sociedades Anônimas, Seu Modelo Econômico"*, 2ª ed., Rio de Janeiro, Paz e Terra, 1977). Posteriormente, o ilustre societarista não apenas se rendeu à nova lei como se tornou um dos maiores comentaristas da LSA ("Comentários à Lei das Sociedades Anônimas, 4 volumes, São Paulo, Saraiva, atualmente em sua 6ª edição (2011)).

[53] Para ilustrar bem o período, a encíclica papal *"Populorum Progressio"*, de 26 de março de 1967, afirmava que *"desenvolvimento é o novo nome da paz"*.

[54] Cf. Campos, Roberto, *Economia, Planejamento e Nacionalismo*, Rio de Janeiro, APEC, 1963, pp. 263 e ss.

eficiente, nas economias desenvolvidas, para estímulo à formação de poupanças voluntárias e sua alocação para as empresas do setor privado. Por isso, acreditavam os responsáveis pela reforma da legislação societária, o desenvolvimento das instituições do mercado de capitais é instrumento importante para o desenvolvimento econômico[55].

Neste cenário, o Programa de Ação Econômica do Governo 1964/1966 (PAEG) previa o estímulo à "abertura de capital das sociedades anônimas, tendo em vista ser esse o melhor sistema para compatibilizar o controle democrático das empresas com a dimensão tecnológica associada à economia de escala". Para tanto, a década de 1960 foi marcada pela edição de legislações criadoras de benefícios fiscais para a abertura de capital, que logo se mostraram infrutíferas[56]. Tanto que, em 1971, o clima de euforia criado pelo desenvolvimento acelerado do "milagre brasileiro", que ensejou o "boom" das bolsas de valores e a desenfreada atividade especulativa, também resultou em acentuada queda das cotações e do volume de negócios.

A subsequente crise nas bolsas de valores brasileiras evidenciou a necessidade de substituir o Banco Central por um órgão especializado na disciplina do mercado de capitais, a Comissão de Valores Mobiliários, bem como a de reforçar a proteção dos minoritários e do público investidor.

Persistia, ainda, a necessidade de desenvolvimento concreto do mercado primário de ações, para viabilizar o modelo de sistema econômico misto, sustentado pelo Estado e pelas empresas privadas, de forma tal que estas pudessem encontrar o volume de capital de risco necessário para promover projetos com a dimensão reclamada pela nova escala da economia brasileira.

Somem-se a isto os reclamos da classe empresarial pela falta de instrumentos adequados para a formalização de *"joint ventures"* com o capital estrangeiro, notadamente o acordo de acionistas, bem como, relativamente aos investidores institucionais – principalmente administradores de fundos de investimento e sociedades de investimento –, pela deficiência das demonstrações financeiras e sua divulgação.

---

[55] Cf. Lamy Filho, A. e Bulhões Pedreira, J. L., *A Lei das S.A.*, cit., p. 118.

[56] A Lei nº 4.506/64, por exemplo, em seu artigo 39, definia como companhia aberta aquela com ações efetivamente cotadas em bolsa e cujo capital com direito a voto pertencesse, na porcentagem mínima de 30%, a mais de 200 acionistas, pessoas físicas ou fundos mútuos, com participação máxima de 3% cada um. O parágrafo único previa ainda o aumento anual da porcentagem até 45% e do número de acionistas para 500. Esta foi a fase, bastante representativa do período político de então, de "dispersão acionária por decreto".

Estava, assim, criado o cenário para reforma do Decreto-lei nº 2.627/40, então entendido como incapaz de suportar as demandas políticas, econômicas e sociais do período.

O anteprojeto da Lei nº 6.404/76, como orientação geral, teve presentes, entre outros, os seguintes objetivos: (i) criar modelo de companhia adequado à organização e ao funcionamento da grande empresa privada, requerida pelo estágio da economia brasileira de então; (ii) definir o regime das companhias abertas de forma que contribua para aumentar a confiança e o interesse do público investidor nas aplicações em valores mobiliários e, consequentemente, para reconstruir o mercado de ações; (iii) colocar à disposição do empresário o maior número de opções na emissão de títulos e valores mobiliários, como instrumentos de capitalização da empresa, e assegurar liberdade – até o limite compatível com a necessidade de proteger credores, acionistas minoritários e investidores do mercado – na organização e estruturação financeira da companhia; (iv) em contrapartida dessa liberdade de organização, definir os deveres dos administradores e acionistas controladores, nacionais e estrangeiros, e instituir sistema de responsabilidade efetivo e apropriado à função social do empresário, de que resultam deveres para com os acionistas minoritários, a empresa, os que nela trabalham e a comunidade em que atua; e (v) observar a tradição brasileira na matéria, que vem do direito continental europeu, mas aceitar as soluções úteis do sistema anglo-americano, que por força da aceleração das trocas internacionais, cada vez mais se impõem na Europa e crescem em difusão entre nós[57].

Lamy e Bulhões Pedreira, autores do anteprojeto, acreditavam na possibilidade da ordem jurídica condicionar e promover a vida econômica, como fica claro ao citarem Carlo Emilio Ferri: "talvez nenhum outro instituto jurídico mergulhe suas raízes tão profundamente no 'húmus' da vida econômica quanto a companhia, e, pelas consequências que provocou, parece evidenciar que nem sempre a organização econômica que gera o direito, mas, muita vez, a ordem jurídica condiciona e promove a vida econômica"[58]. Ainda, segundo referidos autores, "o anteprojeto foi elaborado no reconhecimento da necessidade de uma reforma cultural, como condição para a

---

[57] Cf. Lamy Filho, A. e Bulhões Pedreira, J. L., *A Lei das S.A.*, cit., p. 135.
[58] In *"La Società per Azioni come Strumento dello Sviluppo Economico"*, in *La Riforma delle Società per Azioni*, v.1, Como, Pietro Cairoli, 1965, p. 15, apud Cf. Lamy Filho, A. e Bulhões Pedreira, J. L., *A Lei das S.A.*, cit., p. 19.

criação do mercado primário de ações. Por isso, procurou definir os direitos dos acionistas, e dos administradores, e fixar-lhes o comportamento nas unidades empresariais e nos grupamentos societários, adotando soluções ou criando normas com o objetivo precípuo de modificar as ideias, crenças, os padrões de comportamentos e os valores errados do nosso sistema cultural, a fim de restaurar as condições básicas para o funcionamento da S.A. e permitir a criação da grande empresa privada nacional"[59].

O fato é que, na visão dos autores do anteprojeto, no estágio de desenvolvimento de então da economia brasileira: (i) as alternativas para execução dos grandes projetos de investimento estavam reduzidas ao Estado e às empresas estrangeiras ou multinacionais; e (ii) as participações de empresas privadas nacionais em projetos desse vulto, quando ocorrem, são tentativas sem fundamentação econômica sólida e traduzem apenas o esforço do Estado em preservar no país um modelo de economia mista[60].

Sob a influência de Galbraith, os aludidos autores sustentam que o aumento da dimensão das empresas é um imperativo da tecnologia moderna, pois somente a organização de grande porte pode reunir a quantidade de técnicos especializados necessários para planejar e executar todo o processo industrial, desde a invenção e produção do bem econômico até a criação do mercado em que é vendido[61].

Ainda, no entendimento de Lamy e Bulhões Pedreira, a existência do acionista controlador da companhia facilita a concentração do poder empresarial de diversas empresas: as fusões e incorporações de companhias, deliberadas pela maioria dos acionistas, permitem unificar empresas sem aplicação adicional de capital, reunindo na mesma companhia vários grupos empresários e a centralização do poder de controle de diversas companhias – através de *voting trusts*, *holdings* e grupos de sociedades – permite concentrar poder empresarial sem unificar grupos empresários nem empresas[62].

---

[59] Cf. Lamy Filho, A. e Bulhões Pedreira, J. L., *A Lei das S.A.*, cit., p. 152.

[60] Idem, p. 140. Ainda, para os mencionados autores, "a dimensão do país e dos projetos de investimento mudou, e os métodos de 1950 não funcionam mais: para assumir a responsabilidade de qualquer projeto de significação o empresário privado nacional precisa hoje demonstrar capacidade de aplicar capital de risco em volume várias vezes superior aos lucros anualmente gerados por suas empresas. E como precisa da maior parte desses lucros para expandir as empresas já em funcionamento, não tem a menor chance de aproveitar as oportunidades de investimento que se lhe apresentam".

[61] Ibidem, p. 62.

[62] Cf. Lamy Filho, A. e Bulhões Pedreira, J. L., *A Lei das S.A.*, cit., p. 63.

1.3 Influências do Direito Comparado

Uma vez conhecidos os pressupostos da concepção da LSA, verificar as fontes das quais os legisladores foram buscar inspiração é de extrema relevância para melhor compreender o processo de transformação buscado pela reforma então em andamento. A lei então em estágio de concepção não poderia simplesmente ser uma resposta à evolução das práticas comerciais ou uma mera adequação à realidade. Ela precisava ser *transformadora* da realidade, contradizendo a maior parte da história da positivação da sociedade anônima.

Por isso, a Lei das Sociedades Anônimas pode ser considerada uma lei à frente de seu tempo, especialmente se considerarmos a cronologia evolutiva *brasileira*. A lei foi inovadora, em grande parte, porque, como visto acima, foi concebida como instrumento de transformação econômica[63] e até cultural. Para tanto, seus autores não estiveram alheios às transformações legislativas em matéria societária ocorridas no mundo, buscando inspiração tanto no direito continental europeu quanto no direito anglo-saxão.

Ao longo do século XX, no período que antecedeu à reforma do Decreto-lei nº 2.627/40, a maioria dos países da Europa Continental, assim como Inglaterra e EUA, empreenderam reformas legislativas visando ao aperfeiçoamento do modelo de companhia empresária democrática delineado no século anterior. As legislações do pós-guerra, de forma geral, voltaram-se para a administração das companhias, estabelecendo regras de comportamento dos gestores e de prevenção quanto a conflitos de interesses, bem como assegurando a participação das minorias, por meio do voto múltiplo.

Na França, em 1966, a nova lei de sociedades comerciais (Lei nº 66.537, de 24 de junho) derrogou toda a legislação anterior, inclusive os dispositivos ainda em vigor do Código de Comércio de 1807 e da lei de 1867. Uma das

---

[63] Segundo Lamy Filho, "como organização jurídica da grande empresa na sociedade democrática aberta, o funcionamento da S.A. concerne a toda a economia do país, ao crédito público, às várias instituições econômicas, ao próprio sistema econômico-financeiro nacional: bancos e sociedades de investimento, bolsas de valores, estímulos à poupança e incentivos fiscais, favorecimento de fusões e incorporações, facilidades para a abertura de capital, compõem um só e mesmo quadro, de esforço para o desenvolvimento econômico e atualização de instituições, que requer tratamento orgânico e sistemático. Uma nova lei de S.A. não pode ser, portanto, e apenas, um aperfeiçoamento da instituição existente, uma consolidação ou renumeração de normas vigentes, mero "fato técnico-legislativo", porque (a síntese é da exposição de motivos ao projeto italiano de reforma: 'Constitui, antes de tudo, um elemento de política econômica, e, generalizando mais, um fato político'" (in Temas de S.A., cit., p. 49).

principais inovações na legislação francesa se refere à administração das companhias, segregada em dois órgãos distintos: a diretoria, responsável pela marcha da empresa, e o conselho de vigilância (*Conseil de Surveillance*), encarregado de representar e defender os acionistas[64]. Ainda, a legislação francesa introduziu dispositivos que em alguma medida influenciaram o legislador brasileiro, tais como a disciplina da fusão e cisão de sociedades (artigos 371 a 374) e o reforço do controle da sociedade e da informação aos acionistas.

Na Itália, o regime das sociedades por ações constante do Código de Comércio de 1882 foi substituído pelo Código Civil de 1942, parcialmente reformado por lei de 1974, que instituiu as ações de poupança (*azioni di risparmio*)[65] – sem direito a voto – e regulou a emissão de obrigações conversíveis em ações, a participação recíproca, a publicação de demonstrações financeiras e o funcionamento dos órgãos sociais. Outros países, como Alemanha, Áustria e Holanda também permitiam ações preferenciais sem direito a voto, nas quais esse direito tem por contrapartida vantagens patrimoniais, como prioridade na distribuição do lucro ou rateio do patrimônio líquido. Do direito italiano, ainda, além da tradicional inspiração contratualista sobre a sociedade, a LSA foi buscar, por exemplo, inspiração no direito de recesso[66]. Convém notar – o que é relevante para os propósitos deste trabalho – que na Itália, ao menos no Código Civil de 1942, como aponta Visentini, "o fenômeno da grande sociedade possuída pelo público foi quase de todo ignorado pelo legislador"[67].

Na Alemanha, em 1965, foi editada nova lei acionária, em substituição à lei de 1937, e, embora tenha mantido o lineamento da lei anterior,

---

[64] Tal solução, contudo, decorre do direito alemão, que previa a segregação em diretoria (*Vorstand*) e órgão representativo do capital (*Aufsichtsrat*). Segundo Hamiaut, poder-se-ia ver nas insuficiências do Direito Comercial francês uma das causas da fraqueza do capitalismo na França, comparado com os sistemas capitalistas anglo-saxões. Defendia, assim, o direito alemão como parâmetro para adoção como modelo a ser seguido pelos países do então Mercado Comum Europeu, considerando, nesta análise, a proximidade entre os sistemas romano-germânicos (in La *Reformè des Sociètès Commerciales*, vol. II, Paris, 1966, p. 52).

[65] Importante notar que a ação preferencial brasileira tem origem no direito continental europeu, afastando-se da ação preferencial do direito norte-americano, que representa título de quase dívida, assegurando apenas direito a dividendo fixo, sujeito às aprovações do *board*.

[66] O direito de recesso foi introduzido, na Itália, pelo Código de Comércio de 1882, que, em seu artigo 158, reconhecia à minoria dissidente o direito de retirar-se da sociedade em determinadas hipóteses. Atualmente o assunto está regulado no artigo 2.437 do Código Civil italiano.

[67] In *La reforma delle Società di Capitale in Italia*, vol. I, 1968, p. 28.

introduziu modificações significativas, em especial em matéria de proteção das minorias, da publicidade e dos grupos empresariais (*Konzern*). Importante destacar que referida lei sofreu diversas modificações, em especial da lei do *Mitbestg*, de 4 de maio de 1976, que disciplinou o instituto da codeterminação (ou cogestão, expressão já tradicional entre nós). A reforma da lei alemã também teve influencia significativa sobre o processo de concepção da LSA, especialmente ao debruçar-se sobre os seguintes temas: (i) reforço do acionista frente aos órgãos de direção, assegurando-lhes o máximo de informação; (ii) proibição de voto plural; (iii) manutenção do exercício do direito de voto pelos bancos depositários de ações; (iv) regras de publicidade prévia às assembleias; (v) disciplina dos grupos societários, como já mencionado; e (vi) disciplina do abuso de maioria.

Na Inglaterra, entre 1900 e 1967, foram promulgados cinco *Companies Act*, além de três *Companies Consolidation Acts*. Robert Pennington bem resume as preocupações inerentes às reformas legislativas que precederam ao *Companies Act* de 1967: "no século passado, toda a luta do legislador foi para proteger os investidores contra a fraude de incorporadores e gestores; desde o *Companies Act*, de 1929, reduziu-se muito o número dessas fraudes, mas isto se deveu, principalmente, aos altos padrões de auditoria e contabilidade impostos pelas bolsas de valores às companhias; (...) os problemas atuais consistem, principalmente, em assegurar gestão eficiente e que os acionistas sejam suficientemente informados do que se passa no interior da companhia para que possam decidir sobre manutenção ou não das ofertas dos *takeovers bids*"[68].

Já nos EUA, todos os Estados reformaram suas leis societárias ao menos uma vez no século XX[69]. Nos EUA, a LSA foi buscar inspiração no regramento das *proxies* para disciplinar o mandato para representação nas assembleias (disciplina em que a LSA também se inspirou no direito alemão, especialmente quanto à representação por instituições financeiras), bem como em matéria de distribuição de dividendos mínimos obrigatórios.

Por sinal, boa parte das inovações da LSA proveio do direito anglo-saxão: as *"joint ventures"* (que influenciaram a disciplina do acordo de acionistas), a oferta pública de ações, as ações sem valor nominal, o capital autorizado, a emissão pública de debêntures e suas diversas espécies, o agente fiduciário

---

[68] In *Company Law*, Londres, s/e, 1967, p. V.
[69] Cf. Lamy Filho, A. e Bulhões Pedreira, J. L., *A Lei das S.A.*, cit., p. 73.

(*trustee*), o certificado de depósito de valores mobiliários, as cédulas de debêntures, o voto cumulativo, os bônus de subscrição, entre outros.

Os autores do anteprojeto foram, inclusive, criticados pela OAB-RJ por procurar transplantar para a lei societária brasileira figuras e institutos da prática econômica norte-americana, ausentes da tradição das práticas comerciais brasileiras[70].

Já em matéria de poder de controle, a LSA foi em grande medida inovadora. O fenômeno da companhia com acionista controlador já vinha sendo analisado pela doutrina e jurisprudência estrangeira há anos, mas antes da Lei nº 6.404/76 não havia sido reconhecido nas legislações vigentes por ser uma função de fato e não um cargo formal da estrutura legal da organização da companhia e porque, em geral, o acionista controlador é o principal administrador da companhia. A LSA inovou a legislação das companhias ao precisar a definição de acionista controlador (indo além, portanto, da vaga definição de "influência dominante" do direito alemão e italiano), bem como ao atribuir-lhe deveres e responsabilidades, ganhando verdadeiro *status* jurídico. Este, aliás, é um dos principais pilares do modelo estrutural concebido pela lei, como será visto a seguir.

Importante notar aqui que os efeitos da dispersão acionária não eram desconhecidos dos autores do anteprojeto da LSA. Não só pela influência dos estudos de Berle e Means empreendidos no inicio do século XX, mas pela percepção da influência da ruptura da relação de risco e poder empresarial nas reformas legislativas europeias. A legislação alemã de 1937, por exemplo, foi uma das primeiras a relativizar o principio da soberania da assembleia geral, que ficara restrita à eleição do conselho de vigilância (*Aufsichtsrat*), que passou a ter competência para eleger o órgão administrativo (*Vorstand*)[71].

Não se pode necessariamente concluir, portanto, que a escolha do modelo de concentração de poder da sociedade anônima brasileira decorreu exclusivamente de influências do Direito Comparado, pois o legislador nacional buscou institutos em ordenamentos marcados tanto pelo sistema de concentração acionária – tradicionalmente França, Itália e Alemanha – quanto de dispersão acionária – EUA e Inglaterra. Inclusive dispositivos da LSA, como aqueles relativos à oferta pública de aquisição do controle, somente fazem sentido em situações de dispersão acionaria. A escolha do

---

[70] Ofício de 19 de março de 1976 dirigido ao Presidente da República.
[71] Cf. Lamy Filho, A. e Bulhões Pedreira, J. L., *A Lei das S.A.*, cit., p. 81.

modelo foi feita antes, a partir dos pressupostos acima delineados, quando se estabeleceu o objetivo de se formar a "grande empresa nacional". É este modelo que será estudado a seguir.

1.4 O modelo de sociedade anônima na Lei nº 6.404/76

Miguel Reale, em seu Direito como Experiência, partindo do conceito sociológico e jurídico de estrutura, apontava para importância do desenvolvimento de uma teoria jurídica dos modelos. Na definição do eminente mestre, modelo de direito é "estrutura normativa que ordena fatos segundo valores, numa qualificação tipológica de comportamentos futuros, a que se ligam determinadas consequências instauradas em virtude de um ato concomitante de escolha e decisão"[72].

A compreensão funcional dos modelos jurídicos é fundamental para este trabalho, porque se pretende mostrar que o modelo societário vigente e seus pressupostos vêm se transformando. Se o modelo clássico concebido pelo legislador correspondeu ao momento culminante da elaboração lógico operacional que expressou determinadas convicções num dado momento, com a superação deste modelo, impõe-se a adaptação. A tendência de imobilizar a evolução jurídica, uma vez concluído o processo de positivação de um modelo, deve ser superada, pois a vida deste obedece a uma temporalidade concreta, segundo as mutações da estrutura social e dos valores da comunidade[73].

Pois, como visto, há quase quatro décadas era editada a Lei nº 6.404/76, tendo como um de seus objetivos estimular a formação da "grande empresa" nacional[74]. Inegável, na visão de seus autores, que a reforma da LSA então vigente (Decreto-lei nº 2.267, de 26 de setembro de 1940) era um importante instrumento de política econômica, reconhecendo a importância do tratamento da grande empresa de modo orgânico e sistemático para alcançar o desenvolvimento nacional[75].

Concebeu-se, assim, um novo sistema, que reconhece a sociedade anônima como "técnica de organização da empresa", fortemente inspirado nas

---

[72] Reale, Miguel, O Direito como Experiência, 2ª ed., São Paulo, Saraiva, 1999, p. 162.

[73] Cf. Munhoz, Eduardo Secchi, *Empresa Contemporânea e Direito Societário. Poder de Controle e Grupos de Sociedades*, São Paulo, Juarez de Oliveira, 2002, p. 14,

[74] Cf. Exposição de Motivos nº 196, de 24 de junho de 1976, do Ministério da Fazenda, em especial os itens 4 e 5. A expressão "grande empresa nacional" é utilizada por diversas vezes pelos autores do anteprojeto da LSA em sua obra A Lei das S.A., cit..

[75] Cf. Lamy Filho, Alfredo, *Textos sobre a Reforma da S.A.*, in *Temas de S.A.*, cit., p. 49.

reformas da legislação acionária então ocorridas na França, Alemanha e Itália, bem como na disciplina das *corporations* na Inglaterra e Estados Unidos[76].

Segundo Lamy, o objetivo principal da reforma era propiciar a formação e a gestão eficiente e responsável da grande empresa[77]. Para tanto, o legislador utilizou duas premissas: o estímulo à concentração empresarial e o fomento do mercado de capitais (tanto o mercado acionário, quanto o de títulos de dívida[78])[79].

Note-se, como visto acima, que o fenômeno da dispersão acionária e seus efeitos nem de longe era desconhecido dos autores do anteprojeto da LSA[80]. Contudo, o estágio evolutivo das companhias brasileiras era tão incipiente que não faria qualquer sentido, à época, criar uma disciplina complexa ou mesmo querer organizar a empresa sob a premissa da dispersão acionária[81]. Ademais, acreditavam os autores que "não há empresa que sobreviva sem estabilidade de direção, e é a existência do acionista controlador que cria a estabilidade na companhia de mercado que não atingiu o estagio da macroempresa institucionalizada"[82], como era o caso da massacrante maioria das empresas brasileiras no período.

Partindo-se das premissas acima, concebeu-se um modelo. Conforme ensina Tavares Guerreiro, "o modelo se fundava na segregação de ações votantes, de um lado, e de ações preferenciais não votantes, de outro, que haveriam de permitir a consolidação da dicotomia controle da empresa/capital não votante difuso. O controle seria assegurado mediante parcelas relativamente modestas do capital total em mãos do acionista controlador, individual ou plúrimo, ao passo que a capitalização em massa adviria da participação de investidores de mercado, com o que se estruturava a companhia com base, precisamente, numa engenharia de

---

[76] Idem, pp. 50 a 57. V. Paillusseau, Jean, *La Société Anonyme*, cit.
[77] Ibidem, p. 57.
[78] A Lei das Sociedades Anônimas modernizou consideravelmente, por exemplo, a legislação sobre emissão de debêntures e bônus de subscrição, e ainda previu a criação de outros títulos, como certificados de depósito, opções e partes beneficiárias.
[79] Cf. Salomão Filho, Calixto, *O Novo Direito Societário*, cit., pp. 36-37.
[80] Vide, por exemplo, a análise feita sobre a "Grande S.A. Moderna" e os efeitos da dissociação entre propriedade e controle que, em consequência, operam a "ascensão social da classe de administrador, que muita vez sem ter uma só ação da sociedade passou a exercer todo o poder de dono – *managerial revolution*" (Cf. Lamy Filho, A., e Bulhões Pedreira, J. L., *A Lei das S.A.*, cit., p. 145).
[81] Nem por isso referidos autores deixaram de pensar e criar institutos que só fazem sentido no contexto de dispersão, tal como a oferta pública de aquisição de controle (art. 263 e ss. da LSA).
[82] Cf. Lamy Filho, A., e Bulhões Pedreira, J. L., *A Lei das S.A.*, cit., p. 185.

soluções equilibradas"[83]. Importante notar que o controle exercido a partir de tais parcelas modestas do capital era possível graças à emissão de ações preferenciais sem direito a voto no montante de até 2/3 do capital social sendo, contudo, fundado na propriedade da porção majoritária das ações com direito a voto. O modelo consagra, portanto, a dicotomia da relação entre maioria e minoria, expressa no antagonismo entre controladores e não controladores, considerada a "pedra de toque do sistema anonimário", refletindo a influencia do pensamento dominante nos países que serviram de inspiração para a LSA[84].

Assim, a LSA introduziu regras favoráveis à formação de grupos de empresas, de fato e de direito (respectivamente, artigos 243 a 250 e 265 a 279), e se estruturou em torno do poder de controle. Desse modo, referida lei define quem é o acionista controlador (artigos 116, 243, §2º e 265, §1º) e fixa a soberania da assembleia geral (artigos 121 e 122) – em que a vontade do controlador é manifestada diretamente –, atribui deveres e responsabilidades (artigo 116, parágrafo único, artigos 117 e 246) e cria instrumentos legais para assegurar o efetivo poder do acionista controlador. O primeiro deles é o acordo de acionistas, cuja amplitude e efetividade foram posteriormente ainda mais reforçadas pela reforma da LSA pela Lei nº 10.303, de 31 de outubro de 2001. A lei ainda assegura a preponderância dos representantes do acionista controlador no Conselho Fiscal e nos órgãos de administração (posteriormente ainda mais reforçada pela introdução do §7º, no artigo 141, pela Lei nº 10.303/01). Por fim, a vontade original dos autores do anteprojeto de lei que deu origem à LSA era assegurar ao acionista controlador o prêmio pela alienação de controle, como contrapartida, inclusive, dos deveres e responsabilidades a ele atribuídos, o que então era uma das grandes novidades introduzidas pela lei[85]. Essa vontade foi superada pela emenda do senador Otto Cyrillo

---

[83] Guerreiro, José Alexandre Tavares, *Sociedade Anônima: dos Sistemas e Modelos ao Pragmatismo*, in Monteiro de Castro, Rodrigo Monteiro, e Azevedo, Luís André N. de Moura (org.), *Poder de Controle*, cit., p. 21.

[84] Com exceção dos Estados Unidos, onde Berle e Means, já no inicio do século XX, conseguiram captar o fenômeno da dispersão acionária, os demais países (mesmo na Inglaterra, onde a dispersão foi menos intensa) viviam a realidade da concentração acionária.

[85] A respeito, v. entrevista de Alfredo Lamy Filho, coautor do anteprojeto da LSA, na edição comemorativa dos 30 anos da publicação da Lei das Sociedades Anônimas da Revista Capital Aberto (*30 Anos – Lei das S.As. – As Histórias, Reformas e Controvérsias que Marcaram as Três Décadas da Legislação Societária Brasileira*, edição especial, 2006, pp.11-20).

Lehmann, que resultou na redação do artigo 254 da LSA, posteriormente revogado na primeira reforma da lei, pela Lei nº 9.457, de 5 de maio de 1997, e parcialmente reintroduzido pela Lei nº 10.303/01, como o atual artigo 254-A. Hoje, o adquirente do controle derivado está obrigado a fazer oferta pública de aquisição de ações com direito a voto de propriedade dos demais acionistas da companhia, de modo a lhes assegurar o preço mínimo igual a 80% do valor pago por ação com direito a voto, integrante do bloco de controle. Ou seja, presume-se um prêmio de controle de 20% ao acionista controlador[86].

Nota-se, assim, a criação pela lei de variados incentivos para a concentração do poder de controle[87]. Essa concepção da lei nada mais é que um produto da história do desenvolvimento econômico brasileiro, que se estrutura em torno do poder econômico desde o período colonial[88]. Inicialmente, e em muitos lugares até hoje, a propriedade de terras era sinônimo de *status*. Posteriormente, com o desenvolvimento econômico, a propriedade da empresa assumiu lugar de destaque na aquisição de *status* social. Isso contribuiu para formação de uma cultura brasileira de "propriedade" sobre os bens sociais, ou seja, os acionistas controladores tendem a conduzir a empresa como se fosse sua[89] e não da própria socie-

---

[86] O artigo 254 da LSA e suas posteriores alterações, incluindo a introdução do aludido artigo 254-A, é objeto de uma das maiores polêmicas em torno da Lei das Sociedades Anônimas, ainda hoje longe de ser pacífica. Jorge Lobo apresenta um resumo do histórico e das posições em torno do referido dispositivo legal (in *Interpretação realista da alienação de controle de companhia aberta*, in *RDM*, n. 124, pp. 90-100). V. também Prado, Roberta Nioac, *Oferta Pública de Ações Obrigatória nas S.A. – Tag Along*, São Paulo, Quartier Latin, 2005 e capítulo 5 de Comparato, Fábio K. e Salomão Filho, Calixto, *O Poder de Controle na Sociedade Anônima* (1976), 4ª ed., Rio de Janeiro, Forense, 2005.

[87] De acordo com estudo de Dyck e Zingales, baseados em uma amostra de 412 operações de venda de controle realizadas em 39 países entre 1999 e 2000, os benefícios privados de controle atingem 65% do valor da empresa no Brasil, o valor mais elevado de todos os países analisados (Dyck, I. J. Alexander, e Zingales, Luigi, *Private Benefits of Control: An International Comparison*, NBER Working Paper n. 8711, 2002, disponível [on-line] in http://www.nber.org.papers/w8711 (c. 20.6.11).

[88] V. Furtado, Celso, *Formação Econômica do Brasil*, 22ª ed., São Paulo, Nacional, 1987, pp. 13 e ss. e também Holanda, Sérgio Buarque de, *Raízes do Brasil*, edição comemorativa de 70 anos, São Paulo, Companhia das Letras, 2006, pp. 185 e ss.

[89] Sobre o impacto da cultura como fator determinante para o desenvolvimento do mercado de capitais, ver o trabalho de Gorga, Erica Cristina Rocha, *A Cultura Brasileira como Fator Determinante na Governança Corporativa e no Desenvolvimento do Mercado de Capitais*, 2003, disponível [on-line] in http://www.ibgc.org.br/ibConteudo.asp?IDp=332&IDArea=1107 (c. 20.6.11).

dade anônima, pessoa jurídica distinta da pessoa dos acionistas, cujo capital normalmente é formado ao custo da contribuição de outros acionistas[90].

Em contrapartida, como forma de viabilizar a captação de recursos pelas companhias por meio do mercado de capitais e estabelecer um sistema de compensações em função do poder extremado do controlador, foram criados direitos para proteger os acionistas minoritários. Uma das medidas tomadas, conforme ensina Salomão Filho, foi a institucionalização dos poderes e deveres do acionista controlador e dos administradores, de que a redação do parágrafo único do artigo 116 da LSA é notório exemplo[91]. Esses direitos de proteção aos minoritários podem ser classificados, de forma geral, como "direitos à informação" e "direitos de saída"[92].

Como o acionista minoritário acaba sendo excluído das decisões sobre o rumo da empresa, a lei procura lhe assegurar informações suficientes sobre o seu desempenho e o desempenho do acionista controlador e dos administradores. Entre os "direitos à informação", podem ser citados como exemplos a publicidade dos atos societários, fatos ou atos relevantes, demonstrações financeiras e interesses relativos à companhia (artigos 116-A, 124, 126, §3º, 133, 157, 176, §1º, 225, 243, §3º, 247 e 275 da LSA, entre outros)[93]. Por outro lado, a LSA também procurou tutelar a rápida saída do acionista minoritário da companhia, caso queira realizar seus ganhos ou caso veja seus interesses prejudicados em função dos rumos imprimidos à companhia pelo acionista controlador. São clássicos exemplos dos "direitos de saída" o direito de retirada (artigo 137, 221, 230, 256, §2º e 270, parágrafo único, da LSA) e as ofertas públicas de aquisição de ações para cancelamento de registro de companhia aberta (artigo 4º, §4º, da LSA), por aumento de participação do controlador (artigo 4º, §6º, da LSA) e em decorrência da alienação do controle (artigo 254-A da LSA).

Ora, diante dessa configuração de direitos de proteção, somos induzidos a pensar no acionista minoritário como um elemento externo à

---

[90] Estudo promovido pela Korn Ferry International e Mckinsey & Company sobre *corporate governance* no Brasil concluiu que *"many controlling shareholders would still prefer to keep control of their companies, even at the cost of achieving higher ambitions and with the possibility of restricting the long term value maximization of the company"* (in *An Overview of Corporate Governance in Brazil*, 2001, disponível [on-line] in www.kornferry.com.br/upload/informacao/KF_McK_govern_Ing.pdf (c. 20.12.06)).

[91] Cf. *O Novo Direito Societário*, cit., p. 37.

[92] Idem, p. 56.

[93] Para outros exemplos importantes, v. Salomão Filho, Calixto, ibidem, p. 56.

sociedade, cuja função é unicamente colocar seu capital à disposição do acionista controlador. Assim, a lei privilegia o investidor do tipo especulador[94], preocupado em realizar seus ganhos e em poder entrar e sair de um investimento com rapidez, em detrimento do investidor de longo prazo, preocupado com os rumos da organização empresarial. Embora o investidor especulador seja importante para conferir liquidez ao mercado acionário, sem dúvida o segundo tipo de investidor desempenha papel de maior importância para a maturação do mercado de ações.

Eis, portanto, o modelo sintético da sociedade anônima brasileira buscado e amparado pela LSA: centrado na figura do acionista controlador como verdadeiro protagonista da vida societária, titular de participação acionária que lhe permita, com segurança, comandar os desígnios da empresa, tendo os administradores a seu serviço, sejam eles conselheiros ou diretores, um conselho fiscal quase inócuo e o acionista minoritário como coadjuvante, um "mal necessário" para o financiamento da grande empresa, o qual sozinho o acionista controlador não é capaz de suportar. Com inúmeros benefícios particulares[95] ao acionista controlador, o resultado dessa estrutura societária criada pela LSA contribuiu, assim, para a elevada concentração acionária no Brasil[96], conforme será visto adiante. Antes, analisar-se-á, com pormenor, a figura central deste modelo, o acionista controlador e o respectivo poder de controle.

---

[94] Especulador é o investidor que negocia em qualquer mercado, com o objetivo de auferir lucros em curto prazo, aproveitando uma situação temporária do mesmo mercado (*Vocabulário de Mercado de Capitais,* Comissão Nacional de Bolsas de Valores – CNBV, Belo Horizonte, 1993). Portanto, dadas as suas características, este tipo de investidor precisa ter garantidas a liquidez e a transitoriedade do investimento.

[95] Sobre benefícios privados do controle, v. item 4.2 abaixo.

[96] Seria ingenuidade acreditar que a estrutura da LSA foi a única responsável pela concentração acionária no Brasil e ignorar outros fatores que certamente influenciam esse quadro, como as elevadas taxas de juros, sucessivas crises econômicas internas e internacionais, políticas monetárias, risco político, insegurança jurídica, entre outros (sobre os problemas que afetam o desenvolvimento do mercado de capitais brasileiro, ver trabalho de Black, Bernard S., *Strengthening Brazil's Securities Markets,* in RDM, n. 120, pp. 41-55). O autor identifica 25 pontos que afetam o desempenho do mercado acionário e conclui que muitos deles se verificam no Brasil (dos quais se discorda em parte; o texto foi originalmente produzido em 2000; desde então, diversos pontos foram solucionados pelas regras do Novo Mercado).

Capítulo 2
O poder de controle na Lei das Sociedades Anônimas

2.1 A doutrina do poder de controle como centro de imputação de deveres e responsabilidades

Comparato, em sua célebre obra *O Poder de Controle na Sociedade Anônima*[97], identifica dois grandes núcleos de poder sobre as companhias: o controle interno e o controle externo[98]. Para os propósitos do presente

---

[97] V. nota 86 supra. O livro foi originalmente publicado em 1976, apenas com a autoria de Comparato. Em 2005, a quarta edição do livro teve a coautoria de Salomão Filho, por meio da edição de notas com comentários ao texto de Comparato, em notável exemplo de humildade científica deste último.

[98] Conforme o referido autor, no controle interno, "o titular do controle atua no interior da sociedade (*ab intus*), lançando mão dos mecanismos de poder próprios da estrutura societária, notadamente a deliberação em assembleia". No controle externo, por sua vez, "o controle pertence a uma ou mais pessoas, físicas ou jurídicas, que não compõem quaisquer órgãos da sociedade, mas agem de fora (*ab extra*)" (*O Poder de Controle*, cit., p. 48). Embora não expressamente reconhecida pela Lei nº 6.404/76, a existência do controle externo, como um poder de fato, é inegável (Comparato, por outro lado, cita diversos exemplos de reconhecimento pelo legislador, em outros diplomas legais, da existência de influências dominantes que resultam no controle externo). Como exemplos estrangeiros, pode-se citar o §117 da lei acionária alemã, pioneira no reconhecimento do controle externo, e o artigo 2.359 do Código Civil italiano, com nova redação dada pelo Decreto Legislativo nº 127, de 9 de abril de 1991(*O Poder de Controle* cit., pp. 92-103). Variados são os exemplos em que o controle externo se manifesta, especialmente nas situações de endividamento das companhias ou no caso das concessionárias de serviços públicos sujeitas a forte intervenção do poder concedente ou ainda das sujeitas a regimes de intervenção extrajudicial (sobre outros

estudo, interessará, neste momento, a análise mais detida do controle *interna corporis*[99].

A definição de poder de controle interno na sociedade anônima é normalmente feita em função da assembleia geral, uma vez que esta é o órgão primário da sociedade anônima, que investe todos os demais órgãos e constitui a última instância decisória da companhia[100]. Petitpierre-Sauvain, por sua vez, aponta que o poder de controle interno parece ser uma "emanação do poder majoritário, poder de decidir nas assembleias e de eleger a maioria dos administradores"[101].

A definição de acionista controlador é consagrada na Lei das Sociedades Anônimas, em seu artigo 116: "entende-se por acionista controlador a pessoa, natural ou jurídica, ou o grupo de pessoas vinculadas por acordo de voto, ou sob controle comum, que: (a) é titular de direitos de sócio que lhe assegurem, de modo permanente, a maioria dos votos nas deliberações da assembleia geral e o poder de eleger a maioria dos administradores da companhia; e (b) usa efetivamente seu poder para dirigir as atividades sociais e orientar o funcionamento dos órgãos da companhia".

---

exemplos de manifestação do controle externo, v. Comparato, Fábio Konder e Salomão Filho, Calixto, *O Poder de Controle* cit., pp. 90-103). Para o propósito da presente análise da tipologia do poder de controle – compreensão do conceito de companhia com capital disperso – não será aprofundado o estudo do controle externo.

[99] Sobre o poder de controle externo v. Macedo, Ricardo Ferreira de, *Controle não Societário*, Rio de Janeiro, Renovar, 2004.

[100] Cf. Comparato, in *O Poder de Controle*, cit., p. 51. Foi utilizada propositalmente a expressão "normalmente", no lugar de "sempre", em face do controle gerencial. Neste caso, as decisões que definem a orientação da organização empresarial podem ser tomadas nas instâncias administrativas e meramente ratificadas pelos próprios administradores em assembleia por força do absenteísmo. Isto quando for o caso, uma vez que grande parte das decisões do dia-a-dia da companhia não precisa ser levada à assembleia geral de acionistas. Por outro lado, é forçoso reconhecer que determinadas matérias importantes (mas não necessariamente essenciais) para a condução dos negócios da companhia, previstas no artigo 136 da Lei das Sociedades Anônimas, não poderão ser aprovadas pelos administradores em função da oportunidade criada pelo absenteísmo, exceto pelo uso da *proxy machinery* (utilização de procurações outorgadas pelos demais acionistas, conforme artigo 126, §§ 1º e 2º, da Lei das Sociedades por Ações) ou da faculdade prevista no artigo 136, §2º, da Lei das Sociedades por Ações.

[101] Petitpierre-Sauvain, Anne, *La Cession de Contrôle, Mode de Cession de L'entreprise*, Geneve, Université Georg, 1977, p. 13.

A pessoa ou grupo de pessoas somente é acionista controlador, no conceito legal, quando coexistirem quatro requisitos: (i) ser titular de direitos de sócio[102] que lhe assegurem; (ii) de modo permanente; (iii) a maioria dos votos nas deliberações da Assembleia Geral e o poder de eleger a maioria dos administradores da companhia[103]; e (iv) usa efetivamente seu poder para dirigir as atividades sociais e orientar o funcionamento dos órgãos da companhia.

O artigo 243, §2º, da LSA, também faz referência ao poder de controle quando define sociedade controlada: "considera-se controlada a sociedade na qual a controladora, diretamente ou através de outras controladas, é titular de direitos de sócio que lhe assegurem, de modo permanente, preponderância nas deliberações sociais e o poder de eleger a maioria dos administradores". Referido artigo praticamente reproduz a redação do artigo 116 sem, no entanto, listar o requisito do uso efetivo do poder para dirigir as atividades sociais e orientar o funcionamento dos órgãos da companhia[104].

O controle da companhia é fenômeno referido em diversos dispositivos da LSA e, como demonstra Lamy e Bulhões Pedreira, seu emprego na lei é ambíguo, ora para designar "poder de controle" e ora para designar "bloco de controle"[105].

---

[102] Sabiamente, a lei não quis se referir a acionistas, para também abranger pessoas que, ainda que não sejam acionistas da companhia, exerçam em relação a ela direitos de acionista, como é o caso, por exemplo, do usufrutuário.

[103] Novamente, a lei foi inteligente ao prever situações, como aquelas contempladas em acordo de acionistas, nas quais um determinado grupo, ainda que possua a maioria dos votos em assembleia, não tem poderes para eleger a maioria dos administradores da companhia.

[104] "A razão do art. 116 é que ele se reporta a pessoas físicas, que, muita vez, por ausência, ignorância, omissão, ou herança, não sabem ou não podem exercer o controle. Para essas pessoas, seria injurídico atribuir-lhes responsabilidades de controlador que de fato não eram. Já as pessoas jurídicas controladoras – como sociedades comerciais que são – têm o poder e o dever estatutário de exercer seu objeto, são, pois, necessariamente controladoras, e, como tal, respondem se detêm a maioria. Não precisava e não devia a lei, incluí-las na definição para as pessoas físicas (art. 116, b) – '*usa efetivamente o poder para dirigir as atividades sociais e orientar os órgãos da companhia*' porque têm o dever, como sociedade mercantil, de realizar seu objeto estatutário e administrar seu patrimônio. Em outras palavras, quando têm o poder (art. 116, alínea a), ou seja, quando são '*titulares do direito de sócios que lhes assegurem de modo permanente o poder de eleger a maioria dos administradores*' têm o correlato dever de exercer o controle, com as responsabilidades de controlador" (cf. Lamy, Alfredo, Temas de S.A., cit., p. 332).

[105] In *Direito das Companhias*, cit., p. 823.

A noção de poder de controle consta não apenas dos artigos 116 e 243, §2º, da LSA, como em diversos outros dispositivos da lei, tais como, explicitamente, os artigos 117, 118 e, implicitamente, os artigos 257, §2º, 271, III, 265, §1º, 168, §3º, 236, par. único, 269, par. único e 278. Por sua vez, a noção de bloco de controle, como referência a conjunto de ações que dá origem ao poder de controle, é mencionada nos artigos 254-A, 255, 256 e 257 da LSA.

Em contrapartida da elevação do poder de controle ao centro da disciplina societária brasileira, a lei atribui ao acionista controlador deveres para com a comunidade em que atua a empresa, os que nela trabalham e os demais acionistas. Visou, assim, tanto à proteção dos direitos de minoria quanto à preservação da função social do empresário. Nesse sentido, a Exposição de Motivos da LSA dispõe: "ocorre que a empresa, sobretudo na escala que lhe impõe a economia moderna, tem poder e importância social de tal maneira relevante na comunidade que seus dirigentes devem assumir a primeira cena na vida econômica, seja pra fruir do justo reconhecimento pelos benefícios que geram, seja para responder pelos agravos a que dão caso".

Dessa forma, o poder de controle, como poder de fato, ganha *status* de posição jurídica na Lei das Sociedades Anônimas, e torna-se centro de imputação de deveres (artigo 116-A) e responsabilidades pelo seu abuso (artigo 117).

2.2 O reconhecimento do controle diluído na LSA

A partir do estudo de Berle e Means, notou-se, nos EUA, que a manifestação de poder majoritário ocorria, na verdade, na menor parte dos casos. Isso levou os referidos autores a proporem uma classificação do poder de controle interno em cinco categorias, que Comparato posteriormente reduziu a quatro[106]: controle totalitário[107], controle majoritário[108], controle minoritário e controle administrativo ou gerencial[109].

---

[106] Comparato entende que a quinta categoria aventada por Berle e Means, o controle obtido por meio de expedientes legais (*through a legal device*), pode se subsumir a uma das outras quatro categorias, com exceção da constituição do *trust*, cuja figura não é plenamente reconhecida no direito brasileiro (*O Poder de Controle*, cit., p. 64). Sobre o *trust*, v. a obra de Eduardo Salomão Neto, *O Trust e o Direito Brasileiro*, São Paulo, LTr, 1996.

[107] Conforme ensina Comparato, fala-se em controle totalitário quando nenhum acionista é excluído do poder de dominação da sociedade, quer se trate de sociedade unipessoal, quer se esteja diante de uma companhia com controle totalitário conjunto, como em grande parte das sociedades familiares. Assim, as decisões por unanimidade são características desse tipo de controle (in *O Poder de Controle*, cit., pp. 62-64).

Quanto maior a dispersão do capital, maior a separação entre a propriedade acionária e poder de controle e, consequentemente, diferente será a forma de sua configuração. Quando tal separação se acentua, maiores serão as probabilidades de verificação da existência do controle minoritário e do controle gerencial.

[108] O controle majoritário, por sua vez, funda-se na titularidade da maioria das ações com direito a voto de uma companhia, que permite ao seu titular fazer prevalecer sua vontade sobre a vontade dos demais acionistas e assim ditar os rumos da empresa. Esse controle pode ser exercido individualmente ou em conjunto, caso seja formado um grupo de interesses unitários, formalizados ou não por instrumento de acordo de acionistas (parece suficientemente claro que o artigo 116 da Lei das Sociedades Anônimas, ao definir o acionista controlador, não exige a existência de acordo de acionistas celebrado e arquivado na sede da companhia para o exercício do controle compartilhado). Comparato fala ainda na classificação do controle majoritário em simples ou absoluto, conforme exista ou não uma minoria qualificada nos termos da lei. Por minoria qualificada, entende-se a existência de um número mínimo de acionistas minoritários que permita o alcance de determinados quóruns mínimos necessários para que estes acionistas possam exercer direitos que, de certa forma, restringem o poder de controle. Como exemplo desses direitos previstos na Lei das Sociedades Anônimas, pode-se citar o procedimento de voto múltiplo (artigo 141), a eleição em separado de membro do conselho fiscal (artigo 161, §4º, "a") e a proposição de ação de dissolução da sociedade por impossibilidade de preencher seu fim (artigo 206, II, "b") (Cf. Comparato, *O Poder de Controle*, cit., pp. 62-63).

[109] O controle gerencial representa o extremo da separação entre propriedade acionária e poder de controle. Está-se diante de um poder não fundado na participação acionária e que se sobrepõe de certa forma à vontade (ou à falta de, embora a omissão não deixe de ser uma forma de manifestação da vontade), até então concebida como soberana, dos acionistas. Seria a consagração da teoria institucional da sociedade anônima. Conforme conclui Comparato, está-se "*diante de uma personalização da empresa, subtraindo-a a qualquer vínculo de natureza real com os detentores do capital societário, e aproximando-a, até a confusão, de uma espécie de fundação lucrativa. É a instituição-empresa, dissolvendo completamente a* affectio societatis *original*" (*O Poder de Controle* cit., p. 71). A perpetuação dos administradores no poder de comando da empresa é possível graças basicamente a duas técnicas: adoção de intricados mecanismos de votos por procuração nas assembleias gerais (*proxy machinery*) e a adoção de técnicas de defesa contra aquisições do controle. Conforme apontou o estudo de Berle e Means, o controle gerencial era o tipo de controle mais comum nos EUA. No Brasil, sua existência já foi apontada no passado como um "mito" (essa posição parece ser bastante corrente entre doutrinadores, especialmente quando tomadas com base em dados pouco atualizados ou com base na convicção da incipiência do mercado de capitais brasileiro). Sobre o controle gerencial como um mito, ver Eizirik, Nelson, *O Mito do Controle* cit. e *Questões de Direito Societário e Mercado de Capitais*, Rio de Janeiro, Forense, 1987, pp. 3-27. Entretanto, justiça seja feita ao referido autor (face às épocas em que os textos foram escritos), embora condições para sua formação estejam surgindo.

O controle minoritário designa a situação em que o controle é exercido por menos da metade das ações com direito a voto de uma companhia. Embora seja expressão consagrada por Berle e Means e Comparato, preferimos utilizar, conforme advertimos, a denominação controle diluído [110] ao invés de controle minoritário[111]. Esta última, além de criar certa confusão em alusão ao termo acionista minoritário, não representa com exatidão esse tipo de controle. Apesar de exercido com menos da metade das ações com direito a voto – daí a alusão ao "minoritário" pelos referidos autores, em contraposição ao controle "majoritário" – tal controle só existe porque seu detentor, ainda que com tal posição acionária, possui posição majoritária nas assembleias da companhia. Somente assim poderia existir um controlador "minoritário" à luz do artigo 116 da Lei das Sociedades Anônimas.

O controle diluído torna-se viável a partir da dispersão do capital e do fenômeno do absenteísmo nas assembleias gerais. Esse fenômeno é cada vez mais comum em função da acentuação da diferença entre acionistas empresários e acionistas capitalistas ou investidores. Os primeiros efetivamente se interessam em conduzir a empresa, enquanto os demais procuram investir capital sob administração alheia com o objetivo exclusivo de auferir renda. Assim, na medida em que este último tipo de acionista prolifera no mercado de ações, criam-se oportunidades para que acionistas empresários conduzam as atividades da sociedade apenas com uma pequena parcela do capital social com direito a voto.

[110] "Diluído" provém do latim "*diluere*", que significa, entre outros, "abrandar (...) por dispersão" (cf. *Grande Dicionário*, cit., p. 342). De fato, o controle dito "minoritário" é abrandado na medida em que o controlador está sempre em uma delicada situação em relação aos demais acionistas e terceiros interessados na aquisição daquele. Não sendo detentor da maioria absoluta das ações com direito a voto, a qualquer momento, pelo menos em tese, os demais acionistas com direito a voto podem se concertar e formar nova maioria nas assembleias da companhia ou então decidir vender suas ações em uma oferta pública de aquisição de ações.

[111] O regulamento do Novo Mercado da BM&FBovespa adota ainda a expressão "controle difuso" para designar o chamado controle "minoritário". De acordo com a definição do referido regulamento, "controle difuso significa o Poder de Controle exercido por acionista detentor de menos de 50% (cinquenta por cento) do capital social [com direito a voto], assim como por grupo de acionistas que não seja signatário de acordo de votos e que não esteja sob controle comum e nem atue representando um interesse comum". Aqui, mais uma vez, não parece que a expressão adotada seja a mais feliz. "Difuso" significa "espalhado, disseminado, generalizado (...)" (cf. *Grande Dicionário*, cit., p. 323). Ora, o referido controle não é "espalhado" ou "disseminado". Muitas vezes ocorre o contrário, o controle dito "minoritário" é concentrado em um único acionista cuja vontade prevalece nas assembleias, ainda que seja apenas titular de pequena parcela do capital social com direito a voto.

Importante destacar que a lei societária, em sua criação, consagrou o controle minoritário como princípio em vista do capital social, ao permitir a emissão de ações preferenciais até o limite de até 2/3 deste (hoje reduzido a 50%), viabilizando o controle da companhia com o percentual de apenas 16,7%. Tal estrutura foi pensada exatamente para viabilizar a captação de recursos no mercado de capitais sem eliminar o controle, dentro dos propósitos da lei. Contudo, cabe notar que tal controle é "minoritário" com base no capital social, sendo, em regra, majoritário quando analisado apenas o capital com direito a voto.

Não obstante, o controle diluído também é reconhecido pelo artigo 116 da Lei das Sociedades Anônimas. Conforme ensina Salomão Filho, a existência do requisito, para definição de acionista controlador, do "uso efetivo do poder para dirigir as atividades sociais", só tem razão de ser em função da existência do controle diluído. Em caso de controle majoritário, é irrelevante o uso do poder, pois o acionista terá *status* de controlador pelo simples fato de deter mais de metade do capital social com direito a voto, cabendo a ele as responsabilidades decorrentes, ainda que por omissão[112].

Ademais, dando sinais de realmente estar à frente de seu tempo, a LSA ainda reconhece a existência de controle diluído (ou ao menos a ausência de controle majoritário), ao disciplinar em seu bojo a oferta pública de aquisição de controle (artigo 257 e seguintes). Esse tipo de oferta, inspirada nos *takeovers* norte-americanos e na *tender offer* britânica, logicamente somente tem sentido na ausência de controle majoritário

---

[112] In *O Poder de Controle*, cit., p. 69. Mas Alfredo Lamy Filho pensa diferentemente, fazendo importante ponderação: *"É oportuno acentuar que não existe 'controle' sem o seu exercício; não basta o poder de exercê-lo, é imprescindível o seu efetivo exercício, como prevê o art. 116, alíneas a) e b); se o sócio, mesmo majoritário, não [o] exerce, não é controlador e não tem as consequentes responsabilidades. (...) A razão do art. 116 é que ele se reporta a pessoas físicas, que, muita vez, por ausência, ignorância, omissão, ou herança, não sabem ou não podem exercer o controle. Para essas pessoas, seria injurídico atribuir-lhes responsabilidades de controlador que de fato não eram"* (Temas de S/A, Renovar, 2007, p. 332). No mesmo sentido, Eduardo Secchi Munhoz afirma que a intepretação não é a mais adequada, pois ali (no artigo 116) não se estabelece nenhuma distinção entre as espécies de controle (majoritário ou minoritário), ao se prever o requisito do uso efetivo do poder. Ademais, não parece exata a afirmação de que o comando da sociedade se exerceria em seu nome. Se um acionista detém mais da metade das ações com direito a voto, mas nunca comparece aos conclaves, permanecendo em posição de total absenteísmo, outro acionista que comparecer, ainda que detendo menos da metade das ações, pode determinar a orientação dos negócios sociais, hipótese em que caracteriza o controle minoritário (in *Empresa Contemporânea*, cit., p. 239).

bem definido, hipótese em que a aquisição de controle por um terceiro apenas seria possível mediante negociação com o controlador existente e não mediante a oferta de aquisição das ações de titularidade dos demais acionistas[113].

Por fim, constata-se que os artigos 125, 129 e 135 da LSA, que tratam dos quóruns de instalação e deliberação em assembleia, admitem que alguém que possua menos da metade do capital social com direito a voto seja maioria nas deliberações sociais, em função do absenteísmo.

2.3 A relevância do critério de permanência para definição do poder de controle

Conforme visto acima, o controle diluído se apoia sobre uma delicada linha sustentada pelo absenteísmo nas assembleias, que assegura que uma pessoa ou determinado grupo de pessoas exerça o poder de controle mesmo sem possuir a maioria das ações com direito a voto. Naturalmente, a depender da composição do quadro societário, esta situação pode gerar instabilidade, agravada pela posição jurídica que o acionista controlador assume na LSA e pela consequente imputação de responsabilidade.

Nesse sentido, não se pode se escusar da análise do critério de permanência para caracterização do acionista controlador, presente no artigo 116 da LSA. A lei não define objetivamente o que seja tal critério, o que foi feito pelo Conselho Monetário Nacional, para os fins do revogado artigo 254 da LSA, na hipótese de oferta pública por alienação do controle.

Assim, o item IV da Resolução nº 401, de 22 de dezembro de 1976, do CMN, dispunha que "na companhia cujo controle é exercido por pessoa, ou grupo de pessoas, que não é titular de ações que asseguram a maioria absoluta dos votos do capital social, considera-se acionista controlador, para os efeitos desta Resolução, a pessoa, ou o grupo de pessoas, vinculadas por acordo de acionistas, ou sob controle comum, *que é titular de ações que lhe asseguram a maioria absoluta dos votos dos acionistas presentes nas três últimas Assembleias Gerais da companhia*" (grifou-se). Apesar de o dispositivo estar revogado, aparentemente a doutrina caminha na direção de manter esse critério para a presunção de controle diluído.

Nesse mesmo sentido, o glossário do regulamento do Novo Mercado dispõe que "(...) há presunção relativa de titularidade do controle em relação à pessoa ou ao grupo de pessoas vinculado por acordo de acionistas

---

[113] Cf. Oioli, Erik Frederico, *Oferta Pública de Aquisição*, cit., pp. 77 e ss.

ou sob controle comum ("grupo de controle") *que seja titular de ações que lhe tenham assegurado a maioria absoluta dos votos dos acionistas presentes nas três últimas assembleias gerais da Companhia, ainda que não seja titular das ações que lhe assegurem a maioria absoluta do capital votante*" (grifou-se).

Conforme ensina Carvalhosa, o legislador, ao impor o requisito de permanência do poder decisório nas deliberações sociais, filiou-se às lições doutrinárias que excluem do conceito de controle o voto decisivo meramente episódico, eventual, futuro e difuso[114]. No mesmo sentido, Lamy e Bulhões Pedreira afirmam que o requisito de permanência exclui do conceito de acionista controlador os titulares de direito de voto que formam eventualmente maioria nas deliberações de uma ou algumas reuniões da Assembleia Geral: o fato de diversos acionistas votarem no mesmo sentido na Assembleia Geral não configura, por si só, acionista controlador, pois permanente significa contínuo, ininterrupto ou constante[115].

Com a devida vênia, ousa-se discordar de tão abalizada doutrina e apregoar a irrelevância do critério de permanência para caracterização do poder de controle diluído. Como aponta Munhoz, com base nas colocações de Comparato[116], "é preciso mencionar que a expressão 'de modo permanente' (...) gera a ilusão de que o controle é um fenômeno estático, imutável, não sujeito a constantes disputas na vida societária, quando se demonstrou anteriormente que se trata justamente do contrário. Não há dúvida de que o reconhecimento do poder de controle não pode depender de fatos fortuitos, incertos, ou de situações conjunturais, mas a melhor forma de incluir esse requisito na definição geral do fenômeno, certamente, não é empregar a expressão 'permanente', ligada à ideia de imutabilidade no tempo"[117].

Defende-se que tal critério só tem relevância para a caracterização da responsabilidade do acionista controlador detentor do poder de controle absoluto (controlador majoritário), por omissão. Ora, se não há tal critério de estabilização do controle, como responsabilizar o acionista por omissão?

---

[114] In *Comentários à Lei de Sociedades Anônimas*, 2º vol., 4ª ed., São Paulo, Saraiva, 2009, p. 492.
[115] In *Direito das Companhias*, cit., p. 816.
[116] De acordo com Comparato, "permanente" não significa "estritamente falando, situação majoritária prolongada no tempo", admitindo-se que alguém adquira o controle de uma companhia para mantê-lo por curto período de tempo, durante o qual há controle "desde que a preponderância nas deliberações sociais dependa unicamente da vontade do titular de direitos de sócio e não de acontecimentos fortuitos" (in *O Poder de Controle*, cit., p. 243).
[117] In *Empresa Contemporânea*, cit., p. 249.

Não havendo clareza sobre quem detém o poder de controle não é possível punir a omissão.

Por outro lado, como também sustenta respeitável doutrina, o controle diluído é reflexo de um poder de fato[118]. Ora, ele existe em decorrência da manifestação preponderante da vontade na Assembleia Geral de forma a dirigir as atividades sociais e orientar a atuação dos órgãos da companhia, ainda que seja em uma única assembleia. Tal raciocínio é, inclusive, coerente com a LSA.

Como visto, o acionista controlador é um centro de imputação de deveres e responsabilidades. Sua definição na lei, portanto, é funcional, criando uma *fattispecie*, que é aquela trazida pelo artigo 116 da LSA. Ora, se determinado acionista ou grupo de acionistas (ou titulares de direito de sócio) fazem prevalecer sua vontade em uma assembleia, eles estão exercendo, ainda que episodicamente, o controle da companhia, devendo ser responsabilizados pelos atos que caracterizarem abuso de poder de controle. Seria inconcebível, por exemplo, isentar de responsabilidade o acionista que em determinada assembleia aprovar deliberação que oriente a companhia contra o interesse nacional, lesando a economia nacional (artigo 117, alínea "a"), sob a alegação de que tal acionista não era controlador, pois apenas naquele único momento detinha a maioria dos votos da assembleia[119].

Não se pode confundir esta solução com a disciplina do abuso de direito de voto, ainda que, em grande parte, nas circunstâncias do controle diluído, muitas das questões relacionadas ao abuso do poder de controle se confundam com aquelas caracterizadoras do abuso de direito de voto. Isto porque, como vimos, ao acionista controlador se atribuem deveres que não precisam ser necessariamente perseguidos pelos demais acionistas quando exercem seu direito de voto. Daí a diferença básica, neste caso, entre abuso de poder de controle diluído e abuso do direito de voto.

Por outro lado, há que se reconhecer que esse entendimento (assim como a ausência de critério objetivo para definição do conceito de permanência) pode gerar insegurança quanto à aplicação do conceito funcional de controle em outras circunstâncias na Lei das Sociedades Anônimas,

---

[118] Cf. Comparato, Fabio K., e Salomão Filho, Calisto, *O Poder de Controle*, cit., pp. 70 e 87.
[119] Em sentido diametralmente oposto, v. a opinião de Modesto Carvalhosa, in *O Desaparecimento do controlador nas companhias com ações dispersas*, in Adamek, Marcelo Vieira von (org.), *Temas de Direito Societário e Empresarial Contemporâneos – Liber Amicorum Prof. Dr. Erasmo Valladão Azevedo e Novaes França*, São Paulo, Malheiros, 2011.

particularmente quando se tratar da obrigatoriedade de realização de oferta por alienação de controle. Contudo, neste caso, o problema não está na definição de acionista controlador na lei, mas sim na disciplina da cessão de controle, como será estudado mais adiante. Tratar-se-á desse assunto em detalhes no capítulo 9.

2.4 O poder de controle fundado na participação acionária

O artigo 116 da LSA sedimenta o poder de controle sobre a participação acionária[120], excluindo da definição o controle gerencial e o controle externo. Afinal, *"entende-se por acionista controlador a pessoa, natural ou jurídica, ou o grupo de pessoas vinculadas por acordo de voto, ou sob controle comum, que: (a) é titular de direitos de sócio que lhe assegurem, de modo permanente, a maioria dos votos nas deliberações da assembleia geral"*. Ou seja, o poder de controle é exercido nas assembleias, mediante o exercício do direito do voto[121].

Ignora a lei, portanto, o controle exercido pelos administradores, verdadeiros condutores da empresa – especialmente no contexto da dispersão acionária – ou por terceiros externos à sociedade, que muitas vezes podem ser condutores da atividade empresarial, como credores, fornecedores e até consumidores[122]. Embora não expressamente reconhecidos pela Lei nº 6.404/76, a existência do controle gerencial ou externo, como um poder de fato, são inegáveis[123].

---

[120] Não se quer dizer aqui, contudo, que o poder de controle reconhecido na lei é exclusivo do acionista, mas daquele titular de direitos do acionista, notadamente o direito de voto (o que pode ocorrer, por exemplo, na instituição do usufruto).

[121] Como afirmam Lamy e Bulhões Pedreira, a função do acionista controlador já de há muito era estudada, mas não regulada nas legislações. A LSA, à vista da realidade de que a grande maioria das companhias brasileiras tinha e continuaria a ter, por muito tempo, acionista controlador, reconheceu essa função como cargo de fato acrescido à estrutura legal da companhia e ignorou o modelo de controle gerencial e também o externo (in *Direito das Companhias*, cit., p. 801).

[122] O controle gerencial é ao menos indiretamente reconhecido no parágrafo único do artigo 122 da LSA: "[e]m caso de urgência, a confissão de falência ou o pedido de concordata *poderá ser formulado pelos administradores, com a concordância do acionista controlador, se houver*, convocando-se imediatamente a assembleia-geral, para manifestar-se sobre a matéria" (grifou-se). Para Comparato, o controle gerencial, ainda que incidentalmente, é reconhecido no artigo 249, parágrafo único, alínea "a": "determinar a inclusão de sociedades que, embora não controladas, sejam financeira ou *administrativamente dependentes* da companhia" (grifou-se) (in *O Poder de Controle*, cit.).

[123] Nesse sentido, v. Castro, Rodrigo R. M. de, *Controle Gerencial*, São Paulo, Quartier Latin, 2010.

Considerando-se a companhia uma verdadeira técnica de organização da empresa e, nesse sentido, a instrumentalização do controlador como centro de imputação de um poder-dever dentro da sociedade, trata-se de grave lacuna para a adequada disciplina da correlação entre poder de gestão, risco e responsabilidade que norteia o direito societário.

Como se verá adiante, as teorias organizativas da empresa hoje se ocupam da adequada alocação de poder e riscos entre os diversos agentes relacionados à empresa, conferindo menor importância à dicotomia entre acionistas controladores e minoritários. O poder de controle, ao longo da vida empresarial, pode flutuar entre os referidos agentes em função da própria dinâmica que lhe é particular. De fato, se há a preocupação em se imputar responsabilidade àquele que controla bens alheios como se fossem próprios, não há razão, nos dias atuais, para limitar essa imputação ao *acionista* controlador.

Na disciplina do poder de controle, dever-se-ia buscar uma definição ampla para abranger todas as suas múltiplas formas de manifestação, mas que seja suficientemente precisa para conferir segurança e certeza na aplicação das normas. Para atender a esses objetivos, o modelo de regulamentação mais adequado é aquele se baseia numa definição geral do fenômeno, acompanhada da tipificação de suas principais formas de manifestação[124]. Isto porque o fenômeno é unívoco, ao passo que suas espécies oferecem problemas peculiares, que demandam soluções específicas, como se pretende analisar oportunamente quanto à situação particular da dispersão acionária.

---

[124] A lei alemã, em certa medida, adota essa posição, ao lançar mão do conceito de influência dominante para definir uma relação de dependência entre empresas, para então disciplinar as diferentes formas sob as quais tal relação pode se estruturar (são os contratos que originam subordinação jurídica e, portanto, um grupo empresarial, que podem ser contratos de dominação (*Beherrschungsverträgeg*), de transferência global de lucros (*Gewinnabführungsverträge*), de transferência parcial de lucros (*Teilgewinnabführungsverträge*), de comunhão de lucros (*Gewinngemeinschaft*), de arrendamento de fundo de comércio (*Betriebspachtverträge*) e de cessão de estabelecimento (*Betriebsüberlanssungsverträge*).

Capítulo 3
A superação do modelo de concentração acionária no Brasil: o despertar da dispersão acionária

3.1 Direito Societário e sistemas de controle: evolução darwinista?
Muitos autores criticam Berle e Means por terem tido uma visão alegadamente míope sobre o problema que analisavam. Quando em 1932 anunciaram a separação entre a propriedade e o controle, Berle e Means não se deram conta de que estavam diante de um fenômeno tipicamente anglo-saxão, para o qual não necessariamente a maior parte do mundo convergia.

La Porta *et al* divulgaram estudo em 1998, que posteriormente se tornou referência sobre o assunto, no qual identificavam, a partir da análise de diversos países, a polarização das estruturas societárias entre dois sistemas de *corporate governance*: os sistemas de capital disperso e de capital concentrado[125].

O primeiro sistema se caracterizaria por um mercado de capitais forte, com rigorosos padrões de transparência das informações (*disclosure*), nos quais está presente um mercado de controle societário (*market for corporate*

---

[125] La Porta, Rafael, Lopez-de-Silanos, Florencio e Schleifer, Andrei, *Corporate Ownership Around the World, in* Harvard Institute of Economic Research Paper n. 1840, s.l., 1998, disponível [*on-line*] in *http://papers.ssrn.com/sol3/papers.cfm?abstract_id=103130* (c. 24.6.11).

*control*¹²⁶) que possui uma função disciplinadora dos agentes. Já o segundo é caracterizado pela existência de grandes blocos de controle, de mercados de capitais fracos, de incentivos para a manutenção do controle e de padrões menos rígidos de transparência. Nesse sistema, o mercado de controle societário desempenha papel secundário e muitas vezes é ofuscado pela atuação de grandes bancos¹²⁷.

A visão da suposta supremacia do modelo de dispersão acionária em grande parte explica-se pela grande influência que a obra de Berle e Means exerceu no pensamento norte-americano por mais de meio século. Contudo, reconhece-se hoje que se trata de um fenômeno cuja predominância é restrita aos EUA e Reino Unido¹²⁸. No restante do mundo prevalece o modelo de concentração acionária, como é o caso do Brasil.

Segundo Coffee Jr., mercados de capitais desenvolvidos e providos de liquidez ainda aparentam ser uma exceção no mundo, no qual a concentração do poder de controle prevalece sobre a dispersão do capital¹²⁹. Por exemplo, de acordo com dados da Organização para Cooperação e Desenvolvimento Econômico (OCDE), nos principais países da América Latina, o maior acionista de companhia aberta possuía em média 53% do capital social, sendo que este percentual sobe para 79% quando se trata dos cinco maiores acionistas¹³⁰.

Porém, hoje se aceita, sob a perspectiva da análise econômica do Direito¹³¹, que modelos de concentração acionária também podem ser eficientes, particularmente quando os efeitos negativos da possibilidade de apropriação de benefícios particulares pelo acionista controlador são

---

[126] A expressão, como se disse, foi consagrada por Henry G. Manne em *Mergers and the Market for Corporate Control*, in *Journal of Political Economy*, n. 73, 1965, pp. 110-120. Ela é utilizada para designar transações com ações em volume suficiente para implicar a transferência do controle societário. Este mercado é de grande importância em termos de governo das sociedades, uma vez que afeta os incentivos dos administradores e a eficiência da firma.

[127] La Porta, Rafael *et al*, *Corporate Ownership*, cit., pp. 12-38.

[128] Cf. Davies, Paul L., *Board Structure in the UK and Germany: Convergence or Continuing Divergence?*, in SSRN eLibrary, s/d, disponível [*on-line*] in http://ssrn.com/paper=262959 (c. 8.11.12), pp. 435-456.

[129] Coffee Jr., John C., *The Rise of Dispersed Ownership: the Role of Law in the Separation of Ownership and Control*, Working Paper n. 182, 2001, disponível [*on-line*] in *http://papers.ssrn.com/paper.taf?abstract_id=254097* (c. 18.12.06), p. 1.

[130] Relatório Oficial sobre Governança Corporativa na América Latina, 2003, disponível [*on-line*] in *http://www.oecd.org/daf/corporate-affairs/* (c. 18.12.06), p. 54.

[131] Sobre o uso da análise econômica do Direito no presente trabalho, vide item 4.3 infra.

menores que os custos com monitoramento dos administradores. Sob esta perspectiva, quanto maior a participação do controlador no capital, menores são os custos de transação, uma vez que tenderá a fiscalizar de forma mais próxima os administradores[132]. Os resultados como um todo tendem ainda a ser melhores quando o controlador delega a administração a executivos profissionais, processo que tem se intensificado nas últimas décadas, mesmos em grupos tradicionalmente marcados pelo controle familiar, que tipicamente tende a empregar em seus quadros membros da família, independentemente de sua qualificação. É o que Gilson chamou de "complicar a taxonomia comparativa", ao por em xeque a suposta "supremacia" do modelo de dispersão acionária[133].

Interessa, neste ínterim, menos a comparação entre os modelos que as razões que possibilitam (mas não necessariamente levam a) a dispersão acionária. Muitas seriam essas razões, de ordem legal, econômica, política, social, histórica e até filosófica. Por outro lado, grande parte dos participantes dos recentes debates sobre governança corporativa tem concordado ao menos sobre um tema ligado à dispersão do capital: mercados de capitais desenvolvidos surgem apenas sob determinadas condições especiais[134].

Tais condições seriam resumidamente três: (i) criação de um sistema legal ou autorregulatório de proteção aos acionistas minoritários; (ii) ausência de incentivos legais para a manutenção do controle acionário; e (iii) liberdade mínima de atuação dos agentes privados no mercado de capitais. A combinação dessas três condições, em maior ou menor grau, a par de condições político-econômicas favoráveis, terá impacto determinante sobre a dispersão do capital[135].

---

[132] V. Jensen, Michael, e Meckling, William, *Theory of the Firm: Managerial Behavior, Agency Costs, and Ownership*, in *Journal of Financial Economics*, nº 3, 1976, pp. 305-360, Shleifer, Andrei, e Vishny, Robert, *A Survey of Corporate Governance*, in *Journal of Finance*, nº 52, 1997, pp. 737-783, e Burkhart, Mike, Panunzi, Fausto, e Gromb, Denis, *Block Premia in Transfers of Corporate Control*, Working Paper, MIT, 1999.

[133] Cf. *Controlling Shareholders and Corporate Governance: Complicating the Comparative Taxonomy*, Working Paper nº 49/2005, Columbia Law School, Stanford Law School e European Corporate Governance Institute, disponível [*on-line*] in http://ssrn.com/abstract=784744 (c. 11.10.12).

[134] Coffee Jr., John C., *The Rise of Dispersed Ownership*, cit., p. 25.

[135] Ronald Gilson, em estudo mais recente, questiona a influência do Direito Societário na dispersão do capital. Segundo referido autor, mesmo nos países em que o Direito Societário é bom (*good law*), como, por exemplo, a Suécia, verifica-se a concentração do capital. Neste caso, o autor justifica, mencionando que a estrutura de controle concentrado verificada nestes países é mais eficiente, pois os custos de monitoramento da administração são menores que a

Assim, para La Porta *et al*, a dispersão do capital apenas é viável quando os sistemas normativos proporcionam proteção adequada aos acionistas minoritários[136]. Por sua vez, para Bebchuck, havendo vantagens particulares aos detentores do poder de controle, a dispersão do capital tende a ser menos comum[137], pois aqueles não terão estímulos para alienar o controle publicamente no mercado de ações, mas sim para negociá-lo privadamente com outros interessados na sua aquisição, que certamente estarão dispostos a pagar prêmio para usufruir dos respectivos benefícios[138]. Já para Roe, a separação entre propriedade acionária e controle não ocorrerá sob determinadas condições políticas. Referido autor destaca, por exemplo, os obstáculos impostos ao mercado de capitais nos países europeus de tradição social democrata[139], uma vez que esses regimes políticos tendem a pressionar administradores para estabilizar empregos e a não incorrer

---

estrutura de dispersão acionária. A concentração do controle se dá, nessas hipóteses, segundo a visão do autor, pela existência de benefícios privados de manutenção do controle não pecuniários (por exemplo, alcance de *status* e influência política ou econômica pelas famílias controladoras), ao invés de incentivos pecuniários, que resultariam em estruturas de controle ineficientes (in *Controlling Controlling Shareholders*, cit. Nesse mesmo sentido, Cheffins, Brian R., *Corporate Law and Ownership Structure: a Darwinian Link?*, s/l, 2002, disponível [*on-line*] in http://ssrn.com (c. 24.6.11).

[136] La Porta, Rafael, Lopez-de-Silanos, Florêncio, Schleifer, Andrei e Vishny, Robert, *Investor protection and corporate governance*, in *Journal of Financial Economics*, n. 3, 2000.

[137] Bebchuck, Lucian A., *A Rent Protection Theory of Corporate Ownership and Control*, NBER Working Paper n. 7203, 1999, pp. 29-46. Alguns dados empíricos evidenciam que, em mercados concentrados, as ofertas públicas iniciais (IPO, sigla em inglês para *Initial Public Offerings*) raramente envolvem mais que uma minoria do capital social com direito a voto, com o controlador retendo consigo as ações do bloco de controle para futura negociação privada com terceiros interessados em adquiri-las (v. Holmen, Martin, e Högfeldt, Peter, *A Law and Finance Analysis of Initial Public Offerings*, in *Journal of Finance Intermediation*, v. 13, 2004, pp. 324-358).

[138] À luz do Direito brasileiro, um desses claros benefícios é o reconhecimento do prêmio de controle previsto no artigo 254-A da LSA.

[139] Roe, Mark J., *Political Preconditions to Separating Ownership from Corporate Control*, Columbia Law Center for Law and Economic Studies Working Paper n. 155, 2000, disponível [*on-line*] in *http://links.jstor.org/sici?sici=0038-9765(200012)53%3A3%3C539%3APPTSOF%3E2.0.CO%3B2-H* (C. 24.6.11). Essa posição é passível de críticas. Primeiro, porque na década de 1990, o mercado de capitais da Europa continental cresceu a taxas maiores que as experimentadas pelos EUA e pelo Reino Unido (cf. Coffee Jr., John C., *The Rise of Dispersed Ownership*, cit., pp. 16-25). Segundo, porque a dispersão do capital persistiu, nos EUA, mesmo durante os anos do plano *"New Deal"* e, no Reino Unido, mesmo durante os períodos de governo trabalhista nos anos 1940, 1970 e início deste século.

em riscos que possam acarretar prejuízos para determinados interesses socialmente protegidos. Assim, o principal escopo da atuação dos administradores das companhias, diferentemente da tradição norte-americana, não será necessariamente maximizar a riqueza dos acionistas.

Além das condições acima descritas, Bebchuck e Roe sustentam que a prévia existência de uma estrutura que favoreça a concentração do capital é determinante sobre a forma de atuação da companhia e a organização do próprio mercado. Mudanças estruturais requerem a cooperação das partes envolvidas. No entanto, essa cooperação será tão mais difícil de ser obtida, quanto maiores forem os benefícios particulares criados pela estrutura a ser alterada[140]. Assim, grupos de controle tendem a querer impedir mudanças que reduzam seus benefícios obtidos em decorrência da manutenção do controle[141], uma vez que os ganhos de eficiência a serem alcançados com as reformas não serão usufruídos por eles, mas por outros agentes[142]. Isso explica, por exemplo, em parte, a resistência inicial por parte das companhias abertas em aderir ao segmento de listagem do Novo Mercado da BM&FBovespa, cujo regulamento determina a distribuição de eventual prêmio pelo controle entre todos os acionistas em caso de alienação do controle da companhia listada[143].

Feitas essas considerações, e diante do exame das condições que favorecem a dispersão acionária, devemos analisar se tais condições encontram-se presentes na realidade brasileira, onde a intensificação do movimento de separação entre propriedade acionária e controle ainda é relativamente tímida e recente.

3.2 Novo Mercado: uma nova perspectiva para a dispersão do capital
Diante dos números relativos à concentração do capital no Brasil, a criação do Novo Mercado foi uma medida alvissareira para eliminação de

---

[140] Segundo Bebchuck, benefícios privados de controle são o valor que os acionistas controladores podem extrair de uma companhia em detrimento dos outros acionistas (Bebchuck, Lucian A., e Roe, Mark J., *A Theory of Path Dependence in Corporate Ownership and Governance*, 52, in *Stanford Law Review*, n. 127, 1999).

[141] Como ocorreu, por exemplo, no processo de reforma da Lei das Sociedades Anônimas, que resultou na atual redação do artigo 254-A da lei (v. Lobo, Jorge, *Interpretação Realista da Alienação de Controle de Companhia Aberta*, in *RDM*, n. 124, pp. 90-96).

[142] Bebchuck, Lucian A., e Roe, Mark J., *A Theory of Path Dependence*, cit.

[143] Cf. item 8.1 do Regulamento do Novo Mercado.

determinados benefícios particulares de manutenção do controle e, assim, incentivar a diluição do controle no mercado de capitais[144].

Primeiro, é importante notar que a criação do Novo Mercado veio acompanhada, embora não necessariamente estejam relacionados, de aperfeiçoamentos nas instituições de mercado e que resultaram em aumento de proteção aos acionistas minoritários.

Um deles é o aparelhamento da CVM, a ampliação do seu campo de atuação a partir da reforma da Lei nº 6.385/76 (Lei da CVM), pela Lei nº 10.303/01[145] e a tentativa de transformar referida autarquia em uma agência reguladora independente[146]. Além disso, importantes reformas regulatórias foram empreendidas pela CVM desde o ano 2000, como a edição da Instrução CVM nº 358, de 3 de janeiro de 2002, que trata da divulgação de fato ou ato relevante e da prática de *insider trading*, e da

---

[144] Seria ingênuo concluir que a dispersão acionária é fruto unicamente da criação do Novo Mercado. Fatores econômicos, como redução da inflação, queda das taxas de juros, estabilidade monetária, aumento de liquidez, bem como fatores políticos, entre outros, também contribuíram decisivamente para o desenvolvimento do mercado de capitais. Contudo, como aponta Munhoz, é indubitável que o Novo Mercado foi fundamental para tal desenvolvimento, ao criar um quadro normativo de maior proteção às minorias e que oferece maior confiança e credibilidade para os investimentos (in *Desafios do Direito Societário Brasileiro na Disciplina da Companhia Aberta: Avaliação dos Sistemas de Controle Diluído e Concentrado*, in Castro, Rodrigo R. Monteiro de, e Aragão, Leandro Santos de (coord.), *Direito Societário – Desafios Atuais*, São Paulo, Quartier Latin, 2009, pp. 121 e 122).

[145] A ampliação do conceito de valor mobiliário, com a redação do inciso IX, do artigo 2º da Lei da CVM, permitiu à CVM ampliar também sua fiscalização (ressalte-se que essa redação já existia na Lei nº 10.198, de 14 de fevereiro de 2001, fruto da conversão da Medida Provisória nº 1.637, de 8 de janeiro de 1998, cuja edição foi motivada pelo escândalo dos contratos de investimento coletivo conhecidos por "boi gordo"). Além disso, a Lei nº 9.457/97 já havia agravado as multas aplicáveis por aquela autarquia. Essas alterações têm, inclusive, contribuído para um elevado número de condenações em processos administrativos sancionadores julgados pelo colegiado da CVM, cf. nosso levantamento publicado no jornal "Valor Econômico", edição de 18.11.2006, p. D1.

[146] Discorda-se de alguns autores que consideram a CVM uma agência reguladora independente. A despeito de a Lei da CVM afirmar que esta é uma autarquia dotada de autoridade administrativa independente, as atribuições da CVM, por força da Lei nº 6.385/76, são exercidas de acordo com a orientação geral fixada pelo Conselho Monetário Nacional, a quem também compete definir as atividades que serão exercidas pela CVM conjuntamente com o Banco Central do Brasil, bem como aprovar o quadro e o regulamento de pessoal da referida autarquia, fixando a retribuição do presidente, diretores, ocupantes de funções de confiança e demais servidores.

Instrução CVM nº 400, de 29 de dezembro de 2003, que trata das ofertas públicas de valores mobiliários.

Outro aspecto importante é o desenvolvimento da autorregulação do mercado de capitais, que ganhou força inicialmente com a ANBID[147]. Este aspecto, aliado ao fortalecimento e à configuração da CVM como uma autarquia independente, com a atuação orientada para o fomento e proteção do mercado de capitais (artigo 4º da Lei nº 6.385/76), indicam a existência das condições apontadas por Roe e Coffee Jr. como importantes para a dispersão acionária.

Os fatores acima descritos sem dúvida contribuíram para o aumento das ofertas públicas de valores mobiliários. Mas elas pouco influem na estrutura societária imposta pela Lei nº 6.404/76. Esse é o grande mérito do Novo Mercado: interferir nas regras societárias que criavam incentivos à manutenção do poder de controle, o que somente seria viável, de forma rápida e livre das pressões lobistas, por meio da autorregulação[148].

Segundo Salomão Filho, a proposta do Novo Mercado é sustentada por três grandes pilares: dois deles aprofundam regras já existentes na lei societária e apenas o último apresenta princípios realmente inovadores[149].

O primeiro deles é o tratamento da informação. Os requisitos de transparência e de qualidade da informação divulgada aos investidores vão muito além dos exigidos pela Lei das Sociedades Anônimas[150]. O segundo, é o "reforço das garantias patrimoniais dos minoritários no momento da saída da sociedade"[151]. Embora estes dois pilares reproduzam o mesmo sistema

---

[147] Em 1999, esta entidade lançou seu Código de Autorregulação da ANBID para Ofertas Públicas de Valores Mobiliários, que determinava padrões de *disclosure* bem superiores aos então exigidos pela regulação da CVM à época para as ofertas públicas de valores mobiliários (Instrução CVM nº 13, de 30 de agosto de 1980). Todas as instituições associadas (bancos de investimento) são obrigadas a observar as disposições do referido código nas operações em que atuam como instituições intermediárias (*underwriters*) e outras instituições podem aderir ao código voluntariamente. O código para ofertas públicas goza hoje de ampla aceitação e a ANBID (atualmente ANBIMA) já tomou iniciativas semelhantes para autorregular fundos de investimento e serviços de custódia de valores mobiliários.

[148] Haja vista as colocações dos teóricos da *"path dependence"* (v. nota 140 supra).

[149] *O Novo Direito Societário*, cit., p. 58.

[150] Como a melhoria de informações periódicas divulgadas pela companhia, divulgação dos termos dos contratos com partes relacionadas, reuniões públicas com analistas, divulgação de calendário anual de eventos corporativos, etc.

[151] Cf. Salomão Filho, Calixto, *O Novo Direito Societário*, cit., p. 59. V. itens 11.1 e seguintes do regulamento do Novo Mercado.

de proteção discutido anteriormente, de "direitos à informação" e "direitos de saída", aqui eles encontram um reforço significativo[152], apontando para a verificação da condição prevista por La Porta *et al* para a dispersão acionária.

Entretanto, é o terceiro pilar de sustentação do Novo Mercado o mais significativo para a dispersão acionária. Trata-se de mudanças nas próprias regras societárias. Salomão Filho indica duas mudanças estruturais na LSA: a previsão da existência apenas de ações ordinárias e a previsão de resolução de todos os conflitos oriundos do Novo Mercado por arbitragem[153].

A existência unicamente de ações ordinárias torna caro ao acionista controlador a manutenção do controle único e majoritário. Isso justifica, por exemplo, o uso frequente de acordo de acionistas para a manutenção do poder de controle. Além disso, cria-se incentivo maior ao investidor de longo prazo, conforme acima mencionado, interessado direto nas decisões empresariais. Todos os acionistas passam a ter direito de participar mais ativamente das atividades sociais. A arbitragem, por sua vez, permite a análise de questões relativas a direito societário e mercado de capitais por cortes especializadas, o que representa uma possibilidade de tomada de decisões mais efetivas e que contribuam para o aumento da segurança jurídica[154].

Além das duas mudanças estruturais apontadas por Salomão Filho, identificamos outras duas: a primeira diz respeito à nomeação de conselheiros independentes, enquanto a segunda está relacionada à questão da alienação do controle acionário.

A cláusula 4.3 do regulamento do Novo Mercado determina que pelo menos 20% dos conselheiros sejam independentes[155]. Com isso, atenua-se a presença do acionista controlador no Conselho de Administração e se propicia, em tese, maior proteção aos acionistas minoritários. Trata-se, portanto, da eliminação parcial de um benefício privado do acionista controlador. Seu impacto poderia ser ainda maior se os conselheiros eleitos pela faculdade do voto múltiplo (artigo 141 da LSA) não fossem considerados independentes para os fins da referida cláusula 4.3.

---

[152] Para se ter uma ideia do quanto se demorou a criar padrões diferenciados de *corporate governance* no Brasil, já em 1930 a *London Stock Exchange* fixava regras de *disclosure* superiores aos exigidos pela legislação (cf. Coffee Jr., John C., *The Rise of Dispersed Ownership*, cit., p. 47).

[153] Cf. Salomão Filho, Calixto, *O Novo Direito Societário*, cit., p. 59.

[154] Idem, pp. 59-60. A título de comparação, já era comum no século XVIII que disputas comerciais nos EUA e Reino Unido fossem decididas por arbitragem (cf. Coffee Jr., John C., *The Rise of Dispersed Ownership*, cit., p. 74).

[155] Sobre a definição de conselheiro independente, v. item 7.3.1 (iv) infra.

Já a cláusula 8.1 do regulamento do Novo Mercado determina que "a Alienação de Controle da Companhia, tanto por meio de uma única operação, como por meio de operações sucessivas, deverá ser contratada sob a condição, suspensiva ou resolutiva, de que o adquirente se obrigue a efetivar oferta pública de aquisição das demais ações dos outros acionistas da Companhia, observando as condições e os prazos previstos na legislação vigente e neste Regulamento, *de forma a lhes assegurar tratamento igualitário àquele dado ao Acionista Controlador Alienante*" (grifou-se). Isto significa que o eventual prêmio de controle pago pelo adquirente deve ser repartido entre todos os acionistas, ou seja, o acionista controlador alienante receberá menos pela transferência do poder de controle. O Novo Mercado, assim, elimina um importante incentivo para a manutenção do controle. Com a valorização das ações da companhia, o acionista controlador se sentirá mais estimulado a vender suas ações no mercado ao invés de procurar uma negociação privada para alienação do bloco de controle.

Assim, diante das mudanças institucionais recentes no mercado de capitais brasileiro, do desenvolvimento da autorregulação, do aprimoramento das regras de *corporate governance* e da eliminação de determinados incentivos à manutenção do controle, pode-se afirmar a existência de condições mínimas para a dispersão do capital no Brasil. Isto não significa, contudo, que o mito da concentração acionária no Brasil tenha sido definitivamente derrubado. Determinados fatores políticos e econômicos, que escapam a esta análise, podem influenciar decisivamente a questão.

3.3 A recente evolução da dispersão do capital no Brasil

Muitas vezes se tentou, no Brasil, incentivar a dispersão acionária por meio de medidas legislativas. Assim ocorreu, por exemplo, com a edição do Decreto nº 54.105, de 6 de agosto de 1964, que permitia às companhias que "abrissem" o seu capital saldar suas dívidas com o Fundo de Democratização do Capital das Empresas – Fundece, por intermédio de oferta pública de ações. No mesmo ano, como medida do Programa de Ação Econômica do Governo – PAEG, foram estabelecidos incentivos fiscais para as companhias consideradas abertas para os fins da Lei nº 4.506/64[156].

---

[156] A Lei nº 4.506, de 30 de novembro de 1964, definia condições mínimas para caracterização de uma companhia como de capital aberto. Para assim serem caracterizadas, as companhias deveriam ter pelo menos 30% de suas ações com direito a voto cotadas em bolsa de valores, sob a titularidade de mais de 200 acionistas, sendo que nenhum deles poderia deter mais que

Ainda houve outras tentativas de fomentar a dispersão acionária por meio de incentivos fiscais, como o caso notório do Decreto-lei nº 157, de 10 de fevereiro de 1967. No entanto, como demonstram os números das pesquisas anteriormente descritas, tais tentativas fracassaram. A própria Lei das Sociedades Anônimas interrompeu a tendência de se definir uma companhia como "aberta" em função do número de acionistas e da dispersão das ações, para simplesmente assim reconhecer aquelas cujos valores mobiliários são admitidos à negociação no mercado de valores mobiliários (artigo 4º, com a redação dada pela Lei nº 10.303/01).

Um dos primeiros levantamentos sobre concentração acionária no Brasil foi realizado em 1985 pela Superintendência de Projetos e Estudos Econômicos da Comissão de Valores Mobiliários. Foi analisado o controle acionário de 456 macroempresas, representando cerca de 90% do patrimônio líquido do total das companhias abertas brasileiras. Adotando-se a premissa de que haveria controle gerencial quando nenhum acionista ou grupo de acionistas detivesse mais de 10% do capital votante, nenhuma companhia brasileira, na época, apresentava esse tipo de controle. Além disso, apenas 15,13% do total das companhias analisadas apresentavam um controle diluído. O percentual médio de controle das companhias era então exercido com 69,81% das ações ordinárias[157].

Em 1997, Rachman fez um novo levantamento e apurou que esse percentual médio de controle acionário foi elevado para 74,76%[158].

Em 2000, Valadares e Leal fizeram levantamento semelhante com 325 companhias brasileiras e chegaram a resultados semelhantes aos anteriores: 62,5% das companhias analisadas possuíam um único acionista detendo mais de 50% do capital votante. O controle era exercido em média com 74% das ações com direito a voto. Entre a totalidade de companhias

---

3% do capital da companhia. Referida lei ainda exigia uma dispersão contínua das ações entre o público, em um mínimo de 20 novos acionistas anualmente. Na mesma linha, a Resolução nº 106, de 11 de dezembro de 1968, do Conselho Monetário Nacional (CMN), exigia, para que uma companhia fosse caracterizada como de capital aberto, que 20% de suas ações ordinárias estivesse distribuído entre um número mínimo de acionistas que variava de 100 a 500, conforme a localização da sede da companhia, sendo que cada acionista, para efeitos do cálculo acima, somente poderia ter até 1% das ações ordinárias.

[157] Cf. Eizirik, Nelson, *O Mito do "Controle Gerencial" – Alguns Dados Empíricos*, in *RDM*, n. 66, pp. 104-105.

[158] Cf. Rachman, Nora, *O Princípio do* Full Disclosure *no Mercado de Capitais*, [dissertação de mestrado], Faculdade de Direito da USP, 1997, pp. 166-167, pp. 166-167.

da amostra, o maior acionista detinha 58% do capital votante, enquanto os três maiores e os cinco maiores acionistas detinham, respectivamente, 78% e 82%[159].

Em 2001, Korn/Ferry International e McKinsey & Company fizeram pesquisa entre 174 companhias brasileiras com receita mínima anual de US$ 250 milhões e concluíram que 61% das ações ordinárias pertenciam, em média, a um único acionista. Os três maiores acionistas, por sua vez, detinham 85% das ações ordinárias. Apontamento interessante dessa pesquisa foi que, além da elevada concentração acionária, a estrutura de controle das companhias brasileiras: (i) é caracterizada pelo controle familiar, compartilhado ou exercido por multinacionais; (ii) os acionistas minoritários são pouco ativos e os seus interesses não são completamente reconhecidos; e (iii) há alta sobreposição entre propriedade acionária e gestão executiva, sendo que grande parte dos conselheiros é representante dos acionistas majoritários[160].

Por fim, em 2003, a OCDE divulgou relatório, com dados de 2002, no qual revelava que em 459 companhias abertas brasileiras analisadas o percentual médio de participação no capital social do maior acionista era de 51%, enquanto os três e os cinco maiores acionistas detinham, respectivamente, 65% e 67% das ações das companhias[161].

Embora a evolução das pesquisas acima descritas aponte para uma diminuição do grau de concentração do poder de controle nas companhias brasileiras, todas convergem para a afirmação de que o poder de controle é muito concentrado e distante do panorama descrito por Berle e Means nos EUA há quase 80 anos. No entanto, números mais recentes, especificamente sobre as companhias listadas no Novo Mercado, apontam para uma nova direção, a da dispersão do capital.

Apesar dos esforços legislativos, os primeiros sinais de dispersão do capital no Brasil parecem estar sendo produzidos pela autorregulação do Novo Mercado da BM&FBovespa. O Novo Mercado é um segmento de listagem destinado à negociação de ações emitidas por companhias que se comprometam, voluntariamente, com a adoção de práticas de *corporate governance* adicionais em relação ao que é exigido pela legislação. Trata-se

---

[159] Cf. Valadares, Sílvia Mourthé, e Leal, Ricardo Pereira Câmara, *Ownership and* Control, cit.
[160] *apud* Salomão Filho, Calixto, *O Poder de Controle*, cit., p. 76.
[161] Cf. Relatório Oficial sobre Governança Corporativa na América Latina, 2003, disponível [*on-line*] in *http://www.oecd.org/daf/corporate-affairs/* (c. 30.6.11), p. 54.

de uma tentativa de criar novas regras societárias por meio contratual. Ao celebrar termo de adesão, as companhias automaticamente se sujeitam ao regulamento do Novo Mercado.

Os resultados dos estudos descritos acima são referentes a dados de 2002. Eles não refletem, portanto, a estrutura acionária das companhias listadas no Novo Mercado, uma vez que este foi criado no final de 2000, sendo que, em 2002, havia apenas duas companhias listadas[162].

O Novo Mercado tem assumido papel de destaque no mercado de capitais brasileiro. Conforme já demonstrado por este autor em outro estudo[163], em 2006 e 2007, aproximadamente 80% das ofertas públicas de ações registradas na CVM foram de companhias listadas no Novo Mercado[164]. Em 2004 e 2005, esse percentual foi de, respectivamente, 48% e 46%[165]. Importante observar que o próprio número de ofertas públicas de ações nos últimos anos tem crescido significativamente, superando o número de OPA para cancelamento do registro de companhia aberta. Além disso, o valor de mercado das companhias listadas no Novo Mercado tem sido superior ao valor de mercado das companhias que compõem o Índice Bovespa[166].

---

[162] Após essas duas companhias, novas companhias foram listadas no Novo Mercado apenas em 2004. Em 2003 não houve nenhuma oferta de companhia listada no Novo Mercado.

[163] Cf. Oioli, Erik Frederico, *Oferta Pública de Aquisição*, cit., 2010, pp. 58-63. Nesse mesmo sentido, v. Gorga, Erica, *Changing the Paradigm of Stock Ownership from Concentrated Towards Dispersed Ownership? Evidence from Brazil and Consequences for Emerging Countries*, 2008, disponível [*on-line*] in http://ssrn.com/abstract=1121037 (c. 23.6.11).

[164] Conforme informações disponíveis na página da rede mundial de computadores da CVM (*www.cvm.gov.br*) e do Novo Mercado (*www.novomercadobovespa.com.br*) em 8 de janeiro de 2008. O ano de 2007 apresentou o maior número de ofertas públicas de ações das duas últimas décadas (cf. reportagem do jornal O Globo, *"Empresas Novatas na Bolsa deram Ganhos até 6 Vezes acima da Média"*, primeiro caderno, edição de 18.12.2006 e dados extraídos das páginas na rede mundial de computadores referidas acima).

[165] Idem.

[166] Por exemplo, a rentabilidade acumulada das companhias que compõem o Índice de Governança Corporativa – IGC (índice que contempla as companhias listadas em segmentos de práticas de governança corporativa diferenciadas), desde 25 de junho de 2001 (data que marcou o início das negociações de ações nos referidos segmentos – Nível 1 e 2 e Novo Mercado), foi de 388%, contra 189% do Índice Bovespa no mesmo período (cf. Boletim Informativo do Novo Mercado, Ano 5, n. 94, dezembro de 2006). O Índice Bovespa é o mais importante indicador do desempenho médio das cotações do mercado de ações brasileiro. Ele representa fielmente o comportamento médio das principais ações transacionadas, e o perfil das negociações à vista observadas nos pregões da Bovespa

Os dados da análise da estrutura acionária das 92 companhias listadas no Novo Mercado são interessantes. Primeiramente, 17,39% das companhias declararam não possuir acionista controlador[167]. Entre essas companhias, havia sete nas quais o maior acionista detinha menos de 10% do capital social[168]. Esse dado permite, inclusive, indagar se estaríamos diante de uma situação de controle gerencial, o que depende de uma análise concreta da situação das sete companhias. O fato é que, com o aumento da participação de investidores institucionais no mercado de ações, em especial dos fundos de pensão, pode-se verificar no futuro uma tendência de formação do controle gerencial. Isto porque seu principal objetivo é obter resultados financeiros a fim de cumprir metas atuariais e não propriamente gerir efetivamente empresas. Esse papel tenderá a ser delegado aos administradores[169].

Mas o resultado que mais desperta atenção é que aproximadamente 49% das companhias eram de capital disperso (ou seja, sem controle, com controle gerencial ou com controle diluído). O percentual médio de controle entre todas as companhias analisadas era de 51,62% (61,43% nas companhias com controle majoritário e 35,71% nas companhias com capital disperso). Na média, o maior acionista possuía 36,55% do capital social (47,38% nas companhias com controle majoritário e 24,98% nas companhias com capital disperso). Já os três e os cinco maiores acionistas

(cf. informações disponíveis [on-line] in http://www.bovespa.com.br/Mercado/RendaVariavel/Indices/FormConsultaApresentacaoP.asp?Indice=Ibovespa (c. 20.12.06)). Algumas companhias que fizeram sua primeira oferta pública de ações sendo listadas no Novo Mercado valorizaram até seis vezes mais que a média das companhias listadas na BM&FBovespa (v. nota 164 supra).
[167] Deve-se ressalvar que, entre essas companhias, a Embraer – Empresa Brasileira de Aeronáutica S.A., apesar de se declarar sem acionista controlador, possui uma *golden share* de titularidade da União com poder de veto. Aliás, o caso da Embraer desperta particular interesse ao presente estudo, na medida em que se utiliza de um dispositivo legal relativamente esquecido pelas companhias como técnica de defesa contra aquisições hostis ou escalada acionária (artigo 110, §1º, da LSA).
[168] Eram: Bematech – Indústria e Comércio de Equipamentos Eletrônicos S.A., cujo maior acionista detinha 9,97% do capital social; Bolsa de Mercadorias e Futuros – BMF S.A., cujo maior acionista detinha 9,71% do capital social; Bovespa Holding S.A. (antiga denominação da BM&FBovespa), cujo maior acionista detinha menos que 5% do capital social; Companhia Brasileira de Desenvolvimento Imobiliário Turístico, cujo maior acionista detinha 7,62% do capital social; Cremer S.A., cujo maior acionista detinha 5,5% do capital social; Eternit S.A., S.A. cujo maior acionista detinha 6,89% do capital social, e Lojas Renner S.A., cujo maior acionista detinha 5,65% do capital social.
[169] Cf. Farrar, John H., John H., *Company Law*, London, Butterworths, 1995, pp. 401-403.

detinham, aproximada e respectivamente, 53,73% (64,25% nas companhias com controle majoritário e 42,56% nas companhias com capital disperso) e 57,85% (69,26% nas companhias com controle majoritário e 52,39% nas companhias com capital disperso) do capital social[170].

A partir desses números, podem ser identificados dois grandes grupos de companhias: o de companhias com controle majoritário e o de companhias com capital disperso.

Com relação ao primeiro grupo, os números relativos à concentração acionária ainda são semelhantes aos dos estudos descritos acima sobre a matéria. Entretanto, um dado aparentemente não revelado nesses estudos é a relevância do acordo de acionistas como instrumento de organização do poder de controle. Em relação ao total de companhias analisadas, em 38,71% delas havia instrumento de acordo de acionistas firmado para exercício do poder de controle. Entre as companhias com controle majoritário esse percentual sobe para 44,68%. Considerando-se que, em média, o maior acionista das companhias com controle majoritário possui 47,34% do capital social, o acordo de acionistas tem papel fundamental para a formação desse tipo de controle entre as companhias do Novo Mercado[171]. Ainda, nos casos de existência de controle majoritário em companhias que não possuem acordo de acionistas e cujo maior acionista tem menos da metade do capital social, evidencia-se o uso de estruturas piramidais (*holdings*) para a manutenção do poder de controle ou, ainda, a existência de controle familiar.

Além disso, outro dado interessante é a recorrência com a qual as ações das companhias listadas no Novo Mercado têm sido ofertadas publicamente. Isso ocorreu com 11 companhias, que após terem iniciado a negociação de suas ações listadas no Novo Mercado, voltaram novamente a realizar ofertas públicas[172]. Tal fato contribui para a dispersão acionária, pois a cada nova oferta o número de ações em circulação aumenta, seja a oferta primária ou secundária[173].

---

[170] Nesse mesmo sentido, com números bastante similares, v. Gorga, Erica, *Changing the Paradigm*, cit., pp. 9 e ss.

[171] Reforçando o acordo como verdadeira instância parassocietária de poder (cf. Salomão Filho, Calixto, *O Novo Direito Societário*, cit., pp. 94 e ss.

[172] Conforme informações disponíveis [*on-line*] em www.cvm.gov.br (c. 10.1.08).

[173] As ofertas primárias têm sido sempre acompanhadas da exclusão do direito de preferência dos acionistas, o que contribui para a diluição. Já as ofertas secundárias são em sua grande maioria feitas pelos próprios acionistas controladores interessados em realizar ganhos com a valorização das ações da companhia.

Com relação ao segundo grupo de companhias, os números relativos à concentração do capital são significativamente menores que os resultados dos estudos anteriormente descritos e, apesar da história recente do Novo Mercado (não obstante ter sido criado em 2000, a listagem de ações nesse segmento intensificou-se somente a partir de 2004) denotam um movimento no sentido da dispersão acionária.

3.4 A definição de capital disperso

Conforme já discutido alhures[174], convém sempre precisar o objeto de estudo. Tem sido bastante comum o uso indiscriminado, pelos meios de comunicação, por agentes do mercado de capitais e até mesmo por alguns juristas, da expressão "companhias de capital disperso" ou, ainda de forma mais frequente, "companhias de capital pulverizado", sempre com o objetivo de se referir às companhias cujas ações representativas do capital estão distribuídas entre dezenas, centenas ou quiçá milhares de acionistas. Entende-se que tal conceito carece de maior precisão jurídica.

Primeiramente, questiona-se o próprio uso do vocábulo "pulverizado". Este vocábulo provém do latim *pulverizare* e, em virtude do próprio étimo, é sinônimo de *polvilhar* (do latim *pulvis, eris*)[175]. Significa "reduzir a pó, (...) espalhar pó" ou ainda "destruir, arrasar, aniquilar"[176]. Há, portanto, sempre implícita uma ideia de desconstrução ou destruição do objeto pulverizado. Quando se pulveriza uma substância líquida, "a solução é espalhada em gotículas (...), vaporizada"[177], até que então desapareça no ar ou sobre um outro objeto. Ora, não é isto que ocorre com o capital social. Ainda que espalhado em inúmeras ações (as "gotículas" ou o "pó"), o capital social permanece íntegro. Além disso, não é pelo fato de que o capital social está divido em inúmeras pequenas frações que se presume que inúmeros são os titulares dessas frações, como se pretende com o uso da expressão "capital pulverizado".

Outro aspecto que merece discussão é a ideia implícita no uso do termo "capital disperso" de que as ações que representam o capital social estão espalhadas entre inúmeros acionistas. Essa ideia a princípio seria correta

---

[174] Cf. Oioli, Erik Frederico Oioli, *A Oferta Pública de Aquisição*, cit., pp. 32 e ss.
[175] Mendes de Almeida, Napoleão, *Dicionário de Questões Vernáculas*, 4ª ed., São Paulo, Ática, 1998, p. 425.
[176] Cf. *Grande Dicionário*, cit., p. 750.
[177] Mendes de Almeida, Napoleão, *Dicionário*, cit., p. 425.

tendo em vista o significado da palavra "dispersar"[178], mas insuficiente para estabelecer uma *regula juris* para a dispersão do capital. Não nos parece sensato tentar definir uma companhia como de capital disperso simplesmente em função, por exemplo, da existência de um número mínimo de acionistas tal que se pudesse assegurar que as ações estão suficientemente espalhadas no mercado, conforme já adotado no passado pelo legislador brasileiro para definir a sociedade anônima de capital aberto[179].

Quanto maior a dispersão do capital, maior a separação entre a propriedade e o controle. É a partir da configuração do poder de controle que se pretende definir o que seja uma companhia de capital disperso. Assim, serão sempre consideradas companhias de capital disperso aquelas cujo controle interno seja diluído ou gerencial. Trata-se, inclusive, de critério de mais fácil verificação do que a contagem de determinado número de acionistas. Basta que, definindo-se por exclusão, o controle interno não seja majoritário ou totalitário. Assim, uma companhia de capital disperso deverá ter, no mínimo, três acionistas com direito a voto, que seria o mínimo necessário para configuração do controle diluído[180]. Se a companhia tiver apenas dois acionistas com direito a voto, três são os cenários possíveis, conforme a posição acionária de cada um: poderá haver controle totalitário (decisões tomadas por unanimidade), controle majoritário (por exemplo, acionistas com 60% e 40% do total das ações com direito a voto) ou mesmo a ausência de controle, quando houver

---

[178] Cf. *Grande Dicionário*, cit., p. 328.

[179] A Lei nº 4.506, de 30 de novembro de 1964, como se disse, definia condições mínimas para caracterização de uma companhia como de capital aberto. Para assim serem caracterizadas, as companhias deveriam ter pelo menos 30% de suas ações com direito a voto cotadas em bolsa de valores, sob a titularidade de mais de 200 acionistas, sendo que nenhum deles poderia deter mais que 3% do capital da companhia. Referida lei ainda exigia uma dispersão contínua das ações entre o público, em um mínimo de 20 novos acionistas anualmente. Na mesma linha, a Resolução nº 106, de 11 de dezembro de 1968, do Conselho Monetário Nacional (CMN), exigia, para que uma companhia fosse caracterizada como de capital aberto, que 20% de suas ações ordinárias estivesse distribuído entre um número mínimo de acionistas que variava de 100 a 500, conforme a localização da sede da companhia, sendo que cada acionista, para efeitos do cálculo acima, somente poderia ter até 1% das ações ordinárias.

[180] Cf. Comparato, Fábio K. e Salomão Filho, Calixto, *O Poder de Controle*, cit., p. 84, ao explicar o caso da "filial comum".

empate nas decisões assembleares (cada um dos acionistas com 50% do capital social com direito a voto)[181].

Cabe ainda ressaltar que esse conceito de capital disperso encontra, de certa forma, acolhida na própria Lei das Sociedades Anônimas, em seu artigo 137, II, "b". Este artigo, ao tratar da exclusão do direito de retirada dos acionistas dissidentes nos casos de fusão, incorporação ou participação em grupo de sociedades, considera "dispersão, quando o *acionista controlador, a sociedade controladora ou outras sociedades sob seu controle detiverem menos da metade da espécie ou classe de ação*" (grifo nosso). Presumiu o legislador que, havendo mais da metade das ações em questão em circulação, o acionista prejudicado teria condições de alienar suas ações no mercado (presente ainda o critério de liquidez previsto na alínea "a"), ao invés de ser reembolsado pela companhia. Assim, por exemplo, no caso de uma companhia que possua apenas ações ordinárias emitidas, como é o caso, no Brasil, das companhias listadas no Novo Mercado da BM&FBovespa e que possua controle diluído, certamente estar-se-á tratando de uma companhia de capital disperso. E se uma companhia com controle diluído pode assim ser considerada, com maior razão também poderá ser considerada a companhia no qual o controle não é exercido por qualquer acionista, como pode ser o caso do controle gerencial.

Todavia, deve-se ressalvar que o referido dispositivo legal não faz referência apenas a ações ordinárias. Em uma companhia que possua ações preferenciais, as quais não são detidas em sua maior parte ou pelo menos metade pelo controlador, para efeitos do artigo 137, II, "b" da LSA, haverá dispersão das ações preferenciais. Mas caso as ações ordinárias sejam detidas por um controlador totalitário ou majoritário, deve-se dizer que, no máximo, a companhia tem seu capital parcialmente disperso.

Por outro lado, em outro dispositivo da Lei das Sociedades Anônimas, o legislador parece ter deixado se levar pela tentação da ideia de dispersão como a distribuição do capital entre um número variado de acionistas. O artigo 136, §2º, determina que "a Comissão de Valores Mobiliários pode autorizar a redução do *quórum* previsto neste artigo no caso de companhia aberta com a *propriedade das ações dispersa no mercado, e cujas três últimas*

---

[181] Caso não haja previsão de arbitragem, disposição diversa no estatuto social ou os acionistas não concordarem em submeter a decisão a terceiro, persistindo o empate, caberá ao Poder Judiciário decidir a questão objeto de deliberação, no interesse da companhia (artigo 129, §2º, da LSA).

assembleias tenham sido realizadas com a presença de acionistas representando menos da metade das ações com direito a voto" (grifo nosso). Nota-se aqui que o legislador impõe duas condições para a referida autorização da CVM: (i) a existência de propriedade *dispersa* de ações; e (ii) o controle *diluído*[182], como sendo coisas distintas. No entanto, falhou o legislador em não definir outro critério para se aferir a dispersão. Se se utilizasse o mesmo critério do artigo 137, II, "b", para interpretação da primeira condição, chegar-se-ia à conclusão de um *bis in idem*.

Por fim, cabe analisar se a ausência de controle interno pode configurar uma terceira hipótese na qual a companhia será de capital disperso. Como assevera Comparato, é possível a inexistência de um poder efetivo de controle na companhia, especialmente nos casos de impasse de poder de voto, como acima já exemplificado[183]. A Lei das Sociedades Anônimas parece inclusive admitir essa hipótese, ao regular a confissão de falência ou o pedido de concordata em caso de urgência (artigo 122, parágrafo único)[184]. De fato, a ausência de um controlador também pode caracterizar a dispersão do capital, especialmente nos casos em que não é possível assegurar uma maioria permanente nas assembleias para efetivamente dirigir as atividades sociais e orientar o funcionamento dos órgãos da companhia pela elevada difusão das ações, mas não necessariamente nos casos de impasse de poder de voto. Como visto, esse impasse pode ocorrer quando há apenas dois acionistas com 50% das ações com direito a voto cada um. Por outro lado, esta hipótese terá menor importância para os propósitos do presente estudo.

---

[182] Cf. Carvalhosa, Modesto, *Comentários à Lei de Sociedades Anônimas*, tomo II, vol. 4, 3ª ed., São Paulo, Saraiva, 2002, pp. 851-852.
[183] Cf. Comparato, Fábio K., e Salomão Filho, Calixto, *O Poder de Controle*, cit., p. 84.
[184] Idem.

Capítulo 4
Quebra dos paradigmas estruturais da LSA: a nova organização da sociedade

Como visto anteriormente, a Lei nº 6.404/76 foi estruturada tendo como modelo a sociedade anônima de controle concentrado, na qual o poder de controle é bem definido e transformado em centro de imputação de deveres e responsabilidades, tendo como contrapartida a proteção dos acionistas minoritários e servindo, assim, como estímulo para estes investirem recursos no financiamento da grande empresa nacional.

Também como já demonstrado, ainda que restrito ao Novo Mercado, é possível identificar atualmente um conjunto representativo de companhias com capital disperso e uma tendência à dispersão *lato sensu* do capital entre inúmeros acionistas, sem a clara definição de um grupo de controle ou com um controle exercido sobre a frágil situação da titularidade de menos da metade das ações com direito a voto. Nota-se, portanto, um rompimento no modelo estrutural da Lei das Sociedades Anônimas, que não pode passar despercebido aos estudiosos do Direito Societário. Importante, assim, investigar os impactos da quebra deste paradigma dentro da estrutura da atual LSA.

4.1 A convergência dos modelos societários: fim da história para o Direito Societário?

Obviamente, a sociedade anônima que conhecemos hoje não é produto exclusivo da lei brasileira. Como visto, ela é uma obra de formação coletiva e progressiva, para cuja elaboração concorreram tanto o congresso de diversos aspectos jurídicos de desenvolvimento histórico mais ou menos fragmentado, como ainda a participação de diversos povos e, contemporaneamente, de todas as economias de mercado. A sociedade anônima, assim, encontra-se presente em diversos ordenamentos e com algum grau de similaridade, ainda que com nomes diversos ou pequenas particularidades[185].

Interessante notar que, ainda que os sistemas jurídicos sejam distintos (tradição romano-germânica e *common law*), ou mesmo a história e poderio econômico dos países em que se verificam também sejam distintos, as estruturas societárias de cada lugar, em geral, carregam consigo alguns traços em comum, quais sejam: (i) personalidade jurídica; (ii) responsabilidade limitada dos sócios; (iii) capital dividido em ações; (iv) delegação de poderes dos sócios aos administradores; e (v) algum grau de liberdade de circulação das ações[186]. Tais características evidenciam uma forte aptidão da sociedade para gerar valor aos acionistas, ou melhor, para atender aos interesses destes[187].

É de se esperar certa convergência natural do modelo dentro de um cenário de expansão econômica não suportada pelos indivíduos de forma isolada. Admitindo a limitação de responsabilidade, a S.A. torna possível a mobilização de recursos em montante ilimitado através da junção de diversas procedências e com diversos objetivos, ainda que sob o denominador comum da geração de lucros. A livre transferência das ações, por sua vez, torna-as ainda mais atrativas e propiciam liquidez ao investimento, e a delegação de poderes dos sócios para os administradores é um produto inevitável do fenômeno da dissociação entre propriedade acionária e controle empresarial, tanto maior quanto menor for a capacidade de o acionista empresário financiar a empresa com capital próprio. Além disso, a crescente internacionalização das atividades empresariais e o inter-relacionamento das economias nacionais, em que empresas internacionais mudam frequentemente de sede, em busca de melhor acolhimento

---

[185] Como é o caso das *corporations* norte-americanas, que se não são equivalentes, se aproximam da lógica das companhias abertas, ou ainda das companhias alemãs que adotam o sistema de cogestão.

[186] Cf. Hansmann, Henry, e Kraakman, Reinier, *The End of History for Corporate Law*, in Romano, Roberta (org.), *Foundations of Corporate Law*, 2ª ed., New York, Foundation, p. 745. Nesse mesmo sentido, Clark, Robert, *Corporate Law*, Aspen Law & Business, 1986, New York), p. 2.

[187] O que faz Hansmann e Kraakman falarem em *"shareholder-oriented model"*.

ou fugindo de leis retrógadas, tende também a promover uma gradativa uniformização dos regramentos societários.

Recentemente, os diversos debates acadêmicos e institucionais têm convergido exatamente para reforçar a supremacia do poder acionário[188]. Nesse modelo, os administradores devem exercer suas funções no interesse dos sócios; credores, empregados, fornecedores e consumidores (*stakeholders*) deveriam ter seus direitos disciplinados contratualmente ou por meio de leis não societárias; acionistas minoritários deveriam receber proteção contra a apropriação excessiva de benefícios privados por acionistas controladores e a principal medida do interesse das companhias abertas seria o valor de mercado das ações. A convergência dos ordenamentos jurídicos para esse modelo fatalmente levaria ao que Hansmann e Kraakman dramaticamente denominaram, em tradução livre, o "fim da história para o Direito Societário".

De fato, ao longo da história evolutiva das sociedades anônimas, nota-se, em certos aspectos, alguma convergência dos modelos societários, ainda que disciplinados por sistema jurídicos distintos.

Cita-se, por exemplo, a proteção da minoria. As primeiras legislações sobre a sociedade anônima consagraram o princípio majoritário, sem, contudo, dedicar atenção àqueles alijados do poder de direção da empresa. Tal proteção veio apenas com a evolução dos princípios democráticos que moldaram a estrutura da sociedade, particularmente com a formação das macroempresas, cuja expansão depende da captação de recursos no mercado de capitais. Ocorre que a atribuição de mais direitos a determinados acionistas, na condição de investidores, é indiferente, pois não se dispõem ou não tem condições técnicas ou financeiras de exercê-los. Cientes desse fato, as legislações no pós-guerra voltaram-se para a administração das companhias, estabelecendo regras de comportamento dos gestores, de prevenção de conflito de interesses ou de participação das minorias na administração, por meio do voto múltiplo. Além disso, no âmbito das assembleias gerais, as reformas mantiveram a proteção da minoria na base do abuso de direito de voto, além de estabelecer a responsabilidade do acionista dominante. Outro setor especialmente trabalhado pelo legislador foi o das demonstrações financeiras[189].

---

[188] Nesse sentido, v. a Diretiva 2004/25/CE do Parlamento Europeu e do Conselho da União Europeia sobre a adoção de uma legislação uniforme sobre *takeovers*.

[189] Cf. Lamy Filho, A. e Bulhões Pedreira, J. L., in *A Lei das S.A.* cit., pp. 74 e ss.

No âmbito do surgimento da macroempresa, a evolução foi no sentido de serem desenvolvidas normas específicas quanto a três campos importantes do fenômeno: (i) disciplina do autofinanciamento (estabelecendo limitações à poupança forçada, por meio da fixação de dividendos mínimos obrigatórios); (ii) disciplina das fusões e incorporações; e (iii) disciplina da informação no âmbito societário e no mercado de capitais.

Nossa lei societária, concebida há mais de 30 anos, em certa medida se adapta, sem grandes esforços, a este modelo. Isto não permite concluir, contudo, que a lei é adequada para disciplinar o fenômeno da dispersão acionária, pois o modelo simplesmente não prescreve a melhor forma de solucionar os conflitos entre acionistas e entre acionistas e administradores, que será um dos temas centrais da disciplina do capital disperso.

Não obstante, a convergência de modelos societários é importante para evidenciar a relevância do Direito Comparado para a análise do nosso sistema jurídico, especialmente pela experimentação de determinados países com a dispersão acionária e de que maneira estruturaram seu próprio modelo societário.

Na mesma medida, se é fato que a *estrutura* das sociedades anônimas – ou seja, a disposição e ordem dos elementos no sistema societário – caminha para a convergência, as relações que se estabelecem entre seus componentes diverge em função da configuração do poder *interna corporis*, o que permite falar na bipolarização do mundo societário em sistemas de controle concentrado e de controle diluído, como visto acima. Cada sistema, por sua vez, calibra as relações entre os elementos que compõem sua estrutura – notadamente os órgãos sociais – em função dos centros de poder que se estabelecem no âmbito da empresa. Embora o objeto seja o mesmo – o modelo clássico da sociedade anônima constatado por Hansmann e Kraakman – o produto dessa calibragem é essencialmente diverso[190]. Para amparar tal afirmação, analisar-se-á a disciplina da expropriação dos benefícios privados do controle.

---

[190] Como evidência disso, por mais de 30 anos se debateu na Europa a proposta de unificação da legislação societária, com vistas à criação da SAE. O produto final desse debate foi, porém, bem mais tímido do que originalmente se esperava. Não foi possível obter um consenso sobre a própria estrutura orgânica na SAE, resultando na apresentação de uma solução que consiste na faculdade de escolha entre dois modelos de administração (monista e dualista), deixando em aberto muitos aspectos com relação à dinâmica de funcionamento desses órgãos. Mesmo assim, os modelos facultativos não escaparam às críticas e resistências à adaptação (umas das maiores, diga-se, veio da Itália, ainda que tenha empreendido uma reforma orgânica da

4.2 Deslocamento da disciplina da expropriação de benefícios privados do controle

Como já abordado acima, verifica-se no mundo a predominância do sistema de controle concentrado. A estrutura de controle diluído é dominante apenas nos Estados Unidos e no Reino Unido[191]. Ainda que se reconheça na doutrina alguma preferência pelo sistema de controle diluído[192], não se pretende, aqui, fazer juízo de valor sobre ambos os sistemas ou qualquer forma de recomendação de modificações na legislação societária buscando uma ingênua indução à dispersão acionária. Tratar-se-á a existência do controle diluído, *vis-à-vis* a notória concentração de capital no Brasil, como um fato e, como tal, suas implicações para o Direito, que não pode estar alheio à realidade fática.

Nos sistemas de controle concentrado, a ênfase do direito societário é dirigida à limitação do poder de o controlador extrair benefícios particulares da companhia. Não se trata de eliminar completamente esses benefícios, mas de mantê-los ao menos em nível adequado.

O que seriam esses benefícios particulares do controlador? Entendidos como o valor que os acionistas controladores podem extrair de uma companhia em detrimento dos outros acionistas[193], Gilson identifica três espécies de benefícios particulares no sistema de controle concentrado: (i) aqueles obtidos no curso do comando da atividade empresarial; (ii) obtidos em operações de alienação de controle; e (iii) obtidos em operações que acarretem a diluição de minoritários[194].

Ao comandar a atividade da companhia, o controlador pode assegurar para si determinados benefícios. Pode fazê-lo, primeiro, mediante a

---

sociedade anônima no início deste século) (cf. Peironcely, Rafael A. e Dorronsoro, Carmen G., *La Sociedad Anónima Europea*, cit.). Nota-se que estamos longe do fim da história do Direito Societário...

[191] Há diversos estudos abordando os sistemas de controle diluído e concentrado no mundo. Além do estudo abrangente de La Porta *et al.* abordado no item 3.1 acima, v. Becht, M., *Reciprocity in Takeovers – Reforming Company and Takeover Law in Europe*, Oxford Press, 2004; Becht, M. e Röell, A., *Blockholding in Europe: An International Comparison*, in *European Economic Review*, n. 43, 1999, p. 1049; Lang, H. P., *The Ultimate Ownership of Western European Corporations*, in *Jornal of Financial Economics*, n. 65, 2002, p. 365; e Classens, S., Djankov, S. e Lang, H. P., *The Separation of Ownership and Control in East Asia Corporations*, in *Journal of Financial Economics*, n. 58, p. 81.

[192] V. La Porta *et al.*, cit., pp. 1-25.

[193] V. nota 140 acima.

[194] In *Controlling Controlling Shareholders*, cit., pp. 6 a 11.

adoção de determinadas políticas, como a de distribuição de dividendos. Um controlador pode adotar uma política mais agressiva de distribuição de dividendos se necessitar de mais recursos para investir em outros negócios dele próprio ou uma política de reinvestimento se não precisar desses recursos.

Pode, também, o controlador obter benefícios particulares por meio de técnicas associadas a contratos celebrados direta ou indiretamente por ele com a companhia (*self dealing*). Por exemplo, por meio do *transfer pricing*, transferência de ativos da sociedade controlada para o controlador ou para sociedade sob seu controle, utilização de ativos da sociedade como garantia para obtenção de financiamento para o controlador, etc. Assim, para limitar essa forma de expropriação de benefícios privados do controle, é fundamental haver transparência nas informações, clareza sobre eventual conflito de interesses entre o controlador e a sociedade e, ainda, limitação do poder do controlador de decidir unilateralmente questões que lhe afetem diretamente[195].

Nas operações de venda de controle, há que se ressaltar que no sistema de controle concentrado não há propriamente um mercado de controle acionário. A alienação do controle depende de negociações diretas com o titular do controle. Assim, ao negociar a alienação, o controlador tem liberdade para definir o preço, reservando para si todo ou parte do sobrevalor correspondente ao poder de comandar a empresa.

É interessante notar que a diferença entre valor das ações que compõem o controle e o das demais ações é tanto maior quanto mais elevado o potencial de extração de benefícios particulares pelo controlador[196]. Assim, em países nos quais a lei é tolerante em relação a esse aspecto, conferindo

---

[195] Nesse sentido, a LSA dispõe de regras sobre conflito de interesses (artigo 115) e exercício abusivo do poder de controle (artigos 116 e 117). O Novo Mercado não inovou em relação à matéria, muito embora mereçam destaque as normas que exigem maior transparência das informações da companhia e a que submete os conflitos à solução por arbitragem. Essas regras podem, por sua vez, contribuir para tornar mais efetiva a aplicação das regras da lei retrocitadas.

[196] Nesse sentido, a LSA assegurou apenas aos acionistas com direito a voto o direito de vender suas ações conjuntamente com o acionista controlador, por preço equivalente a 80% do pago ao controlador, o que significa a admissão implícita de um "prêmio de controle" equivalente a 20%. O acionista sem direito a voto fica absolutamente excluído de toda e qualquer proteção. Já o Novo Mercado confere a todos os acionistas da companhia o direito de vender conjuntamente suas ações pelo mesmo preço pago ao controlador, eliminando a possibilidade de apropriação desse benefício particular do controle.

tutela insuficiente às minorias, o valor das ações de controle costuma ser substancialmente maior que o das ações detidas pela minoria[197].

Por último, cumpre examinar os benefícios obtidos pelo controlador em operações que acarretem a diluição de minoritários, como operações de fusão ou de incorporação. Nessas operações, é importante a adoção de uma disciplina rigorosa. É preciso garantir a equidade, de forma semelhante ao que deve ocorrer em relação às operações de *self dealing* a que se fez referência. Ao disciplinarem-se essas operações, deve-se buscar um quadro análogo ao de uma negociação *arm's length*, em que as partes tenham efetiva possibilidade de negociação[198]. Isto porque, ao contrário do que pode eventualmente ocorrer nas hipóteses de alienação de controle, nas operações de fusão ou de incorporação, os minoritários não participam automaticamente de nenhum ganho como resultado delas. Daí resulta em um incentivo para o controlador, antecipando-se à realização da operação, procurar manipular as atividades da sociedade controlada e o valor de suas ações[199].

---

[197] Cf. Dyck, I. J. Alexander e Zingales, Luigi, *Private Benefits of Control*, cit.
[198] Cf. Gilson, R., *Controlling Controlling Shareholders*, cit., pp. 11-13.
[199] A este respeito, interessante analisar o Parecer de Orientação nº 34/2006, da CVM, que cuida da definição da relação de troca das ações de titularidade do controlador e dos demais acionistas nas operações de incorporação e de incorporação de ações. De forma resumida, de acordo com o referido parecer, nas operações de incorporação ou de incorporação de ações, o acionista controlador estará impedido de votar se a proposta de incorporação contemplar uma relação de troca que atribua valor diferente às ações do controlador em relação às demais ações. Nesses termos, o Parecer nº 34/06 orienta a interpretação da CVM a respeito do §1º do artigo 115 da LSA, aplicando o impedimento do direito de voto, por entender incidir no caso a hipótese de benefício particular, prevista no mencionado dispositivo (sobre as críticas a este entendimento, v. França, Erasmo Valladão A. e N., *O Conceito de Benefício Particular e o Parecer de Orientação 34 da CVM*, in *Temas de Direito Societário, Falimentar e Teoria da Empresa*, São Paulo, Malheiros, 2009, pp. 568-582 e *Ainda o Conceito de Benefício Particular – Anotações ao Julgamento do Processo CVM n. RJ-2009/5.811*, São Paulo, Malheiros, in RDM, v. 47, n. 149/150, 2008, pp. 293-322). Já o Parecer de Orientação nº 35/2008, da CVM, cuida das operações de fusão, incorporação e incorporação de ações envolvendo sociedade controladora e suas controladas ou sociedades sob controle comum. Diversamente do Parecer de Orientação nº 34/06, o parecer de 2008 não caminha no sentido de proibição do direito de voto, nem se socorre da complexa interpretação do §1º do artigo 115 da LSA. Pelo contrário, referido parecer corrobora o entendimento de que o controlador pode votar nas deliberações que digam respeito a essas operações. Contudo, por se tratar de operações que potencialmente podem acarretar a extração de excessivos "benefícios particulares" pelo controlador, o Parecer de Orientação nº 35/08 estabelece um procedimento especial para aprovação dessa

Feitas estas considerações, Munhoz ainda cita a possibilidade de o controlador extrair não apenas benefícios econômicos, mas também benefícios particulares de natureza não financeira. Para exemplificar, cita o exemplo de companhias norte-americanas, onde vigora o sistema de controle diluído, que possuem controle concentrado, notadamente aquelas que exercem atividade que conferem aos seus líderes posição de destaque na vida social e política, como é o caso das empresas de comunicação[200].

Como já amplamente discutido neste trabalho, a Lei das Sociedades Anônimas foi estruturada em torno do poder de controle e, como sistema de controle concentrado, ocupa-se da apropriação de benefícios privados pelo acionista controlador, mas somente na medida do necessário para atrair o capital de investidores do mercado de capitais, de forma a atender aos pressupostos orientadores da criação da Lei. Dessa forma, a LSA caracteriza-se pela previsão de direitos de proteção dos acionistas minoritários como se fossem elementos estranhos à sociedade, necessários somente como fonte de financiamento da grande empresa nacional. Criou-se, assim, um sistema de compensação para os acionistas minoritários, em face da concentração de poder do acionista controlador, e a consequente possibilidade de apropriação de benefícios particulares decorrentes de tal posição.

A dispersão do capital, com o enfraquecimento ou até mesmo o desaparecimento do acionista controlador, subverte a lógica da Lei das Sociedades Anônimas. O grau de importância dos direitos compensatórios tenderia a diminuir (mas sem perdê-la por completo) e alguns dispositivos aplicáveis somente ao *acionista* controlador (como o abuso do poder de controle) tendem a perder sua função.

A diluição do poder de controle, como toda diluição de poder, acaba assim por permitir um melhor equilíbrio entre os vários interesses envolvidos pelas grandes companhias. Evidentemente, o problema do poder e seus potenciais abusos, passa da esfera dos acionistas para a esfera dos administradores. Há, portanto, um deslocamento da disciplina da proteção

---

deliberação, reinterpretando os deveres fiduciários dos administradores. Cf. aponta Munhoz, esse procedimento não exclui a participação do controlador, mas antes visa a buscar garantir a equidade do processo. Assim o faz, principalmente, por meio da exigência de uma maior transparência em relação a todos os dados e informações relevantes para a operação e, ainda, pela presunção de que, se a deliberação for aprovada por administradores independentes, ela será considerada comutativa (in *Desafios do Direito Societário*, cit., p. 150).

[200] Cf. Munhoz, Eduardo Secchi, *Desafios do Direito Societário*, cit., pp. 143-144.

contra a apropriação excessiva de benefícios particulares, dos controladores para os administradores.

Em uma companhia com controle bem definido, os acionistas controladores se encarregam de fiscalizar os administradores, isto quando eles próprios não são também administradores da companhia. Muitas vezes isto leva, inclusive, à noção de que a administração é uma *longa manus* do controlador, que seria o verdadeiro "dono" da empresa.

Ante uma estrutura de controle diluído, a preocupação central do direito societário passa a ser o monitoramento dos administradores, ou seja, a de fazer com que estes atuem, comandem a companhia, no sentido de atender aos interesses desta. Trata-se do problema dos custos de monitoramento, externados na doutrina norte-americana por meio da expressão *agency costs*. Sob esta ótica, ganha força a teoria organizativa da sociedade, que identifica nesta uma função organizativa da empresa e dos interesses, em seu sentido mais amplo, ligados à empresa. Ganha, também, força a análise dos meios de monitoramento da administração no contexto de controle diluído e como eles se ajustam ao contexto da atual lei acionária.

4.3 O problema dos conflitos de agência (*agency cost*)

Qualquer discussão sobre *agency costs* inevitavelmente induz à análise econômica do Direito, pois ela é, essencialmente, uma ferramenta de análise econômica. Isso leva, antes de tudo, a uma advertência quanto ao seu uso. Sem dúvida, trata-se de ferramenta útil – amplamente utilizada no Direito anglo-saxão – porém bastante criticável por eleger o aspecto econômico – muitas vezes sintetizado sob a máxima da eficiência – como único objetivo do sistema jurídico. Com efeito, ao defender que as normas jurídicas devem ser criadas e que as decisões judiciais devem ser tomadas unicamente em função do princípio da maximização da riqueza social, a análise econômica pretende transplantar para o Direito, com exatidão matemática, os modelos causais de análise utilizados pela Economia, descurando do momento valorativo da produção de toda e qualquer norma jurídica[201]. A ordem jurídica há de se orientar à concretização dos diversos valores inerentes a cada aspecto da vida humana, devendo as normas e as decisões sobre conflitos pautar-se pelos princípios jurídicos que a partir desses valores são reconhecidos. Isto, contudo, não tira utilidade acima

---

[201] Cf. Munhoz, Eduardo S., in *Empresa Contemporânea*, cit., p. 22.

dita como ferramenta analítica, especialmente em matérias de relevo econômico, como é o caso do estudo das companhias[202].

A teoria econômica, na análise da organização empresarial, tem se dedicado nas últimas décadas ao tema dos custos de transação (*agency costs*). Parte a teoria da premissa de que as exigências econômicas levam os sócios a "delegar" a terceiros a gestão da propriedade empresarial. Se essa delegação implica a redução de determinados custos (como necessidade de qualificação para exercício de determinada atividade, tempo despendido na atividade de gestão, impossibilidade de diversificação dos investimentos em outros negócios, etc.), acarreta o surgimento de outros custos, consistentes na necessidade de constante fiscalização dos gestores, de modo a verificar se atuam em linha com os interesses sociais (v.g., contratação de auditores independentes para a fiscalização das demonstrações financeiras, remuneração dos conselheiros fiscais, publicação das demonstrações financeiras, etc.). Assim, os custos de transação decorrem da tendência inevitável de o agente atuar, não no interesse do principal (sociedade), mas no interesse próprio, o que exige a constante fiscalização de sua atividade e a concessão de incentivos, como o de atribuir aos administradores uma parcela dos lucros da empresa, de forma a alinhar seus interesses com os do principal[203].

Para a análise econômica do Direito, é importante a teoria dos custos de transação, desenvolvida por Coase. Segundo referido autor, se os custos de transação fossem nulos, isto é, se não custasse nada às partes a negociação de um acordo, a riqueza de todos seria necessariamente aumentada (negócios do tipo "ganha-ganha"), independentemente da regra estabelecida em lei. Contudo, os custos de transação nunca são nulos, exigindo a intervenção da regra jurídica e do juiz na solução de conflitos e adequada alocação desses custos. Logo, a norma jurídica e a decisão judicial deveriam avaliar qual teria sido a solução encontrada pelas partes se os custos da negociação fossem nulos, pois, dessa forma, seria observado o principio da maximização da riqueza[204].

---

[202] Nesse sentido, v. Salomão Filho, Calixto, in *"Interesse Social: Concepção Clássica e Moderna"*, in O Novo Direito Societário, cit., p. 31.

[203] Orts, Eric, *Shirking and Sharking: a Legal Theory of the Firm*, in Yale Law and Policy Review, vol. 16, 1998, pp. 271-276.

[204] Cf. Coase, Ronald H., *The Problem of Social Cost*, in JLE, vol. 3, 1960.

Coase diferencia os custos de transação no mercado dos custos de transação na empresa. A título ilustrativo, são custos de transação no mercado aqueles que decorrem, entre outros fatores (i) das negociações das partes para a celebração de cada contrato e para a fixação do preço, que pressupõe o conhecimento e a disponibilidade de informações sobre o mercado respectivo; (ii) do risco de a outra parte não cumprir sua obrigação; (iii) da impossibilidade de se prever todos os acontecimentos futuros que poderão sobrevir no curso do cumprimento do contrato, alterando seu equilíbrio econômico, o que é mais frequente nos contratos de prazo longo[205]. A partir daí Coase identifica a fronteira da empresa no ponto em que os custos de transação no mercado, que obedece ao mecanismo de fixação dos preços, são mais elevados do que os custos de transação na empresa, que é conduzida segundo a lógica de autoridade e direção[206].

A maior crítica à teoria de Coase é a de que não seria operacional, na medida em que o autor não teria oferecido um conceito geral para os *transaction costs*, não tendo precisado quais são os fatores que determinam a escolha entre a organização da produção na empresa e a contratação no mercado. Porém, conforme aponta Munhoz, a falta de uma relação precisa dos fatores que determinam a escolha pela produção no mercado ou na empresa não parece invalidar o postulado da teoria, nem a torna menos operacional. Há que se reconhecer, segundo referido autor, que a análise da empresa pelo ângulo dos custos de transação e da orientação dos recursos pela lógica da autoridade e da direção significa um avanço decisivo para a compreensão do fenômeno. Encontra-se, na teoria de Coase, um critério objetivo para distinguir a empresa das relações contratuais estabelecidas no mercado e uma explicação para os movimentos de concentração e desconcentração empresarial. A empresa cresce, agregando novas atividades, quando estas podem ser desenvolvidas pelo empresário – sob a lógica da autoridade – de maneira menos custosa do que se fosse buscada no mercado – ou seja, obedecendo ao mecanismo de preços[207].

Em 1976, Michael Jensen e William Meckling formularam, pela primeira vez, sua concepção da empresa como um feixe de contratos (*nexus of contracts*) celebrados pelos sócios, empregados, fornecedores, clientes e

---

[205] Hart, Oliver, *An Economist's Perspective on the Theory of the Firm*, in Columbia Law Review, vol. 89, novembro de 1989, p. 1760.
[206] In *The Problem of Social Cost*, cit.
[207] Cf. Munhoz, E. S., in *Empresa Contemporânea*, cit., p. 188.

todos os demais participantes da atividade empresarial. Referidos autores partem da crítica ao trabalho de Coase, afirmando que as relações dentro da empresa envolvem contínuas negociações entre as partes, não se cogitando de autoridade ou hierarquia. Ao conceberem a empresa como um feixe de contratos, entendem que as empresas são ficções legais que servem de sujeito das relações contratuais que se estabelecem entre os indivíduos[208].

Os problemas jurídicos suscitados pela atividade empresarial passam a ser analisados, portanto, sob o enfoque das relações contratuais, sendo fundamental, para a sua compreensão, a análise dos custos de transação, que estariam presentes em todos estes contratos. Nessa linha de pensamento, a sociedade anônima de capital aberto é vista como instrumento que permite que milhares de indivíduos confiem sua riqueza pessoal a administradores, para o desenvolvimento de determinada atividade, com base num complexo feixe de relações contratuais que delimitam os direitos das partes envolvidas. É considerada, assim, uma eficiente solução legal, que tem sobrevivido a formas alternativas de organização da atividade empresarial, as quais potencialmente poderiam ser adotadas, por permitir a redução dos custos de transação a níveis adequados.

Da teoria do *nexus of contracts* derivou, nos anos 2000, a teoria dos *connected contracts*. Ela sugere outra abordagem, partindo da ideia de acordos e relações interligados entre todos os participantes da atividade econômica, quais sejam, sócios, credores, administradores, trabalhadores, fornecedores e consumidores. A preocupação se centra exclusivamente nos conflitos, na competição e na cooperação nas relações estabelecidas entre todos aqueles que adquirem direitos e obrigações no exercício da atividade empresarial – pode, assim, extrapolar os limites da própria pessoa jurídica, o que essencialmente a faz diferir da teoria do *nexus of contracts*, onde a pessoa jurídica, ainda que relativizada, é o ponto de conexão dos feixes contratuais[209].

Nesse sentido, o modelo dos *connected contracts* dedica especial atenção às negociações que envolvem o poder de controle[210], assumindo este

---

[208] In *Theory of the Firm: Managerial Behavior, Agency Costs and Ownership Structure*, in Journal of Financial Economics, vol. 3, 1976, pp. 305 e ss.
[209] Klein, William, Gulati, Mitu e Zolt, Eric, *Connected Contracts*, University of California Law Review, 2000, pp. 887 e ss.
[210] Importante notar que o que os defensores da teoria dos *connected contracts* chamam de controle não corresponde exatamente ao conceito clássico de poder de controle, ou seja, o poder supremo de conduzir a atividade empresarial. O controle, tal como considerado nesse

elemento como fundamental na análise dos problemas jurídico-societários. Daí a se tomar o controle numa vertente positiva, que implica uma participação ativa na tomada de decisões e no processo de sua implementação, bem como numa vertente negativa, que se caracteriza pela proibição de determinados atos, pela monitoração das atividades e pela aplicação de sanções. Isso, porém, não diminui a virtude e a utilidade da análise empreendida, mesmo a partir da adoção da concepção clássica de poder de controle, pois serve para evidenciar que este não está necessariamente alocado aos sócios, sendo objeto de constante negociação entre estes e os administradores, empregados, credores, fornecedores e consumidores, que participam ativamente da atividade empresarial[211].

Com efeito, segundo a concepção dos *connected contracts*, o controle é objeto de diferentes negociações e acordos, ao longo do exercício da atividade empresarial, podendo ser alocado, em graus variáveis, a qualquer um dos seus participantes (sócios, administradores, empregados, fornecedores e consumidores). A alocação do controle, segundo esse modelo, é influenciada pelos fatores de risco, retorno e duração do contrato, não se justificando a concepção de que os sócios seriam os "proprietários", ou mesmo os controladores da sociedade-empresa[212]. Esta concepção, ainda que a teoria como um todo não tenha validade aceita sob o ponto de vista jurídico, por desconsiderar, por exemplo, os limites da personalidade jurídica e do fim social, é útil na discussão da organização da empresa e da internalização dos interesses no âmbito da sociedade, como se discutirá mais adiante.

De toda forma, nota-se, como pano de fundo das discussões sobre os custos de transação, a relevância da sociedade, seja ela uma pessoa jurídica ou um feixe de contratos, como instrumento de organização dos interesses conflitantes de forma a obter a contratação de forma mais eficiente, o que se pode substituir, sob a perspectiva jurídica, pela adequada realização do interesse social. Se a dispersão do capital resulta no problema dos custos de monitoramento dos administradores, naquilo em que as partes não sejam capazes de negociar – o que é de se esperar em um cenário de

---

modelo, caracteriza-se mais adequadamente como a capacidade de influenciar as decisões empresariais, que se apresenta em diferentes graus de intensidade e que é distribuída entre os diversos participantes da atividade.
[211] Cf. Munhoz, E. S., in *Empresa Contemporânea*, cit., p. 190.
[212] Cf. Klein, W., Gulati, M. e Zolt, E., *Connected Contracts*, cit., pp. 887 e ss.

enfraquecimento dos acionistas – deve a lei intervir na organização da empresa de forma a permitir o atingimento dos resultados esperados – novamente aqui se utilizará a expressão realização do interesse social – caso tais custos não existissem.

4.4 A S.A. como técnica de organização da empresa

Muito antes das modernas teorias organizativas do Direito norte-americano, Paillusseau já apregoava a sociedade anônima como a "técnica jurídica a dar à empresa uma existência e uma organização no plano jurídico. Em vez de considerar a sociedade como um *entrepreneur* (...) ela aparece como o conjunto das regras jurídicas, das técnicas e dos mecanismos destinados a permitir a organização e a vida de uma forma de produção ou de distribuição, de um organismo econômico: a empresa"[213].

Ainda, segundo Lamy e Bulhões Pedreira, a própria Lei das Sociedades Anônimas reconhece a companhia como forma de organização da sociedade empresária, ou seja, grupo de pessoas que se associam para exercer em comum a função empresarial. Segundo referidos autores, "a companhia passou a desempenhar essa função quando – no processo de formação das economias de mercado – a empresa surgiu como novo tipo de organização da produção; e é a utilização com esse fim, após a Revolução Industrial, que explica seu desenvolvimento e difusão nos últimos dois séculos"[214]. Na empresa institucionalizada, a forma jurídica de companhia passa a desempenhar a função de instrumento de organização da própria empresa[215].

A personalização da empresa é um exemplo claro da utilização da sociedade como técnica de organização. Ela pode ser compreendida como uma "técnica jurídica utilizada para se atingirem determinados objetivos práticos – autonomia patrimonial, limitação ou supressão de responsabilidades individuais"[216].

---

[213] Cf. Paillusseau, in *La Sociètè Anonyme*, cit., p. 4.
[214] Cf. Lamy Filho, A. e Bulhões Pedreira, J. L., *A Lei das S.A.*, cit., p. 23). Se é fato que a empresa, como atividade econômica organizada, somente nasce com a Revolução Industrial, desde a origem das primeiras sociedades anônimas, as companhias colonizadoras, a sociedade nada mais era que uma forma de organizar a empreitada mercantilista, organizando os diversos interesses a ela ligados, especialmente os do Estado e da burguesia, pois, se o primeiro detinha poder quase absoluto sobre a companhia – que outorgava sob regime de privilégio – também dependia do capital da segunda.
[215] Cf. Lamy Filho, A. e Bulhões Pedreira, J. L., *A Lei das S.A.*, cit., p. 68.
[216] Cf. Comparato, F. K., e Salomão Filho, Calixto, *O Poder de Controle*, cit., p. 279.

A personificação, que torna a sociedade sujeito de direitos e obrigações, leva o ente coletivo a estabelecer relações jurídicas próprias, expressando sua vontade diretamente através da organização, ou seja, dos órgãos sociais, centros volitivos aos quais, por lei, são atribuídas funções determinadas. Trata-se da concepção organicista da sociedade, adotada pela lei acionária brasileira desde 1940, que nos vem da teoria da realidade orgânica da pessoa jurídica, de Gierke. A estrutura organizacional é de suma importância para o modelo societário vigente, na medida em que constitui um requisito necessário da sociedade personificada, individual e autônoma, ou seja, do arquétipo que inspira a quase totalidade de suas normas.

Nos diversos países, de tradição romanística ou de *common law*, a organização básica da sociedade anônima é a mesma, havendo o órgão dotado de poder deliberativo (assembleia geral, *general meeting of shareholders, assemblée générale, assemblea degli azionisti, Hauptversammlung*), o órgão dotado de poder de direção (*conselho de administração/diretoria, board of directors, conseil d'administration, consiglio d'admministrazione, Aufsichtsrat/Vorstand*) e o órgão dotado de poder de fiscalização (conselho fiscal, *board of auditors, commissaires aux comptes, collegio sindacale*). Assim, na sociedade anônima, o poder se estrutura em três níveis: o da participação no capital, o da direção e o do controle, podendo este provir, ou não, da propriedade do capital[217].

Na empresa em que o poder empresarial é detido pelos administradores, a companhia continua a organizar juridicamente uma sociedade empresária, mas a análise econômica e social da empresa mostra que os titulares das ações deixam de desempenhar o papel de acionistas, pois não exercem de fato o comando dos administradores: salvo em momento de grave crise, não são, de fato, a fonte do poder empresarial, e se comportam como meros credores de dividendos[218].

---

[217] Cf. Munhoz, E. S., in *Empresa Contemporânea*, cit., p. 78.
[218] Cf. Lamy Filho, A. e Bulhões Pedreira, J. L., *A Lei das S.A.*, cit., p. 79. Jensen, inclusive, chega a advogar a hipótese de que a melhor forma de solucionar os potenciais conflitos entre a direção da empresa e os acionistas seria priorizar o financiamento da empresa mediante a contratação de dívida ao invés de capital próprio (participação acionária). Isto asseguraria maior discricionariedade aos administradores sobre a utilização do "fluxo de caixa livre" (i.e., após o pagamento das obrigações da companhia) e, de outro lado, proporcionaria maior possibilidade de proteção aos investidores, na qualidade de credores. Além de desprezar as implicações jurídicas do modelo, a lógica desse sistema é comprometida pelos custos financeiros elevados do endividamento (em regra mais caro que o financiamento com capital próprio), o risco de falência e outros riscos indiretos decorrentes do elevado endividamento

A partir da concepção das teorias organizativas, percebe-se uma clara alteração na função da sociedade, que passa a ser a organização racional dos diversos interesses que a envolvem. Diante disso, a estrutura organizacional na companhia adquire grande importância, pois os órgãos societários passam a ter papel fundamental na mediação dos interesses conflitantes, seja através da incorporação no órgão de todos os agentes que têm interesse, ou através da criação de órgãos independentes, não passíveis de serem influenciados pelos interesses conflitantes.

Com a mudança do paradigma do modelo de controle concentrado para o modelo de controle disperso, a organização da empresa também muda[219]. Não necessariamente a composição da estrutura, ou seja, a disposição dos órgãos societários, mas sim a forma de se relacionarem (o que pode refletir, por sua vez, na estruturação *dos órgãos*). Como visto, em um cenário de dispersão do capital, o poder de controle fundado na participação acionária é enfraquecido ou desaparece. Surge um novo centro de poder: a administração, que terá tanto mais poder quanto menor for a ingerência dos acionistas[220]. Isto resulta na completa dissociação da propriedade e controle. Quanto maior o poder de conduzir bens alheios como se fossem próprios, maiores devem ser os deveres fiduciários e maiores devem ser os mecanismos de monitoramento e alinhamento de interesses dos administradores em relação aos interesses dos sócios. Ganham relevância, portanto, questões relacionadas à qualidade e confiabilidade das informações, políticas de remuneração e manutenção no cargo de administradores e limitação ao autofinanciamento da empresa. O sistema de imputação de deveres e responsabilidades do acionista controlador migra para um sistema de freios e contrapesos à administração. No sistema de controle concentrado, o acionista controlador é naturalmente o maior fiscalizador da administração. Na sua ausência ou enfraquecimento, os órgãos

---

(como a própria dificuldade de acesso ao crédito) (in *Agency Costs of Free Cash Flows, Corporate Finance, and Takeovers*, in *American Economic Review*, n. 76, s.l., s.e., 1986, pp. 323-329 e *The Eclipse of Public Corporation*, in *Harvard Business Review*, n. 67, s.l., s.e., 1989, pp. 61-74).

[219] Cf. demonstrado por Kurt A. Desender, a estrutura e forma de governo das sociedades muda e deve ser analisada em função da sua estrutura de controle (in *The Relationship Between the Ownership and Board Efectiveness*, in *SSRN eLibrary*, 2009, disponível [*on-line*] in http://ssrn.com/paper=1440750 (c. 8.11.12)).

[220] Cf. Davies, Paul L., *Board Structure*, cit., pp. 435-456 e Aguilera, R. V., Filatotchev, I., Gospel, H., Jackson, G., *An Organizational Approach to Comparative Corporate Governance: Costs, Contingencies and Complementarities*, in *Organization Science*, n. 19, s.e., 2008, pp. 475-492.

de fiscalização deixam de ser meros coadjuvantes. A própria função dos órgãos de administração pode mudar. Basta notar que em determinados países com sistema de administração dualista (conselho e diretoria) nosso conselho de administração – hoje assimilado como um órgão responsável pela fixação da orientação geral dos negócios da companhia, executados pela diretoria – possui o sugestivo nome de conselho de supervisão (*Conseil de Surveillance, Consiglio di Sorveglianza, Aufsichtsrat, Supervisory Board* ou *Órgano de Control*[221]).

Enfim, cientes do papel da sociedade anônima como técnica de organização da empresa e da quebra do paradigma do modelo de controle concentrado, deve portanto a companhia adequar-se – reorganizar-se – ao novo modelo. Resta, nos capítulos subsequentes, delinear com maior precisão esse novo modelo – e seu consequente regime jurídico – e avaliar até que ponto a companhia concebida pela Lei das Sociedades Anônimas está apta a suportá-lo.

---

[221] Na Espanha. Naturalmente, *control* aqui se refere não propriamente a poder de controle, mas sim à fiscalização (e, consequentemente, supervisão),

Parte II

A construção de um modelo: o regime jurídico do capital disperso na Lei das Sociedades Anônimas

Capítulo 5
Considerações sobre o modelo: abstracionismo e pragmatismo jurídico

5.1 Construção da hipótese: premissas do modelo

Como visto, a dispersão do capital, embora conhecida (em tese) do legislador pátrio, não foi acolhida, ao menos entre seus pressupostos (ou objetivos), na Lei das Sociedades Anônimas. Este fenômeno, como consagra a literatura, apresenta particularidades, que exigem respostas adequadas – que mundo afora, respeitadas as particularidades de cada país e com diferentes graus de êxito, são dadas pela lei *lato sensu* ou por iniciativa dos próprios agentes (por meio da *soft law*[222] e/ou

---

[222] *"Soft Law"* é mais um estrangeirismo, tão frequente nos tempos globalizados, a que se recorre já que as significações que o adjetivo *soft* tem, não encontra boa versão na fala lusitana (*diritto mite* em italiano, *derecho blando* em espanhol e *droit mou* em francês), que seria direito "suave" ou "macio" (v. Valadão, Marco Aurélio Pereira, *O Soft Law como Fonte Formal do Direito Internacional Público*, s.l., s.e., 2003, disponível [*on-line*] in http://www.marcosvaladao.pro.br/pdf/O%20SOFT%20LAW%20COMO%20FONTE%20FORMAL%20DO%20DIP.pdf (c. 16.11.12). Termo comumente utilizado em Direito Internacional Público, segundo Valério de Oliveira Mazzuoli, "pode-se afirmar que na sua moderna acepção ela [a expressão *soft law*] compreende todas as regras cujo valor normativo é menos constringente que o das normas jurídicas tradicionais, seja porque os instrumentos que as abrigam não detêm o *status* de 'norma jurídica', seja porque os seus dispositivos, ainda que insertos no quadro dos instrumentos vinculantes, não criam obrigações de direito positivo [aos Estados], ou não criam senão obrigações pouco constringentes" (in *Curso de Direito Internacional Público*, 4ª ed., São Paulo, RT, 2010).

autorregulação). Importa-nos, como já colocado na Introdução, saber como a LSA responde a tais demandas, quando isto lhe competir. Com isto, como já se afirmou, não se quer entrar no mérito do melhor veículo para proposição de tais soluções, mas sim reconhecer que algumas delas são provenientes do sistema no qual a LSA se insere: a legislação do mercado de capitais, que visa à proteção dos investidores em geral (e, portanto, também dos acionistas da companhia de capital disperso) e é foro adequado para lidar com algumas de tais soluções (como regras de transparência, *accountability*[223], etc.)[224].

Resumindo o que foi dito até agora, em particular no capítulo 4, chega-se à formulação e particularidades do modelo que sustentam uma das premissas do silogismo em construção. Tal modelo parte daquele identificado por Berle e Means, ao analisar a dissociação entre a propriedade detida pelos acionistas e o seu controle, que passa a ser exercido pelos administradores. Ainda que os acionistas tenham o direito de eleger os administradores, o modelo pressupõe que estes controlam o processo de eleição e, portanto, a empresa.

Abrem-se, aqui, parênteses ao se explicar o modelo de Berle e Means. Há que se considerar não apenas a alegada "miopia" dos referidos autores ao não se darem conta, como visto, de que este não seria um fenômeno universal, mas também, e principalmente – e aqui a miopia parece ser da maioria dos autores norte-americanos – de que o papel exercido pelo *board* nos EUA difere essencialmente da maioria dos países, especialmente daqueles que servem de inspiração ao nosso Direito Societário. No Direito norte-americano, o poder, em regra, pertence naturalmente ao adminis-

---

[223] *"Accountability"* é expressão em inglês que também não possui tradução precisa para o português. Pode ser traduzida, deficientemente, por prestação de contas *lato sensu*. Seu emprego traduz a ideia de responsabilidade (objetiva e subjetiva), controle, transparência, obrigação de prestação de contas, justificativas para as ações que foram ou deixaram de ser empreendidas, premiação e/ou castigo (sobre o emprego do termo (na administração pública), v. o trabalho seminal de Campos, Anna Maria, *Accountability: Quando Poderemos Traduzi-la Para o Português?*, in Revista de Administração Pública, Rio de Janeiro, fev./abr., 1990.

[224] Deve-se entender aqui a Lei das Sociedades Anônimas e a Lei das CVM como um sistema ou microssistema disciplinador da sociedade anônima aberta. De fato, como visto, ambas as leis foram encomendadas aos mesmos autores quase simultaneamente e integram o projeto do Governo Federal de estimular a formação da grande empresa nacional por meio do financiamento do mercado de capitais.

trador. A lei previne os acionistas de tomarem iniciativas para mudança de qualquer regra básica relativa ao governo da companhia[225].

Não obstante, a separação entre propriedade e controle acaba sendo, em última instância, solução natural para viabilizar o processo de decisão na grande companhia. Nas sociedades de pessoas, onde, por hipótese, os sócios, em menor número, possuem o mesmo nível de informação e interesses coincidentes (como expressão da *affectio societatis*), as decisões são tomadas, via de regra, com base no consenso, dado que o processo de tomada de decisão é, relativamente, mais fácil. Em contraste, nas sociedades de capital, onde os sócios, por hipótese, possuem interesses pessoais distintos e diferentes graus de informação sobre o negócio, as decisões são tomadas, como ensina Kenneth Arrow, com base em relação de autoridade[226].

Dado que o processo de tomada de decisão coletiva é impraticável em determinados assuntos, estruturas baseadas em relação de autoridade caracterizam-se pela existência de um centro (ou órgão) encarregado da tomada de decisão e para o qual toda a informação é direcionada. A migração do modelo consensual para o baseado em relações de autoridade, portanto, será tanto maior quanto maior for a dispersão do capital. A existência de participações atomizadas, a variedade e divergência de interesses e assimetria de informação tende a obstruir um papel ativo dos acionistas[227].

---

[225] A ponto de o professor de Harvard, Lucian Bebchuck, ter proposto uma teoria, em 2005, defendendo que determinadas matérias (em regra, muito próximas às competências atribuídas pela LSA à Assembleia Geral) fossem submetidas à deliberação dos acionistas (cf. *The Case for Increasing Shareholder Power*, in *Harvard Law Review*, vol. 118, Cambridge, Harvard Law School, 2005, pp. 833-917). Referido autor propõe tal teoria como solução para o tormentoso problema do monitoramento dos administradores nos EUA, o que no mínimo soaria estranho ao leitor desconhecedor do sistema norte-americano e familiarizado com o modelo societário de tradição romano-germânica (especialmente o romano). O estudo, por outro lado, joga luz sobre a adequação deste último modelo, já que se conforma melhor à hipótese tratada na teoria e ao mesmo tempo faz pensar por que esse modelo, por sua vez, não seja predominante no sistema de controle disperso. A teoria falha, contudo, ao não endereçar adequadamente o problema da falta de ativismo societário. Pouca utilidade tem atribuir poderes aos acionistas se eles *não o usam*, o que pode ser constatado empiricamente em nosso ordenamento, por exemplo.
[226] In *The Limits of Organization*, New York, Norton, 1974, pp. 68-70.
[227] Cf. Bainbridge, Stephan M., *The Politics of Corporate Governance: Roe's Strong Managers, Weak Owners*, in Harvard Journal of Law & Public Policy, 1995, p. 6.

Ademais, em um cenário de dispersão acionária, é admitido presumir que o principal objetivo dos acionistas é a realização de lucro (na verdade, como se sabe, esse é o objetivo primordial em qualquer sociedade) como investimento, que pode gravitar em torno da especulação de curto prazo até estratégias de longo prazo (e, portanto, levando a divergências quanto à estratégia a ser perseguida pela companhia). Como problema central, contudo, há a falta de incentivos naturais à participação ativa do acionista no processo decisório. Racionalmente, sob uma perspectiva econômica, um acionista somente empreenderá esforços necessários para tomar decisões informadas se os benefícios esperados superarem os custos envolvidos[228]. Dada a complexidade e amplitude das decisões empresariais, presume-se que tais custos sejam elevados, face ao relativamente baixo retorno proporcionado pela participação atomizada (assumindo que o acionista não controlador, em regra, é incapaz de extrair benefícios particulares da companhia[229]). Assim, os acionistas não controladores, especialmente nas companhias com dispersão acionária de Berle e Means, tendem a ser apáticos.

A companhia de capital disperso contemporânea, assim, se encaixa no modelo baseado em relação de autoridade apontado por Arrow. Nem os acionistas ou outros centros de interesses que gravitam em torno da sociedade (empregados, consumidores, fornecedores, etc.) têm informações ou incentivos necessários para tomada de decisão. Assim, como solução, a lei delega a autoridade para tomada de decisão a um grupo menor, o dos administradores. É isto que torna viável a grande companhia. Entretanto, esse poder de decidir, conferido aos administradores, sobre bens alheios, faz surgir a necessidade de monitoramento, sem o qual os administradores tenderão a agir no próprio interesse.

A questão, até aqui, é análoga à existência de bloco de controle. Neste caso, a autoridade para decidir é atribuída ao acionista que detém a maioria das ações com direito a voto. Em contrapartida, a mão (a lei) que lhe dá o poder também lhe dá o peso da responsabilidade e atua na proteção daqueles que são expropriados do processo decisório (acionistas

---

[228] Cf. Clark, Robert, cit., p. 391.

[229] Diferentemente do que pode ocorrer, em alguns casos, da titularidade de blocos mais expressivos do capital, ainda que não importe na titularidade do controle, que se pode verificar, por exemplo, na participação de investidores institucionais (especialmente bancos), como se verá no capítulo 7.

minoritários). Como visto, a Lei nº 6.404/76 introduz tal proteção primordialmente por meio de "direitos de saída" e "direitos de informação" (direitos compensatórios).

Com o deslocamento da autoridade para os administradores, em tese, os acionistas minoritários continuariam alijados do processo decisório. Assim, sob essa lógica, nada muda e não haveria razão para modificação dos mesmos direitos compensatórios atribuídos no modelo de concentração acionária, relacionados ao *status socii*. Esta não é uma verdade absoluta, dado que lei anonimária brasileira, diferentemente do modelo norte-americano, como visto acima, reserva algumas matérias à competência exclusiva da Assembleia Geral. Ausente a figura do acionista controlador, a ditar os rumos da Assembleia, restaurar-se-ia a autoridade do acionista (a idealizada "democracia acionária"). O problema, contudo, é que os administradores, se aproveitando da inércia e falta de ação coletiva dos acionistas, buscarão influenciar a decisão da Assembleia, ainda que seja pelo mecanismo das *proxies*. Tudo isto se agrava, com efeito, quando os administradores disputam o poder com acionistas controladores diluídos. Ademais, no modelo de controle concentrado, a expropriação de benefícios privados pelo acionista controlador é aceitável até na medida em que seu custo seja inferior àqueles que seriam incorridos no monitoramento dos administradores (e isto foi bem aceito na legislação pátria, vide o exemplo do "prêmio de controle" – artigos 254 (revogado) e 254-A – e a disciplina do acordo de acionistas). Na ausência do acionista controlador, a aceitabilidade da expropriação de benefícios privados do controle pelos administradores é menor, até porque ele não é fundado na propriedade do capital. Isso poderia induzir à reflexão sobre a necessidade de reforço dos "direitos de participação" do acionista. Cumpre, sobretudo, indagar sobre os mecanismos de responsabilização dos administradores e se a lei funciona de forma análoga à disciplina do acionista controlador, dado que, como visto, a LSA não reconhece de forma explícita e abrangente o poder gerencial.

A principal mudança, entretanto, decorre do monitoramento (e seus custos). O monitoramento do exercício da autoridade do acionista controlador difere naturalmente daquele exercido sobre os administradores. O modelo tem por hipótese que tal diferenciação reflete-se na estrutura orgânica da sociedade. De fato, na grande companhia, ainda que exista um poder de controle nas mãos dos acionistas, muitas das decisões e a capacidade de influenciar a companhia ainda assim recaem sobre os administradores[230]. No entanto, o seu monitoramento é mais facilmente exercido pelo acionista controlador, que possui fortes incentivos para fazê-lo[231]. Na sua ausência ou enfraquecimento, como visto, um novo sistema de freios e contrapesos deve ser desenvolvido para suprir o papel do controlador na fiscalização dos administradores. Tais mecanismos passam pela própria estrutura (funcional) da administração, com a existência efetiva de órgão(s) de supervisão, regras de alinhamento de interesses (e não apenas prevenção de conflitos), composição[232] e outros mecanismos de controle interno (como o ativismo societário e a codeterminação) ou externo (auditoria independente, acordo de acionistas e o mercado de controle societário), que, neste caso, podem ou não ser comuns ao modelo de concentração acionária (como são os casos da auditoria independente, o ativismo, codeterminação, o acordo de acionistas e o órgão de supervisão; todos esses, de forma igual ou similar ao modelo de dispersão acionária, podem, em certa medida, se prestar ao monitoramento do acionista controlador).

Amarra-se, assim, o que foi dito na Parte I. É esta a hipótese que atuará na construção do regime jurídico da companhia de capital disperso. O Direito Comparado será uma ferramenta importante nesse processo, respeitadas as particularidades de cada país. Importa saber, contudo, que múltiplas são as alternativas[233] e não há consenso na literatura sobre o

---

[230] Cf. Cf. Davies, Paul L., *Board Structure*, cit., pp. 435-456 e Aguilera, R. V. *et al*, *An Organizational Approach*, cit., pp. 475-492.

[231] Cf. Desender, Kurt A., *The Relationship*, cit., p. 2.

[232] De acordo com Kurt Desender, companhias com capital disperso podem obter maior efetividade da administração se forem capazes de combinar as seguintes características: elevada proporção de membros independentes, dupla liderança (pessoas diferentes exercendo o papel de presidente do Conselho de Administração e da Diretoria), tamanho reduzido do Conselho, mandatos curtos e menor superposição de funções no Conselho e Diretoria. Por sua vez, companhias com capital concentrado podem ser mais eficientes se a administração combinar as seguintes características: equilíbrio entre administradores independentes e não independentes, liderança única do CEO, Conselhos e mandatos maiores e maior superposição entre os membros dos órgãos (in *The Relationship*, cit., p. 1).

[233] Becht *et al* aponta que a literatura de forma geral a respeito dos conflitos derivados da dispersão acionária convergem para cinco principais mecanismos de mitigação: (i) concentração parcial de propriedade e controle nas mãos de um ou poucos grandes investidores; (ii) possibilidade de realização de ofertas públicas para aquisição do controle e mecanismo de *proxy fight*; (iii) delegação e concentração de controle nos órgãos da administração; (iv) alinhamento de interesses dos administradores com investidores através de mecanismos de remuneração; e (v) definição clara de deveres fiduciários, aliada ação

modelo ótimo[234], seja em função das referidas particularidades, seja da dinâmica da vida empresarial, que obriga o Direito a estar em continua evolução[235]. Seria um exercício de arrogância intelectual, portanto, tentar cravar um regime jurídico definitivo e atemporal para a companhia brasileira com capital disperso. Pretende-se, antes, abrir o leque das possíveis alternativas de monitoramento da administração, analisa-las à luz da nossa realidade societária e coloca-las à disposição dos estudiosos e aplicadores do Direito.

5.2 Sistema e integração de modelos: considerações sobre o método

Conforme ensina Bobbio, um "sistema" corresponde a uma totalidade ordenada, um conjunto de entes entre os quais existe certa ordem. Para que se possa falar em uma ordem, é necessário que os entes que a constituem não estejam somente em relacionamento com o todo, mas também num relacionamento de coerência entre si. Assim, quando se indaga se dado ordenamento jurídico constitui um sistema, nos perguntamos se as

---

de responsabilidade e ações que assegurem o bloqueio de decisões contrárias ao interesse dos acionistas (Cf. Becht, Marco, Bolton, Patrick, e Röell, Ailsa, *Corporate Governance and Control*, in *Finance Working Paper* nº 02/2002, s.l., s.e., disponível [*on-line*] in http:www.ssrn.com/abstract_id=343461 (c. 16.11.12)). Tais pontos serão abordados, respectivamente, nos capítulos 6, 7, 8 e 9 deste trabalho.

[234] V. Aguilera, R. V., e Jackson, G., *The Cross National Diversity of Corporate Governance: Dimension and Determinants*, in *Academy of Management Review*, n. 28, s.l., 2003, pp. 447-465 e Filatotchev, I., *Developing and Organizational Theory of Corporate Governance: Comments on Henry L. Tosi (2008) "Quo Vadis?" Suggestions for Future Corporate Governance Research*, in *Journal of Management and Governance*, n. 12, s.l., s.e., 2008, pp. 171-178. Não obstante, a despeito de importantes diferenças entre os países, os códigos de *corporate governance*, de forma geral, tendem a ter disposições similares (cf. Aguilera, R. V., e Cuervo-Cazurra, A., *Codes of Good Governance*, in *Corporate Governance: An Internacional Review*, vol. 17, 3ª ed., s.l., Blackwell, 2009, pp. 376-387).

[235] Críticas recentes têm sido feitas quanto à comparação e explicação da diversidade de modelos de *corporate governance* por não levarem em conta as particularidades de cada país (cf. Aguilera, R. V. et al, *An Organizational Approach*, cit., pp. 475-492). Por exemplo, é muito difícil comparar o modelo norte-americano e o modelo germânico sem levar em conta as origens históricas e filosóficas do Direito alemão, que resultam, por exemplo, na persecução de objetivos distintos do Direito anglo-saxão. Exemplo disso é o instituto da cogestão, que tantas complicações têm trazido para o processo de unificação do Direito Societário europeu, além de ser acusado de ser causador da falta de competitividade das companhias alemãs (v. o item 7.4 infra).

normas que o compõem estão num relacionamento de coerência entre si, e em que condições é possível essa relação[236].

Isto implica, portanto, a problemática da compatibilidade dos modelos. Assumindo-se a construção do microssistema jurídico pertinente às sociedades anônimas sob o modelo da concentração acionária orbitada em torno do poder de controle, importa saber em que medida a constatação fática de um novo modelo – reconhecidamente diverso do primeiro – é compatível e, assim, está apto a integrar referido sistema.

Dessa forma, para que se possa avaliar a compatibilidade dos modelos dentro do ordenamento jurídico societário, cumpre, antes, a tarefa de delinear o novo modelo a partir de um conteúdo mínimo necessário para caracterização de um esquema societário.

Segundo Wiedemman, o conteúdo mínimo das normas societárias – abstraídas a constituição e a dissolução – converge para três áreas para as quais o legislador e, complementarmente, os próprios membros da sociedade devem atentar: (i) a determinação da finalidade (*Zweckbestimmung*); (ii) o *status socii* (*Mitgliederstatus*); e (iii) a organização da sociedade[237].

A determinação da finalidade delimita a esfera coletiva da vida societária perante os membros e perante terceiros, porque os sócios coletivizaram os seus interesses nos exatos limites desta fixação de objetivo. Sua concepção estabelece os princípios orientadores e o raio de ação da sociedade.

Já o *status socii* remete à disciplina dos direitos e deveres dos sócios perante a organização societária e os demais sócios, distinguindo-se entre direitos de participação, direitos patrimoniais, direitos de informação e fiscalização e direitos de retirar-se da sociedade. Entre os deveres, Wiedemann destaca o dever de contribuir, o dever de colaborar para a gestão social e o dever de lealdade[238].

Por fim, a organização da sociedade disciplina, em sua essência, a formação da vontade interna e a sua manifestação externa. Como já visto, seu foco será a conciliação dos diversos interesses atrelados ao exercício da empresa, sempre orientada por sua finalidade e com respeito aos direitos e deveres dos acionistas.

---

[236] In *Teoria do Ordenamento Jurídico*, tradução de Santos, Maria Celeste C. J., 10ª ed., Brasília, UnB, 1997, p. 71.

[237] Cf. *Gesellschaftsrecht I – Grundlagen*, Munique, Beck, 1980, p. 16, parcialmente traduzido para o português in França, Erasmo Valladão A. e N., "Excerto do '*Direito Societário I – Fundamentos*' de Hebert Wiedmann", in *RDM*, n. 133, pp. 66 a 75.

[238] Idem, p. 4.

Identificada a inadequação do modelo estrutural da LSA para disciplinar o fenômeno da dispersão acionária, é tarefa debruçar-se sobre a construção de um novo modelo jurídico mais adequado para lidar com este fenômeno atual. Partir-se-á, assim, em busca da análise das ditas normas necessárias do direito societário sob a ótica da finalidade, do *status socii* e, por fim, da organização da empresa. Não há dúvida de que, sob a perspectiva da dispersão acionária e consequente deslocamento da disciplina da expropriação dos benefícios privados do controle, é a organização da empresa quem mais sofrerá impacto.

Torna-se premente, então, a discussão sobre a adequação da lei a este novo modelo de sociedade. Esta discussão perpassa, inevitavelmente, pela visão pragmática ou abstracionista sobre a lei anonimária. O pragmatismo, exclusivamente preocupado com as consequências de uma dada definição, ajusta-a e, portanto, mutila o fenômeno descrito pela manipulação proposital de algumas de suas características; no particular, aquelas que determinam efeitos indesejáveis. O abstracionismo, por outro lado, olvida-se de que o fenômeno comporta inúmeras representações para se centrar nas representações jurídicas como realidades autônomas, de modo a limitar toda e qualquer intervenção às contenções materiais dessas realidades.

Este estado de coisas decorre, em alguns casos, da predileção dos abstracionistas pelos processos mentais próprios à representação jurídica, especialmente privatista, do fenômeno em análise[239]. Em suma, isto significa procurar compreender o fenômeno da dispersão acionária mediante a reinterpretação de dispositivos da Lei das Sociedades Anônimas, dentro de sua reconhecida flexibilidade, ou então admitir sua inapetência para lidar com esta nova realidade, levando-se à proposição de inovações legislativas.

Nesse caminho a ser trilhado, em respeito à paciência do leitor, não se pretende reproduzir ou explicar todos os institutos da LSA. Não está aqui em gestação um tratado ou manual sobre sociedade anônima. Limitar-se-á àquilo que, na visão do autor, for necessário para a compreensão de divergências ou inadequação entre os modelos *na lei*. Ou mesmo convergências, quando o senso comum permitisse apontar, em contrário, para a existência de presumíveis divergências entre aqueles.

---

[239] Warde Jr., Walfrido Jorge, *Os Poderes Manifestos*, cit., p. 57.

5.3 Direito Societário em perspectiva: a inquietante disciplina do interesse social como fundamento de legitimação dos modelos societários

Independentemente sobre quem recai o poder de controle, é importante que ele seja exercido para realização do interesse social. A noção de interesse não é descoberta recente, porém, sua aceitação como categoria dogmática só passou a ser mais bem aceita com o desenvolvimento dos estudos empreendidos por Heck, com raízes em Jehring. Os interesses "heckianos" facultam uma interpretação melhorada de algumas fontes, obrigando a, para além dos conceitos, indagar a teleologia das normas e valorações subjacentes[240]. Nesse sentido, o interesse, por si só e sem regras que definam o seu conteúdo, não é medida para coisa nenhuma, sendo juridicamente não operacional. Definir o que seja o "interesse social", portanto, é essencial para adequada organização da empresa societária.

Conforme ensina Paillusseau, trata-se de uma das noções fundamentais do Direito Societário, servindo de norte para a condução da atividade empresarial e, em última instância, de fundamento de validade dos atos de gestão[241]. Por exemplo, se se admite o controle gerencial e identifica-se o interesse social com a maximização do valor das ações, algumas regras devem ser criadas, por exemplo, para evitar o conflito de interesses, dado que é razoavelmente esperado um conflito entre a maximização dos ganhos pessoais dos administradores com a maximização do valor da empresa. Uma delas, hipoteticamente, poderia ser a criação de estímulos para adoção de remuneração dos administradores baseada na valorização das ações. Esse estímulo, por sua vez, carrega consigo o risco dos administradores inflarem artificialmente o valor das ações ou apenas perseguirem resultados de curto prazo. Isso levaria, então, à necessidade de rígidos padrões contábeis e aumento das regras de transparência que viessem permitir ao mercado precificar adequadamente o valor das ações. Evidente, portanto, que a definição do interesse social é de extrema relevância para a definição de regras de organização da empresa e, assim, concepção de um modelo societário.

É fato, contudo, que a inexistência ou enfraquecimento do poder de controle fundado na participação societária não teria o condão de modificar o interesse social, uma vez que este não se confunde com o interesse do

---

[240] Cf. Heck, Philipp, *Interpretação da Lei e Jurisprudência dos Interesses*, tradução de José Osório Imprenta, São Paulo, Saraiva, 1947.

[241] In *La Societè Anonyme*, cit., p. 173.

sócio controlador e muito menos com o interesse dos administradores. Portanto, não se pretende aqui proceder a uma análise extensa do tema, que por si só seria objeto de uma tese e sobre o qual muitas páginas já foram dedicadas pela doutrina.

Por outro lado, não se pode furtar a enfrentar a questão, uma das mais inquietantes do Direito Societário – pois é recorrentemente permeada pelas tentações ideológicas sobre o papel da sociedade *na sociedade* – ao menos para delinear o norte sobre o qual qualquer modelo societário deve ser construído e também como tentativa de "desmitificar" o interesse social, especialmente por parte daqueles que buscam nele alguma associação com o interesse público. Para alguns autores, deve-se reconhecer ao Direito Societário a função de construir instrumento de implantação de políticas públicas que objetivem a consecução dos valores consagrados pelo ordenamento jurídico. Assim, não cumpriria ao direito societário apenas a disciplina dos chamados interesses intrassocietários (interesses dos sócios)[242].

De qualquer forma, a definição da finalidade que a sociedade deve perseguir é indispensável para que a lei societária possa conceber um sistema coerente e eficaz de atribuição de poderes, deveres e responsabilidades ao controlador e aos administradores. Afinal, o poder-dever somente ganha significado com a definição da finalidade que deve ser perseguida, cujo desvio acarreta a atribuição de responsabilidade ao seu titular.

Por décadas, as discussões sobre as funções da sociedade e, em última instância, sobre o interesse social, se pautaram basicamente na dialética entre os teóricos do contratualismo e do institucionalismo societário.

Em linhas gerais, o contratualismo, que encontra forças na doutrina e jurisprudência italiana e cujo maior expoente é P. G. Jaeger, corresponde, em sua forma clássica, à concepção da sociedade como um contrato, sendo que o interesse social coincide com o interesse do grupo de sócios[243]. Na verdade, o interesse da sociedade acaba sendo reduzido ao interesse dos sócios, o que permite, em última instância, que estes conduzam a sociedade como "coisa própria", algo que seria incompatível com o mercado de capitais[244].

[242] Cf. Munhoz, E. S., *Empresa Contemporânea*, cit., p. 26.
[243] Ariberto Mignoli faz uma percuciente análise da concepção contratualista do interesse social em contraposição aos institucionalistas alemães, in *L'Interesse Sociale*, in *La Società per Azioni – Problemi, Letture, Testimonianze*, Tomo I, Milano, Giuffrè, 2002, pp. 83 e ss. (artigo originalmente publicado in *Rivista delle Società*, 1958, p. 725.
[244] Salomão Filho, Calixto, cit., pp. 28-29.

Consciente dos efeitos negativos do contratualismo clássico, essa "escola" assumiu novas vertentes, tendo encontrado a identidade do interesse social na maximização do valor de venda das ações do sócio[245].

Por outro lado, o institucionalismo, que encontra forças na doutrina e jurisprudência alemã e cujo iniciador foi W. Rathenau, que não era jurista, diferencia-se do contratualismo justamente por reconhecer na sociedade interesses diversos dos interesses dos acionistas[246]. O institucionalismo assumiu diferentes formas na Alemanha e também nos Estados Unidos, das quais podemos destacar a teoria da *Unternehmen an sich* e a formulação das *Mitbestimmungsgesetze*, na Alemanha[247], e as *other constituences*, nos EUA.

Entretanto, como observa Salomão Filho, as teorias do contratualismo e do institucionalismo já não esgotam mais a matéria, pois foram elaboradas em ambiente econômico muito diverso do atual. Assim, hoje, o direito societário é invadido por novas teorias jurídicas e tentativas de explicação econômica de seus fundamentos.

Sobretudo nas décadas de 70 e 80, ganhou força a discussão sobre a análise econômica do direito, com os destacados trabalhos de R. Coase[248] e G. Calabresi, identificados com a Teoria da Eficiência. Segundo os teóricos

---

[245] Essa concepção é a do próprio Jaeger, revisitando o interesse social 40 anos depois ("*L'Interesse Sociale Rivisitato (Quarent'anni Doppo)*", em *Giurisprudenza Commerciale*, I, 2000).

[246] França, Erasmo Valladão Azevedo e Novaes, *Conflito de Interesses nas Assembleias de S.A.*, Malheiros Editores, São Paulo, 1993, p. 22.

[247] A lei societária alemã de 1937 (*Aktiegesetz*) adotou quase todos os princípios defendidos pela doutrina institucionalista da *Unternehmen and sich*, assegurando à administração (*Verwaltung*) predominância sobre a assembleia de acionistas (*Haupterversammlung*). No interregno entre a edição desta lei e a de 1965, surgiram leis regulamentando a participação dos empregados nos órgãos diretivos das grandes empresas (*Mitbestmmungsgesetze*). Essas leis representavam uma evolução natural da teoria institucionalista que, no entanto, a partir dos anos 1950, passou a ser criticada pelo exacerbado desprezo com relação aos interesses dos acionistas. Assim, a lei societária de 1965 reforçou o papel da assembleia geral de modo a proteger os interesses dos acionistas, especialmente dos minoritários (cf. Jaeger, P.G., *L'Interesse Sociale*, cit.).

[248] Em Economia, os estudos sobre a empresa se dividem em antes e depois do trabalho de Coase. Segundo ele, desde Adam Smith os economistas baseiam-se na ideia de que o sistema econômico é autossuficiente, funcionando de acordo com o mecanismo de preços. Vale dizer, os recursos se orientam em uma direção ou em outra exclusivamente em conformidade com o sistema de preços, independentemente de qualquer intervenção externa. A partir dessa premissa, Coase conclui que a teoria clássica não se ajusta à empresa, apresentando um retrato parcial e incompleto da realidade econômica. Nesta, a produção não é orientada pelos preços, mas é conduzida pelo empresário, segundo uma lógica de autoridade e de direção (Cf. *The Nature of Firm*, in Williamson, O., Winter, S., *Origins, Evolution and Development*, p. 19).

clássicos dessa "escola", a sociedade é vista como um feixe de contratos, ou seja, a sociedade seria um ente subscritor de um grupo de contratos, que começa pelos contratos com os sócios e vai desde contratos com fornecedores e clientes até contratos com trabalhadores e contratos de empréstimo necessários para suprir as necessidades de fundos da empresa[249].

Em linhas gerais, a conclusão que se toma a partir dessa visão da sociedade é que o interesse social não pode mais ser identificado, como no contratualismo, com o interesse dos sócios, assim como não pode ser identificado, como na fase mais extremada do institucionalismo, com a autopreservação da sociedade. Cria-se a, partir dessa nova visão, a ideia de que o interesse social deve estar relacionado à criação de uma organização capaz de estruturar de forma mais eficiente as relações jurídicas que envolvem a sociedade[250].

Surge, então, a teoria do "contrato organização", como tentativa de sistematizar juridicamente os problemas relativos à definição do interesse social, a partir da diferenciação dos contratos de permuta e dos contratos associativos[251]. Isto porque, enquanto a função dos contratos de permuta é a criação de direitos subjetivos entre as partes, a dos contratos associativos é a criação de uma organização[252]. Como ensina Ferri, o contrato associativo forma uma comunhão de interesses. As partes não se contrapõem como nos contratos de permuta, mas assumem, como membros de um grupo,

---

[249] Cf. H. Hansmann, *The Ownership of Enterprise*, Cambridge, Harvard University Press, 1996, p. 18, *apud* Salomão Filho, Calixto, ob. cit., p. 41.

[250] Salomão Filho, Calixto, ob. cit., p. 42. Na própria Itália, berço do contratualismo clássico, já se fala da superação da tradicional contraposição entre a concepção contratualista e institucionalista, por meio do reconhecimento da sociedade como instrumento de organização dos interesses a ela pertinentes (cf. Bracciodieta, Angelo, *La Nuova Società*, cit., p. 11).

[251] Segundo a teoria do "contrato organização", não se deve mais distinguir ambas as figuras a partir da existência ou não de uma finalidade comum, como na clássica lição de Ascarelli ("*O Contrato Plurilateral*", em *Problemas das Sociedades Anônimas e Direito Comparado*, 2ª edição, São Paulo, Saraiva, p. 271). Para aquela teoria, a diferenciação deve ser feita a partir do núcleo dos contratos. Enquanto o núcleo dos contratos associativos está na organização (coordenação da influência recíproca entre atos) criada, nos contratos de permuta o ponto fundamental é a atribuição de direitos subjetivos. Assim, adotada a teoria do contrato organização, é no valor organização e não mais na coincidência de interesses de uma pluralidade de partes ou em um interesse específico à autopreservação que se passa a identificar o elemento diferencial do contrato social (Salomão Filho, Calixto, cit., pp.42-43).

[252] V. Salomão Filho, Calixto, *A Sociedade Unipessoal*, Malheiros Editores, São Paulo, 1995, pp. 57-61.

uma posição unitária, em função da identidade do interesse comum a ser perseguido. Para tanto, o contrato assume a função de organização da atividade[253].

Através dessa teoria, pretende-se reduzir o interesse social a uma organização direcionada ao melhor ordenamento dos interesses nela envolvidos e à solução dos conflitos entre as diversas relações jurídicas que afloram do feixe de contratos subscritos pela sociedade.

Contudo, essa visão merece críticas. Primeiramente, a visão da sociedade como técnica de organização da empresa não é nenhuma novidade, como já se teve oportunidade de analisar neste trabalho. Além disso, o interesse social não pode se resumir a organizar os interesses dentro da sociedade. Afinal, essa organização se dá no interesse de quem? Não se pode se contentar com a resposta de que essa organização se dá com o propósito de maximizar a *eficiência* da empresa, que significa cair no risco de utilizar a análise econômica do Direito para definição de princípios e não como ferramenta. A obtenção de eficiência ainda não resolve, portanto, a questão do interesse social e este jamais poderia se reduzir àquela.

Porque as pessoas se associam sob a forma de uma sociedade? E, mais especificamente, sob a forma de uma sociedade anônima? Conforme dispõe o artigo 981 do Código Civil, "celebram contrato de sociedade as pessoas que reciprocamente se obrigam a contribuir, com bens ou serviços, para o exercício de atividade econômica e a partilha, entre si, dos resultados". Ou seja, o escopo-fim, ou finalidade da sociedade, independentemente da vontade individual dos sócios, é sempre a obtenção do lucro, que se dá por meio da exploração do seu objeto, o escopo-meio. Não obstante, como se sabe, a sociedade anônima, especialmente aquela organizada sob a forma de companhia aberta, é uma típica sociedade de capital e desde sua origem esteve ligada à captação de recursos de acionistas-investidores. Para tanto, um dos principais elementos da sociedade anônima, como visto anteriormente, é a livre circulação das ações.

Isto significa que a finalidade da sociedade anônima de capital aberto não pode estar simplesmente associada à obtenção de lucro. Atualmente, se aceita que a finalidade da sociedade está associada à maximização do

---

[253] Ferri, Giuseppe, *Le Società*, in Vassalli, Filippo, *Trattato di Diritto Civile Italiano*, vol. X, Tomo III, Torino, UTET, 1971, pp. 6-7. Nesse mesmo sentido, v. Pailluseau, J., *La Sociètè Anonyme*, cit., p. 19.

valor das ações, levando em conta não apenas o interesse dos sócios atuais como dos sócios futuros[254].

A maximização do valor das ações vai muito além da simples maximização dos lucros. Trata-se de conceito maleável que comporta tudo aquilo que é apreciado pelo acionista enquanto empresário ou investidor, como um conjunto de indivíduos. Por exemplo, o interesse do empresário muitas vezes é identificado com o da preservação da empresa, associado com a adoção de políticas de longo prazo – uma empresa que adote uma gestão temerária capaz de comprometer seu futuro tende a ter suas ações desvalorizadas – desde que haja adequado *disclosure* sobre tais planos[255]. Ao mesmo tempo, por exemplo, se a adoção de práticas sustentáveis passa a ser socialmente desejável, o exercício de atividades potencialmente lesivas ao meio ambiente tenderão a ser precificadas pelos investidores[256].

[254] Cf. Kraakman, Reinier R. et al, *The Anatomy of Corporate Law – A Comparative and Functional Approach*, New York, Oxford University, 2004, p. 18. V., ainda, Hopt, Klaus, *Deveres Legais e Conduta Ética de Membros do Conselho de Administração e de Profissionais*, in RDM, n. 144, pp. 107-119, texto traduzido para o português por França, Erasmo Valladão A. e N., e Kertzer, Mauro Moisés, in *Temas de Direito Societário*, cit., p. 617. Trata-se de formulação mais atual e sintética para o que Galgano, identificando o interesse da companhia com o interesse comum dos sócios *uti socii*, decompôs em três aspectos: (i) interesse no desenvolvimento e expansão das atividades da companhia; (ii) interesse na maximização dos lucros; e (iii) interesse na maximização dos dividendos e sua distribuição entre os sócios (in *La Società per Azioni*, vol. 7, do *Trattato di Diritto Commerciale e di Diritto Pubblico dell'Economia*, Pádua, CEDAM, 1984).

[255] De fato, as companhias abertas, por força da Instrução CVM nº 480/09, estão obrigadas a divulgar ao publico Formulário de Referência (em substituição ao antigo IAN), onde, entre outras informações, podem inserir projeções sobre os planos de negócios da companhia.

[256] Pode-se citar, por exemplo, a adoção de políticas de incentivo ao exercício de práticas sustentáveis pelas instituições financeiras, algumas inclusive objeto de propaganda na mídia. Isto tem levado, inclusive, instituições financeiras a negar a concessão de financiamento para atividades potencialmente lesivas ao meio ambiente, de acordo com os Princípios do Equador, conjunto de regras voluntárias criadas pelo IFC para concessão de crédito, que asseguram que os projetos financiados sejam desenvolvidos de forma social e ambientalmente responsáveis (é verdade que, em outra medida, algumas instituições impõem tais restrições por receio à eventual responsabilização – inclusive penal – por danos ambientais, nos termos da Lei nº 9.605, de 12 de fevereiro de 1998). Há, ainda, os índices de companhias sustentáveis, com ações negociadas em bolsa, como o Índice Dow Jones de Sustentabilidade, nos EUA, que analisa as práticas adotadas pelas empresas que têm ações na bolsa de valores, identificando seus resultados e classificando-as como sustentáveis ou não, e o Índice de Sustentabilidade Empresarial – ISE, da BM&FBovespa, que corresponde à ferramenta para análise comparativa do desempenho das empresas listadas sob o aspecto da sustentabilidade corporativa, baseada em eficiência econômica, equilíbrio ambiental, justiça social e "governança corporativa".

A maximização do valor das ações, por sua vez, não é um valor absoluto. Os valores sociais a serem necessariamente perseguidos pelo Direito Societário, no Brasil, estão enunciados primacialmente no artigo 170 da Constituição Federal[257]. Normas desta natureza, que estabelecem valores ou objetivos a serem perseguidos, são hoje amplamente reconhecidas como plenas de validade e eficácia[258]. Nesse sentido, o modelo societário brasileiro deve necessariamente se orientar à consecução dos valores consagrados na Constituição Federal, ao disciplinar o exercício da atividade empresarial, não se preocupando com as questões de índole exclusivamente privada. Sob esta ótica, é possível harmonizar as diferentes visões sobre a função da empresa, inclusive daqueles que pretendem aproximar o interesse social do interesse público.

O enfoque publicista, aliado à profunda transformação do ambiente econômico, tem levado o Direito Societário, como aponta Munhoz, a ser invadido por novas teorias jurídicas, que buscam explicação econômica de seus fundamentos e que lhe conferem maior interdisciplinaridade. Isto porque, na persecução dos valores enunciados no artigo 170 da Constituição Federal, o Direito Societário se põe em contato com outras disciplinas, tais quais o Direito da Concorrência, do Consumidor, do Trabalho e do Meio Ambiente, entre outros[259].

Referido autor, a partir da análise da teoria da empresa como *nexus of contracts*, identifica o interesse social com os interesses de longo prazo dos sócios, que podem ser resumidos na duradoura prosperidade e rentabilidade da sociedade. Sob esta ótica, os interesses intrassocietário e extrassocietários estariam perfeitamente alinhados, pois ambos visam à duradoura prosperidade e rentabilidade da sociedade, ou seja, à manutenção de sua atividade empresarial. Não haveria conflito, portanto, entre interesses intra e extrassocietários, concebidos estes em termos de interesses de longo prazo dos sócios[260].

Vale notar que o ISE tem apresentado taxas médias de crescimento superiores ao do Índice Bovespa (cf. dados disponíveis no sítio eletrônico <http://www.bmfbovespa.com.br/indices/ResumoTaxaMediaCrescimento.aspx?Indice=ISE&idioma=pt-br> (c. 9.11.12)).

[257] Também podem ser citados os artigos 1º, III e IV, 3º, I, II e III, e 219, da Constituição Federal, que inspiram e se resumem pelo disposto no artigo 170.

[258] V. Bonavides, Paulo, *Curso de Direito Constitucional*, 5ª ed., São Paulo, Malheiros, 1994, pp. 221-223.

[259] Idem, p. 35.

[260] Munhoz, E. S., *Empresa Contemporânea*, cit., p. 45.

Essa visão, contudo, não encontra amparo na lei, que não estabelece distinção entre interesse de curto ou de longo prazo da sociedade[261]. O interesse social é uno, mudando apenas a forma de alcançá-lo, por meio da realização do objeto social. Tal visão é, assim, ideológica, buscando uma nova roupagem para a ideia institucionalista de preservação da empresa.

A sociedade, de acordo com o ordenamento, nasce de um contrato. Não dá para não reconhecer que o objetivo último desse contrato é maximizar o valor das ações por meio da adequada realização do objeto social. Não existe qualquer outra forma de manifestação de vontade coletiva no ato fundacional a definir o interesse social. Ao estabelecer o objeto, os acionistas "contratam"[262] com administradores para que o objetivo (escopo-fim) seja perseguido.

Essa persecução, contudo, deve encontrar limites na função social da empresa – dando sentido às disposições do artigo 170 da Constituição Federal – e nos controles internos da sociedade para que não haja desvios de finalidade, tais como a definição de regras contábeis, regras de conflito de interesses, deveres e responsabilidades, etc.[263]

O funcionamento das unidades de produção não diz respeito apenas aos acionistas titulares das suas ações: os empregados que nela trabalham, os fornecedores que para ela trabalham, seus financiadores, os distribuidores

---

[261] Diferentemente do que ocorre, por exemplo, no Direito português. O artigo 64º, 1, b, do CSC, com a redação dada pelo artigo 4º do Decreto-lei nº 76A/2006, de 29 de março, determina que os administradores devem observar "deveres de lealdade, no interesse da sociedade, atendendo aos *interesses de longo prazo dos sócios* e ponderando os interesses dos outros sujeitos relevantes [portanto, interesses externos, que não se confundem com o interesse social] para a sustentabilidade da sociedade, tais como os seus trabalhadores, clientes e credores" (grifo e comentário nossos). O dispositivo, a propósito, recebe críticas de Menezes Cordeiro (in *Os Deveres Fundamentais dos Administradores de Sociedades*, in Revista da Ordem dos Advogados, vol. II, ano 66, 2006, p. 9)

[262] Sobre a natureza jurídica da posição dos administradores na sociedade, v. nota 606 infra.

[263] Discorda-se da posição de Salomão Filho, de que é na identificação do interesse social à maximização do valor das ações que tem origem escândalos especulativos norte-americanos. Para ele, seria o estímulo à criação artificial de valor decorrente dessa definição de interesse social a causa do problema e não de falhas na legislação de mercado de capitais (in *Sociedade Anônima: Interesse Público*, cit., pp. 79-80). De fato, a causa é essa mesma e cabe à legislação de mercado de capitais – ou societária – corrigir ou prevenir esses estímulos, prevendo e regulando adequadamente os controles internos da sociedade.

e os consumidores dos bens que produz, a própria economia do país, todos estão, ou podem estar, alcançados pela ação da empresa[264].

Esta compreensão da função social como limite à atuação da empresa na busca da maximização do valor das ações é importante. Não se deve confundi-la (a função social) com o próprio interesse social. Isto dependeria, como bem pondera Berle, da concepção de um sistema eficaz de atribuição de legitimidade aos titulares desse interesse para sua defesa e de deveres e responsabilidades aos condutores da atividade empresarial.

Se é certo que o parágrafo único do artigo 116 e em certa medida o artigo 154 da LSA criam um sistema de responsabilização do controlador e administradores para com os demais acionistas, trabalhadores e comunidade em que a companhia atua, além do próprio interesse público, a lei acionária não conferiu legitimidade a este grupo, com exceção dos próprios acionistas, para proposição de ação de responsabilidade por abuso do poder de controle[265]. Tal legitimação fica a cargo de leis específicas alheias ao Direito Societário.

Sobre a matéria, a doutrina é dividida por pontos de vista diversos. Entendem uns que as esferas pública e privada têm funções distintas;

---

[264] Contudo, como explica Oliver Williamson, os acionistas são relativamente menos protegidos que os titulares de outros interesses ligados à empresa. Ele argumenta que a maioria dos empregados não está preso a relações contratuais específicas com a companhia e podem demitir-se a qualquer tempo. De forma similar, credores conseguem obter maior proteção por meio de garantias pessoais ou reais ou declarando o vencimento antecipado de seu crédito. Acionistas, por sua vez, possuem participação residual na companhia e não possuem, fora do Direito Societário, proteção específica. Dessa forma, sustenta o ilustre autor que as regras de *corporate governance* deveriam ser desenhadas levando-se em conta primeiramente os interesses comuns dos acionistas (in *Corporate Governance, Yale Law Journal*, n. 93, s.l., s.e., 1984, pp. 1197-1230 e *Employee Ownership and Internal Governance: a Perspective*, in *Journal of Economic Behavior and Organization*, n. 6, s.l., s.e., 1985, pp. 243-245).

[265] Conforma aponta Comparato, "cedemos aí, mais uma vez, à tradição jusnaturalista, de puras afirmações de princípio, sem o necessário complemento de remédios jurídicos sancionatórios. Pois, se o titular desses interesses comunitários e nacionais transborda largamente o círculo empresarial, quem tomará a iniciativa de defendê-los e com que tipo de ação? Certamente não os acionistas, mesmo minoritários ou não controladores. Na formulação legal do mecanismo de responsabilidade civil, houve a definição de novos interesses protegidos e de novo responsável (o controlador), ao lado dos administradores. Mas não houve a indispensável designação do agente legitimado a agir em prol do bem público" (in *O Poder de Controle*, cit., p. 371). Nesse mesmo sentido, v. Teixeira, E. L., e Guerreiro, J. A. T., *Das Sociedades Anônimas no Direito Brasileiro*, v. I, São Paulo, Bushatsky, 1979, p. 301 e, no sentido contrário, Salomão Filho, Calixto, *O Poder de Controle*, cit., p. 385, nota de texto 71.

os administradores da empresa privada devem esforçar-se por manter a lucratividade, no máximo, embora sem prejudicar suas obrigações contratuais para com os empregados, consumidores, credores e o meio ambiente[266]. Sob um aspecto estritamente societário, arguem, outros, que a destinação de uma parcela de lucros da companhia para benefício geral, ou atendimento de finalidades de ordem pública, significa, a longo prazo, uma maximização de lucros da empresa. Assim, o elemento de interesse público, que existe na atividade empresarial, identifica-se, de maneira geral, com os estritos interesses privados de sobrevivência e expansão das empresas. Uma terceira opinião ainda sustenta que é a lei que deve fazer as companhias cumprirem sua parcela de responsabilidade pública, pois que as grandes omissões, ou infrações, que cometem – poluição do ambiente, corrupção, etc. – são deficiências da lei ou do aparelho fiscalizador ou repressor[267].

Se se pretende que a companhia atenda a um interesse público que vá além do exercício da empresa dentro da sua função social[268], e em última instancia a função social da propriedade, é a lei quem deve expressamente exigir. Faz-se, nesse sentido, uma analogia ao direito de propriedade – direito absoluto clássico desde o Direito Romano que encontra limites na função social. A propriedade é exercida livremente até esse limite. Alguém pode ser dono de um imóvel para residência própria ou para plantar alimentos a serem distribuídos a menores carentes por livre escolha; se o segundo uso é socialmente desejado, esperado ou atende ao interesse público, para que possa ser exigido, depende-se da lei. Da mesma forma,

---

[266] É conhecido o caso Dodge v. Ford Motor Company, nos EUA, em que Dodge, como acionista, retinha lucros para fabricar carros mais baratos e beneficiar o consumidor americano. A sentença da Suprema Corte de Michigan decidiu que a companhia não era instituição caritativa e, apesar de seus objetivos salutares, o controlador não poderia ser generoso com o dinheiro dos outros (cf. Clark, Robert, *Corporate Law*, cit., p. 679).

[267] Cf. Lamy Filho, A. e Bulhões Pedreira, J. L., *A Lei das S.A.*, cit., p. 96.

[268] A noção de função social da empresa ainda é bastante controversa. Há quem diga que a melhor forma de a companhia cumprir sua função social é sendo lucrativa, conforme explica Friedman: "há poucas coisas capazes de minar tão profundamente as bases de uma sociedade livre do que a aceitação por parte dos dirigentes das empresas de uma responsabilidade social que não a de fazer tanto dinheiro quanto possível para seus acionistas" (in *Capitalismo e Liberdade*, São Paulo, Nova Cultural, 1985, pp. 120-123). Claro que tal ideia, em nosso ordenamento, não merece prosperar, seja pelos princípios constitucionais "impostos" à ordem econômica, seja pela explícita menção na LSA à satisfação de outros interesses alheios ao interesse social.

por exemplo, se se pretende usar a empresa como instrumento de pleno emprego, deve a lei exigir a manutenção de número mínimo de empregados – como o faz, por exemplo, com menores aprendizes ou deficientes[269].

Não se pode – infelizmente, com base no sistema jurídico capitalista e democrático – condenar a companhia que gradativamente substitui empregados por máquinas em busca de ganhos de eficiência – e consequentemente de maximização da valorização das ações. Tal condenação se dá no âmbito moral ou ideológico[270]. Não se pode esperar a internalização na sociedade dos direitos dos empregados, consumidores, fornecedores e da comunidade em geral que não seja como instrumento de organização da empresa em busca da realização do seu interesse social[271].

Aquilo que não seria contratado ou internalizado na empresa e seja socialmente desejado deve ser internalizado pela lei[272]. A lei se limita a atribuir responsabilidade ao controlador, conforme parágrafo único do

---

[269] Pode-se citar, por exemplo, Lei nº 10.097, de 19 de dezembro de 2000 (Lei do Menor Aprendiz), Lei nº 7.853, de 24 de outubro de 1989 e Lei nº 8.213, de 24 de julho de 1991 (leis de incentivo à inclusão de deficientes no mercado de trabalho).

[270] Paillusseau, já na década de 1960 reconhecia a sociedade anônima como um centro de interesses, para o qual convergem interesses diversos, tais como dos credores, trabalhadores, fornecedores, consumidores, do Estado, etc. Reconhece, ainda, que é evidente que a intensidade desses interesses é extremamente variável. Para o autor, a escolha dos interesses a serem internalizados está no campo das escolhas políticas ditadas por considerações sociais, filosóficas, etc. Contudo, prossegue Paillusseau afirmando que o legislador, no âmbito societário, elegeu apenas os interesses dos aportadores de capital na sociedade (In *La Societè Anonyme*, op. cit., p. 198).

[271] Nesse sentido, v. Hansmann, H., *The Ownership of Enterprise*, Cambridge, The Belknap, 1996. Uma das preocupações de Salomão Filho se refere à definição de critérios razoavelmente objetivos para a internalização de interesses na sociedade. Para tanto, se socorre da teoria da cooperação, referindo-se a três critérios não muito claros relativos à "continuidade da relação, pequenos números e boa quantidade de informação" (in *O Poder de Controle*, cit., p. 380). Na medida em que a S.A. é adotada como técnica de organização da empresa e, nessa medida, se ocupa em acomodar os diversos interesses que lhe são correlatos, a presunção de cooperação entre estes é válida para se alcançar o objetivo maior que é a realização do interesse social. Mas este sim deve ser adotado como parâmetro – ainda que não absolutamente objetivo (o que nos parece impossível nessa matéria, aliás) – para internalização de interesses.

[272] Nesse sentido, afirma D. Reuter, que o *shareholder value* não se opõe à solidariedade com os mais fracos, nem à sustentabilidade do meio ambiente; isto deve ser buscado por outro caminho, mais direto e democraticamente mais transparente, notadamente pelo ordenamento jurídico, via impostos, política ambiental e assim por diante (in *Die Soziale Verantwortung von Managerunternehmen im Spiegel des Rechts*, Non Profit Law Yearbook 2005, Cologne, Carl Heymanns, 2006, p. 185).

artigo 116, bem como aos administradores, no artigo 154 da LSA, porém não cria um direito subjetivo reflexo da comunidade, consumidores, fornecedores, etc. para ingressar com a apropriada ação de responsabilidade.

Uma vez definida a finalidade da companhia – aqui identificada como a maximização do valor das suas ações, por meio da adequada realização do seu objeto – tem-se o verdadeiro fundamento de legitimação do modelo societário. Independentemente de quem detenha o efetivo controle sobre a empresa – acionistas ou administradores – esse poder deve ser exercido para realização do fim social. Além disso, ele habilita o operador do Direito a identificar e reprimir potenciais situações de desvio de finalidade, que contribuirão para o delineamento das relações internas na estrutura organizacional da sociedade[273]. Com isso, nos capítulos seguintes, analisar-se-á a capacidade da atual Lei das Sociedades Anônimas lidar com a questão, quando o poder se desloca das mãos do acionista controlador, tanto sob a ótica dos direitos dos acionistas quanto do próprio funcionamento dos órgãos sociais.

5.4 Fundos de Investimento em Participações: evidências para um modelo societário brasileiro de dispersão acionária?

Os Fundos de Investimento em Participação – FIP, são fundos de investimento regulados pela Instrução CVM nº 391, de 16 de julho de 2003, que os define como uma comunhão de recursos, constituída sob a forma de condomínio fechado, destinados à aquisição de ações, debêntures, bônus de subscrição, ou outros títulos e valores mobiliários conversíveis ou permutáveis em ações de emissão de companhias, abertas ou fechadas, participando do processo decisório da companhia investida, com efetiva influência na definição de sua política estratégica e na sua gestão, notadamente através da indicação de membros do Conselho de Administração (artigo 1º).

Algumas razões justificam a análise desse tipo de fundo neste trabalho.

---

[273] Cf. apontam França e Adamek, a definição do fim comum nas organizações associativas possui eficácia constitutiva (*konstituierende Wirkung*) – que permite afirmar que o fim comum serve como parâmetro dissolutório da sociedade ou dos vínculos individuais que unem seus membros aos demais e à organização societária – e funcional (*funktionelle Wirkung*), na medida em que fixa diretrizes da política social, determina os direitos e deveres dos sócios e dirige os estágios da vida social (cf. *"Affectio Societatis": um Conceito Jurídico Superado no Moderno Direito Societário pelo Conceito de "Fim Social"*, in França, Erasmo Valladão Azevedo e Novaes, *Temas de Direito Societário*, cit., pp. 44-45).

Primeiramente, porque os fundos de investimento, embora as respectivas regras editadas pela CVM os definam como "condomínio", podem assumir natureza distinta. Para tanto, é importante compreender a estrutura e dinâmica de um fundo de investimento: por deliberação de uma instituição administradora[274], resolve-se constituir fundo de investimento, cujo regulamento é levado a registro em cartório de títulos e documentos, sendo que seu efetivo funcionamento depende de autorização da CVM. O fundo de investimento é constituído propriamente com a subscrição de cotas pelos investidores, que formam a chamada comunhão de recursos por meio da integralização das cotas subscritas, que será destinada à aquisição dos bens objeto da política de investimento prevista no regulamento, com o objetivo de obter valorização de suas cotas e assim auferir rendimentos.

Nota-se que a descrição acima se identifica perfeitamente à definição de contrato de sociedade do artigo 981 do Código Civil: "celebram contrato de sociedade as pessoas que reciprocamente se obrigam a contribuir, com bens ou serviços, para o exercício de atividade econômica e a partilha, entre si, dos resultados". De fato, os investidores, ao subscreverem cotas e aderirem ao regulamento, se obrigam a contribuir com dinheiro ou mesmo ativos compatíveis com a política de investimento do fundo, para a realização de investimentos por este, o que é uma atividade econômica por excelência, com o objetivo de auferir rendimentos, que são, em regra, repartidos pelo fundo na proporção da participação de cada cotista.

Há uma diferença essencial entre o condomínio – rótulo atribuído pela regulação aos fundos – e sociedade. Ambos são espécies do gênero comunhão. Porém, enquanto no condomínio a comunhão é de objeto, ou seja, a principal preocupação dos condôminos é dividir a propriedade em comum, atuando, portanto, em função da coisa compartilhada, na sociedade a comunhão é de objetivo. Na sociedade, a propriedade em comum sobre a coisa assume papel secundário como meio de atingir o objetivo das partes, que é a realização do objeto (escopo-meio) para obtenção de lucro (escopo-fim)[275].

---

[274] No caso dos FIP, a administração do fundo compete a pessoa jurídica autorizada pela CVM para exercer a atividade de administração de carteira de valores mobiliários (art. 9º da Instrução CVM nº 391/03).

[275] V. França, Erasmo Valladão Azevedo e Novaes, *A Natureza Jurídica dos Fundos de Investimento. Conflito de Interesses Apurado pela Própria Assembleia de Quotistas. Quórum Qualificado para Destituição de Administrador do Fundo*, in *Temas de Direito Societário*, cit., pp. 185-216.

Portanto, nos fundos de investimento, em regra, os investidores não estão necessariamente preocupados em dividir a propriedade dos bens – que essencialmente são uma comunhão de recursos – mas sim aplicá-la (o que, inclusive, implica a utilização dos recursos mantidos em comunhão para aquisição de outros bens) para obter lucro. Assim, sua natureza jurídica está muito mais próxima da sociedade do que do condomínio[276]. Por óbvio, o FIP não é uma sociedade anônima – está muito mais para uma sociedade em comum, desprovida de personalidade jurídica – porém sua natureza autoriza, de forma geral, o uso da analogia e dos mesmos princípios societários aplicáveis às sociedades anônimas.

Outro aspecto importante dos FIP, que os diferencia dos demais fundos, é sua política de investimento. Como visto acima, o fundo tem por objeto a aquisição de participações acionárias ou outros títulos conversíveis ou permutáveis em ações de companhias, abertas ou fechadas, além de debêntures simples. Originalmente, esse tipo de fundo foi concebido como um instrumento de *private equity* ou *venture capital*, isto é, como forma de investimento em negócios em fase inicial ou em estágio de maturação[277], com o objetivo de injetar recursos necessários para estruturação e crescimento do negócio, bem como profissionalizar a gestão da companhia investida[278], visando à valorização das ações desta para futura alienação ou abertura de capital e consequente realização de lucros pelo fundo. Essencialmente, enquanto a maioria dos outros fundos de investimento busca

---

[276] Sobre estudo aprofundado relativo à natureza dos fundos de investimento, v. Freitas, Ricardo dos Santos, *Natureza Jurídica dos Fundos de Investimento*, São Paulo, Quartier Latin, 2005.

[277] *Private Equity*, em sua definição estrita, refere-se a investimentos em participações acionárias de empresas de capital fechado, com o objetivo de desenvolvê-las ou reestruturá-las a fim de maximizar seu valor em uma posterior alienação do investimento, preferencialmente por meio de oferta pública das ações (*IPO*). *Venture Capital* (ou Capital Empreendedor) é uma de suas modalidades, e se refere a participações minoritárias em empresas em estágios iniciais (cf. Metrick, Andrew, e Yasuda, Ayako, *Venture Capital and the Finance of Innovation*, s.l., Wiley, 2006, p.4).

[278] Como acima mencionado, um dos requisitos de investimento do FIP é que ele participe do processo decisório da companhia investida. Isto não significa, necessariamente, que ele precise controlar a companhia investida. A própria Instrução CVM nº 391/03 cita exemplos de participação no processo decisório: (i) detenção de ações que integrem o respectivo bloco de controle; (ii) celebração de acordo de acionistas ou, ainda, (iii) pela celebração de ajuste de natureza diversa ou adoção de procedimento que assegure ao fundo efetiva influência na definição de sua política estratégica e na sua gestão.

obter retornos por meio da aquisição de ativos financeiros[279], o objetivo do FIP é investir, de forma indireta, em atividades empresariais, visando a obtenção de lucros[280].

Ainda, devido principalmente ao regime tributário aplicável aos FIP, estes cada vez mais têm sido utilizados em substituição das *holdings*[281]. Trata-se de questão relevante e ao mesmo tempo interessante para futuros estudos. Grupos controladores têm abandonado a estrutura de *holdings* constituídas sob a forma de companhia, transferindo as sociedades controladas para um FIP, que assume o papel de *holding* e procura reproduzir, com a maior fidelidade possível, as regras daquela.

Porém, sem prejuízo do disposto acima, o que faz do FIP particularmente relevante para este estudo são três aspectos: (i) como fundos de investimento, podem servir como bons exemplos de situação de controle gerencial, pois o efetivo controle sobre o patrimônio do fundo recai, via de regra, sobre o administrador ou gestor (profissional terceirizado autorizado pela CVM a exercer atividade de administração de carteiras, que, no caso, exerce atividade delegada do administrador); (ii) a incidência de FIP com esse tipo de controle gerencial é mais comum que o controle gerencial em companhias no Brasil[282]; e (iii) as regras aplicáveis ao FIP são relativamente flexíveis e têm, em grande parte, natureza de regras dispositivas, o que permite analisar o comportamento das partes (investidores e

---

[279] Há, naturalmente, exceções, como, por exemplo, os fundos de investimento em direitos creditórios – FIDC ou os fundos de investimento em empresas emergentes – FIEE.

[280] Nesse aspecto, os FIP também oferecem um subsídio interessante para a discussão sobre o interesse social havida neste capítulo. Como as sociedades anônimas, o objetivo do FIP é valorizar suas cotas e distribuir rendimentos aos cotistas. Entretanto, é comum alguns fundos, por exemplo, por exigência de determinados investidores (normalmente instituições financeiras e organismos multilaterais de desenvolvimento), internalizarem em sua política de investimento requisitos relacionados ao cumprimento de regras ambientais, ausência de trabalho escravo, atividades ligadas ao terrorismo, etc., o que evidencia que tais interesses, em regra extrassociais, são relevantes sob a ótica dos cotistas para maximização da valorização do seu investimento, embora, em regra, não integrem originalmente e em sua essência o interesse comum dos cotistas de qualquer fundo de investimento.

[281] Na condição de fundo de investimento classificado como fundo de ações, a tributação do Imposto de Renda Retido na Fonte – IRRF (em regra, 15%, podendo chegar a zero para investidores estrangeiros, atendidas determinadas condições, cf. Instrução Normativa da Receita Federal nº 1.022, de 5 de abril de 2010) é inferior àquela aplicável seja nos rendimentos, seja no ganho de capital auferido pela participação em sociedades, o que propicia vantagem econômica significativa, particularmente para pessoas físicas.

[282] Existem atualmente 653 FIP registrados na CVM (in www.cvm.gov.br (c. 9.11.12)).

administrador ou gestor) na negociação do poder de controle e das regras de monitoramento que são costumeiramente utilizadas nos regulamentos. Explica-se melhor a seguir.

Como visto, o FIP e seu regulamento são criados por deliberação do administrador. É fato que muitas vezes esta iniciativa de criar o fundo parte de determinados grupos de investidores interessados em realizar determinados investimentos, especialmente no caso das *holdings* acima citado. Porém, como verdadeiros fundos de investimento, em muitos casos os cotistas são meros fornecedores de capital, cabendo ao administrador e/ou gestor tomar as decisões sobre como utilizar o dinheiro investido, bem como sobre como gerir as companhias investidas, o que inclui o exercício do direito de voto nas respectivas assembleias e reuniões prévias previstas em acordos de acionistas. Este é um clássico cenário de absoluto controle gerencial.

Some-se a isso o fato de que, sendo o FIP destinado a investidores qualificados[283], suas regras são extremamente flexíveis, conferindo ampla liberdade para elaboração do respectivo regulamento. De fato, a Instrução CVM nº 391/03, em seu artigo 6º, apenas se limita a determinar quais os assuntos que no mínimo devem ser tratados no regulamento, mas não como tratá-los. Por exemplo, o inciso XVI do referido artigo determina que o regulamento deve dispor sobre o processo decisório do fundo quanto à realização, por este, de investimentos ou desinvestimentos, mas não determina como ou a quem cabe o poder de decidir. Há apenas um conjunto mínimo, porém importante, de regras predefinidas na Instrução CVM nº 391/03 que podem ser consideradas cogentes, dentre as quais se destacam: (i) obrigações, deveres e responsabilidades dos administradores

---

[283] Nos termos do artigo 109 da Instrução CVM nº 409, de 18 de agosto de 2004, consideram-se investidores qualificados (i) instituições financeiras; (ii) companhias seguradoras e sociedades de capitalização; (iii) entidades abertas e fechadas de previdência complementar; (iv) pessoas físicas ou jurídicas que possuam investimentos financeiros em valor superior a R$ 300.000,00 e que, adicionalmente, atestem por escrito sua condição de investidor qualificado mediante termo próprio; (v) fundos de investimento destinados exclusivamente a investidores qualificados; (vi) administradores de carteira e consultores de valores mobiliários autorizados pela CVM, em relação a seus recursos próprios; e (vii) regimes próprios de previdência social instituídos pela União, pelos Estados, pelo Distrito Federal ou por Municípios. Assim, a regulamentação estabelece uma presunção de qualificação do investidor, seja financeira ou técnica, que o capacita a compreender e assumir riscos maiores que um investidor comum. Com isso, a CVM tende a estabelecer exceções ou flexibilização de regras para produtos financeiros destinados exclusivamente a investidores qualificados.

(artigos 9º a 14, 35 e 36); (ii) competência da assembleia (artigo 15); (iii) despesas e encargos que podem ser cobrados do fundo sem aprovação dos cotistas (artigo 27); (iv) direitos políticos e econômicos atribuíveis às cotas (artigo 19); e (v) demonstrações financeiras e informações mínimas a serem fornecidas aos cotistas (artigos 28 a 34-A).

Considerando que não há fundo de investimento sem cotistas, ainda que os administradores reservem para si os efetivos poderes de gestão do FIP, seu regulamento deve, de alguma forma, ser atrativo para os investidores. Assim, é interessante notar como as partes (investidores e gestores) negociam a organização do fundo, assim como é interessante notar como a regulação age, interferindo, por meio das regras cogentes acima referidas, onde as partes não conseguiriam negociar satisfatoriamente os custos de transação. Portanto, resguardadas as particularidades do FIP em relação a uma sociedade anônima, a observação de como o fundo se organiza pode oferecer indícios ou ao menos ferramentas para a construção de um modelo genuíno para a sociedade com capital disperso brasileira, com a vantagem de que a organização do fundo se dá de acordo com o ordenamento jurídico nacional, sem a necessidade de "tropicalização" de institutos do Direito Comparado.

Dessa forma, como apontado, nota-se a existência de um núcleo mínimo de regras cogentes definidas pela regulamentação, que denota a preocupação do regulador em (i) delinear as obrigações e responsabilidades dos administradores – reconhecendo-se a existência de uma relação fiduciária em relação aos cotistas; (ii) definir as matérias mínimas sobre as quais cabem aos cotistas deliberar (dentre as quais se destacam tomar as contas do fundo, deliberar sobre alteração do regulamento, substituição do administrador e gestor, fusão, cisão, incorporação ou liquidação do fundo, emissão de novas cotas e deliberar sobre a instalação, composição e funcionamento de conselhos e comitês do fundo), preocupando-se com a preservação do patrimônio do fundo e dos direitos dos cotistas; e (iii) disponibilizar aos cotistas informações e instrumentos para monitoramento do administrador e gestor.

Adicionalmente, a despeito da grande variedade de regulamentos de FIP em função da liberdade conferida para sua elaboração, um conjunto mínimo de regras definidas voluntariamente pelas partes são comuns e relevantes para os propósitos deste estudo: (i) instalação e funcionamento de comitês de gestão ou consultores de investimento; (ii) regras sobre conflitos de interesses; e (iii) política de remuneração de administradores e/ou gestores.

Comumente, nos FIP, a autoridade para tomada de decisão recai sobre o administrador e/ou gestor[284] (aos quais se referirá doravante genericamente como gestores). À Assembleia é reservado número limitado de matérias para deliberação, conforme resumido acima. Ainda que a Assembleia Geral seja soberana, as principais decisões sobre o dia a dia do fundo são tomadas pelos gestores. Ademais, os investidores tendem a ser pouco ativos e desinteressados, de forma geral, da gestão das empresas investidas, preocupando-se com a rentabilidade do fundo. Disto, naturalmente, decorrem custos elevados de monitoramento dos gestores.

Como forma de minimizar tais custos surge o comitê de investimentos. Embora sua criação seja livre e sua composição seja heterogênea, é comum que dele participem, além de representantes dos gestores, representantes dos cotistas titulares de participações mais expressivas da comunhão. As finalidades do comitê podem ser diversas, porém, de forma geral, servem para aprovar (e legitimar) *ex ante* decisões dos gestores quanto à realização de investimentos e desinvestimentos, bem como aprovar a realização de operações em regime de exceção à política de investimento (muita embora, como boa prática, tais operações devam ser aprovadas pela Assembleia). Ainda, de acordo com o Código ABVCAP/ANBIMA (portanto, no campo da autorregulação), FIP com comitê de investimento do qual não participem representantes dos cotistas devem necessariamente possuir um comitê de supervisão. Portanto, presume-se a existência primordialmente de um papel de supervisão das atividades dos gestores pelo comitê.

Outra disposição recorrente nos regulamentos relacionada ao monitoramento dos gestores refere-se ao tratamento de conflito de interesses. Esta é uma questão central, dado que, se cabem aos gestores o poder de decidir, eles não podem usar tal poder para auferir vantagens particulares ou propiciarem-nas a terceiros. Existe, por exemplo, uma forte preocupação com a celebração de operações tendo os gestores, fundos ou carteiras por eles administrados, bem como demais partes relacionadas, como contraparte. Tais operações, em regra, não são vedadas, mas devem ser submetidas à aprovação da Assembleia Geral. Em alguns casos, presumindo-se o

---

[284] Artigo 10 da Instrução CVM nº 391/02: "O administrador terá poderes para exercer todos os direitos inerentes aos títulos e valores mobiliários integrantes da carteira do fundo, inclusive o de ação e o de comparecer e votar em assembleias gerais e especiais, podendo delegar para o gestor esses poderes, no todo ou em parte".

absenteísmo assemblear, tal decisão cabe ao comitê de investimento, desde que o gestor não tenha o controle sobre ele ou então se abstenha de votar.

Por fim, e não menos importante, a remuneração dos gestores (e, principalmente, do gestor, que toma, de fato, as decisões de investimento e assume o risco de tais decisões – ao menos moral e politicamente) normalmente é dividida em duas partes: (i) remuneração fixa (percentual fixo sobre o patrimônio líquido do Fundo); e (ii) remuneração variável (taxa de *"performance"*). A primeira serve, basicamente, para remunerar os *serviços* prestados ao fundo (a administração fiduciária propriamente dita) e, a segunda, para premiar o gestor pelos ganhos auferidos pelos cotistas. Esta última não incide, contudo, sobre qualquer ganho. Em regra, ela incide sobre um percentual dos ganhos *efetivamente* auferidos pelos cotistas acima de uma determinada rentabilidade esperada. Ou seja, não basta que o FIP dê lucro, é necessário que determinada meta de lucratividade seja atingida. Nesse sentido, essa parte da remuneração tem verdadeira natureza de prêmio e serve, principalmente, como instrumento de incentivo e alinhamento de interesses (que, neste último quesito, de certa forma também se presta a remuneração fixa correspondente a percentual do patrimônio líquido do fundo, dado que qualquer desvio que implique redução patrimonial refletirá na remuneração dos gestores).

Em suma, não se pretende aqui subsumir a disciplina das companhias abertas à dos fundos de investimento (no máximo, seria aceitável o caminho inverso), nem reduzir o problema do monitoramento da administração das primeiras às soluções criadas na indústria de investimento. A complexidade dos problemas e interesses na sociedade anônima é muito maior. Isso, contudo, não retira a utilidade da análise de uma solução tropicalizada[285] para um problema em comum.

---

[285] A indústria de *private equity* e *venture capital* naturalmente não é uma criação brasileira. Muito antes de se desenvolver no país, esta indústria já desempenhava papel relevante nos EUA. Algumas soluções (como os comitês), portanto, foram importadas daquele país, porém adaptadas ao nosso ordenamento. Outras soluções são quase intuitivas, como a prevenção do conflito de interesses e a remuneração por desempenho (*performance*). Interessante notar, sobretudo, como tais soluções se comportam em um cenário de quase desregulamentação, ainda que para detectar deficiências.

Capítulo 6
Tutela e exercício dos direitos individuais e coletivos nas companhias de capital disperso: a posição do acionista

6.1 Considerações iniciais e colocação do tema

Como se sabe, celebram contrato de sociedade as pessoas que reciprocamente se obrigam a contribuir, com bens ou serviços, para o exercício de atividade econômica e a partilha, entre si, dos resultados. A sociedade pode assumir formas e funções diversas, pode ser personificada ou não, pode limitar a responsabilidade dos sócios ou não, pode ser empresária ou não e pode ser *intuitu personae* ou não. As razões que levam as pessoas a se associarem também são diversas e podem ir além do núcleo de conjugação de esforços para partilha de resultados. Inclusive, e principalmente, o quanto e como as pessoas pretendem contribuir são diversos.

É certo, por outro lado, que a pessoa, ao ingressar na sociedade, seja qual for sua natureza e seja qual forem os seus objetivos pessoais, adquire um novo papel jurídico-social. Passa então a ser parte da sociedade e denominada genericamente de sócia, o que implica ser um centro de imputação de direitos, deveres, obrigações e, em determinadas circunstâncias, poderes.

Esse pequeno centro de interesses em torno do acionista individual goza, no universo das relações societárias, de uma particularidade: ele não é estático e seu dinamismo se amolda em decorrência da própria posição de terceiros na sociedade, seja pela formação de uma simples maioria, seja, principalmente, pela formação de centros capazes de comandar a vida da companhia de acordo com seus desígnios e no pressuposto de que seja no interesse de todos. O remédio que o Direito administra para o sobrepujamento do indivíduo pela maioria é a criação de "núcleos-duros" de direitos invioláveis, os chamados *direitos essenciais* do acionista, que podem ser exercidos individualizada ou coletivamente, nas condições previstas em lei, além de reconhecer alguns direitos dos acionistas enquanto *grupos de interesses*, entre os quais se sobressaltam os chamados "minoritários"[286].

Como ponto de partida para a análise empreendida neste capítulo, toma-se o artigo 109 da LSA, que enumera os chamados direitos essenciais dos acionistas[287], qual "verdadeira declaração constitucional" dos direitos e garantias individuais dos mesmos. São os dogmas dos acionistas[288], no sentido de princípios colocados fora de dúvida, devendo ser obrigatoriamente aceitos como válidos. Retratam a ideologia rígida a ser obedecida pelo estatuto e pela assembleia geral no tratamento dos acionistas. Só podem ser mudados por outra lei.

Os direitos essenciais constituem o âmago da ideologia conciliatória entre os controladores e os não controladores. Nesse sentido, funcionam como neutralizadores de conflitos internos na sociedade anônima. Aparentemente são dirigidos a todos os acionistas. Aliás, como em toda ideologia, a aparência nunca coincide exatamente com a essência. Na realidade, tais direitos, tal como originalmente concebidos, visavam proteger os não controladores, pois os controladores têm a proteção do próprio poder[289].

Miranda Valverde e Carvalho de Mendonça afirmavam que os direitos, atribuídos ou conferidos a uma pessoa, em virtude da sua qualidade de membro de uma corporação (*status socii*), são, por sua complexidade,

---

[286] V., por exemplo, artigos 109, §3º, 117, §1º, "a" e "c", 161, §4º, "a", 202, §1º, 215, §2º, 239, 240, 254, §4º e 276 *caput* e §§1º e 3º, todos da LSA.

[287] Os direitos essenciais foram criados na França e Alemanha (*Sonderrechte*) no final do século XIX, como produto de construção jurisprudencial: os direitos intangíveis. Nasceram da contraposição aos direitos sociais ou mutáveis, que podem ser modificados ou suprimidos pelo estatuto ou deliberação majoritária. Pretendia-se, assim, a criação de um núcleo de direitos fundamentais aos sócios, não suprimíveis pela vontade majoritária.

[288] Buitoni, Ademir, *A Ideologia na Sociedade Anônima Brasileira*, dissertação de mestrado apresentada na Faculdade de Direito da Universidade de São Paulo, São Paulo, 1983, p. 80.

[289] Idem.

dificilmente classificáveis. Nem por isso as tentativas foram poucas[290]. Para *fins didáticos*, tomar-se-á emprestada, como ponto de partida e com uma variante, a classificação proposta por Bulgarelli para os direitos inderrogáveis dos acionistas, que os divide em: (i) direitos que repercutem diretamente no patrimônio (aqui sintetizados como "direitos patrimoniais"), que incluem os direitos de (a) recebimento de dividendos; (b) copropriedade das reservas; (c) participação na liquidação do ativo; (d) transferibilidade das ações; e (e) preferência; e (ii) meios que a lei confere para manter incólumes e efetivos os primeiros (direitos patrimoniais) (e que aqui serão chamados de "direitos de fiscalização *lato sensu*"), que se subdividem em: (a) direito de voto; (b) direito de assistir às Assembleias; (c) direito de informação; e (d) direito de fiscalização e impugnação das decisões da administração e da própria Assembleia[291]. Acrescenta-se, a

---

[290] V., por exemplo, para ficar entre alguns ilustres autores brasileiros, Carvalho de Mendonça, *Tratado*, cit., pp. 456 e ss., Ferreira, Waldemar, *Tratado*, cit., pp. 305 e ss. e Pontes, Aloysio Lopes, *Sociedades Anônimas*, 4ª ed., vol. II, Rio de Janeiro, Pontes Imprenta, 1957, p. 28. No Direito alienígena, Menezes Cordeiro, no estudo da disciplina do *status socii* arriscou classifica-los em direitos patrimoniais, participativos e pessoais (In *Manual de Direito das Sociedades, I Das Sociedades em Geral*, Coimbra, Almedina, 2004). De forma similar, Wiedemann, H., in *Gesellschaftsrecht I, Grundlagen*, München, Beck, 1980.

[291] Cf. Bulgarelli, Waldírio, *Regime Jurídico de Proteção às Minorias nas S/A*, Rio de Janeiro, Renovar, 1998, pp. 56-57. Não obstante a classificação proposta pelo ilustre comercialista, cumpre ressaltar que a transferibilidade das ações, o direito de preferência (em determinadas circunstâncias) e o direito de voto não são necessariamente classificados como direitos essenciais dos acionistas. De fato, a própria lei admite que sejam suprimidos (v., por exemplo, os artigos 15, §2º, 17, §1º, 36, 171 e 172). Já o que Bulgarelli chama de "copropriedade das reservas" também não é expresso entre os direitos essenciais listados no artigo 109, mas pode ser tido como uma inferência lógica do direito de participar nos lucros e no acervo da companhia, combinado com o princípio da proporcionalidade da participação dos acionistas (artigos 169, 171, 214, 215, 253, entre outros, da LSA). Por fim, cabe esclarecer que os direitos de fiscalização *lato sensu* citados devem ser compreendidos dentro *dos limites da lei*, o que é uma noção e limite de extrema relevância para este estudo. Apesar das considerações acima, como já dito, partir-se-á da classificação proposta para fins didáticos e, também, práticos. Todas as classificações propostas não obedecem a critérios rigorosos, não sendo possível encontrar um sistema classificatório no sentido lógico da expressão (problema similar, como apontado por Ferraz Júnior, para classificação da tipologia das normas jurídicas, in *Introdução ao Estudo do Direito*, 2ª ed., São Paulo, Atlas, 1994, p. 124). Isto, contudo, não afeta o caráter científico do presente estudo, porque, mais que analisar os direitos essenciais, que são cláusula pétrea na LSA, interessa saber como a esfera de direitos, e particularmente seu conteúdo e forma de exercício, podem ser afetados pelo fenômeno da dispersão acionária. Assim, mais uma vez refirma-se que os direitos essenciais são apenas um ponto de partida para a análise.

esta classificação, uma terceira divisão, que agrupa os chamados "direitos de saída", ou seja, as hipóteses gerais em que a lei permite ao acionista retirar-se da sociedade e que tão importante papel desempenham no modelo originalmente concebido pela LSA[292].

Com exceção dos "direitos de saída" e do da livre circulação das ações (que, de certa forma, se situa entre aquele grupo e os direitos patrimoniais), todos os demais direitos poderiam ser agrupados sob uma fórmula ampla e genérica de "direitos de participação". Explica-se.

O contrato de sociedade possui basicamente um dever e um direito *elementares*. O primeiro consiste na contribuição com bens e serviços, o que faz surgir reflexamente o direito de participar dos lucros. Em regra, o sócio faz sua contribuição para formação do capital social, que será o embrião propulsor da atividade econômica a ser exercida pela sociedade, na condição de titular nas sociedades personificadas, com o propósito de gerar lucros. Uma vez que estes sejam auferidos pela sociedade, os sócios passam a ter direito sobre eles. Os sócios podem ou não comandar a atividade econômica objeto da sociedade. Podem simplesmente limitar-se a contribuir para formação do capital. Nesse caso, terceiros vão empregar os bens contribuídos para o exercício da atividade econômica com o fito de gerar lucro. Estabelece-se, portanto, uma relação fiduciária entre esses terceiros, os sócios e a própria sociedade. Dessa relação fiduciária surge naturalmente o direito de fiscalizar a administração fiduciária do patrimônio social.

Além da busca do lucro, ou em função dela, participar da vida social implica o direito de o sócio administrar a sociedade, de fiscalizar a administração quando esta não é exercida por ele e, em última instância, manifestar-se no âmbito da sociedade, do qual o voto é umas principais ferramentas.

Assim, interessa saber de que forma o direito de participar, ou o direito de sair da sociedade quando o primeiro é prejudicado, pode ser modificado pelo fenômeno da dissociação entre propriedade e controle que resulte no controle dispersos, isto é, aquele exercido por um acionista controlador diluído e, principalmente, pelos administradores.

Em uma primeira e superficial análise, pode-se esperar que os direitos patrimoniais sejam pouco afetados, pois a *ratio legis* de proteção dos acionistas contra a expropriação privada de benefícios pelo titular do poder

---

[292] Bulgarelli classifica o direito de recesso entre os "direitos patrimoniais" (idem, p. 57).

– seja ele acionário ou gerencial – é preservada. O mesmo, talvez, não possa se dizer a respeito dos direitos de fiscalização *lato sensu* e dos direitos de saída. Embora, na essência, tais direitos não sejam ou não devam ser modificados pelo fato de o poder deslocar-se da mão do acionista para os administradores – dado que, em tese, a posição do acionista excluído do poder de comando não muda – seu conteúdo e, principalmente, sua forma de exercício mudam. É o que se verá.

6.2 Direitos patrimoniais

Em matéria de direitos patrimoniais, a grande preocupação de todas as legislações é impedir a "sociedade leonina", que retire do sócio o direito de participar dos lucros, que é da essência do contrato de sociedade (artigo 981 c/c 1.008 do CC)[293], assim como o direito de participar do acervo da companhia para o qual contribuiu, em caso de sua liquidação. São estas, portanto, "cláusulas pétreas" em nosso Direito.

Não obstante, durante a vida da sociedade, ainda que se respeite o pagamento do dividendo, a lei ocupa-se, com toda razão, *do quanto* se distribui aos acionistas, especialmente pelo fato da possibilidade de abusos por parte de quem controla a sociedade[294]. Toma centro, aqui, a disciplina do autofinanciamento. Isto porque podem os controladores decidir reinvestir a maior parte dos lucros, afastando-os das mãos dos acionistas, e empregando-os de forma a obter benefícios particulares indiretos, como, por exemplo, remuneração dos administradores ou celebração de acordos com sociedades sob controle comum, ou mesmo "esvaziando-os", como, por exemplo, mediante participações nos resultados (v. artigo 190 da LSA). Daí serem necessárias, v.g., regras que não apenas disciplinem o direito ao lucro propriamente dito, mas também a criação de conceitos funcionais, como o é o interesse social, e regras que, partindo desses conceitos, protejam o patrimônio da sociedade, como, exemplificativamente, a regra do conflito de interesses. Limitar-se-á, por enquanto, a discussão, sobre as regras patrimoniais *stricto sensu*, ou seja, aquelas referentes à participação nos lucros. As demais estão esparsas por toda a lei e serão implícita ou explicitamente abordadas ao longo do trabalho.

---

[293] Cf. Leães, Luiz G. P. B., *Do Direito do Acionista aos Dividendos*, São Paulo, Obelisco, 1969, e Ferreira, Waldemar, *Tratado*, cit., pp. 328 e ss.
[294] Nesse sentido, v. Bulgarelli, W., *Regime Jurídico*, cit., p. 66.

Partindo-se dessa premissa, antes de se adentrar na questão dos lucros, vale tecer breves considerações sobre a formação e modificação do capital social, que é medida para distribuições de resultados e exercício de direitos dentro da sociedade anônima. Tais regras, tal como concebidas pela LSA, nenhuma ou pouca influência recebem do fenômeno de transição de poder para os administradores, dado que são assuntos reservados, em sua maior parte, à decisão ou ação dos próprios sócios. A preocupação maior, portanto, se dá, em relação a questões ligadas, v.g., à própria formação ou redução do capital, ao abuso da maioria, matéria central do modelo que deu sustentação à LSA[295].

Não obstante, os administradores têm poder de influenciar a modificação do capital social, seja pela participação nas Assembleias Gerais Extraordinárias, fazendo uso das *proxies*, pelo uso do capital autorizado (artigos 142, VII, e 168, §1º, "b", da LSA) – que depende, todavia, de previsão em estatuto social, com a consequente aceitação dos acionistas na constituição ou aprovação em Assembleia em caso de reforma (artigo 168) – seja pela proposição de aumento, além da fixação do preço das ações, nos termos do artigo 170, §2º, da LSA. Nesse sentido, ganham importância o papel do direito ao voto e ao ativismo societário, bem como o do Conselho Fiscal (artigo 163, III, da LSA), como se discutirá abaixo.

Outro conjunto importante de regras, antes de tratar propriamente da distribuição dos lucros, é obviamente aquele que cuida da própria *produção* dos lucros e que vão permear toda lei. Afinal, este é o *objetivo da sociedade*. Aqui, novamente, o interesse social opera um papel funcional importante, orientando a ação de quem comanda a empresa, sejam acionistas ou administradores. Não obstante, a produção de lucros pela empresa remete à *organização* dos fatores de produção (artigo 966 do CC) e, consequentemente, aos atos de gestão discricionária dos administradores. Como sujeitos de uma obrigação de meio – afinal, devem buscar, mas não estão obrigados a gerar o lucro – os chamados deveres fiduciários a que estão sujeitos desempenham papel fundamental, sobre o qual se tratará no capitulo 8[296].

[295] V. Penteado, Mauro Rodrigues, *Aumentos de Capital das Sociedades Anônimas*, São Paulo, Saraiva, 1988.
[296] Isso remete, por exemplo, à questão do endividamento, que naturalmente reduz o resultado, cuja decisão compete à administração (artigo 138 da LSA), salvo disposição em contrário do estatuto social ou decisão da Assembleia Geral (artigo 121 da LSA, a *contrario sensu* do artigo 139 da LSA). Sem desnecessário aprofundamento, o endividamento, se

Passando à questão da distribuição dos lucros, a matéria vem disciplinada na lei nos artigos 189 a 205, tendo sido objeto de reformas recentes, por meio das Leis nº 10.303/01 e nº 11.638/07. Dois pontos são relevantes e intimamente ligados: (i) a discricionariedade e limitação para criação de reservas e retenções de lucros[297]; e (ii) o dividendo mínimo obrigatório.

Em relação às reservas, a lei procura enumerá-las e disciplinar sua finalidade, embora abra a possibilidade de criação de reservas estatutárias. Atualmente as reservas são restritas à reserva legal, reservas estatutárias, reservas para contingências, reservas de incentivos fiscais, reservas de retenção de lucros, reservas de lucros a realizar e reservas de capital.

potencialmente reduz o lucro, pode ser necessário para se alcançá-lo, permitindo a expansão das atividades. Importante, portanto, que o dinheiro obtido seja bem empregado, e daí se enxerga a relevância dos deveres fiduciários. Questão interessante, todavia, é das debêntures. De acordo com o artigo 122, IV, da LSA, compete privativamente à Assembleia Geral deliberar sua emissão. Uma das razões para isso se referia ao potencial risco do endividamento elevado da companhia, apto a extrair todo o seu valor residual em caso de falência ou liquidação, o que era completado pela criação de limites de emissão atrelados ao capital social (que, todavia, visava precipuamente à proteção dos credores, já que não existiam limites para a emissão de dívida subordinada, isto é, *pari passu* aos acionistas). Contudo, a disciplina, para as companhias abertas ao menos, vem evoluindo. Com a Lei nº 10.303/01, o Conselho de Administração da companhia aberta passou a poder deliberar sobre a emissão de debêntures simples, não conversíveis em ações e sem garantia real, assim como a Assembleia Geral pode delegar ao conselho de administração a deliberação sobre determinadas condições ligadas ao vencimento, remuneração e modo de colocação e subscrição, assim como sobre a oportunidade da emissão (artigo 59, §1º, da LSA). Recentemente, com a Lei nº 12.431/11, o conselho de administração de companhia aberta passou a ter total liberdade para emitir debêntures não conversíveis em ações (inclusive sem as limitações para o valor de emissão, antes previstas no artigo 60), ou mesmo conversíveis, se dentro do capital social (sem necessidade de previsão em estatuto, diga-se). Ficaram reafirmadas, assim, a discricionariedade da administração quanto à decisão sobre endividamento da companhia e o entendimento de que os assuntos referentes à modificação do capital são de exclusividade dos acionistas (ainda que para definição do limite de atuação do administrador, no capital autorizado). Em contrapartida, é importante sublinhar que a lei remete a emissão de debêntures à opinião do Conselho Fiscal, ressaltando a importância deste órgão, o que se discutirá no capítulo 7.

[297] Conforme bem observa Bulgarelli, "é evidente que os lucros pressupõem a existência de uma empresa bem administrada, dotada de recursos, de preferência pelo autofinanciamento. Daí a disposição legal prevendo as reservas, até mesmo as obrigatórias. Ninguém há de negar que o interesse particular dos acionistas casa-se assim com o interesse social, na medida em que a sociedade exerce suas atividades, através de uma empresa, dentro do objeto social. Não se casa, porém, com o exagero, ou seja, a tendência de se criarem reservas ilimitadamente, que se opõem aos interesses dos acionistas minoritários" (in *Regime Jurídico*, cit., p. 72).

De toda forma, uma preocupação constante da lei é a de manter o controle da Assembleia Geral sobre a formação das reservas e a distribuição do lucro como um todo, ainda que a iniciativa parta da administração (artigos 192, 195 a 197 e 199 da LSA), bem como impor limites à formação das reservas e às retenções de lucro (artigos 193, 194, III, 198, 199), face à obrigatoriedade de distribuir os lucros remanescentes (artigo 202, §6º). Isto já é um enorme avanço na disciplina se comparado, por exemplo, aos EUA – berço da dispersão acionária – onde a decisão sobre a distribuição de lucros recai, em regra, somente sobre o administrador. A administração tem plenos poderes para determinar a distribuição (ou não) de dividendos, sem aprovação da Assembleia Geral[298].

Não obstante, tanto as reservas para contingências quanto as retenções de lucros são duas formas particulares de os administradores limitarem a distribuição de lucros, ainda que a decisão final esteja nas mãos da Assembleia Geral. O mesmo também pode ocorrer em relação aos lucros não realizados, em que o dividendo mínimo pode ser declarado, mas não pago (artigo 197).

Em relação à primeira, a administração pode propor à Assembleia Geral destinar parte do lucro líquido à formação de reserva com a finalidade de compensar, em exercício futuro, a diminuição do lucro decorrente de perda julgada provável, cujo valor possa ser estimado. É certo, porém, que a proposta dos órgãos da administração deverá indicar a causa da perda prevista e justificar, com as razões de prudência que a recomendem, a constituição da reserva. Tal reserva, contudo, não está limitada ao capital social (artigo 198 da LSA).

Em relação à segunda, a administração pode propor a retenção de lucros para o atendimento de orçamento previamente aprovado pela Assembleia Geral, sem prejuízo do dividendo mínimo obrigatório. O orçamento, submetido pelos órgãos da administração com a justificação da retenção de lucros proposta, deve compreender todas as fontes de recursos e aplicações de capital, fixo ou circulante, e poderá ter a duração de até cinco exercícios, salvo no caso de execução, por prazo maior, de projeto de investimento. É uma importante forma de esvaziar o lucro remanescente ao dividendo obrigatório.

Em todos os casos, ainda que a decisão caiba aos acionistas, não se pode ignorar a assimetria informacional que paira entre aqueles e os administradores. Ademais, não se pode presumir que os acionistas tenham

---

[298] Cf. Dell. Code, § 170 (a), e MBCA, §6.40.

qualificação para apreciar com a devida profundidade a proposta da administração. Isso ressalta, sobremaneira, a importância do papel do Conselho Fiscal como órgão técnico, independente e *permanente*, como se discutirá no capítulo 7 (artigo 163, III, da LSA).

O dividendo mínimo obrigatório, por sua vez, está intimamente ligado à questão das reservas, pois busca a lei assegurar que o acionista não seja espoliado da participação nos resultados da companhia.

De acordo com a Exposição de Motivos, "a ideia de obrigatoriedade legal de dividendo mínimo tem sido objeto de amplo debate nos últimos anos, depois que se evidenciou a necessidade de se restaurar a ação como título de renda variável, através do qual o acionista participa dos lucros da companhia. Não obstante, é difícil generalizar preceitos e estende-los à companhias com estruturas diversas de capitalização, nível de rentabilidade e estágio de desenvolvimento diferentes. Daí o projeto fugir de posições radicais, procurando medida justa para o dividendo obrigatório, protegendo o acionista até o limite que, no seu próprio interesse, e de toda a comunidade, seja compatível com a necessidade de preservar a sobrevivência da empresa".

A Lei nº 6.404/76 estabeleceu uma garantia de dividendo mínimo a todos os acionistas, em função do lucro líquido do exercício (artigo 202). Previu duas exceções ao pagamento desse mínimo: nas companhias fechadas, desde que não haja oposição de nenhum acionista presente à Assembleia Geral; e, de modo geral, no exercício em que os órgãos da administração informarem à Assembleia Geral Ordinária ser esse dividendo incompatível com a situação financeira da companhia. Nesta última hipótese, mais uma vez, evidencia-se a importância do Conselho Fiscal, que deverá dar parecer a respeito e, se se tratar de companhia aberta, uma informação terá de ser transmitida à CVM.

A maior crítica, contudo, à disciplina do dividendo mínimo obrigatório reside no fato de que a lei confere discricionariedade ao estatuto para fixá-lo, embora o §1º do artigo 202 seja explícito em afirmar que tais dividendos devam ser regulados "com precisão e minúcia e não sujeitem os acionistas minoritários ao arbítrio dos órgãos de administração ou da maioria"[299]. Apenas quando o estatuto for omisso e a Assembleia Geral

---

[299] Cf. aponta Bulgarelli, "o único limite que a lei impõe é, portanto, que o critério, qualquer que seja ele, seja indicado com precisão e minúcia e não fique ao alvedrio da maioria estabelecê-lo. Não se vê, portanto, qualquer proteção ao minoritário, inclusive, em termos

deliberar alterá-lo para introduzir norma sobre a matéria, o dividendo obrigatório não poderá ser inferior a 25% (vinte e cinco por cento) do lucro líquido ajustado (artigo 202, §2º, da LSA).

Por fim, e não menos importante, a lei estabelece importante correlação do dividendo mínimo obrigatório com a remuneração dos administradores. Nos termos do artigo 152, §1º, o estatuto da companhia que fixar o dividendo obrigatório em 25% ou mais do lucro líquido, pode atribuir aos administradores participação no lucro da companhia, desde que o seu total não ultrapasse a remuneração anual dos administradores nem 0,1 (um décimo) dos lucros (artigo 190), prevalecendo o limite que for menor. Ainda, nos termos do § 2º do mesmo artigo, os administradores somente farão jus à participação nos lucros do exercício social em relação ao qual for atribuído (declarado) aos acionistas o dividendo obrigatório, de que trata o artigo 202. A lei, assim, quanto à distribuição dos lucros, parece, de forma geral, alerta quanto aos riscos de desalinhamento de interesses e abusos dos administradores.

6.3 O direito de fiscalização *lato sensu*

O direito ou *poder* de fiscalização é uma decorrência lógica da própria existência do poder de controle. Sempre que ao controle, em uma relação jurídica societária, é assegurada a possibilidade de invocar um poder, restará à fiscalização a possibilidade de surgir como um mecanismo de freio e contrapeso. A fiscalização, assim, é um meio ou *função* para o exercício de direitos perante o poder de controle[300].

Sendo assim, da transmutação do modelo de controle concentrado para o capital disperso, seja ele fundado no controle diluído ou no controle gerencial, o direito de fiscalização *lato sensu* permanece inalterado. Em qualquer cenário haverá um *poder* de controle, fundado ou não na

---

de porcentagens mínimas fixadas pela lei, porque estas podem ser alteradas tranquilamente pela maioria. Deu-se, é verdade, o direito de recesso ao acionista discordante da alteração procedida no dividendo obrigatório (art. 136, IV e art. 137), o que constitui, sem dúvida, uma proteção incompleta." (in *Regime Jurídico*, cit., p. 60).

[300] Cf. Pontes, Evandro Fernandes de, *O Conselho Fiscal nas Companhias Abertas Brasileiras*, São Paulo, Almedina, 2012, pp. 17-19. Ademais, o direito de fiscalização, em última instância, é uma consequência do direito de propriedade, como desdobramento de conservar e fazer bom o uso da coisa. Essa noção é importante quando transposta para a sociedade sob a ótica da dissociação entre poder e controle, que justifica o direito de fiscalizar como um *contra controle*.

participação acionária, a justificar a existência e o exercício do *poder-função* de fiscalizar.

Todavia, na transição de modelos, os meios de exercício do direito de fiscalização mudam e se refletem tanto na estrutura orgânica da companhia, do que se tratará no capítulo 7, quanto no conteúdo e forma de exercício de outros direitos inerentes à posição do acionista na companhia (*status socii*), sobretudo em relação ao direito de voto e à informação. Ainda, importante notar que o direito de fiscalizar, na Lei das Sociedades Anônimas, não é amplo e ilimitado; ele dever ser exercido nos termos da lei (artigo 109, III).

6.3.1 O direito de voto e de participação na Assembleia Geral

As sociedades comerciais, especialmente as sociedades anônimas, acolheram a prática do voto como um meio de consultar o quadro de sócios, definindo a vontade social. O Direito de voto pressupõe o direito de participar das deliberações sociais[301], conferido a todas as ações ou quotas, independentemente do direito de voto. Trata-se o voto, assim, de uma manifestação individual e unilateral de vontade, tendente a produzir uma decisão coletiva[302].

Conforme ensina Pontes de Miranda, o direito de voto é um direito subjetivo, cabendo ao titular o direito de exercê-lo ou não, e também poder, que deve ser exercido no interesse de outrem. A discussão fundamenta-se justamente na faculdade de o sócio exercê-lo, pois no ordenamento jurídico brasileiro, o voto, na sociedade anônima, é exercido no interesse da companhia (artigo 115 da Lei das Sociedades Anônimas)[303] [304]. Nesta perspectiva, o voto se aproxima de um direito-dever. Segundo Comparato,

---

[301] V. parágrafo único do artigo 125 da LSA.

[302] Cf. Schmidt, Dominique, *Les Droits*, cit.

[303] Importante notar que, no tocante ao conteúdo do voto, sua natureza é diversa conforme o ordenamento jurídico. No Direito inglês, por exemplo, o voto pertence ao sócio e é exercido no seu próprio interesse.

[304] Há, contudo, exceções: por exemplo, o voto em assembleia para exercício do direito de retirada. Trata-se de deliberação no interesse próprio do sócio, se aproximando de um direito subjetivo (potestativo). Neste caso, contudo, a deliberação é tomada contra a maioria e não contra o interesse coletivo. O acionista age, assim, como parte do contrato social e não como membro do órgão social (Cf. Lamy Filho, Alfredo, Bulhões Pedreira, José Luiz (coord.), *Direito das Companhias*, cit.).

se assemelha à *potestas* do Direito Romano: um poder jurídico atribuído à pessoa para agir no interesse de outrem, não no próprio interesse[305].

A dimensão desse poder é mais bem compreendida pela redação do artigo 121 da LSA, que atribui à Assembleia Geral, foro apropriado[306] para manifestação do voto, "poderes para decidir todos os negócios relativos ao objeto da companhia". Tal competência acaba por repercutir sobre a esfera de atuação da companhia. O voto, por meio da Assembleia, pode, assim, orientar e dar instruções diretas quanto à prática de determinado ato de gestão pelos administradores, bem como vetar a realização de um negócio. A ingerência assemblear no desenvolvimento da empresa é, dessa forma, permitida, vinculando os administradores, os quais não podem legitimamente desatender suas deliberações[307].

Embora, como visto, o direito de voto não seja um direito essencial nas sociedades de capitais em geral, ele é concedido a todos os acionistas nas companhias listadas no Novo Mercado, onde se constata o fenômeno da dispersão do capital[308]. Tal direito ganha relevância como instrumento de controle dos administradores (graças ao ativismo societário, como se discutirá a seguir) e pela responsabilidade que carrega consigo, especialmente

---

[305] Cf. Comparato, Fábio Konder, *Poder de Controle na Sociedade Anônima*, in *RDM*, n. 9, 1973.

[306] Em determinados casos, o direito de voto pode ser externado em separado. Isto se dá, por exemplo, para o preenchimento de determinados cargos na administração (artigo 16 e 18 da LSA) ou para aprovação de determinadas alterações estatutárias (parágrafo único do artigo 18 da LSA). Não se trata, contudo, de deliberação individual ou de outra assembleia, mas apenas de norma de caráter procedimental.

[307] Cf. Sacramone, Marcelo Barbosa, *Exercício do Poder de Administração na Sociedade Anônima*, dissertação de mestrado apresentada na Faculdade de Direito da Universidade de São Paulo, 2007, p. 115.

[308] Como se sabe, no silêncio do estatuto, todas as ações têm direito a voto, inclusive as preferenciais. Como visto, permite-se, no entanto (artigo 111 da LSA), que o estatuto retire o direito de voto das ações preferenciais ou de classe destas, ou estabeleça restrições ao seu voto. Não obstante, há casos em que as ações preferenciais obrigatoriamente possuem ou adquirem direito a voto: (i) assembleia de constituição (artigo 87, §2º, da LSA); (ii) transformação da sociedade (artigo 221 da LSA); (iii) mudança de nacionalidade (artigo 1.127 do Código Civil); (iv) criação, aumento desproporcional ou alteração nas preferências (artigo 136, §1º, da LSA); (v) escolha de representante no conselho fiscal (artigo 161, §4º, a, da LSA) e membro do conselho de administração, atendidas determinadas condições; (vi) não recebimento de dividendo prioritário, quando previsto; (vii) não recebimento de dividendos mínimos no período máximo de 3 anos (disposição similar ao D. Italiano; na Alemanha o período é de 1 ano); e (viii) companhia em fase de liquidação (artigo 213 da LSA).

nas sociedades em que o controle diluído é instável[309]. Serve, ainda, como obstáculo à apropriação de benefícios particulares mesmo pelo controlador, o que é apontado como um dos pilares do sucesso do Novo Mercado, conforme discutido no capítulo 3. Portanto o voto, que por muitas vezes foi desprezado em nosso ordenamento – que inclusive se utilizou fartamente da possibilidade de supressão desse direito para facilitar e consolidar o poder de controle – volta a ocupar posição de destaque no Direito Societário[310].

Por outro lado, o fenômeno do absenteísmo tem levado a uma gradativa perda de importância da Assembleia Geral, inversamente proporcional ao ganho de relevância dos órgãos de administração[311]. Como titulares de interesse residual na companhia, os acionistas deveriam, de fato, atuar como instância maior e final quanto ao seu monitoramento (e de seus administradores). A indefectível realidade, contudo, obriga a existência de outras instâncias de monitoramento dos administradores, suprindo a (falta de) vontade ou ação dos acionistas, que também impactam a

---

[309] Cf. Bebchuk, Lucian A., *The Case for Increasing*, cit., p. 836.

[310] A evolução do direito de voto pode ser compreendida em três fases: no início, as companhias, ainda na era do Mercantilismo, eram fortemente influenciadas pelo Estado, organizadores das empreitadas coloniais, e, portanto, regidas pelo direito público, relegando aos acionistas minoritários a posição de meros contribuintes de capital, sem direito a voto. Já na era Industrial, com a organização das companhias como entidades privadas e a necessidade de apelo à poupança privada, associado à influência do liberalismo político, há o reconhecimento do *status socii* e o de diversos direitos a ele inerentes. A evolução desses direitos resultou na terceira fase, na qual se reconhece deliberadamente o direito de voto e igualdade deste entre os acionistas, com o estabelecimento da regra de que a cada ação corresponde a um voto (*one-share, one-vote*) (cf. Bataller, Carmen Alborch, *El derecho de voto del acionista (supuestos especiales)*, Madrid, Tecnos, 1977, p. 54). Assim, o direito de voto, ausente na proto-história do Direito Societário, suprimido em troca de vantagens patrimoniais para o financiamento das grandes empresas, relegado a segundo plano no processo de dissociação entre propriedade e controle, retorna com força aos debates doutrinários, ironicamente como (i) propulsor do movimento de dispersão acionária no Brasil; e (ii) reação ao próprio movimento de dispersão. Isto porque no próprio movimento de dispersão acionária, com a gradativa diminuição do poder de controle, que aos poucos vai se transferindo dos acionistas para os administradores, perde relevância a dicotomia entre controladores e não controladores e ganha importância o monitoramento dos administradores. Nesse contexto, o voto merece ser resgatado como relevante instrumento de participação dos acionistas na vida social, especialmente com o intuito de fiscalizar e orientar os administradores a respeitar o interesse dos sócios *uti socii*.

[311] Cf. Chamboulive, Jean, *La Direction des Societes par Actions aux Etats-Unis d'Amerique*, Paris, Sirey, 1964, p. 74.

estrutura e funcionamento orgânico da sociedade anônima. Antes dessa discussão, contudo, é importante analisar o fenômeno do absenteísmo e os meios para estimular o exercício do direito de voto e outros direitos de fiscalização pelos acionistas.

6.3.2 Do absenteísmo assemblear ao ativismo societário[312]

Nas sociedades de capital disperso, é comum faltar interesse aos acionistas (ou, ao menos, a boa parte deles) em participar das assembleias, o que pode ocorrer por diversos motivos, conforme ensina Renato Ventura. Segundo o autor, um deles seria a falta de interesse dos acionistas pelos negócios sociais, pois entendem que fizeram investimento com caráter financeiro, interessando-se tão-somente no retorno gerado[313]. Outros motivos seriam a incompetência técnica (financeira e jurídica) pura e simples, a confiança nos administradores e a participação social inexpressiva, dentre outros[314].

Além dos motivos acima citados, não se pode esquecer também da questão cultural: há até pouco tempo não existiam companhias de capital disperso no Brasil; muito disso ainda parece ser novidade. Aquilo que vem sendo chamado de "democratização do capital" é fenômeno recente no país e, por mais que se veja número cada vez maior de pessoas passar a utilizar o mercado de capitais como meio de poupança, tais investidores (pessoas físicas em geral) ainda não se acostumaram a participar de assembleias gerais, ler relatórios anuais e analisar demonstrações financeiras para tomar decisões de voto[315].

---

[312] "Ativismo societário" é expressão recorrentemente utilizada para designar a atuação conjunta e coordenada de acionistas minoritários na defesa de seus direitos e interesses. No Brasil, o seu uso não é novidade, dado o permanente conflito entre acionistas controladores e minoritários, que é da essência do nosso Direito Societário (cf. Azevedo, Luiz André N. de Moura. *Ativismo dos Investidores Institucionais e Poder de Controle nas Companhias Abertas de Capital Pulverizado Brasileiras*, in Castro, Rodrigo R. M., e Azevedo, Luis André de Moura (org.), *O Poder de Controle e Outros Temas*, cit., p. 218).

[313] Ribeiro, Renato Ventura, *O Direito de Voto nas Sociedades Anônimas*, São Paulo, Quartier Latin, 2009, p. 59.

[314] Ribeiro, Renato Ventura, *O Direito de Voto*, cit., p. 60. V. ainda Bainbridge, Stephen M., *The Politcs of Corporate Governance*, cit., p. 8, e Rego, Marcelo Lamy, *Pedido de Procuração para Votar*, in Castro, Rodrigo R. M., e Aragão, Leandro S., *Direito Societário*, cit., p. 321.

[315] Trata-se, pois, de uma situação bastante distinta do conflito entre acionistas controladores e minoritários com o qual já estão bastante familiarizados os ativistas brasileiros, notadamente investidores institucionais (cf. Azevedo, Luis Andre N. de Moura, *Ativismo dos Investidores*, cit., pp. 218-220 e Lobo, Jorge, *Princípios de Governança Corporativa*, in *Revista da Escola da Magistratura do Estado do Rio de Janeiro – EMERJ*, vol. 10, n. 37, 2007, pp. 204-206).

Mesmo nos Estados Unidos, que tem o maior mercado de capitais e o maior número de sociedades de capital disperso no mundo, algumas empresas fazem grandes esforços para atrair acionistas para os eventos societários[316]. Aliás, o absenteísmo é uma das grandes razões que justificam a existência do controle gerencial naquele país[317].

Além dos pressupostos subjetivos que levam ao absenteísmo, existe um aspecto fundamental e característico da massa acionária: falta de ação coletiva. Os acionistas, em especial aqueles das companhias com grande dispersão acionária, têm dificuldade para agirem coordenadamente, o que lhes retira poder de barganha e dá chance a ações oportunistas por quem detém o poder. Isto se agrava pelo fato de que dos ganhos decorrentes do ativismo, apenas uma fração (muitas vezes pequena) aproveita ao acionista ativo. Ou seja, o acionista incorre em custos elevados – que os acionistas passivos não incorrem – para gerar proveito a todos e do qual eles têm pouca participação.

Bainbridge dá o exemplo: "suponha que uma companhia com problemas tenha 110 ações em circulação, atualmente ao preço de $10 por ação, dos quais o acionista potencialmente ativo possua 10. Tal acionista acredita corretamente que as ações da companhia se elevariam a $20 caso os problemas da companhia fossem resolvidos. Se o acionista for capaz de efetuar mudanças na companhia a fim de solucionar tais problemas, ele teria um ganho de $100 quando o preço das ações aumentasse de forma a refletir o valor adequado. Todos os demais acionistas, entretanto, receberão automaticamente sua participação *pro rata*. Como resultado, o acionista ativo confere um ganho gratuito de $1.000 aos demais acionistas"[318]. Certamente o acionista potencialmente ativo deixará de sê-lo casos os custos esperados para o exercício do direito sejam próximos ou superiores

---

[316] O exemplo clássico seria a Berkshire Hathaway que, em sua assembleia geral, promove partidas de tênis de mesa entre grandes investidores como Warren Buffet e Bill Gates, simplesmente para atrair a atenção dos investidores (cf. Oioli, Erik F., e Veiga, Marcelo Godke, *Convergência e Divergência em Sistemas de Mercado de Capitais: O Caso Brasileiro*, in Monteiro de Castro, Rodrigo R., e Azevedo, Luis André de Moura (org.), *O Poder de Controle e Outros Temas*, cit., p. 351).

[317] Cf. Berle, A. e Means, G., *The Modern Corporation*, cit.

[318] In *The Politcs of Corporate*, cit., p. 28. Este problema também é conhecido como, em tradução literal, "carona livre" (*free ride*). Sobre este problema no Direito Societário, v. Stigler, G. J., *Free Rides e Collective Action: An Appendix to Theories of Economic Regulation*, in Bell Journal of Economics & Management Science, n. 5, s.l., s.e., 1974, p. 359.

ao ganho esperado. Vale, assim, a "máxima de Wall Street": é melhor vender que lutar (*"it's easier to switch than fight"*[319])!

Há, portanto, claro desequilíbrio na distribuição de riqueza interna, para o que a referida falta de ação coletiva só contribui. Pior, uma riqueza pode deixar de ser gerada pela inadequada alocação dos custos entre os acionistas (no exemplo acima, imagine-se que os custos para exercício do direito fossem de $100: a riqueza líquida que deixaria de ser gerada seria de $1.000). Dessa forma, qualquer iniciativa que vise a fomentar o ativismo societário deve atacar justamente a falta de ação coletiva, que se dá de suas formas básicas: (i) informação adequada e suficiente; (ii) facilitação do exercício de direitos dos acionistas. Tratar-se-á, na sequência, das principais iniciativas.

6.3.3 Mecanismos de facilitação do exercício de direitos dos acionistas

i) redução de quóruns ou percentuais mínimos para exercício de direitos

Neste quesito, existem duas questões de ordem distintas, quais sejam, existência de percentuais mínimos para (i) *instalação* e *deliberação* em Assembleia Geral e, assim, aprovar determinadas matérias e exercer efetiva influência sobre a empresa; e (ii) exercício de determinados direitos *fora* da Assembleia Geral.

a) "quóruns" assembleares

A Lei das Sociedades Anônimas, sensível ao problema do absenteísmo, já permite a instalação da Assembleia Geral com qualquer número de presentes em segunda convocação (artigos 125 e 135 da LSA), consagrando o princípio da deliberação pela maioria absoluta dos *presentes* (artigo 129 da LSA). Assim, a Lei permite que alguém que possua menos da metade do capital social com direito a voto seja maioria nas deliberações sociais, em função do absenteísmo, o que, inclusive, viabiliza o controle diluído.

Obstáculo maior representa, em tese, o artigo 136 da LSA. Referido artigo exige a aprovação das matérias ali descritas por acionistas que detenham pelo menos metade das ações com direito a voto. Trata-se, com efeito, de assuntos bastante sensíveis aos acionistas, aptos a mudarem profundamente "as regras do jogo". Nesse sentido, em uma companhia de

---

[319] Idem, p. 6.

capital disperso, sem um controlador majoritário, o quórum mais elevado para aprovação desses assuntos em Assembleia, mais que um problema, pode servir de proteção contra a aprovação de propostas contrárias aos acionistas, como a redução do dividendo obrigatório, ou potencialmente lesivas à companhia, como alteração do seu objeto ou participação em grupo de sociedades.

Por outro lado, algumas das matérias previstas no artigo 136 da LSA podem envolver operações positivas ou até mesmo necessárias à realização dos interesses da companhia (como a cessação do estado de liquidação, como exemplo mais óbvio). Para tanto, a LSA já oferece sua solução no §2º, permitindo que a CVM autorize a redução dos quóruns de deliberação – através de procedimento burocrático que talvez mereça ser repensado. Defende-se que, ao contrário do que a CVM tem praticado com as reduções de limites mínimos para exercício de determinados direitos, previstas no artigo 291 da LSA[320], essa autorização da autarquia seja feita caso a caso, levando-se em conta as particularidades de cada companhia e a proteção referida no parágrafo anterior[321].

b) exercício de direitos

A dispersão acionária acentuada é evidente fator de *desestímulo* ao ativismo societário, na medida em que dificulta o atendimento dos percentuais mínimos de participação no capital votante, não votante e total estabelecido pela LSA para o exercício de importantes prerrogativas legais dos acionistas. Tais requisitos são listados na Tabela 1 do Apêndice[322].

Tais percentuais podem variar desde o requisito de 10% das ações em circulação para requerer a convocação de assembleia especial dos titulares de ações em circulação no mercado, a fim de requerer nova avaliação da companhia para determinação do seu valor justo na hipótese de fechamento de capital (artigo 4º-A, da LSA), até o de 0,5% do capital

---

[320] V. Instrução CVM nº 165/91 e Instrução CVM nº 324/00.
[321] E é assim que a CVM tem aplicado o dispositivo, cf. Processo CVM nº 2002/0567, j. 1.10.2002, Processo CVM nº 2006/6785, j. 25.9.2006, e Processo CVM nº 2007/0947, j. 22.7.2007. Não obstante, o colegiado da CVM, no Processo CVM nº 2006/3453, j. 18.5.2006, já se manifestou favoravelmente à necessidade de criação de autorização genérica para as companhias que se encontrem na situação do §2º do art. 136.
[322] Luiz André de Moura Azevedo também lista todos os percentuais de participação acionária necessários ao exercício de prerrogativas legais de acionistas minoritários in *Ativismo dos Investidores*, cit., pp. 244-246.

social para se requerer a relação de endereços dos acionistas da companhia, para fins de representação em assembleias gerais (artigo 126, §3º, da LSA). De forma geral, os percentuais para exercício de direitos são fixados em 5% do capital social, o que pode ser bastante significativo em companhias com elevada dispersão acionária.

A fixação de tais requisitos mínimos apresenta uma lógica: se fosse concedida a todos os acionistas das companhias a faculdade de fiscalizar individualmente os atos de gestão, tendo acesso a toda e qualquer informação pleiteada, bem como requerer o exercício de certos direitos (como a convocação de Assembleias), a vida social estaria seriamente perturbada, com prejuízo ao atingimento dos objetivos sociais. O grande número de acionistas e a livre transferibilidade das ações tornariam o atendimento de tal prerrogativa, se fosse conferida como direito individual, de forma ampla e sem restrições, um dever a que nenhuma companhia poderia se sujeitar de forma responsável, o que, ademais, daria ensejo a abusos de toda espécie[323].

Não obstante, respeitado o objetivo de não tornar a companhia inoperante – colocando os administradores para trabalhar unicamente em função da prestação de contas aos acionistas –, a partir do desenvolvimento e sedimentação do conceito do dever geral de lealdade societária (v. item 6.3.5 abaixo), alguns percentuais podem – e devem ser reduzidos ou eliminados.

Citam-se, como exemplos, os percentuais que servem como requisito para: (i) convocação de Assembleia Geral Extraordinária para deliberar sobre matérias específicas, quando os administradores não atenderem o pedido dentro do prazo legal (hoje, de 5% do capital social, cf. artigo 123, § único, alínea "c", da LSA); (ii) requerer relação de endereços dos acionistas da companhia para fins de representação em Assembleia Geral (0,5% do capital social, cf. artigo 126, §3º, da LSA); (iii) requerimento de voto múltiplo e eleição de conselheiros sob esse procedimento (de 10% a 5% do capital votante para o requerimento, cf. artigo 141 da LSA, c/c Instrução CVM nº 165/91); (iv) requerimento de informações aos administradores a serem divulgadas em AGO (5% do capital social, cf. artigo 157, da LSA); (v) ajuizamento de ação social *ut singuli* (5% do capital social, cf. artigo 159, §4º, da LSA); (vi) requerimento de instalação do Conselho Fiscal (8% a 2% das ações votantes e 4% a 1% das ações sem direito a voto,

---

[323] CF. Mendonça, Carvalho, *Tratado*, cit., p. 249.

cf. Instrução CVM nº 324/00); (vii) requerer informações ao Conselho Fiscal em matérias de sua competência (atualmente 5%, cf. artigo 163, §6º, da LSA)[324] [325]

Em relação aos requerimentos que envolvem a instalação da Assembleia Geral, um dos pontos mais importantes, vale ressaltar que, na Europa, muitos países permitem que os acionistas formulem proposta para deliberação em Assembleia Geral. Inclusive, a Diretiva nº 2007/36/EC determina que todos os países membros da UE permitam que os acionistas formulem questionamentos ou propostas, ao menos previamente à AGO. É verdade que, caso os Estados membros adotem algum percentual mínimo para exercício do direito, ele não deve ser superior a 5% (artigo 6º (1) e (2) da Diretiva). Nos EUA, por exemplo, a doutrina atenta para o fato de que o arquivamento na companhia de propostas dos acionistas é um procedimento muito mais simples e menos custoso que o procedimento de solicitação das *proxies*, embora tais solicitações não sejam vinculantes[326].

Além da objeção ao abuso dos acionistas quanto ao exercício de direitos e o perigo de paralisar a administração da companhia, outro obstáculo real são os custos que envolvem a convocação e realização de uma Assembleia Geral. Neste argumento, contudo, pode estar a própria solução: transferir o ônus da convocação e realização da Assembleia a quem a solicita sem ter o percentual mínimo exigido na lei[327]. Isto por si só seria um freio natural a aventuras de qualquer espécie.

---

[324] Pode-se citar também o percentual para propositura de ação contra sociedade controladora, nos termos do artigo 246, §1º, da LSA, atualmente de 5%. Contudo, a questão foge ao contexto da dispersão acionária.

[325] Nesse mesmo sentido, v. Bulgarelli, W., *Regime Jurídico*, cit., p. 153, e Azevedo, Luis Andre N. de Moura, *Ativismos dos Investidores*, cit., p. 256. Referido autor ainda cita a redução do percentual para exibição judicial de livros e documentos da companhia. Porém, o entendimento aqui esposado é de que a exibição seja admitida como *meio de prova* no âmbito de ação judicial individual ou social. A exibição por si só implica a admissão de uma ingerência capaz de por em risco interesses legítimos da companhia e ignorar instâncias fiscalizadoras internas da companhia, inclusive tecnicamente mais qualificadas para analisar tais informações, como é o caso do Conselho Fiscal.

[326] Cf. Becht, M. *et al*, *Corporate Governance*, cit., p. 54.

[327] Nesse sentido, v. Bulgarelli, W. *Regime Jurídico*, cit., p. 139. Veja o sempre lembrado exemplo de Comparato para ilustrar a dimensão da *proxy machinery* norte-americana, narrando que o magnata Rockfeller, em 1921, gastou oitocentos mil dólares (quantia formidável à época) para lograr destituir a Diretoria da Standard Oil of Indiana, na qual possuía participação acionária de 14,5% (*In O Poder de Controle*, cit., pp. 230-231). Embora não se ignore o fato de Rockfeller ter sido um magnata, certamente o benefício esperado com a mudança da diretoria deveria

Ainda, o desenvolvimento tecnológico – uma realidade com a qual não se poderia contar em 1976 – pode e deve ser usado de forma a facilitar a participação *segura* dos acionistas, seja para promover sua aproximação e coordenação de interesses (vide no item (iii) abaixo, por exemplo, o *Aktionärsforum* na Alemanha), seja para disponibilizar informações (como a lista dos acionistas para fins de requerimento de procuração), disseminá-las amplamente ou reduzir custos (especialmente das publicações). A tecnologia, bem empregada, serviria para eliminação dos percentuais mínimos referidos nos itens (ii), (iv) e (vii) acima ou, ao menos, como alternativa à manutenção dos limites descritos nos itens (i), (iii), (v) e (vi) acima. Não obstante, este trabalho propõe uma abordagem alternativa para o voto múltiplo, o funcionamento do Conselho Fiscal e o ajuizamento da ação social nos capítulos 7 e 8, de forma a eliminar ou minimizar o problema dos limites mínimos para exercício dos direitos a eles relacionados.

Por fim, é digno de nota que a Lei das S.A., antevendo a dificuldade para exercício de determinados direitos, conferiu, nos termos do artigo 291, autorização à CVM para reduzir, mediante fixação de escala em função do valor do capital social, a porcentagem mínima aplicável às companhias abertas, estabelecida no artigo 105; na alínea "c" do parágrafo único do artigo 123; no caput do artigo 141; no § 1º do art. 157; no § 4º do artigo 159; no § 2º do artigo 161; no § 6º do artigo 163; na alínea "a" do § 1º do artigo 246; e no artigo 277. Tal competência já foi exercida por meio da Instrução CVM nº 165/91 e Instrução CVM nº 324/00, para os percentuais referidos no artigo 141 e §2º do artigo 161 da LSA.

Conforme a Exposição de Motivos, a autorização conferida à CVM tem por objetivo "reduzir, *nas companhias de grande porte, de capital amplamente pulverizado*, porcentagens mínimas, previstas na lei, para o exercício de alguns direitos de minoria" (grifou-se). Questiona-se, todavia, a adoção do critério do capital social como medida para fixação da escala, que não tem qualquer relação com o problema. Melhor seria se fosse adotado o próprio critério de companhia com controle disperso[328]. Ainda, outros percentuais poderiam ser incluídos na autorização da CVM, como aqueles referentes aos artigos 4º-A; 123, § único, "d"; 126, §3º; 141, §4º, I e II; e 161, §4º, "a" e "b", da LSA.

---

superar – e muito – o custo incorrido, o que significa dizer – olhando a questão de forma isolada – que, se determinada medida vale a pena, o custo pode não ser necessariamente impeditivo do exercício do direito.

[328] Nesse mesmo sentido, v. Azevedo, Luis A. N. de M., *Ativismo dos Investidores*, cit., p. 256.

ii) voto por procuração (*proxy*) e representação em Assembleia Geral

O fenômeno do absenteísmo, somado à dispersão acionária e à potencial existência do controle gerencial, deve fomentar a utilização de *"proxy machineries"*[329]. Por meio delas, são solicitadas procurações aos acionistas para serem utilizadas em assembleias gerais da companhia. No Brasil, pela ausência histórica de empresas de capital disperso, este sistema sempre teve pouca importância, o que fica evidente pela incipiente regulamentação sobre o assunto, que só é tratado no artigo 126, §§ 1º a 3º, da Lei nº 6.404/76. Por sua vez, trata-se de mecanismo ampla e historicamente utilizado nos EUA[330] e que, desde 2007, se encontra regulado na UE, por meio da Diretiva nº 2007/36/CE.

O artigo 126 da LSA trata de duas situações *distintas*: (i) a representação *no interesse do representado* (§1º); e (ii) a representação no *interesse do representante*, objeto de *pedido* de pedido público de procuração (§2º)[331].

A LSA admite, no §1º do artigo 126, a representação do acionista por administrador da companhia "como instrumento para manter a estabilidade da administração das companhias com o capital pulverizado entre muitos acionistas", como declara expressamente a Exposição Justificativa

---

[329] "Proxy" é uma procuração outorgada pelo acionista a um terceiro para que vote em seu lugar. "Proxy machinery", por sua vez, é o sistema de utilização de *"proxy"*. Conforme ensina Evandro F. Pontes, léxicos remarcam que a origem da palavra *proxy* remonta ao antigo normando *proxcy*, passando por formas como *procsie* e chegando ao antigo franco-normando *procrucie, procuracie*, que herdou do baixo Latim o termo *procuratie*, vindo do clássico *procuratio*. Remonta, portanto, ao termo "procuração" (diferente, portanto, do *power of attorney*, relacionado a atos de negócio) (in *Pedido Público (Notas Sobre Representação em Assembleias Gerais de Companhias Abertas no Brasil)*, in Adamek, Marcelo V. von (org.), *Temas de Direito Societário*, cit., p. 343).

[330] Segundo Melvin Aron Eisenberg (*The Structure of the Corporation*, Washington DC, Beard Books, 2006, p. 98), *"[i]t is well known that Proxy voting has become the dominant mode of shareholder decisionmaking in publicly held corporations"*. Easterbrook e Fischel (*The Economic Structure of Corporate law*, Cambridge e London, Harvard University Press, 1996, págs. 64 e 65), similarmente, afirmam que *"[t]here are nonetheless recognizable patterns in corporate choice under these states(...). Shareholders vote by proxy, not in person, and elect the slate of candidates proposed by incumbents"*. Estes autores reforçam a ideia de que esta é questão premente e que deve ser devidamente regulada para que se desenvolva o mercado de capitais em sistema de controle diluído.

[331] Esse pedido, como bem observa Pontes, pode servir tanto o exercício de voto quanto para a composição de quórum (in *Pedido Público de Procuração*, cit., p. 349 e 352).

com que o projeto de lei foi remetido ao Congresso Nacional. Com isto, abriu-se caminho para as famosas *proxy contests* norte-americanas, por meio dos quais acionistas e administradores disputam procurações dos demais acionistas para comandar as Assembleias.

Ainda, reconhecendo a tendência dos mercados mais desenvolvidos para substituição do acionista individual pelos investidores institucionais, admitiu, no mesmo dispositivo, a representação do acionista na Assembleia por instituição financeira[332] e pelo administrador de fundos de investimento (o que, neste caso, seria desnecessário, já que se trata de apenas um dos possíveis casos de representação legal ou *presentação* que se tentou esclarecer)[333].

Todavia, a lei limita as hipóteses de representação àquelas citadas acima e aos próprios acionistas e advogados. Foi mal a lei, criando séria restrição à representação, *no interesse do representante*, para o exercício do voto. De fato, na impossibilidade de o acionista comparecer a uma Assembleia, seria absolutamente legítimo o acionista se fazer representar por terceiro, com base no mandato[334][335]. Diferente é a situação do *pedido* de procuração, onde se pode questionar inclusive o interesse de um terceiro (particularmente que não o acionista, os seus representantes, ou os administradores) em votar[336].

---

[332] Neste caso, a lei propriamente tentou reproduzir o sistema de representação pelos bancos, típico da Alemanha (c/c artigo 41 da LSA).

[333] Cf. Lamy Filho, A. e Bulhões Pedreira, J. L., *Direito das Companhias*, cit., p. 797.

[334] Evandro F. Pontes faz um percuciente trabalho sobre a natureza jurídica da representação a que se refere a lei anonimária, inclusive sua diferenciação em relação ao mandato, in *Pedido Público de Procuração*, cit., pp. 327-355.

[335] Nesse sentido, a Diretiva nº 2007/36/CE, da UE: "Todos os acionistas têm o direito de nomear *qualquer outra pessoa singular ou coletiva como seu procurador* para participar e votar em seu nome numa assembleia-geral. O procurador goza dos mesmos direitos de intervenção e interpelação na assembleia-geral de que gozaria o acionista que representa. Além do requisito da capacidade jurídica do procurador, os Estados Membros devem abolir qualquer regra jurídica que restrinja ou autorize as sociedades a restringir a elegibilidade das pessoas a nomear como procuradores" (artigo 10º).

[336] Nos EUA, por exemplo, os grupos representantes de interesses sociais são um dos mais ativos solicitantes de *proxy* naquele país e visam, principalmente, a proteção do meio ambiente, direitos humanos, direitos dos animais, etc. (cf. Copland, James R. *Proxy Monitor Report – A Report on Corporate Governance and Shareholder Activism*, s.l., s.e., 2012, disponível [*on-line*] in http://www.proxymonitor.org/Forms/pmr_04.aspx?goback=2%Egde_139464_member_162688431 (c. 20.11.12). Poder-se-ia vislumbrar algum movimento dessa natureza no Brasil, de grupos, por exemplo, tentando evitar a realização de investimentos potencialmente

A questão remete à discussão sobre cessão do direito de voto, que só é admitido em regime de exceção (como no caso do usufruto, artigo 114 da LSA[337])[338]. Entende-se que o direito de voto é inalienável, indissociável da ação[339]. Contudo, na sociedade do consumo – em que até voto parlamentar se compra – cada vez mais prospera a opinião contrária[340]. Afinal, a

danosos ao meio ambiente (como uma hidroelétrica, por exemplo). Seria, no mínimo, uma disputa interessante, que envolveria a discussão sobre o abuso do direito de voto e a dimensão do interesse social, *vis-à-vis* o disposto nos artigos 116, par. único, e 154 da LSA.

[337] Porém, como explica o ilustre José Luiz Bulhões Pedreira, o voto não é fruto da ação, mas exercício de direito nela contido como instrumento para que o acionista contribua para a formação da vontade social. Assim, o direito de voto não pode, por conseguinte, ser objeto do usufruto. O que é objeto do usufruto, nos termos do artigo 40 da LSA, é a ação (*apud* Rego, Marcelo Lamy, in Lamy Filho, A., e Bulhões Pedreira, J. L. (coord.), *Direito das Companhias*, cit., p. 392).

[338] Conforme esclarece Rego, "ao possibilitar que o acionista seja representado por procurador na Assembleia Geral, a LSA não permite a cessão do voto. Trata-se de voto a ser exercido conforme a orientação e no interesse do acionista, não alienação de voto. Tanto a procuração não é cessão de voto que a mesma pressupõe a ausência do titular do direito de voto para o seu exercício. Presentes na Assembleia Geral acionista e procurador, vota o acionista, se assim o quiser" (idem, p. 401). Se o argumento, por um lado, reforça o descabimento da imposição de limites à representação do acionista ausente por terceiros (afinal, se o representante apenas declara a vontade do representado, não haveria razão para limitar a função de representante aos demais acionistas ou advogados, por exemplo), é difícil sustentá-lo no caso do pedido de procuração. Ainda que a procuração outorgada signifique a externalização de um interesse do representado, ele no mínimo é coincidente com o interesse de quem toma a iniciativa de solicitar a procuração, que é o verdadeiro interesse em jogo. Na verdade, a presença de algum acionista, bem como seu voto, pode ser do interesse jurídico, além do próprio acionista: (i) da administração da companhia; (ii) de outro acionista (controlador ou não) ou (iii) da própria companhia. Assim, a representação do acionista no Direito Societário brasileiro orienta-se segundo três polos distintos de interesses, a saber: (i) o representado; (ii) o representante; e (iii) terceiro (neste caso, a própria companhia; em todo o caso, o voto deve ser sempre exercido no interesse da companhia – artigo 115 da LSA – o que não impede a realização de outros interesses não colidentes) (cf. Pontes, Evandro F., *O Pedido de Procuração*, cit., p. 346.)

[339] Rego, Marcelo Lamy, in Lamy Filho, A., e Bulhões Pedreira, J. L. (coord.), *Direito das Companhias*, cit., p. 399. A impossibilidade de cessão do voto é defendida por autores do peso de Lamy e Bulhões Pedreira (in *A Lei das S.A.*, cit., p. 291), Comparato (in *O Poder de Controle*, cit., [1983], p. 162), Valverde (in *Sociedade por Ações (Comentários ao Decreto-lei nº 2.627 de 26 de setembro de 1940*, vol. 2, 3ª ed., Rio de Janeiro, Forense, 1959, p. 131), Leães (in *Comentários à Lei de Sociedade Anônimas*, vol. 2, São Paulo, Saraiva, 1980, p. 231), Pontes de Miranda (in *Tratado de Direito Privado*, Tomo L, 2ª ed., Rio de Janeiro, Bolsoi, 1965, p. 313) e até Vivante (in *Trattato di Diritto Commerciale, Le Società Commerciali*, vol. 2, 2ª ed., Milano, Vallardi, 1922, p. 231).

[340] V., por exemplo, Appendino, Fabio, *O Instituto do Direito de Voto em um Contexto de Dispersão Acionária*, in Monteiro de Castro, Rodrigo R., e Azevedo, Luis André de Moura, *O Poder de Controle*, cit., p. 452. Nesse sentido, Renato Ventura Ribeiro: "[o]utra medida, para

Assembleia Geral não é uma "festa cívica", mas sim uma reunião de "sacos de dinheiro"[341]...

Em relação ao *pedido público de procuração* (artigo 126, §2º), que pode ser por correspondência ou anúncio, a lei determina que o respectivo instrumento (i) contenha todos os elementos informativos necessários ao exercício do voto pedido; (ii) faculte ao acionista o exercício de voto contrário à decisão com indicação de outro procurador para o exercício desse voto; e (iii) seja dirigido *a todos os titulares de ações* cujos endereços constem da companhia[342]. Adicionalmente, como autoriza a LSA, a CVM regulamentou a solicitação pública de procurações para exercício do direito de voto, por meio da Instrução CVM nº 481/09, cujo objetivo é "criar uma sistemática simples, que diminua o custo do exercício do direito de voto pelo acionista e facilite a sua participação na supervisão dos negócios sociais".

Para viabilizar os pedidos de procuração, a lei autoriza que qualquer acionista (no singular), com uma participação acionária equivalente a, no mínimo, meio por cento do capital, possa ter acesso à lista de *endereços* dos demais. Como dito anteriormente, este limite pode ser bastante elevado, dependendo do tamanho da companhia, em um sistema de dispersão acionária.

Ainda a respeito do pedido público de procuração, admitindo-se a possibilidade de requerimento de procuração no interesse do *representante*,

---

melhor adequação do Direito à realidade, é a disciplina da negociação do direito de voto. Já é reconhecida a possibilidade de convenções sobre o direito de voto, como os acordos de acionistas previstos no artigo 118 da lei do anonimato. Permite-se também a supressão do direito de voto, em troca de benefícios, inclusive econômicos, como no caso de ações sem direito a voto. Por isso, parece ser hipocrisia não admitir a negociação do voto (que já é objeto de negócios, como nos acordos de acionistas e nas ações preferenciais sem voto). O voto possui um valor e o acionista deve ter o direito de desmembrar os direitos políticos e econômicos das ações. Naturalmente, desde que isso não prejudique terceiros" (in *O Direito de Voto*, cit., p. 390). Não se pode esquecer, contudo, que o artigo 177, §2º, do Código Penal: "*Incorre na pena de detenção, de seis meses a dois anos, e multa, o acionista que, a fim de obter vantagem para si ou para outrem, negocia o voto nas deliberações de assembleia geral*".

[341] Cf. Lamy Filho, A., *Temas de S.A.*, cit., p. 68.

[342] A lei, acertadamente, cuida da informação a todos os acionistas, ainda que não possuam direito de voto. Trata-se de medida importante para que os acionistas tomem conhecimento da iniciativa e exerçam seus direitos, incluindo o direito de se manifestar na assembleia ou, até mesmo, requerer procurações para votar em sentido contrário, por exemplo. O artigo 25 da Instrução CVM nº 481/09, por sua vez, limita o envio do pedido de procuração aos acionistas com direito a voto.

questão de extrema importância refere-se ao conflito de interesses. A LSA, nesse sentido, é econômica, ao afirmar que o administrador não pode votar, como acionista ou procurador, os documentos referidos no artigo 133 (cf. 134, §1º da LSA). Isto permite estender a disciplina dos limites e deveres impostos no artigo 115 da LSA também a quem exerce o voto, e não só ao representado, quando o voto for exercido no interesse do representante. A questão, sem dúvida, é dada a polêmicas, complicando ainda mais a já complicada disciplina do conflito de interesses assemblear.

iii) procedimentos da Assembleia Geral

Para se estimular o ativismo, é muito importante desburocratizar, dentro do possível, o procedimento para realização das Assembleias. Coloca-se, em evidência, portanto, a possibilidade de participação à distância, por correspondência física ou eletrônica, ou por meio de vídeo ou teleconferência. Atualmente, a tecnologia já oferece ferramentas que viabilizem, com segurança, a realização de Assembleias dessa forma.

Trata-se, inclusive, de uma tendência mundial.

Entre 1994 e 2002, a Alemanha implementou reformas com relação ao funcionamento das Assembleias Gerais, reduzindo a influência dos bancos no processo de representação via *proxy* e estimulando o uso de meios eletrônicos, como a rede mundial de computadores (*internet*)[343]. Nesse ínterim, foi aprovada a Diretiva nº 2007/36/EC, que estimula abertamente os Estados membros adotarem o uso da *internet* como meio de disseminação de informações e exercício do voto (artigos 5º, 6º e 8º).

Nesse sentido, a Diretiva nº 2007/36/CE, determina, em seu artigo 8º, que os Estados Membros devem permitir que as sociedades proporcionem aos seus acionistas qualquer forma de participação em Assembleias Gerais por meios eletrônicos, nomeadamente alguma ou todas as seguintes formas de participação: (i) transmissão em tempo real da Assembleia Geral; (ii) comunicação nos dois sentidos em tempo real, que permita aos acionistas intervirem na Assembleia a partir de um local distante; e (iii) mecanismo de votação, antes ou durante a Assembleia Geral, sem necessidade de nomear um procurador que esteja fisicamente presente na Assembleia.

A Diretiva europeia ainda vai além, determinando, em seu artigo 12, que os Estados Membros devam permitir que as sociedades deem aos seus acionistas a possibilidade de votar por correspondência antes da

---

[343] Cf. Noack, Ulrich, e Zetzsche, Dirk, *Germany's Corporate and Financial Law 2007*, cit., p. 7.

Assembleia Geral. A votação por correspondência só pode ser sujeita aos requisitos e condições necessários para assegurar a identificação dos acionistas e apenas na medida em que esses requisitos e condições sejam proporcionais a esse objetivo.

Ainda na Alemanha, como o objetivo de fomentar o ativismo societário, o UMAG criou um "fórum de acionistas" (*Aktionärsforum*). Trata-se de um sítio eletrônico administrado pelo Diário Oficial (*Federal Gazette*) para participação de acionistas, com o propósito de reduzir os problemas de falta de ação coletiva, seja para o exercício dos direitos de voto (inclusive por meio de procuração), seja para proposição de ação contra a administração (§ 127a (1) da AktG). Os acionistas podem, por meio do referido sítio eletrônico, noticiar sua intenção de dar início a procedimento visando à proposição de ação social[344], iniciar investigação sobre a conduta de administradores, propor o voto em determinada matéria da Assembleia de Acionistas ou convocar Assembleia para defesa dos interesses dos acionistas. Trata-se de solução simples e única, com inegável utilidade prática para solução dos problemas de falta de ação coletiva dos acionistas[345].

O fórum também está diretamente relacionado ao *procedimento* da Assembleia Geral, viabilizando a participação nas Assembleias por meio eletrônico[346] e a formalização de questionamentos das matérias a serem discutidas nos conclaves prévia e diretamente aos administradores (que não precisam, necessariamente, ser respondidas durante os mesmos, a fim de evitar a pressão sobre a administração para oferecer respostas imediatas, bem como gerar movimentações oportunistas visando ao questionamento em juízo das Assembleias).

No Brasil, porém, o sistema tradicionalmente é dependente da presença física, com meios de tratamento de voto extremamente formais. Historicamente, o sistema brasileiro não aceita o voto sem a presença do votante; portanto, não aceita que a acionista envie seu voto previamente pelo correio, não aceita que o voto se dê por meio eletrônico e nem aceita

---

[344] V. o item 8.5 infra sobre o funcionamento da ação social na Alemanha.

[345] O fórum esta disponível em http://www.ebundesanzeiger.de/ebanzwww/wexsservlet?state.partid=6&state.category=67&page.navid=topartstart (c. 18.11.12).

[346] Inclusive, essa forma de participação acionária é uma das recomendações dos princípios de *corporate governance* da OCDE, disponível em http://www.oecd.org/dataoecd/32/18/31557724.pdf (c. 17.11.12).

que o acionista encaminhe seu voto por meio de carta à mesa da Assembleia. O acionista, portanto, precisa estar presente ou representado[347].
Isso, contudo, também tende a mudar. Recentemente, a LSA foi alterada pela Lei nº 12.431/11, a fim de permitir a participação dos acionistas nas Assembleias à distância. Assim, foi introduzido parágrafo único no artigo 127, que dispõe que "considera-se presente em assembleia geral, para todos os efeitos desta Lei, o acionista que registrar à distância sua presença, na forma prevista em regulamento da Comissão de Valores Mobiliários". Nota-se, contudo, que a lei ainda faz referência à *presença*, o que ainda deve impor limites ao voto por correspondência por acionista *ausente*.

Nesse sentido, há que se ressaltar que a CVM já tem exercido papel importante na flexibilização, dentro de suas limitações, da realização das Assembleias e o exercício de determinados direitos. Assim, por exemplo, referida autarquia tem agido para facilitar a obtenção da listagem dos acionistas, não exigir a apresentação de procurações previamente à Assembleia, admitindo procurações eletrônicas e reconhecendo a possibilidade de realização de Assembleias *online*[348], e de garantir maior representatividade aos minoritários na eleição em separado de membros do Conselho de Administração e na eleição de conselheiros fiscais[349]. Interessante notar, ainda, que a CVM já chegou a reconhecer, inclusive, a possibilidade de a companhia criar fóruns eletrônicos para estimular a participação de acionistas, tomadas certas precauções, como espécie rudimentar do *Aktionärsforum*[350].

---

[347] Cf. Pontes, Evandro F., *O Pedido de Procuração*, cit., p. 346, citando ainda experiências francesa, norte-americana e portuguesa sobre o tema. Ainda, os defensores do voto presencial alegam a necessidade de discussão das matérias a serem discutidas, sob o risco das decisões serem mecânicas (cf. Ventura, Renato R., *Aplicação de Novas Tecnologias nas Assembleias Gerais de Sociedade Anônimas*, in Castro, Rodrigo R. Monteiro de, e Aragão, Leandro Santos de (coord.), *Direito Societário*, cit., p. 294). Não obstante, a força dada ao acordo de acionistas (artigo 118 da LSA), por exemplo, pode esvaziar esse debate, permitindo que decisões sejam tomadas efetivamente antes da Assembleia.

[348] Cf. resposta do colegiado à consulta no Processo CVM nº 2008/1794, j. 24.6.2008. O colegiado da CVM, ao analisar o uso de alguns recursos digitais especiais em Assembleias, deliberou que as companhias podem transmitir as Assembleias por vídeo e/ou áudio, ao vivo, inclusive pela *internet*.

[349] Cf. entendimentos do colegiado da CVM manifestados no Processo CVM nº 2005/5664, j. 11.4.2006, e Processo CVM nº 2007/11086, j. 6.5.2008.

[350] Cf. Processo CVM nº 2008/1794, j. 24.6.2008. O colegiado da CVM concordou sobre a possibilidade de manter *blog* ou fórum para que os acionistas se manifestem, podendo mantê-los abertos durante a Assembleia e franquear o seu acesso a terceiros.

iv) estímulos financeiros

Os custos podem ser um importante limitador para o exercício de direitos dos acionistas. Como agravante, no contexto da dispersão acionária, em que disputa-se poder com os administradores, estes têm a vantagem de colocar a própria máquina da companhia a seu favor[351].

Nesse sentido, existem dois procedimentos que dependem da iniciativa do acionista e cujos ônus para exercício são elevados, que são o procedimento de pedido público de procuração e o ajuizamento da ação social *ut singuli*.

Com relação às *proxies*, a Instrução CVM nº 481/09, sensível à questão, permite que os pedidos públicos de procuração promovidos pela administração possam ser custeados pela companhia (artigo 29). Assim, a companhia que não aceitar procurações eletrônicas por meio de sistema na rede mundial de computadores, deve ressarcir as despesas incorridas com a realização de pedidos públicos de procuração de acionistas titulares de meio por cento ou mais do capital social. São reembolsáveis apenas as despesas com a publicação de até três anúncios no mesmo jornal em que a companhia publica suas demonstrações financeiras e despesas com impressão e envio dos pedidos de procuração aos acionistas.

Ainda, o ressarcimento previsto acima será integral caso a proposta apoiada pelo acionista seja aprovada ou pelo menos um dos candidatos apoiados pelo acionista seja eleito. Caso nenhuma das hipóteses previstas acima se verifique, o ressarcimento será de, no mínimo, cinquenta por cento das despesas incorridas, podendo a companhia estabelecer percentual superior. Esta, inclusive, pode ser uma fórmula útil para outras hipóteses em que a lei viesse a facilitar o exercício de direitos pelos acionistas, com o objetivo de coibir abusos da minoria.

Ainda sob o ponto de redução de custos, financeiros ou não, a crescente aceitação da *internet* ou outros meios eletrônicos de comunicação como meio válido de manifestação da vontade dos acionistas e da própria companhia, será, sem dúvida, fundamental.

Por outro lado, algumas formas de solucionar o problema passam por premiar o comportamento do acionista ativo, particularmente na defesa dos direitos da companhia, o que seria possível, por exemplo, no exercício das ações sociais *ut singuli*, a qual é analisada com pormenor no

---

[351] Cf. Choper, Jesse H., Coffee Jr., John C., e Gilson, Ronald, *Cases and Materials on Corporation*, 7ª ed., New York, Aspen, 2008, p. 544.

item 8.5 infra. É certo, por outro lado, que este prêmio não pode vir sob a forma de expropriação de benefícios particulares, o que leva à discussão, que se fará a seguir, sobre o dever de lealdade e abuso de minoria.

v) outros

A questão do absenteísmo dos acionistas pode ser vista, conforme já apontado, como questão cultural, que deve ser tratada como tal. Portanto, a sociedade de capital disperso deverá promover eventos que atraiam a atenção de seus acionistas; além disso, deverá educá-los para que passem a ter interesse em participar de eventos societários.

Também no contexto do ativismo societário, tem sido considerada relevante a participação dos investidores institucionais. Em teoria, tais investidores, detendo blocos de participação acionária mais expressiva, teriam mais poder para prevenir a administração da tomada de decisões que extraiam valor dos acionistas. Seu grande acesso a informações, sua especialização no monitoramento de investimentos, combinada com sua participação acionária, os induziriam a ser mais ativos na supervisão do desempenho da companhia e na promoção de mudanças na administração que se mostre ineficiente[352]. Sobre o papel desses investidores no monitoramento da administração, v. o item 7.7.3 infra.

6.3.4 Direito à informação

A articulação entre os acionistas e administradores e acionistas minoritários e acionistas controladores, no contexto de funcionamento da sociedade, é suscetível de originar problemas de risco moral (*moral hazard*)[353]. Em regra, fala-se de risco moral quando, no decurso de uma relação jurídica de caráter duradouro, uma das partes, abusando da sua vantagem informativa, não cumpre ou cumpre defeituosamente a sua prestação, confiando em que as assimetrias informativas verificadas impeçam ou dificultem a detecção do descumprimento. A (falta de) informação é, portanto, um problema central para o adequado desempenho do poder de fiscalização.

O direito do acionista à informação não se encontra, ao menos expressamente, positivado na Lei das Sociedades Anônimas, diferentemente do que

---

[352] Cf. Roe, Mark, *Strong Managers*, cit., pp. 235-237.
[353] Sobre os problemas do risco moral ver Harris, Milton e Raviv, Arthur, *Optimal Incentive Contracts With Imperfect Information*, in *Journal of Economic Theory*, 20/2, 1979, pp. 231-259.

ocorre em outros países[354]. A lei consagrou o direito essencial de o acionista fiscalizar a gestão dos negócios, mas deixou de se referir expressamente ao direito instrumental de informação (apesar de o artigo 109, III, falar em fiscalização *nos termos da lei*). Afinal, para se fiscalizar, antes é necessário se garantir o acesso à informação. Realmente, no Direito Societário brasileiro, o que há, além do dever de informar que cabe aos administradores (v. item 8.3 (iv) infra) são regras esparsas que, conjuntamente, como visto, compõem um verdadeiro "sistema de informações", dentro do pacote de "direitos compensatórios" criado pela Lei face à institucionalização do poder de controle.

Louis Brandeis, ministro da Suprema Corte dos Estados Unidos, já afirmava no início do século XX: "a publicidade é, com justiça, louvada como remédio para doenças sociais e industriais. A luz do sol é considerada o melhor dos desinfetantes; a luz elétrica, o policial mais eficiente"[355]. A estratégia de utilizar o dever de informar como instrumento de regulamentação é, contudo, bem mais antiga que isto. No século XIX, o famoso reformador prussiano Hansemann, defendeu a aplicação do dever de informar às companhias ferroviárias sob os seguintes argumentos: "entre os meios pelos quais a administração de uma grande companhia por ações possa ser mantida obediente à lei e eficiente, há de se contar com que ela deva ser exposta ao público até certo grau. Este é o controle mais efetivo. Em nenhum Estado, qualquer que seja a constituição política que possua, pode-se encontrar um motivo que justifique não permitir este tipo de controle"[356].

Em um sistema de dispersão acionária, em que os acionistas detêm participações pouco expressivas, tendem os mesmos a se envolver menos na vida empresarial e admitir que os administradores assumam mais riscos. Torna-se ainda mais importante, nesse sentido, o adequado tratamento da informação, para que os acionistas tomem decisões acerca da manutenção

---

[354] A AktG alemã regula no § 131, de modo expresso, o direito à informação do acionista (*Auskunftrecht des Aktionärs*), efetivo direito essencial. No direito brasileiro, deve ser interpretado como um desdobramento do direito de fiscalizar (artigo 109, III, da LSA).

[355] In *Other Peoples' Money and How the Bankers Use It*, cap. V, reimpressão, s/l, Bibliolife, 1995 (1914), p. 92.

[356] *Apud* Hopt, Klaus J., *Disclosure Rules as a Primary Tool for Fostering Party Autonomy – Observations from a Functional and Comparative Legal Perspective*, in Grundmann, S., Kerber, W., e Weatherhill, S. (org.), *Party Autonomy and the Role of Information in the Internal Market*, Berlin/New York, De Gruyter, 2001, p. 246.

ou não de sua posição acionária na companhia. O direito à informação e o correlato dever de informar, inclusive, têm sido amplamente adotado pela regulação e autoregulação, por ser um dos instrumentos de controle mais compatíveis com a economia de mercado, já que é o que menos interfere com a liberdade e a concorrência.

A informação é uma importante e indispensável arma para o exercício dos direitos dos acionistas e a proteção do interesse social, servindo, inclusive, como estímulo ao rompimento do absenteísmo e da passividade verificada na maioria das Assembleias Gerais. Conforme bem observa Adamek, referindo-se à opinião de Yves Guyon, afigura-se recomendável a introdução em nosso direito acionário da possibilidade de os acionistas formularem aos administradores, por escrito, questões a serem respondidas na Assembleia Geral[357] – medida esta que o autor francês aponta ter sido adotada na França (*Code de Commerce*, artigo L. 225-108) e cujos resultados são bem mais satisfatórios do que os decorrentes da pronta formulação oral de questões no próprio conclave: "*ce mécanisme est plus efficace que le questions posées oralement au cours de l'assemblèe, car les dirigeants habiles peuvent's arranger pour ne leur apporter que des réponses insufissantes*"[358]. Hoje, este é um direito amplamente reconhecido na Diretiva nº 2007/36/CE.

De forma complementar e consentânea à reafirmação da importância do Conselho Fiscal na organização da companhia, é necessário reformular os canais de comunicação daquele órgão com a administração e os acionistas, especialmente para garantir o amplo acesso à informação pelo Conselho Fiscal. Os conselheiros, com frequência, se deparam com negativas da administração em divulgar documentos e informações que, em tese, extrapolariam as suas competências.

Ora, este controle não cabe à administração, pois subtrai – pelo fiscalizado – importante ferramenta do fiscalizador. Presumindo o Conselho Fiscal como órgão *técnico* e *independente*, como se defende adiante, ele é o foro adequado para ampla divulgação de informações da administração a fim de viabilizar o adequado exercício das funções daquele órgão, que está sujeito aos mesmos deveres fiduciários que os administradores. Portanto, devem agir com cautela, no interesse da companhia e, sobretudo, devem

---

[357] In *Responsabilidade Civil dos Administradores de S.A. e as Ações Correlatas*, São Paulo, Saraiva, pp. 171 e 172.
[358] Guyon, Yves, *Droit des Affaires*, tome 1: *Droit Commercial Générale et Sociétés*, 12ª ed., Paris: Economica, 2003, p. 302.

guardar sigilo das informações recebidas, exceto quando a lei determinar que divulguem ou façam uso da informação para a defesa do interesse social.

Em matéria de divulgação de informações, é importante que, sobretudo, ela seja útil e suficiente. Isto significa que a quantidade de informação não resume a questão. Ela deve ser adequada para a clara e completa compreensão das operações objeto da informação. E, para ser útil, a informação deve ser precisa.

Esta noção tem, portanto, importantes reflexos sobre as demonstrações financeiras da companhia, uma das mais importantes fontes de informação para os acionistas. Assim, rigorosos padrões contábeis e a auditoria *independente* para atestar a fidedignidade das informações são fundamentais para o adequado conhecimento do desempenho da companhia e exercício do poder de fiscalização. A falha nesse controle, por exemplo, foi uma das principais responsáveis pelos escândalos financeiros nos EUA e na Europa, no início do século XXI, que resultaram em profundas reformas legislativas, entre as quais se destaca a SOX.

A este propósito, o efeito extintivo ou preclusivo resultante da aprovação, sem ressalvas, das contas e das demonstrações financeiras (artigo 134, §3º, da LSA) é fonte de impunidade, sobretudo diante da forma como os tribunais têm interpretado[359]. Em seu lugar dever-se-ia prever exatamente o oposto do que hoje se contém na lei, isto é, prescrever de forma expressa, que a aprovação de contas e das demonstrações financeiras não isenta os administradores de quaisquer reponsabilidades por atos praticados no exercício da sua gestão (como previsto na Itália, Espanha, França e Alemanha). Alternativamente, poder-se-ia prever que a aprovação daqueles atos só abrange as pretensões por atos conhecidos, e ainda assim, sem com isso obstar a propositura de ação derivada pelos acionistas dissidentes, ausentes ou abstinentes, dentro de certo prazo decadencial fixado em lei[360].

Ademais, em matéria de tutela da informação em particular, não se pode ignorar a importância da CVM, como órgão regulador e fiscalizador, assim como da autorregulação, que preza padrões cada vez mais elevados de transparência.

---

[359] Cf. Picchi, Flávio Augusto, *Regras de Quorum: Espécies, Votos em Branco e Nulos, Empate*, in França, Erasmo Valladão A. e N. (coord.), *Direito Societário*, cit., pp. 198-199.

[360] Cf. Adamek, Marcelo Vieira von, *Responsabilidade Civil*, cit., pp. 508-509.

Aliás, a interação entre direito posto e autorregulação pode desempenhar um papel bastante positivo no campo da informação. Como se sabe, a autorregulação apresenta muitas vantagens em relação à regulação, atuando particularmente onde esta não consegue chegar, por variadas razões[361], mas tendo como uma de suas principais desvantagem ou fraquezas a sua coercibilidade relativa[362]. Assim, como forma de reforçar a coercibilidade e ao mesmo tempo estender os efeitos – ainda que de forma relativa – a todos os destinatários do direito posto, tem sido uma tendência cada vez mais comum no Direito Comparado[363] a incorporação nas legislações dos países da obrigação de explicar quais recomendações de códigos de autorregulação (muitas vezes criados com apoio dos governos nacionais[364]) são seguidas e, quanto as que não são seguidas, a razão (técnica vulgarmente conhecida como "pratique ou explique" – "*comply or explain*")[365]. Espera-se, assim, fazendo uso da informação como ferramenta de coerção, expor ao constrangimento aqueles que não seguem as "boas práticas de *corporate governance*", dando efetivamente amplitude *erga omnes* às regras de autorregulação, sem, contudo, incorporá-las ao direito positivo, o que poderia ser foco de resistências.

Isto posto, em um regime de capital disperso, sem prejuízo dos direitos que já são assegurados às companhias abertas, os direitos de informação devem ser reforçados de forma a: (i) assegurar maior participação dos acionistas nas Assembleias; (ii) garantir o adequado acesso de informação ao Conselho Fiscal; (iii) assegurar a confiabilidade das demonstrações financeiras e regras contábeis seguidas pela companhia; e (iv) estimular a adoção de regras de "boas práticas de *corporate governance*" que não possam, ou não devam, ser incorporadas ao direito positivo.

---

[361] Que vão desde a resistência cultural ou histórica (*path dependence*), oposição das partes afetadas pelas proposições, até a lentidão do processo legislativo.
[362] Cf. Dias, Luciana Pires, *Regulação e Autorregulação no Mercado de Valores Mobiliários*, dissertação de mestrado apresentada na Faculdade de Direito da Universidade de São Paulo, 2005.
[363] V., por exemplo, o §161 (1) da AktG.
[364] Como, por exemplo, na Inglaterra e Alemanha.
[365] Tal técnica vem sendo incorporada, aos poucos, pela CVM em suas normas. Exemplo disso são algumas disposições do Formulário de Referência, previstas na Instrução CVM nº 480/01 (v. Revista Capital Aberto, *Pratique ou Explique entra em Vigor*, Ano 1, n. 10, junho/2004, p. 50, disponível [*on-line*] in http://www.capitalaberto.com.br/ler_artigo.php?pag=2&sec=23&i=273 (c. 20.11.12) e CVM, *Recomendações da CVM sobre Governança Corporativa*, s.l., s.e., 2002, disponível [*on-line*] in http:// www.cvm.gov.br/port/public/publ/cartilha/cartilha.doc (c. 20.11.12)).

6.3.5 Dever de lealdade societária e abuso de minoria

A depender da estrutura de capital, uma pequena minoria (ou seja, titular de pequena parcela do capital) pode estar muito menos alinhada ao interesse social do que o titular do poder de controle e, portanto, mais livre para defender o seu interesse próprio, na medida em que dependa apenas de sua vontade a aprovação de determinada operação[366]. De fato, a pequena minoria sofre em menor proporção os efeitos negativos que uma determinada decisão venha a causar à companhia.

Infelizmente, o que se observa, não só no Brasil, mas no mundo, são acionistas que, não raramente, buscam criar dificuldades e obstruir o exercício das atividades empresariais das quais participam em troca da compra das ações pelo controlador, administradores ou, pior, pela própria companhia, por valores bastantes elevados, muito superiores ao seu valor real[367]. Trata-se de atitude absolutamente desleal para com a companhia e os demais acionistas, contrária ao interesse social, que traz prejuízos diretos e indiretos (um deles, como visto, é a limitação quanto aos percentuais mínimos para exercício de direitos pelos acionistas), e que não pode encontrar acolhida no Direito.

A respeito do dever de lealdade, já se tornaram clássicos os ensinamentos de Fechner, segundo o qual a lealdade nasceria diretamente do povo, sendo, então objeto da moral e da filosofia e, ainda, da clarificação jurídica. A lealdade está enraizada na consciência de cada um, dirigindo-se ao outro. Sem ela, aliás, a vida em comunidade nem seria possível, pois ela dá firmeza às relações jurídicas[368]. Segundo Menezes Cordeiro, estas considerações teriam aplicação no Direito das sociedades anônimas[369].

Já se entendeu, por outro lado, que, da mera relação de participação numa sociedade anônima, não seria possível derivar deveres de lealdade, dado que não expressamente reconhecidos na lei. Na doutrina alemã,

---

[366] Vide, por exemplo, a situação criada pelo Parecer de Orientação nº 34/06. O impedimento de voto, ao eliminar por completo a influência do controlador, pode criar uma situação inversa, qual seja, a de uma minoria com poder de extrair benefícios particulares, em detrimento do interesse social (nesse sentido, v. Munhoz, Eduardo S., *Desafios*, cit., p. 147).

[367] V. Coelho, Fábio Ulhôa, *Profissão: Minoritário*, in Castro, Rodrigo Monteiro de, e Aragão, Leandro Santos de (coord.), *Sociedade Anônima – 30 Anos Depois da Lei nº 6.404/76*, São Paulo, Quartier Latin, 2007, pp. 145-155.

[368] Cf. Fechner, Erich, *Die Treubindungen des Aktionärs: Zugleich Eine Über das Verbältnis von Sittlichkeit, Recht und Treue*, Weimar, H. Böhlaus Nachfolger, 1942.

[369] In *Deveres Fundamentais*, cit., p. 11.

essa matéria vem sendo cinzelada, com particular atenção aos valores comunicados através da boa-fé, falando-se hoje em Direito consuetudinário. Também no domínio dos grupos de sociedades a lealdade tem um papel de relevo. De todo o modo, a lealdade radicou-se na dogmática das sociedades, ligado à tutela das minorias. Afinal, também as minorias podem proceder de modo desleal, bloqueando, por exemplo, determinadas medidas necessárias para a defesa do interesse social, a fim de procurar vantagens laterais. De forma gradativa, também no Brasil a doutrina vem preconizando o dever de lealdade às minorias[370].

Os caminhos a serem trilhados por este trabalho infelizmente não comportam desvios para o aprofundamento da matéria, mas é certo que, no contexto de eventual reforma da Lei das Sociedades Anônimas para acomodar o regime jurídico das companhias de capital disperso de que aqui se trata, o reconhecimento explícito do dever de lealdade e a proteção contra os abusos da minoria devem estar presentes.

6.4 Direito de "saída"

Em contrapartida à institucionalização do poder de controle, a lei, como verdadeira medida compensatória, colocou à disposição dos acionistas minoritários direitos que lhes asseguram sair da sociedade em determinadas hipóteses. Esses direitos, de forma geral, podem ser divididos em dois grandes conjuntos: (i) direito de retirar-se da sociedade mediante reembolso[371] do valor das suas ações; ou (ii) direito de vender suas ações em oferta pública de aquisição de ações (OPA).

Tais mecanismos de saída da companhia reforçam a psicologia do poder de controle, levando o acionista minoritário a ser encarado com um elemento estranho à atividade empresarial, mero credor social que precisa ser protegido dos mandos e desmandos do poder. Está incutida nessa lógica, ainda que muito implicitamente, a possibilidade de o acionista controlador agir no interesse próprio, em detrimento do interesse social, como verdadeiro "dono" da empresa. A tutela do direito de o acionista retirar-se da sociedade implica o reconhecimento, de certa forma, da

---

[370] Sobre o abuso de minoria no Brasil, v. o excelente trabalho de Adamek, Marcelo V. von, *O Abuso de Minoria*, cit.

[371] Nos termos do artigo 45 da LSA, "reembolso é a operação pela qual, nos casos previstos em lei, a companhia paga aos acionistas dissidentes de deliberação da assembleia-geral o valor de suas ações".

falibilidade da responsabilização pelo abuso no poder de controle, dada a existência de uma zona cinzenta em que é impossível distinguir o que é interesse particular do acionista e o que é interesse da sociedade. Em uma companhia desprovida de interesses particulares, em que somente existe o interesse comum dos sócios na realização do objeto social para auferir lucro, os "direitos de saída" seriam dispensáveis, devendo a fiscalização do controle pautar-se principalmente na verificação do cumprimento do dever de diligência empresarial[372].

Como não existe essa "sociedade perfeita" e não é de se supor que venha existir – o comportamento humano hedonista e a dominação, como conceito mais geral e sem referência a algum conteúdo mais concreto, são alguns dos elementos mais importantes da ação social[373] – a tutela do direito de o acionista sair do contrato associativo é medida necessária para manutenção do equilíbrio estrutural de forças entre maioria e minoria e, consequentemente, da atratividade do investimento acionário, necessário para o financiamento da grande empresa.

Por outro lado, na medida em que o antagonismo de interesses entre quem comanda – no nível da participação no capital social – e é comandado perde força ou até mesmo desaparece (o que não significa o desaparecimento da dialética entre maioria e minoria), ou, em poucas linhas, na medida em que desaparece o poder de controle acionário e a propriedade das ações é dispersa, importa analisar em que medida a tutela dos "direitos de saída" pode perder força.

---

[372] Ressalva-se que esta é a explicação do fenômeno sob um prisma psicológico e sociológico. As explicações jurídicas, todavia, fundam-se, de forma geral, na possibilidade de a maioria decidir contra a vontade da minoria (cf. Vivante, Cesare, *Trattato di Diritto Commerciale – Le Società Commerciali*, 3ª ed., Milano, Vallardi, 1904, n. 520).

[373] Cf. Weber, Max, *Economia e Sociedade*, vol. 2, trad. de Barbosa, Regis e Barbosa, Karen Elsabe, Brasília, UnB, 1999 (reimpressão em 2009), p. 187. Segundo Weber, por "dominação" pode compreender-se uma situação de fato, em que uma vontade manifesta (mandado) do dominador quer influenciar as ações de outras pessoas (dominados), e de fato as influenciam de tal modo que estas ações, num grau socialmente relevante, se realizam como se os dominados tivessem feito do próprio conteúdo do mandado a máxima de suas ações (obediência) (idem, p. 191). No Direito Societário, nos casos em que esta obediência não é possível ou não é juridicamente aceitável – e uma das formas de se enxergar isso nas relações societárias se dá na alteração das bases do contrato associativo – a solução é permitir que o dominado saia da relação de dominação.

6.4.1 Direito de retirada

O direito de recesso nasceu na Itália, pelo Código de Comércio de 1886, em seu artigo 158, como contrapeso à competência reconhecida à Assembleia de modificar as bases essenciais do contrato de companhia[374], decorrente da necessidade de a companhia se adaptar às modificações de seus ambientes. Assim, assegura-se o direito de o acionista optar por não continuar a ser sócio de sociedade essencialmente diferente daquela que existia ao subscrever ou adquirir suas ações[375].

Na Lei das Sociedades Anônimas, o direito de retirada está associado basicamente à mudança das bases essenciais da companhia em virtude de deliberações da Assembleia Geral que implicam modificação do estatuto social (incluindo a extinção da sociedade) (artigos 136, I a IV, VI e IX, 221, da LSA) e é um direito essencial do acionista (nas condições previstas na lei, cf. artigo 109, V, da LSA).

Não obstante, a Lei das Sociedades Anônimas ainda prevê hipóteses de direito de retirada em que não há necessariamente modificação do estatuto social: (i) aprovação pela Assembleia Geral da participação em grupo de sociedades (artigos 136, V, 265 e 270 da LSA); (ii) aprovação pela Assembleia Geral da incorporação de ações para conversão em subsidiária integral (artigo 252, §1º, da LSA); (iii) aprovação pela Assembleia Geral da aquisição do controle de sociedade empresária que constitua investimento relevante por preço que compreende prêmio de controle superior a 50% do valor das ações (artigo 256, §2º, da LSA); (iv) desapropriação, por pessoa jurídica de direito público, das ações de controle da companhia (artigo 236, parágrafo único); e (v) caso, nas hipóteses de incorporação, fusão ou cisão que envolverem companhia aberta, as sociedades que a sucederem não tenham registro de companhia aberta e, se for a hipótese, admitidas à negociação das novas ações no mercado secundário, no prazo máximo de cento e vinte dias, contados da data da assembleia-geral que aprovou a operação (artigo 223, §3º, da LSA).

Daí, além da alteração das bases essenciais do contrato associativo, presume-se que a Lei das Sociedades Anônimas também tutela, por meio do direito de retirada, a mudança de controle da companhia (notadamente pela participação em grupo de sociedade e a desapropriação do controle pelo Estado para formação de sociedade de economia mista, assim como

---

[374] Pela consagração do princípio majoritário.
[375] Cf. Pedreira, Luiz Eduardo Bulhões, *Direitos dos Acionistas: Direito de Retirada*, in Lamy Filho, A., e Bulhões Pedreira, J. L. (coord.), *Direito das Companhias*, cit., p. 326.

em casos de reorganização societária[376]), a possibilidade de potenciais prejuízos à companhia (no caso de pagamento de prêmio elevado pelo controle de investimento relevante), perda de liquidez ou de prerrogativas asseguradas aos acionistas de companhia aberta (artigo 223, §3º, da LSA) e diminuição da participação política e patrimonial dos acionistas em decorrência da diluição compulsória (artigo 252, §1º, da LSA).

Dessa forma, pode-se afirmar que a lei, mais que tutelar a vontade do acionista dissidente de deliberações que alterem as bases do contrato associativo, protege o acionista do poder de controle fundado na participação acionária. Trata-se, pois, não só de um direito individual, na lição de Aloysio Pontes, mas de um verdadeiro "direito minoritário", ou seja, dos acionistas enquanto grupo, ainda que exercido individualmente e no interesse próprio[377].

Ora, na ausência ou enfraquecimento da figura do acionista controlador, torna-se questionável esse tipo de tutela.

Primeiro, porque a ausência de um centro de comando enraizado na Assembleia Geral permite, ao menos em tese, o verdadeiro debate democrático de ideias, concretizando o verdadeiro interesse comum dos sócios, dissociado do interesse pessoal de quem controla. Devem prevalecer, em regra, as deliberações que forem realmente úteis ao interesse social (o que reforça a necessidade de um tratamento adequado para o mecanismo das *proxies*, sobretudo para a transparência de informações).

---

[376] Como é o caso de incorporação de ações para formação de subsidiária, especialmente dos acionistas da incorporada (artigo 252, §2º, da LSA). Carvalhosa ainda cita a eventual mudança de controle como fundamento do recesso na incorporadora (artigo 252, §1º) (in *Comentários à Lei de Sociedades Anônimas*, vol. 4, tomo II, 3ª ed., São Paulo, Saraiva, 2009, p. 143), o que se torna particularmente plausível nas companhias de capital disperso. A mesma razão de ser se aplica ao caso das operações de reorganização societária, envolvendo fusão, cisão ou incorporação.

[377] Nesse sentido, vide Norma Parente: "assim, a lei dá aos acionistas controladores poderes para aprovar determinadas medidas que afetam substancialmente o direito do acionista minoritário, mas nesses casos, para manter o equilíbrio entre o poder assegurado à maioria dos acionistas para dirigir a sociedade e a minoria acionária, sujeita a seu arbítrio, a lei assegura ao acionista o direito individual e sagrado de se retirar da sociedade, mediante reembolso do valor de suas ações" (in *O Direito de Recesso a Incorporação, Fusão ou Cisão de Sociedades*, in *RDM*, n. 97, p. 68). A reforçar essa ideia, a LSA confere o direito de recesso mesmo ao acionista que não tenha comparecido à assembleia ou tenha se abstido de votar (artigo 137, §2º, da LSA). Não se poderia, de antemão, saber se tais acionistas compõem a minoria ou maioria. Estender esse direito de retirada a quem se omite de participar do conclave se presta ao reconhecimento do absenteísmo e da força irresistível do poder de controle.

O raciocínio acima leva, portanto, à superação das hipóteses de direito de retirada fundadas nas relações de conflito *controlador-controlado*, mas não supera o conflito *maioria-minoria*, que é da essência das Assembleias e pode resultar na modificação das bases essenciais do contrato de sociedade. Em particular, nas sociedades de capital, são aquelas hipóteses previstas no artigo 136, I, II e VI, da LSA. Não se incluem, em regra, as hipóteses do artigo 136 que podem implicar alteração do estatuto social, a redução do dividendo *mínimo* obrigatório de que trata o artigo 202 da LSA[378] e as operações de reorganização[379].

Dito sob outra perspectiva, talvez mais radical, porém sistematicamente coerente, poder-se-ia defender que as bases essenciais da participação do acionista são aquelas estabelecidas no artigo 109 da LSA (chamados justamente de "direitos essenciais"), as quais não podem ser afastadas pelo estatuto ou pela *Assembleia*. Isto é, a própria lei já criou o remédio para o conflito *maioria-minoria* com a criação de um núcleo de direitos essenciais que não podem ser alterados pela maioria. Fora desse núcleo e respeitados os direitos do acionista enquanto indivíduo (em contraste com seus direitos enquanto sócio)[380], faz parte da regra do jogo a alteração das características *da empresa*[381].

---

[378] Embora o lucro seja sem dúvida elemento essencial do contrato associativo, o dividendo *mínimo obrigatório* não é da sua essência, mas apenas uma proteção legal contra o abuso do poder de controle, como já visto. Não é *garantia* de pagamento de dividendo, pois antes a empresa precisa gerar lucro e, sendo esse existente, a parcela a ser distribuída aos acionistas pode ser maior que o dividendo obrigatório. Tão menos a redução do dividendo obrigatório pode implicar usurpação do direito de participar nos lucros (artigo 109, I, da LSA). Diferentemente é o caso de alteração, por exemplo, do dividendo fixo, que é da essência do negócio particular celebrado com o subscritor ou adquirente da ação com tal direito, que não pode ser suprimido unilateralmente, remetendo à lógica da hipótese do inciso II do artigo 136.
[379] Neste caso, as reorganizações societárias de sociedades de capital, normalmente, visam à reorganização do patrimônio, que é elemento da *empresa* e não do contrato de sociedade. Em sociedades de pessoas, poder-se-ia eventualmente fundamentar a quebra de *affectio societatis* pelo possível ingresso de novos acionistas no quadro social, cuja razão de ser, todavia, não prospera nas sociedades de capital.
[380] Como o direito de ter vantagens especiais e *particulares* em relação a determinada espécie ou classe de ação, tal qual o dividendo fixo acima tratado. São situações, por exemplo, que se equiparam a hipótese em que o acionista "contrata" com a companhia e não com os outros sócios. A companhia, unilateralmente (ainda que por meio de deliberação dos acionistas), não pode alterar a regra desse "contrato" com o acionista.
[381] Questão interessante é a da mudança da *empresa em* si. A empresa é objeto da companhia, embora seja elemento essencial do contrato de sociedade (artigo 2º da LSA e 997, II, do CC),

Tanto é verdade que o direito de recesso não é um elemento de convergência entre os modelos societários no Direito Comparado. Países como a França e Alemanha, por exemplo, não preveem o direito de retirada. Outros, o preveem com restrições ou como faculdade, como nos EUA, chegando até mesmo a suprimi-lo nas companhias abertas[382].

Com isto chega-se a um segundo ponto no questionamento ao direito de recesso: a liquidez[383] e sua tutela. A expansão dos mercados de ações demonstrou que os acionistas das grandes companhias abertas, cujas ações têm liquidez no mercado, não precisam da proteção do direito de retirada porque podem a qualquer momento deixar a companhia, vendendo suas ações em bolsa.

A existência do direito de retirada, nessas circunstâncias, somente se presta para os acionistas arbitrarem seus ganhos, quando o valor de reembolso fixado em lei ou estatuto for superior à cotação das ações em bolsa. Com efeito, isto cria oportunismo para que inúmeros acionistas se retirem da sociedade à custa da própria companhia, promovendo sua descapitali-

---

ou seja, é o escopo-meio definido pelos sócios para realização do escopo-fim e que congrega o interesse social. É, portanto, um dos pressupostos do contrato associativo e sua alteração até justificaria o recesso (como ocorre em países como Itália e Argentina e, facultativamente, nos EUA). Porém, ela pode ser modificada pela decisão da maioria. Não é um direito essencial (artigo 109) – caso contrário a alteração deveria ser deliberada por unanimidade – nem integra obviamente o patrimônio particular do acionista.

[382] Cf. Pedreira, Luis Eduardo Bulhões, *O Direito dos Acionistas*, cit., 333-336. No Direito italiano, por exemplo, a disciplina teve idas e vindas. Na Primeira Guerra Mundial, o direito de retirada foi suspenso para, em seguida, no *Codice Civile*, ser restabelecido com restrições. Referido código somente previa o recesso em casos de mudança de objeto, transformação e mudança de nacionalidade da companhia. Em 2001, a legislação voltou a sofrer alterações, para, desta vez, classificar o recesso entre hipóteses que podem ou não ser suprimidas pelo estatuto social. Entre aquelas que não podem ser suprimidas pelo estatuto estão: (i) mudança de objeto social; (ii) transformação; (iii) transferência de sede; (iv) cessação do estado de liquidação; e (v) modificação estatutária relativa a direito de voto ou direitos patrimoniais dos acionistas (art. 2.437, do CCit).

[383] Diz-se que a ação de determinada companhia é líquida quando seu valor é prontamente realizável em moeda mediante alienação no mercado sem relevante perda de valor. A liquidez da ação pressupõe ambiente que viabilize a rápida realização do seu valor: é o mercado de valores mobiliários que dá liquidez aos valores mobiliários, mas a admissibilidade de negociação no mercado é sinal relativo de liquidez, porque o fato de a ação ser esporadicamente negociada no mercado não a torna líquida (cf. Pedreira, Luis Eduardo Bulhões, *Direito dos Acionistas*, cit., p. 360).

zação e, portanto, atentando contra o próprio interesse social[384]. Este não pode, por sua vez, sucumbir a interesse pessoal do acionista.

Ademais, a limitação da porta de saída da companhia à liquidez acionária, pode servir, como efeito colateral, de incentivo para que os acionistas monitorem os administradores. Companhias bem administradas naturalmente tendem a ser mais valorizadas e, com isso, mais líquidas.

Existiriam, a princípio, dois tipos de iliquidez: (i) por redução do valor em bolsa da companhia (companhia pouco atrativa); e (ii) por redução das ações em circulação. As regras jurídicas devem, assim, dentro de suas limitações[385], servir de ferramenta para *propiciar* e *preservar* a liquidez, seja, por exemplo, criando mecanismos adequados de monitoramento da administração, seja tutelando a dispersão acionária, matéria sobre a qual também se tratará no capítulo 9.

Portanto, dentro do regime jurídico da companhia de capital disperso, o Direito Societário deve buscar a proteção do acionista não por meio do direito de retirada, mas sim pela *tutela da liquidez* acionária. Onde a liquidez não puder existir, como é o caso das companhias fechadas[386][387], o direito de retirada deve continuar servindo como remédio, sobretudo para o conflito *controlador-controlado*.

Há que se ressaltar, todavia, que a LSA já reconhece a existência da liquidez *e* dispersão acionária como hipótese de supressão do direito de retirada. Nos termos do artigo 137, II, "nos casos dos incisos IV e V[388] do art. 136, não terá direito de retirada o titular de ação de espécie ou classe que tenha liquidez e dispersão no mercado, considerando-se haver: (a) liquidez, quando a espécie ou classe de ação, ou certificado que a represente, *integre índice geral representativo de carteira de valores mobiliários*

---

[384] O que remete, novamente, à importância do desenvolvimento e da incorporação explícita ao nosso ordenamento do dever de lealdade societária.

[385] Naturalmente, a liquidez depende de inúmeros outros fatores de ordem econômica e política que se relacionam, direta ou indiretamente, ao próprio desenvolvimento do mercado bursátil, além de questões relacionadas ao mercado de atuação da companhia. A análise, aqui, se limita ao ponto de vista interno da companhia.

[386] Inclusive em decorrência da não obtenção do registro de companhia aberta e listagem de suas ações, no caso de companhias resultantes das operações de fusão, cisão ou incorporação (artigo 223, §§ 3º e 4º, da LSA).

[387] Nos EUA, por exemplo, o MBCA exclui o direito de retirada inclusive das companhias fechadas, com mais de 2.000 acionistas.

[388] A saber: fusão da companhia, sua incorporação em outra ou participação em grupo de sociedade.

admitido à negociação no mercado de valores mobiliários, no Brasil ou no exterior, definido pela Comissão de Valores Mobiliários; e (b) dispersão, *quando o acionista controlador, a sociedade controladora ou outras sociedades sob seu controle detiverem menos da metade da espécie ou classe de ação*" (grifou-se). Também estão sujeitas à mesma exceção ao direito de retirada as hipóteses de incorporação de ações (artigos 252, §§ 1º e 2º, da LSA) e de pagamento de prêmio elevado na compra do controle de sociedade empresária que constitua investimento relevante (artigo 256, §3º, da LSA).

Embora o critério disposto na alínea "b" esteja totalmente em linha com o modelo de companhia de capital disperso objeto deste trabalho, o critério propriamente de "liquidez" da LSA (alínea "a") merece críticas. Quis o diploma legal criar um critério objetivo para assegurar a liquidez, que seria a participação das ações da companhia em "índice geral representativo de carteira de valores mobiliários admitido à negociação no mercado de valores mobiliários" (de acordo com a redação dada pela Lei nº 10.303/01). Isto pode efetivamente ocorrer, por exemplo, em companhias cujas ações integrem o Ibovespa[389]. Contudo, o simples fato de integrar um índice representativo de carteira de valores mobiliários não presume liquidez. É possível existirem outros índices que não se baseiam na observação das ações mais negociadas, mas em outros critérios que não denotam, necessariamente, liquidez[390]. Por exemplo, todas as companhias aderentes ao segmento de listagem do Novo Mercado – reduto da dispersão acionária no Brasil – atendem ao critério de liquidez da LSA, por integrarem o IGC[391].

Assim, diante da inutilidade do critério (e do desincentivo que representa, pois a ausência de liquidez não onera ninguém a não ser a própria companhia e justifica, na atual sistemática da lei, a manutenção da regra do direito de retirada), defende-se que o único critério a ser seguido como critério de substituição ao direito de recesso como tutela dessa modalidade de "direito de saída" seja o da própria dispersão acionária. Como afirma Stajn, "[afirma-se,] resultado de investigação empírica que, quanto mais elevada for a dispersão da base acionária, mais fácil será que cada investidor encontre interessado(s) em adquirir sua participação e, portanto,

---

[389] V. nota 166 supra.
[390] Cf. Pedreira, Luiz Eduardo Bulhões, *Direito dos Acionistas*, cit., p. 361. Veja, por exemplo, o ISE (v. definição na nota 256 supra).
[391] V. definição na nota 166 supra.

a retirada/admissão na sociedade é mais ágil, o mercado é liquido"[392]. Portanto, trata-se de critério concreto para *presunção* de liquidez. De resto, cabe à companhia, por meio de seus administradores e da adequada fiscalização e envolvimento dos acionistas, buscar a liquidez, devendo o Direito, como acima dito, propiciar os instrumentos adequados para tanto.

Por fim, situação diferente da que acima se debateu é o caso do direito de retirada em caso de aquisição de controle por pessoa jurídica de direito público, através de desapropriação. Neste caso, os acionistas terão direito de pedir, dentro de sessenta dias da publicação da primeira ata da Assembleia Geral realizada após a aquisição do controle, o reembolso das suas ações (artigo 236, parágrafo único, da LSA). Com a aquisição do controle pelo poder público com o objetivo de constituição de sociedade de economia mista, perde-se a característica de capital disperso e a garantia de proteção da liquidez. Isto, aliado à mudança do poder de comandar a empresa (que também justificaria, no atual sistema da lei, o direito de retirada em caso de participação em grupo de sociedade, cf. artigos 265 e 270 da LSA), de forma coerente com a disciplina de transferência do controle proposta neste trabalho (vide capítulo 9), justifica de toda forma a manutenção do direito de recesso, juntamente com a hipótese do artigo 223, §4º, da LSA.

6.4.2 A OPA como saída

Situação diversa do direito de retirada representam os direitos de saída tutelados por meio da realização de OPA. São quatro as modalidades previstas na Lei das Sociedades Anônimas: (i) OPA por cancelamento do registro de companhia para negociação de ações no mercado (ou por "fechamento do capital") (artigo 4º, §4º, da LSA); (ii) OPA por restrição à liquidez acionária (artigo 4º, §5º, da LSA); (iii) OPA por alienação onerosa do controle (artigo 254-A da LSA); e (iii) OPA para aquisição do controle. Tratam-se as três primeiras de modalidades obrigatórias de OPA, em que a lei determina a realização de oferta pública para aquisição de ações na ocorrência das hipóteses acima. Já a última é modalidade de OPA voluntária, feita aos acionistas com direito a voto com o objetivo de adquirir o controle da companhia de capital disperso, não sendo, assim,

---

[392] Stajn, Raquel, *Conceito de Liquidez na Disciplina do Mercado de Valores Mobiliários*, in RDM n. 126, p. 8.

propriamente um "direito de saída" dos acionistas[393]. Todas as modalidades de OPA acima são reguladas pela CVM por meio da Instrução CVM nº 361/02, conforme alterada.

Com relação à OPA para fechamento para capital, o artigo 4º, §4º, da LSA determina que o registro de companhia aberta para negociação de ações no mercado somente poderá ser cancelado se a companhia emissora de ações, o acionista controlador ou a sociedade que a controle, direta ou indiretamente, formular oferta pública para adquirir a totalidade das ações em circulação no mercado, por preço justo[394].

Como se sabe, o registro de companhia aberta submete a companhia a um conjunto de regras especiais, tanto na LSA como nas normas emanadas da CVM, que visaa, entre outras coisas, assegurar adequada proteção aos investidores. Um dos exemplos mais notórios são as regras quanto ao nível de informação, muito mais e profundo nas companhias abertas, que propiciam meio adequado de monitoramento dos controladores e administradores. Contam, ainda, com a própria proteção da CVM, na qualidade de órgão fiscalizador. O cancelamento do registro de companhia aberta implica, portanto, grave redução no grau de proteção dos acionistas minoritários (vide item 6.5 abaixo).

Some-se, a isto, o fato de que as ações da companhia, deixando de ser listadas no mercado, sofrerão séria restrição de liquidez, limitando a possibilidade de o acionista se desfazer de suas ações, que ficará, portanto, sujeito unicamente à proteção do direito de retirada e do sistema de freios e contrapesos ao poder de controle. De resto, estará o acionista refém desse poder.

Por tudo isto, em lógica irretocável – que merece ser preservada no regime de dispersão acionária –, a lei assegura ao acionista minoritário o direito de retirar-se da sociedade, vendendo suas ações na OPA.

Nota-se, todavia, que a deliberação de cancelamento do registro de companhia aberta não é matéria de competência privativa da Assembleia

---

[393] Muito embora também se preste a permitir que o acionista saia da companhia em virtude da ameaça de surgimento de novo controlador (Cf. Oioli, Erik F., *A Oferta Pública de Aquisição*, cit., cap. 3 e 4). Este trabalho aborda a OPA para aquisição do controle no capítulo 9.

[394] Que a lei determina que seja "ao menos igual ao valor de avaliação da companhia, apurado com base nos critérios, adotados de forma isolada ou combinada, de patrimônio líquido contábil, de patrimônio líquido avaliado a preço de mercado, de fluxo de caixa descontado, de comparação por múltiplos, de cotação das ações no mercado de valores mobiliários, ou com base em outro critério aceito pela Comissão de Valores Mobiliários".

Geral (artigo 121 da LSA). Pode, portanto, ser decidida pelos próprios administradores, usando o próprio patrimônio da companhia para adquirir as ações na OPA, até o limite do valor do saldo de lucros ou reservas, exceto a legal (artigo 30, §1º, "b", da LSA)[395]. A medida é questionável e pode propiciar abusos, especialmente por parte de administradores interessados em perpetuar-se no poder e aumentar seu poder de dominação sobre os acionistas[396].

A solução, com efeito, parte do procedimento proposto pela CVM para o cancelamento de registro. Nos termos do artigo 20 da Instrução CVM nº 361/02, o instrumento da OPA deve convocar os acionistas para que não apenas se manifestem sobre a intenção de vender suas ações, mas também para manifestar sua concordância com o cancelamento do registro. Contudo, o procedimento merece reparos. Prevê o artigo §1º, do artigo 21, da Instrução CVM nº 361/02, que as ações dos acionistas que não se manifestarem expressamente contrários ao cancelamento ou não se habilitarem no leilão da OPA não serão consideradas ações em circulação para fins de atingimento do "quórum" mínimo necessário à aprovação do cancelamento (2/3 das ações em circulação). O objetivo da regra foi evitar que acionistas desinteressados ou até desconhecidos ou não localizados sejam óbice para o cancelamento. Por outro lado, no contexto da dispersão acionária, tal regra facilita em demasia o procedimento de fechamento do capital[397]. Melhor, portanto, que a matéria fosse sujeita à aprovação dos acionistas reunidos em Assembleia Geral, para então ser formulada a OPA.

---

[395] Nos termos do parágrafo único do artigo 16 da Instrução CVM nº 361/02, quando a OPA para cancelamento de registro for efetuada pela própria companhia, não se aplicam, em regra, os limites de negociação com as próprias ações estabelecidos pela CVM em regulamentação própria (previstos na Instrução CVM nº 10/80).

[396] O cancelamento de registro, em si, não necessariamente é uma medida negativa. Eventualmente, os próprios acionistas poderiam tomar essa iniciativa, visando à redução dos custos de manutenção da companhia como aberta. Todavia, no âmbito acionário, é provável que decisão dessa natureza parta do acionista controlador, interessado em aumentar a possibilidade de apropriação de benefícios privados do controle.

[397] Considerando ainda que (i) 1/3 das ações em circulação pode ser um número suficientemente elevado para acomodar os acionistas desinteressados ou não identificados ou localizados; (ii) as *proxies* podem servir de instrumento para "captar a vontade" dos acionistas; e (iii) nos termos do artigo 34 da Instrução CVM nº 361/02, o colegiado da CVM pode apreciar situações excepcionais que justifiquem a aquisição de ações sem oferta pública ou com procedimento diferenciado, para efeito de dispensa ou aprovação de procedimento e formalidades próprios a serem seguidos.

Com relação à OPA por redução da liquidez, determina o §6º do artigo 4º da LSA que, se o acionista controlador ou a sociedade controladora adquirir ações da companhia aberta sob seu controle que elevarem sua participação, direta ou indireta, em determinada espécie e classe de ações à porcentagem que, segundo normas gerais expedidas pela CVM[398], impeça a liquidez de mercado das ações remanescentes, será obrigado a fazer oferta pública, por preço determinado nos termos do § 4º do artigo 4º da LSA (valor justo), para aquisição da totalidade das ações remanescentes no mercado. A regra, naturalmente, tutela a liquidez acionária, de forma coerente com o já exposto no item anterior (6.4.1 acima). A tutela, no contexto da dispersão acionária, entretanto, é imperfeita, pois limita a hipótese de OPA à redução de liquidez causada por aquisições de ações feitas pelo acionista controlador ou pessoas a ele ligadas, ignorando as hipóteses de ausência de controle ou mesmo a situação em que não controladores adquiram participações expressivas do capital social sem a pretensão de aliená-las no futuro próximo. Este assunto voltará a ser explorado no capítulo 9.

Naquele capítulo dedicar-se-á, também, atenção especial à hipótese do artigo 254-A da LSA, sobre a OPA por alienação onerosa do controle, ou OPA *a posteriori*. Trata-se de um dos dispositivos mais controversos da Lei das Sociedades Anônimas, dado a idas e vindas legislativas[399], que comprometem sua lógica e coerência sistêmica.

Não obstante, para os fins deste capítulo, importa saber que o artigo 254-A da LSA determina que "a alienação, direta ou indireta, do

---

[398] Nos termos do artigo 26 da Instrução CVM nº 361/02, "a OPA por aumento de participação, conforme prevista no § 6o do art. 4o da Lei 6.404, de 1976, deverá realizar-se sempre que o acionista controlador, pessoa a ele vinculada, e outras pessoas que atuem em conjunto com o acionista controlador ou pessoa a ele vinculada, adquiram, por outro meio que não uma OPA, ações que representem mais de 1/3 (um terço) do total das ações de cada espécie e classe em circulação (...)".

[399] A disciplina, hoje prevista no artigo 254-A, foi originalmente prevista no artigo 254 da LSA, que, por sua vez, diverge da redação concebida pelos autores do anteprojeto da lei (em virtude de emenda proposta pelo senador Otto Cyrillo Lehman). Posteriormente, na época das privatizações, o artigo 254 foi revogado pela Lei nº 9.457/97. Por fim, a disciplina da OPA *a posteriori* foi restaurada, no artigo 254-A, porém de forma diversa da original (sobre a evolução da disciplina legal da OPA *a posteriori* no Brasil, v. Prado, Roberta Nioac, *Oferta Pública*, cit., pp. 83-107).

controle[400] de companhia aberta somente poderá ser contratada sob a condição, suspensiva ou resolutiva, de que o adquirente se obrigue a fazer oferta pública de aquisição das ações com direito a voto de propriedade dos demais acionistas da companhia, de modo a lhes assegurar o preço no mínimo igual a 80% do valor pago por ação com direito a voto, integrante do bloco de controle". Sem prejuízo dos fundamentos ou dos propósitos da regra, é fato que a OPA, lançada em função da aquisição derivada do controle, se presta a permitir que os acionistas, ao menos aqueles com direito a voto, se retirem da companhia.

No contexto da dispersão acionária, embora a disciplina atual continue aplicável – aliás, ela é restrita às companhias abertas – importantes complicações podem surgir, especialmente em virtude da alienação das ações do bloco de controle minoritário. Trataremos dessa hipótese e da disciplina geral dos negócios envolvendo controle da companhia de capital disperso também no capítulo 9.

Por ora, fica-se com a conclusão de que, diferentemente das hipóteses de direito de retirada – que merecem reformulação – a disciplina da OPA, com pequenos reparos e reflexões, conserva sua coerência com o regime jurídico da companhia de capital disperso.

6.5 Companhias abertas e mercado de capitais: a proteção do investidor acionário

Em relação ao reforço dos direitos dos acionistas em face do fenômeno da dispersão acionária, tema central deste capítulo, não se pode ignorar a disciplina geral das companhias abertas, que é prevista tanto na Lei das Sociedades Anônimas (há uma série de dispositivos específicos que somente se aplicam àquelas companhias[401]), quanto na Lei da CVM e toda a legislação *infra legal*. Nesse sentido, a LSA e a Lei da CVM formam um

---

[400] Entende-se como alienação de controle a transferência, de forma direta ou indireta, de ações integrantes do bloco de controle, de ações vinculadas a acordos de acionistas e de valores mobiliários conversíveis em ações com direito a voto, cessão de direitos de subscrição de ações e de outros títulos ou direitos relativos a valores mobiliários conversíveis em ações que venham a resultar na alienação de controle acionário da sociedade (cf. §1º do artigo 254-A). Para maior detalhamento da casuística sobre as hipóteses de alienação de controle, v. Prado, Roberta Nioac, idem, pp. 257-298.

[401] Por exemplo, artigos 4º-A, 11, §3º, 29, 30, §2º, 47, par. único, 59, §§1º e 2º, 116-A, 121, par. único, 124, §§1º, II, 5º e 6º, 138, §2º, 141, §§4º, 155, §1º, 157, 158, §3º, 165-A, 172, 223, §3º, 226, §3º, 249, 254-A, 256, 257 e 291.

sistema único, e assim foram concebidas para ser, dado que foram elaboradas quase ao mesmo tempo e pelos mesmos autores[402].

Na exposição feita no presente capítulo, de forma coerente à delimitação proposta ao tema, procurou-se dar ênfase aos direitos expressamente previstos na Lei das Sociedades Anônimas, recorrendo-se, quando necessário ou importante, às normas emanadas pela CVM.

A CVM tem um papel de extrema relevância na criação de regras adequadas à realidade da dispersão acionária, bem como na fiscalização de condutas abusivas de acionistas e administradores, lesivas ao mercado acionário. Assim, o artigo 4º da Lei nº 6.385/76 estabelece diretrizes para atuação da referida autarquia (e do CMN) no mercado de valores mobiliários, que podem ser agrupadas em dois grandes conjuntos: (i) para o desenvolvimento do mercado; e (ii) para proteção da coletividade, onde se inserem os acionistas[403].

---

[402] Vide item 1.1 acima, sobre o histórico da elaboração da LSA.

[403] A doutrina costuma classificar tais diretrizes, ou, para alguns, princípios, em um ou mais conjuntos ou talvez subconjuntos de regras, entre as quais aquelas visando a proteção da mobilização da poupança nacional, da economia popular, da estabilidade financeira e da transparência (cf. Mosquera, Roberto Quiroga (org.). *Aspectos Atuais do Direito do Mercado Financeiro e de Capitais*, São Paulo, Dialética, 1999, pp. 257-270). Dada a limitada utilidade das classificações, que se prestam mais a fins didáticos, e, com este objetivo, entendemos que tais princípios podem ser bem acomodados nos dois conjuntos de diretrizes ora listados, em consonância com os princípios constitucionais. No primeiro grupo, identificamos os incisos I, II e III do referido artigo, segundo os quais o CMN e a CVM exercerão suas atribuições previstas na lei para (i) estimular a formação de poupanças e a sua aplicação em valores mobiliários; (ii) promover a expansão e o funcionamento eficiente e regular do mercado de ações, e estimular as aplicações permanentes em ações do capital social de companhias abertas sob controle de capitais privados nacionais; e (iii) assegurar o funcionamento eficiente e regular dos mercados da bolsa e de balcão (o que, por sua vez, e em certa medida, também engloba diretriz protetiva da coletividade). Já no segundo grupo temos os incisos IV, V, VI e VII: (i) proteger os titulares de valores mobiliários e os investidores do mercado contra: (a) emissões irregulares de valores mobiliários; (b) atos ilegais de administradores e acionistas controladores das companhias abertas, ou de administradores de carteira de valores mobiliários; e (c) o uso de informação relevante não divulgada no mercado de valores mobiliários; (ii) evitar ou coibir modalidades de fraude ou manipulação destinadas a criar condições artificiais de demanda, oferta ou preço dos valores mobiliários negociados no mercado; (iii) assegurar o acesso do público a informações sobre os valores mobiliários negociados e as companhias que os tenham emitido; e (iv) assegurar a observância de práticas comerciais equitativas no mercado de valores mobiliários. Por fim, o inciso VIII ("assegurar a observância no mercado das condições de utilização de crédito fixadas pelo Conselho Monetário Nacional"), poderá transitar por qualquer um dos grupos,

Para tanto, nos termos do artigo 8º, I, da Lei nº 6.385/76, compete à CVM, entre outros, regulamentar, com observância da política definida pelo CMN, as matérias expressamente previstas na LSA. Além disso, nos termos do artigo 22, §1º, da Lei da CVM, compete ainda à autarquia expedir normas aplicáveis às companhias abertas sobre: (i) a natureza das informações que devam divulgar e a periodicidade da divulgação; (ii) relatório da administração e demonstrações financeiras; (iii) a compra de ações emitidas pela própria companhia e a alienação das ações em tesouraria; (iv) padrões de contabilidade, relatórios e pareceres de auditores independentes; (v) informações que devam ser prestadas por administradores, membros do conselho fiscal, acionistas controladores e minoritários, relativas à compra, permuta ou venda de valores mobiliários emitidos pela companhia e por sociedades controladas ou controladoras; (vi) a divulgação de deliberações da Assembleia Geral e dos órgãos de administração da companhia, ou de fatos relevantes ocorridos nos seus negócios, que possam influir, de modo ponderável, na decisão dos investidores do mercado, de vender ou comprar valores mobiliários emitidos pela companhia; (vii) a realização, pelas companhias abertas com ações admitidas à negociação em bolsa ou no mercado de balcão organizado, de reuniões anuais com seus acionistas e agentes do mercado de valores mobiliários, no local de maior negociação dos títulos da companhia no ano anterior, para a divulgação de informações quanto à respectiva situação econômico-financeira, projeções de resultados e resposta aos esclarecimentos que lhes forem solicitados.

Por fim, para assegurar efetividade das suas regras, compete também à CVM poderes fiscalizatórios e de punição (artigo 11 da Lei da CVM). Compete a ela, por exemplo, "fiscalizar e inspecionar as companhias abertas dada prioridade às que não apresentem lucro em balanço ou às que deixem de pagar o dividendo mínimo obrigatório" (artigo 8º, V, da Lei da CVM).

ou pelos dois, a depender das condições fixadas pelo CMN (por exemplo, tais condições ora podem privilegiar o acesso ao crédito pelas empresas via mercado de capitais, ora restringir captações de recursos pelas companhias por meio da emissão de determinados títulos, visando à proteção de determinados investidores).

Capítulo 7
Organização da sociedade: a administração das companhias de capital disperso e seu monitoramento

7.1 Colocação do problema

Há mais de quatrocentos anos o Direito Societário tem tentado resolver umas das questões mais intrincadas a respeito do governo das sociedades: os reflexos da separação entre propriedade e controle na composição orgânica da companhia[404]. A história da *Verenigde Oostindische Compagnie* é um bom exemplo para ilustrar a questão, dado que sua evolução criou, pela primeira vez, uma estrutura interna de supervisão dos administradores.

Quando de sua constituição, em 1602, a VOC possuía uma estrutura interna da administração comparável ao que chamamos hoje de sistema monista: um órgão colegiado com 17 membros, eleitos pelos governadores de seis câmaras (situadas nas cidades sede das *rheederein* que deram

---

[404] Muito embora a pesquisa em *corporate governance* como disciplina autônoma seja fenômeno relativamente recente na história do Direito Societário. Em verdade, o estudo nesse campo se intensificou primeiro, nos EUA, em virtude dos reflexos dos *takeovers* sobre o comportamento do *board* e, posteriormente, em nível mundial, após os graves escândalos financeiros do início do século, motivados pela falta de controle adequado sobre os órgãos de administração. Nota-se, contudo, que a administração ocupa o centro das discussões (v. Hopt, K. J. *et al*, *Comparative Corporate Governance*, cit., pp. 223 e ss.).

origem à VOC), com amplos poderes para administrar a companhia sem a interferência dos acionistas em geral. Referido órgão fixava a orientação dos negócios, traçava as rotas dos navios e editava resoluções vinculantes às câmaras. Posteriormente, em 1648, em decorrência da expansão dos negócios, foi criado um comitê executivo (Comitê de Haia) para ajudar a organizar o trabalho dos diretores. Outros comitês, com atribuições inclusive contábeis, também foram constituídos no nível das câmaras[405].

O principal problema de governo, contudo, decorria da falta de definição de deveres fiduciários dos administradores (cuja noção, como se sabe, só foi posteriormente desenvolvida na Inglaterra a partir da evolução do *trust*, v. item 1.1 retro). Não existiam controles ou incentivos para assegurar o alinhamento de interesses pessoais dos administradores com os interesses da companhia. Os governadores das câmaras (comerciantes e proprietários dos empreendimentos que deram origem à VOC) não haviam se dado conta, ainda, de que uma nova instituição, com interesses próprios, tinha surgido[406].

A grande mudança na estrutura de administração da VOC ocorreu somente em 1623, com a introdução do "comitê de nove", o qual pode ser descrito como uma forma rudimentar do moderno conselho de supervisão[407]. Suas funções consistiam em assessorar os diretores e aprovar os relatórios anuais. Entre suas competências, destacava-se o direito de participar das reuniões do órgão de administração e de inspecionar os documentos e os negócios celebrados. Não obstante, a presença dos principais administradores nesse comitê, por sua, vez, ajuda a explicar, de certa forma, a predominância na Europa, desde o século XIX, do sistema monista, concentrando no mesmo órgão funções administrativas e de supervisão[408].

Como se nota, a expansão da empresa, com a consequente necessidade de recorrer ao mercado para financiamento, e cujo resultado é dissociação entre propriedade e controle, transforma sua *estrutura*. A empresa precisa se reorganizar para atender seus imperativos de crescimento e ao

---

[405] Cf. Hopt, Klaus J., e Leyens, Patrick C., *Board Models in Europe. Recent Developments of Internal Corporate Governance Structures in Germany, the United Kingdom, France, and Italy*, in Law Working Paper n. 18/2004, s.l., s.e., 2004, disponível [*on-line*] in http:ssrn.com/abstract=487944 (c. 17.11.12), p. 2.
[406] Idem.
[407] Cf. Lehmann, Karl, *Die Gestchichtliche Entwicklung des Aktienrechts bis Zum Code de Commerce*, Frankfurt, Sauer & Auvermann, 1968, pp. 65 e ss.
[408] Cf. Hopt, Klaus J., e Leyens, Patrick C., *Board Models*, cit., p. 3.

mesmo tempo oferecer respostas adequadas para assegurar proteção aos acionistas e manter abertos seus canais de financiamento. A organização da empresa, portanto, é um dos pontos mais impactados pelo fenômeno da dispersão do capital.

Ademais, durante a era das Companhias das Índias Orientais, o mercado de controle societário era praticamente inexistente e o sistema de privilégios assegurava o monopólio sobre a atividade empresarial. Não existia, portanto, qualquer controle externo que não aquele exercido pelo Estado. Hoje, o inter-relacionamento cada vez maior dos mercados cria uma competição a nível global entre as companhias. A eficiência com que são geridas e sua exposição a ataques para tomada de controle tomam o centro das discussões, ao passo que escândalos corporativos reforçam a necessidade de monitoramento. Desta feita, os estudos sobre a empresa contemporânea passam a se concentrar na análise e distinção de sistemas de monitoramento internos – baseados em estruturas institucionalizadas de controle – e externos – baseado principalmente no controle exercido pelo mercado, notoriamente por meio das tentativas de aquisição do controle. Outro enfoque, não menos importante, se dá sobre o sistema de responsabilização daqueles que exercem o poder de comandar os negócios, dando efetividade aos mecanismos de controle internos. São estes os temas, assim, que serão tratados neste capítulo 7 e nos capítulos 8 e 9 a seguir, sempre no enfoque da adequação da Lei das Sociedades Anônimas às exigências da dispersão acionária.

Importa, nesse ínterim, compreender como os assuntos referentes à administração da companhia estão estruturados, em linhas gerais, na Lei nº 6.404/76. Conforme aponta Adamek, o legislador pátrio, em consonância com as leis societárias mais modernas, em vez de procurar inutilmente restringir a atuação e o poder decisório dos administradores, por meio de preceitos rígidos e específicos para cada um dos múltiplos acontecimentos da vida negocial – no que certamente teria fracassado e contribuído para gerar maiores ineficiências por meio de um sistema inflexível – corretamente optou, de um lado, por preservar a liberdade de atuação dos administradores, conferindo-lhes atribuições e poderes privativos e (consequentemente) indelegáveis (artigos 138, §1º, 139 e 144 da LSA), e, de outro lado, resolveu pautar o comportamento dos administradores por padrões de conduta gerais e abstratos, verdadeiras cláusulas gerais a serem contrastadas com sua atuação específica em cada caso concreto (artigos 153 a 157 da LSA), em clara aproximação da técnica legislativa da *common law*. Ademais, trouxe regras específicas para tratar da efetivação da responsabilidade civil dos administradores perante a companhia, os acionistas e terceiros (artigos 158 e 159, *caput* e §7º). A responsabilidade civil, a propósito, constitui, no sistema atual (embora pouco efetivo, como se verá), importante elemento de regulação da conduta dos administradores, pois torna efetivos (ou deveria tornar) os seus vários deveres nos planos societários, interno e externo[409].

7.2 Estrutura orgânica da administração

Conforme explica Antonio Menezes Cordeiro, tecnicamente, o direito de administrar é um direito potestativo, pois traduz a permissão normativa que os administradores têm de decidir e de agir, em termos materiais e jurídicos, no âmbito dos direitos e dos deveres da sociedade. Embora se trate de um direito – os administradores são autônomos ou teriam de ir procurar a administração em outra instância – é um direito funcional ou fiduciário. Significa dizer, pois, que os poderes atribuídos pela lei aos administradores são poderes funções a serem exercidos visando o interesse da companhia[410].

A Lei nº 6.404/76, com o intuito de estabelecer os instrumentos legais para o desenvolvimento da grande empresa nacional, reproduziu a adoção da teoria orgânica no ordenamento brasileiro, tornando-a ainda mais evidente em virtude da atribuição da qualidade de órgão tanto ao Conselho de Administração quanto à Diretoria e da regra expressa de inderrogabilidade de competências entre os diversos órgãos sociais (artigo 139 da LSA). Analisar-se em seguida, sob a ótica do regime jurídico do capital disperso, como deve funcionar a estrutura orgânica da administração concebida sob os pressupostos da atual Lei das Sociedades Anônimas.

7.2.1 Sistemas monista e dualista de administração

A estrutura administrativa das companhias divide-se, tradicionalmente, em dois sistemas: monista (ou unitário) e dualista (ou bipartido). O primeiro, típico das sociedades de menor porte, caracteriza-se pela existência de um único centro de poder de gestão reconhecido na lei, notadamente a Diretoria. A partir do momento em que se verifica o aumento do porte das companhias, culminando na macroempresa de capital disperso, torna-se

---

[409] Cf. Adamek, Marcelo V. von, *Responsabilidade Civil*, cit., pp. 113-114.
[410] In *Manual de Direito das Sociedades*, cit., p. 797.

presente o sistema dualista (funcional) de administração, que se expressa por meio de diferentes matizes no Direito Comparado.

O sistema dualista pode se expressar na sua forma mais pura, como no Direito alemão, ou de forma menos nítida, como no Direito norte-americano[411]. Analisar-se-ão, adiante, as principais estruturas administrativas e evoluções na disciplina encontrada na Alemanha, Reino Unido, França, Itália e EUA, países que, reconhecidamente, influenciaram a concepção da Lei das Sociedades Anônimas, para então analisar-se a estrutura brasileira.

i) Alemanha

Na Alemanha, como acima dito, encontra-se o sistema dualista puro. Caracteriza-se, principalmente, pela divisão das funções administrativas entre dois órgãos perfeitamente definidos, a Diretoria (*Vorstand*) e Conselho de Supervisão (*Aufsichtsrat*).

Conforme apontam Hopt e Leyens, enquanto a responsabilidade do *Vorstand* na condução dos negócios é clara, o papel do *Aufsichtsrat* não é tão fácil de descrever[412]. Muitas das atribuições tradicionalmente confiadas à Assembleia Geral foram concedidas ao Conselho de Supervisão, como, por exemplo, a nomeação e destituição dos diretores[413] e a aprovação das suas contas. Porém, uma das características mais marcantes do *Aufsichtsrat*,

---

[411] Também era pouco nítido o sistema italiano. Para Modesto Carvalhosa, o sistema italiano adotava o regime unitário (in *Comentários*, cit., p. 17). O órgão administrativo, de acordo com o artigo 2.380 do *Codice Civile*, pode ser individual ou colegial. Seja como for, o órgão administrativo exerce, sempre, função executiva, cabendo-lhe executar o que tiver sido deliberado pela Assembleia. Ocorre que, nas sociedades de maior porte, as funções podiam ser delegadas a um ou diversos administradores. Neste último caso, a delegação pode-se dar com atribuições singulares aos administradores delegados, ou pode fazer-se a um novo órgão colegiado, a comissão executiva (*comitato executivo*). A delegação, limitada pela lei e pelo próprio conselho de administração, achava-se expressamente prevista no artigo 2.381 do *Codice Civile*. Cf. aponta Toledo, essa delegação resulta, ainda que impropriamente, em uma bipartição no plano substancial (in *O Conselho de Administração na Sociedade Anônima – Propostas para sua Melhor Utilização*, tese de doutoramento defendida na Faculdade de Direito da Universidade de São Paulo, 1993, pp 16-18). Tal discussão, contudo, encontra-se superada pela reforma orgânica empreendida na legislação italiana no início do século, que prevê a existência dos dois sistemas administrativos: o monista e o dualista, este facultativo.

[412] Cf. Hopt, Klaus J., e Leyens, Patrick C., *Board Models*, cit., p. 5.

[413] A exemplo, no Brasil, dos incisos II e V do artigo 142 da LSA.

contudo, é que ele não se envolve na administração da companhia[414]. Exceto se previsto em estatuto ou por decisão do Conselho de Supervisão para o adequado exercício de suas funções, determinados tipos de transações podem ser sujeitas à sua aprovação[415].

Com relação aos requisitos de composição dos órgãos de administração, prevalece a regra de que membros do Conselho de Supervisão não podem fazer parte da Diretoria. A lei ainda impõe restrições ao exercício de mandatos consecutivos no Conselho de Supervisão (limitados a 10 alternados)[416]. Com efeito, a composição desse órgão reflete uma situação particular da Alemanha: a influência do sistema bancário alemão. De forma geral, os acionistas depositam suas ações nas instituições financeiras, transferindo a propriedade daquelas, que passa a ser exercida pelas instituições no interesse dos depositantes[417]. Isto confere um significativo poder e representatividade aos bancos nos conselhos das principais companhias alemãs. A literatura, inclusive, sustenta que essa influência dos bancos compromete a atuação independente e objetiva do órgão supervisor[418].

Outra particularidade do modelo alemão é a possibilidade e, dependendo do caso, a compulsoriedade da participação dos empregados na gestão da empresa, integrando o Conselho de Supervisão, hipótese que merecerá análise apartada neste capítulo sob a perspectiva da análise de modelos alternativos de monitoramento dos administradores. Contudo, vale notar que uma das consequências negativas diretas do modelo de cogestão se refere ao tamanho do Conselho de Supervisão – que pode

---

[414] § 111 (4) da AktG.
[415] Idem, segunda parte.
[416] Cf. Hopt, Klaus J., e Leyens, Patrick C., *Board Models*, cit., p. 6.
[417] Os legisladores brasileiros, inclusive, tentaram reproduzir esse modelo nos artigos 41 c/c 126, §1º da LSA.
[418] Cf. Prigge, Stefan, *A Survey of German Corporate Governance*, in Hopt, Klaus J. *et al* (coord.), *Comparative Corporate Governance*, cit., pp. 957 e ss. O principal ponto objetado seria o do conflito existente entre o exercício do direito de voto de acordo com os interesses da companhia (e, portanto, do acionista depositante) e das relações creditícias existentes entre a companhia e os bancos (v. Hommelhoff, Peter, *Der Einfluβ der Banken in der Aktiengesellschaft*, in Köln *et al*, Festschrift *für Wolfgang Zöllner*, 1998, p. 237). Nesse sentido, o Deutsche Bank AG foi o primeiro banco a admitir explicitamente esse problema. Seu *"Principles of Corporate Governance of 2001"* determina que os membros da Diretoria (do banco) não podem, em princípio, assumir cargo em Conselho de Supervisão fora do grupo. Esses princípios, por sua vez, mostram a clara tendência dos bancos alemães de reduzirem o número de participantes dos órgãos sociais de outras companhias (cf. Hopt, Klaus J., e Leyens, Patrick C., *Board Models*, cit., p. 7).

chegar a até 21 membros – e a incapacidade do sistema impor requisitos de qualificação adequados como parâmetro para preenchimento dos cargos. Enquanto em países como os EUA e Itália membros dos órgãos de fiscalização devem comprovar sua qualificação e experiência em contabilidade e finanças, na Alemanha isto é operacionalmente inviável, pois certamente limitaria a capacidade de representação dos empregados, o que, por sua vez, impede a adoção de parâmetros de diligência mais elevados em determinadas circunstâncias[419].

O sucesso do envolvimento nas decisões administrativas e a eficiência do sistema de supervisão como um todo depende em grande parte do nível de informação disponível. Assim, na Alemanha, o sistema de informação, construído tanto pelas leis quanto pelas recomendações do *German Corporate Governance Code* é fortemente determinado pela formatação do sistema dualista. De acordo com a literatura, a exclusão do Conselho de Supervisão das atividades administrativas e as limitações impostas à possibilidade de obtenção de informações diretamente dos executivos dificultam o desempenho da companhia[420].

A lei alemã prevê a possibilidade de criação de comitês, particularmente de auditoria, subordinados ao Comitê de Supervisão e sem a possibilidade de usurpar suas funções[421]. Assim, em regra, sua atuação se limita a coordenar a revisão das demonstrações financeiras e o trabalho de auditores externos independentes.

ii) Reino Unido

A estrutura regulatória acerca da estruturação dos órgãos de administração no Reino Unido é relativamente mais flexível que a alemã e se baseia primordialmente na autorregulação[422]. Naquele conjunto de países,

---

[419] Cf. Schwark, Eberhard, *Corporate Governance: Vorstand und Aufsichtsrat*, in Hommelhoff, P. et al (coord.), *Corporate Governance – Gemeinschaftssymposium der Zeitschriften ZHR/ZGR*, Heidelberg, Verlag Recht und Wirtschaft, 2002, pp. 106.

[420] Cf. Lutter, Marcus, e Krieger, Gerd, *Recht und Pflichten des Aufsichtsrat*, 4ª ed., Köln, Otto Schmidt, 2002, pp. 311 e ss.

[421] §§ 107 (3) e 171 da AktG.

[422] De fato, muitas das disposições relativas à composição dos órgãos administrativos são estabelecidas por meio de recomendações do *Combined Code*. Por outro lado, de acordo com a regulamentação da FSA, as companhias abertas devem declarar anualmente quais disposições do *Combined Code* estão sendo atendidas, bem como explicar as razões para o não atendimento das demais, seguindo a estratégia do *"comply or explain"* (cf. Alcok, Alaister, *The Financial Services Aspects and Market Act 2000: A Guide to the New Law*, Bristol, Jordan, 2000, p. 12.1).

prevalece o modelo monista sob o aspecto formal, embora funcionalmente o órgão de administração (*board of directors*) tenha estrutura dualista, dividindo as atribuições de comandar e supervisionar a companhia. Naquelas companhias maiores, ainda é comum haver algum grau de especialização das atividades administrativas em comitês internos ou pessoas físicas sujeitas ao *board*.

De acordo com o *Combined Code*, determinadas matérias devem ser reservadas para apreciação do *board*, de forma similar à reserva de matérias feita ao Conselho de Supervisão alemão. A atividade de supervisão do *board of directors*, por sua vez, é assegurada pela especialização das atribuições dos diretores em funções executivas – reservadas aos diretores encarregados da tomada das decisões empresariais – e não executivas – atribuídas aos diretores que não se envolvem no dia a dia dos negócios[423]. Por isto é autorizado afirmar que o sistema britânico é dualista sob o ponto de vista funcional. Ainda, de acordo com o *Combined Code*, duas recomendações quanto à composição do *board of directors* são relevantes: (i) preenchimento de ao menos metade do órgão por diretores não executivos *independentes*[424]; e (ii) separação das posições de presidente do *board* e de CEO.

De forma geral, todos os diretores possuem os mesmos poderes, de forma que mesmo os diretores não executivos podem tomar decisões negociais, sem a necessidade de controle *ex post* como ocorre no Conselho de Supervisão. Não obstante, o modelo britânico ainda atribui de forma particular aos diretores não executivos não apenas a função de supervisionar os diretores executivos como também contribuir para a definição da estratégia geral dos negócios[425].

Em relação à política de controles internos, o *Combined Code* introduz a formação de um grupo com amplo poder de supervisão financeira e

---

[423] *Combined Code*, seção A.1.1.

[424] *Combined Code*, seção B.1.2. Independência significaria primariamente não haver *"relationships or circumstances which are likely to affect, or could appear to affect, the director's judgment"* (seção B.1.1). Não obstante, o *Combined Code* ainda lista sete indicadores de que um diretor não seria, a princípio, independente: (i) celebração de contratos de trabalho com a companhia ou grupo nos últimos cincos anos; (ii) relações comerciais relevantes com a companhia nos últimos 3 anos; (iii) existência de formas de remuneração adicionais à remuneração recebida pelo exercício do cargo; (iv) existência de relações familiares; (v) exercício de cargo em companhias concorrentes; (vi) existência de vínculos com acionistas relevantes; e (vii) exercício do cargo de diretor por mais de 9 anos.

[425] De forma similar, portanto, ao artigo 142, I, da LSA.

operacional, inclusive dos sistemas de administração de risco. Também é previsto comitê de auditoria, com a principal função de disciplinar o relacionamento com os auditores externos independentes.

iii) França

Na França, a antiga disciplina legal acolhia o sistema monista, o qual foi superado pelo sistema dualista a partir das reformas legislativas da década de 1940, que instituiu a figura do Conselho de Administração (*Conseil de d'Administration*), reservando as funções executivas a um presidente--geral. Na prática, o Conselho de Administração exercia uma atividade supervisora da gestão praticada pelo presidente-diretor e administradores delegados[426]. Na reforma societária empreendida em 1966, previu-se um modelo facultativo que, ao lado da administração tradicional, permitia optar pela adoção de um Conselho de Supervisão (*Conseil du Surveillance*) e uma Diretoria. Essa fórmula propiciou a distinção entre duas diferentes funções administrativas: direção e controle. Segundo Le Cannu, esse modelo "permite uma melhor estruturação da sociedade e uma proteção mais séria dos acionistas"[427].

O modelo dualista francês foi reconhecidamente inspirado no alemão. Conforme apontam Ripert e Roblot, há, contudo, diferenças sutis entre os dois. A primeira, naturalmente, é a de que, na Alemanha, prevê-se com exclusividade a estrutura dualista, o que não acontece na França, onde se pode optar entre um regime tradicional e outro próximo ao modelo alemão. Prosseguindo-se, se verifica a maior ênfase dada pelo legislador alemão ao Conselho de Supervisão, que detém uma soma de poderes mais ampla que seu equivalente francês. Em contrapartida, a Assembleia Geral desempenha, no sistema francês, um papel mais importante que no Direito alemão. A ela compete, por exemplo, a destituição dos administradores, embora a pedido do conselho, enquanto no Direito germânico o *Aufsichtsrat* tem poderes tanto para admitir quanto para demitir integrantes da Diretoria. Esta, por sua vez, presta contas à Assembleia Geral, na França, enquanto na Alemanha são apresentadas ao Conselho. Este, por fim, tem ainda o poder de dispor que certos atos devem ser submetidos à sua prévia

---

[426] Cf. Toledo, Paulo Fernando Campos Salles de, *O Conselho de* Administração, cit., p. 12.
[427] Le Cannu, Paul, *La Société Anonyme a Directoire*, Paris, LGDJ, 1979, pp. 24-25.

autorização, enquanto no Direito francês, ao contrário, a enumeração dos atos da diretoria sujeitos à aprovação do Conselho é taxativa[428].

Em 2001, a *Loi sur les Nouvelle Régulations Économiques* introduziu no Direito francês um terceiro modelo, que agora serve como padrão. Este modelo baseia-se na estrutura monista (*Conseil d'Administration*), porém formalmente acaba com a concentração de poderes do CEO (*Président Directeur Générale*), que também tradicionalmente ocupava a posição de presidente do Conselho de Supervisão. A estrutura introduzida pela NRE também procura, a exemplo do modelo britânico, criar uma divisão funcional do órgão entre atividades de supervisão e comando da vida empresarial (exercidas pela *direction générale*), bem como prevê a criação de comitê de remuneração e de auditoria[429].

iv) Itália

Na Itália, o sistema de administração sempre foi tradicionalmente monista, sendo exercido pelo *Consiglio di Amministrazione*. Em 1998, o Testo Unico (Decreto-legislativo de 24 de fevereiro de 1998) introduziu importantes mudanças específicas para as companhias abertas, tornando obrigatório o funcionamento do *Colegio Sindacale*, incluindo competências para supervisionar o cumprimento de leis e do estatuto social, a estrutura organizacional e o sistema contábil, servindo de espécie de órgão de auditoria interna[430]. Conforme aponta Hopt, a ampliação dos poderes do *Colegio Sindacale* o aproximou do *Aufsichtsrat* alemão. Por outro lado, diferentemente do análogo alemão, o órgão italiano não possui poderes para analisar a estratégia de negócios ou para atuar como órgão de aconselhamento da administração, o que permite afirmar que ele, na verdade, se aproxima do nosso Conselho Fiscal.

Membros do *Colegio Sindacale* não podem ser membros do *Consiglio di Amministrazione* e, diversamente do que ocorre na Alemanha, representantes dos empregados não podem participar do órgão de fiscalização[431].

Em 2001, por sua vez, a Itália empreendeu reforma orgânica nas sociedades de capitais, estabelecendo que o estatuto pode prever que a

---

[428] In *Traité Élémentaire de Droit Commercial*, tomo I, 11ª ed., Paris, LGDJ, 1983, p. 889.
[429] Cf. Hopt, Klaus J., e Leyens, Patrick C., *Board Models*, cit., p. 17.
[430] Testo Único, art. 149.
[431] De acordo com o *Codice di Autodisciplina* editado pela bolsa de valores italiana, é recomendada uma proporção "adequada" de diretores não executivos, em número a ser determinado por cada companhia (*Codice*, §3).

administração e o controle sejam exercidos por um Conselho de Gestão (*Consiglio di Gestione*) e um Conselho de Vigilância (*Consiglio di Sorveglianza*), sendo que o Conselho de Gestão terá a exclusiva responsabilidade da gestão da empresa para realizar todas as operações necessárias à realização do objeto social. Ainda, criou-se alternativa de gestão, similar ao modelo anglo-saxão, estruturalmente monista (um único órgão denominado *Consiglio di Amministrazione*), porém dualista sob o ponto de vista funcional, na medida em que a legislação determina que ao menos 1/3 dos diretores sejam independentes, sendo que os representantes independentes devem compor um comitê de fiscalização (*comitato per il controlo sulla gestione*)[432].

Dessa forma, dede janeiro de 2004, as companhias italianas devem optar por um de três modelos alternativos de administração: (i) modelo tradicional (*Consiglio di Amministrazione* e *Colegio Sindacale*); (ii) modelo similar ao germânico (*Consiglio di Gestione* e *Consiglio de Sorveglianza*); e (iii) modelo similar ao anglo-saxônico (*Consiglio di Amministrazione*, com especialização de função supervisora pelo *comitato sulla gestione*)[433].

v) EUA

Este país, embora fornecendo à atividade econômica empresarial um instrumento jurídico adequado para sua administração, o faz de forma muito diversa daquela existente no sistema continental europeu, como se verá. Assim, prevê, basicamente, um único órgão administrativo, o *board of directors*, o qual, embora potencialmente dotado de funções executivas, não as exerce, delegando aos *officers*, que, de fato e de direito, gerem a sociedade, o que leva funcionalmente, portanto, a um sistema dualista.

Embora os diferentes Estados norte-americanos tenham suas próprias leis societárias, seu conjunto apresenta muitas similaridades. Focar-se-á, contudo, na lei de Delaware – a mais importante em Direito Societário –, onde está sediada a maior parte das companhias abertas norte-americanas – e no MBCA, que é adotado pela legislação de 24 Estados. Neste sistema,

---

[432] A reforma, na Itália, não foi, entretanto, ilesa às críticas, muitas delas relacionadas ao apego à tradição do Direito italiano. De acordo com Sabino Fortunato, o *Consiglio di Sorveglianza* seria fundamentalmente um órgão de fiscalização que repete, tanto no plano estrutural quanto no funcional, o modelo do *Collegio Sindacale* (equivalente ao Conselho Fiscal) (in *I Controlli nella Riforma delle Societá*, in *Le Societá*, n. 2bis, s.l., 2003, p. 313).
[433] V. Ambrosini, Stefano, *L'Amministrazione e I Controlle nelle Societá per Azioni*, Giur. Comm., 2003, pp. 308/I-332/I.

o poder dos *officers* emana, basicamente, de quatro fontes: (i) a lei estadual; (ii) o estatuto da companhia; (iii) seu regimento interno; e (iv) deliberações do *board*. A este se reserva a função de superintender a gestão social, tendo ainda o poder de deliberar sobre as grandes questões de interesse da sociedade, ressalvadas as atribuições da Assembleia, que são reduzidas, de forma geral, ao direito de eleger e destituir o *board*[434].

Divididas as funções entre o *board* e os *officers*, a estes cabe precipuamente administrar o dia-a-dia da empresa, exercendo o efetivo poder sobre os negócios das sociedades, no mais das vezes, centrado no poder de decisão do *chief executive officer* (CEO), que não raramente acumula a função de presidente do *board*, resultando na verdadeira aplicação do *Führerprinzip*.

Ademais, como corolário do poder atribuído aos administradores, cabe a eles a iniciativa de aditar os estatutos e regimentos internos das companhias. É notório que, em Delaware, por exemplo, os acionistas somente tenham competência (concorrente com a administração) para alterar os estatutos (*bylaws*) das companhias, que estão, contudo, subordinados ao regulamento interno (*charter*) e somente este está autorizado a dispensar a aplicação de determinados dispositivos do Código de Delaware e do MBCA[435].

Contudo, em contrapartida à aparente exacerbação de poderes da administração, a doutrina e jurisprudência anglo-saxônica desenvolveu estrito regime de responsabilidades, fundado na doutrina dos deveres fiduciários, como se verá no capítulo 8 adiante.

7.2.2 Convergência e divergência de modelos: primeiras constatações

A investigação acima aponta para uma tendência na distinção funcional dos órgãos de administração entre as atividades de comando dos negócios e

---

[434] Cf. Bebchuk, Lucian A., *The Case for Increasing*, cit., p. 836. Como aponta referido autor, a *corporation* norte-americana pode ser equiparada com uma "democracia representativa", por meio dos quais os membros políticos nunca atuam diretamente, mas sempre por meio de seus representantes (*board*) (idem, p. 837). Esta mecânica é inerente ao funcionamento de qualquer macroempresa, porém, a alusão do autor se refere ao fato de que aos acionistas cabe eleger seus "representantes" e só. O Direito norte-americano, de forma geral, retira da Assembleia poderes gerais para orientar os negócios sociais. Por outro lado, cf. aponta Bebchuk, algumas matérias, de acordo com o Del. Code e o MBCA, como fusões, incorporações, dissolução ou venda de ativos devem ser levadas à apreciação dos acionistas. Contudo, à Assembleia somente cabe o poder de veto, o que acaba sendo inócuo em função do absenteísmo. E, de toda a forma, os acionistas não têm direito a ter iniciativa quanto à proposição dessas matérias.

[435] Cf. Del. Code, §§ 102 (b) (1), 109 *caput* e (b) e 141 (a), MBCA, §§ 2.06 (b) e 10.20 e ainda N.Y. Bus. Corp. Law, §§ 601 e 601 (b).

supervisão, com maior intensidade nos países europeus. Embora os órgãos, sob o aspecto de vista formal, ainda apresentem estruturas próprias em cada país – em grande parte explicadas pela dependência histórica de cada sistema (*path dependence*) – a convergência funcional de sistemas é clara[436].

Mesmo em relação ao Reino Unido, afiliado ao sistema anglo saxão, a literatura indica uma especialização *de facto* que aproxima o modelo ao germânico, que por sua vez, na Europa, há décadas vem sendo seguido como parâmetro, respeitadas as particularidades do seu sistema decorrentes principalmente da cogestão e do papel do sistema bancário[437].

Não obstante, a tendência verificada nos países europeus é a de flexibilizar a escolha de modelos (formais). Isto se verifica na própria Sociedade Anônima Europeia que, buscando conciliar os conflitos entre os diversos países e os problemas da *path dependence*, consagrou a possibilidade de adoção dos dois modelos formais, monista e dualista, cuidando, contudo, da preservação da distinção funcional[438].

Outra tendência verificada é o requisito de independência para o preenchimento de ao menos parte dos órgãos administrativos. Em alguns países, a independência inclusive é o caminho para se alcançar a dicotomia funcional dos órgãos (Reino Unido, EUA e Itália). Da mesma forma, nota-se que, não obstante a especialização funcional dos órgãos administrativos, é consonante em todos os países a exigência da criação de órgãos ou comitês para supervisionar controles internos e o relacionamento da companhia com a auditoria externa – ainda que com certa diversidade de poderes e funções[439].

Com efeito, quanto aos aspectos apontados acima, importante também destacar o papel da autorregulação. Neste século, todos os países analisados vêm empreendendo reformas, em graus variados, por meio da

---

[436] Cf. Hopt, Klaus J., e Leyens, Patrick C., *Board Models*, cit., p. 19. V. ainda Bratton William W., e McCahery, Joseph A., *Comparative Corporate Governance and The Theory of the Firm: The Case Against Global Cross Reference*, in *Columbia Law Journal of Transnational Law* n. 38, s.l., s.e., 1999, pp. 213-297 e Coffee, John C., *The Future as a History: The Prospects for Global Corporate Governance and Its Implications*, in *Northwestern University Law Review*, n. 93, s.l., s.e., 1999, pp. 641-707.

[437] Cf. Davies, Paul L., *Board Comparative Structures in the UK and Germany: Convergence or Continuing Divergence?*, in *International and Comparative Corporate Law Journal*, s.l., s.e., 2001, pp. 435-356.

[438] Cf. RSE nº 2.157/01, art. 38 e ss.

[439] Cf. Hopt, Klaus J., e Leyens, Patrick C., *Board Models*, cit., p. 19.

autorregulação (amplamente adotada, por exemplo, no Reino Unido e EUA, enquanto países como França e Itália ainda se mostram reticentes, constituindo mais uma evidência de uma possível *path dependence*)[440], grande parte impulsionada pelos escândalos corporativos que evidenciaram a falibilidade no sistema de monitoramento do governo das sociedades. Um detalhe importante quanto a este movimento, entretanto, que não escapa à análise, é que muitas das reformas autorregulatórias são apoiadas pelos próprios Estados (como é o caso, por exemplo, do Reino Unido e, até de forma surpreendente, a Alemanha[441]) e, em certa medida, positivadas por meio da técnica do uso da informação como ferramenta de coerção ("pratique ou explique"), criando a chamada *soft law*.

Feitas estas breves considerações, faz-se a advertência, como já dito anteriormente, de que não há modelo ótimo para o governo das sociedades. As estruturas variam entre cada país de acordo com suas particularidades e assim devem ser compreendidas[442], para não se cometer a ingenuidade de adaptação de fórmulas inservíveis ao contexto brasileiro[443]. Contudo,

---

[440] Cf. Weil, Gotshal & Manges, *Comparative Study of Corporate Governance Relevant to the European Union and Its Members States (Final Report)*, janeiro de 2002, disponível [*on-line*] in http://europa.eu.int (c. 18.11.12). V., ainda, Montalenti, Paolo, *La Riforma dell Diritto Societario nel Progetto dela Commisione Mirone*, Giur. Comm., 2000, pp. 379/I-406/I.

[441] Cf. Noack, Ulrich, e Zetzsche, Dirk, *Germany's Corporate and Financial Law 2007*, cit., p. 8.

[442] Cf. V. Aguilera, R. V., e Jackson, G., *The Cross National Diversity*, cit., pp. 447-465 e Filatotchev, I., *Developing and Organizational*, cit., pp. 171-178 e Aguilera, R. V. *et al*, *An Organizational Approach*, cit., pp. 475-492.

[443] Não se pode desprezar, portanto, como já apontado neste trabalho, a título de exemplo, as particularidades do modelo alemão, seguido em linhas gerais como parâmetro, nem as do modelo norte-americano onde, a despeito de ser o país onde a dispersão acionária é mais intensa, o poder é natural e originalmente concentrado nas mãos dos administradores, que exercem enorme influência sobre toda a sociedade. Este, aliás, é um dos pontos em que a literatura norte-americana é relativamente carente. A despeito da vasta literatura que procura explicar a existência da dispersão acionária e seu contraste com modelos concentrados, pouco se aprofundou no papel que os poderes exercidos pelos administradores têm sobre o fenômeno, o que evidencia mais uma vez certa miopia sobre o fenômeno. Diferentemente da cultura nacional, que enxerga o acionista controlador como "dono" da empresa, nos EUA, culturalmente, os donos verdadeiramente são os administradores. De uma forma reducionista, o acionista afigura-se como um detalhe (*necessário*, fazendo surgir a necessidade de controle mínimo, inclusive por meio da ideologia do *shareholder value*, para manter a confiança na capacidade da gestão do *investimento*; daí Jensen já ter aventado a hipótese de uma sociedade em que os acionistas na verdade aportassem seus recursos na sociedade como dívida e não capital, acabando com a noção de "credor social", v. nota 218 supra).

da investigação acima empreendida, pode-se afirmar com segurança existir a seguinte convergência de estruturas nas *companhias de capital aberto*: (i) dualidade *funcional* dos órgãos de administração; (ii) requisitos de independência para membros da administração; e (iii) constituição de comitês de auditoria.

7.2.3 Brasil: considerações preliminares

No Brasil, a dualidade é cogente em determinadas situações ou facultativa nas demais hipóteses. Na companhia aberta, objeto do presente estudo, o sistema é obrigatoriamente dualista (artigo 138, § 2º, da LSA). O sistema brasileiro, por sua vez, é nitidamente inspirado nos modelos francês (à época) e alemão de sistema bipartido.

Assim, por exemplo, o Conselho de Administração pode, ao contrário do francês, destituir membros da Diretoria (artigo 142, II, da LSA). Mas, diferentemente do alemão, não tem a atribuição de aprovar as contas dos administradores – ponto que o aproxima do francês – muito embora deva se manifestar sobre o relatório da administração e as contas da Diretoria. O regime brasileiro e o francês também se aproximam no tocante à extensão dos poderes da Assembleia Geral, muito mais amplos do que os conferidos aos organismos correspondentes na Alemanha[444].

O fato é que, como bem colocado pela LSA, na sociedade anônima de grande porte, como é presumidamente a companhia de capital disperso, o sistema dualista, ao menos funcional, é necessário[445]. Enquanto o órgão da Diretoria acumula as funções executivas (gestão), um segundo órgão, de extrema importância para o cenário de dispersão acionária, acumula as funções de orientação geral dos negócios da companhia (suprindo a lacuna provocada pelo absenteísmo assemblear na direção dos negócios sociais) e supervisionando a atividade da Diretoria (fiscalização). Por isso que, mais que um conselho de *administração*, os países que o adotam preferem, via de regra, a denominação de conselho de *supervisão*[446].

---

[444] Cf. Toledo, Paulo F. C. S., *O Conselho de Administração*, cit., p. 33.

[445] Vale ressaltar, contudo, que no anteprojeto da LSA, a adoção do regime dualista para companhias abertas estava sujeita à determinação da CVM. Este dispositivo não prevaleceu, sendo acolhida a emenda apresentada pelo Deputado Luiz Braz, que o suprimia e dava nova redação ao texto legal, incluindo as companhias abertas entre as que deveriam, obrigatoriamente, ter Conselho de Administração.

[446] V. item 4.4 acima.

A propósito, a LSA aparentemente faz uma confusão terminológica. Apesar de o Conselho de Administração ser análogo ao *Aufsichtsrat* alemão, a lei parece ter importado do francês o termo empregado para designar o órgão com funções diretivas (*Conseil d'Administration*). A confusão é, como dito, apenas aparente. Se tivesse traduzido o nome do órgão para "Conselho de Supervisão" talvez passasse a ideia de que o órgão seria algo que ele efetivamente não é, ou ao menos não se resume.

Todavia, não é um ou outro o papel desempenhado, de forma geral, pelo Conselho de Administração no Brasil, ocupando, na prática, papel secundário na atividade empresarial. De forma geral, o Conselho de Administração, quando não é um órgão de exercício da *longa manus* do acionista controlador, limita-se a funções meramente consultivas, quando muito, fixando a orientação geral dos negócios da companhia. A verdadeira essência do conselho – de atividade supervisora – acaba por vezes ficando em segundo plano.

7.3 O novo "Conselho de Supervisão"

O Conselho de Administração no Brasil é órgão de deliberação colegiada (artigo 138, §1º, 1ª parte, da LSA) – obrigatório nas companhias abertas, nas de capital autorizado e nas sociedades de economia mista (artigos 138, §2º, e 239 da LSA) e facultativo das demais. Possui atribuições específicas (artigo 142 da LSA), para deliberar – salvo disposição em contrário nos estatutos, pelo critério da maioria simples (artigo 140, V, da LSA). Os seus membros, nunca em número inferior a três, são eleitos pela Assembleia Geral (artigo 140 da LSA). Não podem delegar as suas atribuições a terceiros, conselheiros ou não. Na estrutura orgânica da companhia, o Conselho de Administração insere-se entre a Assembleia Geral e a Diretoria (embora não com o mesmo vigor registrado em outros sistemas jurídicos, como o alemão).

Segundo Toledo, as atribuições do Conselho de Administração na companhia brasileira podem ser divididas em três grupos distintos. Todas têm em comum a circunstância de serem exercidas por meio de deliberações colegiadas, dizerem respeito à administração da companhia e não atingirem o plano executivo, reservado à Diretoria. Assim é que tais funções podem ser classificadas em: (i) programáticas ou normativas; (ii) de fiscalização e controle; e (iii) propriamente administrativas. As primeiras dizem respeito ao norteamento das atividades da companhia, com as segundas verifica-se o cumprimento dessas normas e a consecução desses objetivos, enquanto as últimas propiciam os meios para a realização dos fins sociais.

Ocorre que, na prática das companhias brasileiras, as funções do Conselho de Administração são mal desempenhadas ou ofuscadas pela figura do acionista controlador. Este efetivamente define a orientação geral dos negócios da companhia e fiscaliza o desempenho da Diretoria – que ele mesmo elegeu. Por vezes, o Conselho de Administração, quando existente, é figura decorativa ou, no máximo, serve como órgão de aconselhamento da Diretoria e dos próprios acionistas controladores, particularmente quando presentes administradores "profissionais".

A prática, contudo, deve mudar com a dispersão acionária. Longe de a lei ser inadequada quanto às atribuições do Conselho de Administração, o uso efetivo desse órgão é que deve ser melhorado. A ele deve ser dada maior relevância, seja como efetivo orientador dos negócios da companhia – suprimindo o absenteísmo assemblear – e, acima de tudo, supervisor das atividades diretivas. Dispõe, para isso, de poderes expressos para examinar todos os livros e documentos da companhia, e solicitar informações sobre negócios jurídicos em geral (artigo 142, III). Deve, expressamente, fiscalizar a gestão dos diretores, além de manifestar-se sobre o relatório da administração e as contas da Diretoria (artigo 142, V). Seu controle sobre os atos da Diretoria não é meramente formal, abrangendo não só a legalidade estrita dos negócios praticados, mas também examinando sua conformidade à política empresarial e os objetivos sociais.

Há que se considerar, contudo, que o papel do Conselho de Administração na definição da orientação geral dos negócios da companhia desempenha papel limitador na sua atuação como verdadeiro "Conselho de Supervisão", o que deve gerar impacto na estrutura orgânica da companhia[447]. Isto ainda é agravado pelo fato de que, não sendo as atribuições legais do Conselho de Administração estanques e não havendo clareza, na lei, sobre a extensão das atribuições da diretoria[448], é bastante comum que

---

[447] V., por exemplo, a experiência alemã e italiana. Não constam, entre as atribuições do *Aufsichtsrat*, poderes para fixar a orientação geral da companhia. Sua atividade é essencialmente fiscalizadora. Na Itália, o sistema dualista alternativo, como visto, é muito próximo do modelo alemão, dispensando-se a existência do *Colegio Sindacale*. Por sua vez, no sistema monista, em que as decisões sobre os negócios e o controle cabem a um único órgão, a existência do *Colegio Sindacale* é obrigatória (sobre os reflexos desta discussão no Direito brasileiro, v. o item 7.6 infra).

[448] A lei se limita, nos termos do artigo 138, §1º, e 143, IV, a afirmar que compete privativamente aos diretores a representação da companhia, cabendo ao estatuto definir as atribuições e poderes de cada diretor.

os estatutos atribuam ao Conselho de Administração decisões de gestão, típicas da Diretoria. Embora, como é notória, a inspiração maior para a disciplina do Conselho de Administração venha da França e da Alemanha, há, aqui, certa confusão do seu papel com o do *board* anglo-saxão, que, como se sabe, tem estrutura e função diversa do órgão brasileiro[449].

Embora o papel de fixação da orientação geral dos negócios tenha vantagens[450], isto faz persistir o problema de quem controla o controlador (fiscalizador). Existe um latente conflito na fiscalização da execução das orientações que o próprio Conselho faz. Quem controla a fixação dessas orientações e, em última instância, a própria conduta do Conselho? Esse problema poderia resultar em um dilema infindável de sobreposições de controle[451].

A solução retórica para o problema é dada por Alchian e Demsetz, para os quais a instância final decisória deve recair sobre quem detém valor residual sobre a companhia, ou seja, aos acionistas. Atendidos todos os interesses que orbitam a companhia (imagine-se a hipótese de sua liquidação), o resultado, positivo ou negativo, pertence aos acionistas. Pressupõe-se, portanto, que eles devem atuar sempre no sentido de

---

[449] Poder-se-ia objetar essa constatação pelo fato de a literatura dominante sustentar que o *board of directors* tem dois papéis principais, controle e direção (cf. Zahra, S.A., e Pearce, J., *Board of Directors and Corporate Financial Performance: a Review and Integrative Model*, in *Journal of Management*, s.l., s.e., 1989, pp. 291-244, Forbes, D. P., e Milliken, F. J., *Cognition and Corporate Governance: Understanding Board of Directors as Strategic Decision-making Groups*, in *Academy of Management Review*, n. 24, s.l., s.e., 1999, pp. 489-505, Hillman, A. J., e Dalziel, T., *Boards of Directors and Firm Performance: Integrating Agency and Resource Dependence Perspective*, in *Academy of Management Review*, n. 28, s.l., s.e., 2003, pp. 383-396, Aguilera, R. V. *Corporate Governance and Director Accountability: An Institutional Comparative Perspective*, in *British Journal of Management*, n. 16, s.l., s.e., 2005, pp. 39-53 e Nicholson, G. J., e Kiel, G.C., *A Framework for Diagnosing Board Effectiveness*, in *Corporate Governance*, n. 12, s.l., s.e., 2004, pp. 442-460). A objeção, contudo, não procede. Como visto, a estrutura e função do *board of directors* no Direito norte-americano não é análoga ao Conselho de Administração. O *board* é uma estrutura monista em sua forma, porém dualista em sua *função*, o que pressupõe a sua especialização em membros responsáveis pela direção propriamente dita e outros pelo controle (preferencialmente *directors* independentes). Ademais, como também já visto, o *board* possui amplos poderes no Direito norte-americano, a ponto de sobrepujar a vontade dos acionistas.

[450] Cf. Desender, K. A., que ainda faz um resumo da literatura a respeito (in *The Relationship*, cit., p. 6).

[451] Este problema é levantado por Bainbridge, Stephen M., in *The Politics of Corporate*, cit., e discutido em Alchian, Armen A., e Demsetz, Harold, *Production, Information Costs and Economic Organization*, in American Economic Review, n. 62, s.l, 1972, pp. 777 e ss.

maximizar o valor residual, o que implica o direito e dever, em última instância, de monitorar[452].

A questão não é só econômica, mas *jurídica*. O interesse social, em última instância, na lição de Galgano, se resume ao interesse comum dos sócios (na obtenção de lucros por meio da realização do objeto social)[453]. Ademais, são os sócios que juridicamente *contratam* a sociedade (por mais institucionalizada que seja). Portanto, é aos acionistas que cabe monitorar, em última instância, a vida social, o que é consagrado na lei pátria no artigo 121 ("a Assembleia Geral (...) tem poderes para decidir todos os negócios relativos ao objeto da companhia e tomar as resoluções que julgar convenientes à sua defesa e desenvolvimento").

Como se sabe, a solução, entretanto, não é satisfatória por causa do absenteísmo e falta de ação coletiva dos acionistas. A lei não pode se conformar com essa distorção e precisa criar incentivos e novos controles. As já vistas medidas para incentivar o ativismo societário são um deles. Alternativas ou medidas *complementares* merecem ser discutidas. Entre elas, o papel do Conselho Fiscal e o mercado de controle acionário, aptos a suprimir o absenteísmo, em tese, no controle formal e de mérito das decisões da administração, respectivamente (v. os itens 7.6 e 9.2 infra).

Por fim, entre as atribuições do Conselho de Administração questiona-se, contudo, o poder de escolha e destituição dos auditores independentes (artigo 142, IX, da LSA). Considerando-se que cabe aos auditores, entre outras atribuições, revisar e emitir parecer sobre as demonstrações financeiras da companhia, que englobam as contas da administração (incluindo, portanto, o Conselho de Administração), sua escolha e destituição pelo Conselho pode resultar em conflito de interesses ou pressão indevida sobre a atividade de auditoria, ainda que os conselheiros eleitos por voto múltiplo tenham poder de veto (artigo 142, §2º)[454]. Melhor que esta função seja preenchida por indicação de outros órgãos da companhia,

---

[452] Idem.

[453] A noção de valor residual introduzida por Alchian e Demsetz contribui, inclusive, para a compreensão mais exata da dimensão e contornos do interesse social, da qual já se tratou alhures.

[454] O que ainda pode resultar inócuo na companhia sem controle acionário, hipótese na qual o Conselho estará apto a ser composto por diversidade representativa de diferentes acionistas ou grupos de pequenos acionistas.

particularmente pelo Conselho Fiscal[455] ou por comitês de auditoria, sobre os quais se tratará adiante[456].

7.3.1 Eleição, mandato, composição e requisitos

i) eleição

Como se sabe, os conselheiros são eleitos privativamente pela Assembleia Geral (artigo 122, II, da LSA), sendo os mesmos, por sua vez, responsáveis pela nomeação dos diretores (artigo 142, II, da LSA). A lei, por outro lado, é omissa com relação à forma de eleição dos diretores, que deve ser regulada pelo estatuto social. Considerando-se a possibilidade de empresas dominadas ou até mesmo constituídas por iniciativa de administradores, isto abre a possibilidade destes criarem mecanismo de eleição que permita se perpetuarem no poder. Melhor, nesse sentido, que a lei fixe critérios claros para eleições da Diretoria.

Cabe, ainda, uma distinção entre companhias com controle diluído e com controle gerencial. Nestas últimas, ganha relevo o mecanismo das *proxies*, sobre o qual se discorreu no capítulo anterior. Já nas primeiras, a existência do acionista controlador pressupõe seu poder de eleger a maioria dos membros do Conselho de Administração. Continuam válidas, portanto, todas as preocupações já endereçadas pela LSA dentro da concepção de concentração acionária. Por outro lado, assume relevo o mecanismo do voto múltiplo, previsto no artigo 141 da lei anonimária.

O legislador brasileiro, ao introduzir em nosso sistema jurídico o voto múltiplo, optou por dar-lhe um caráter imperativo, ao mesmo tempo em que declarou facultativa a sua utilização. Trata-se de instituto importado do Direito norte-americano, o qual é conceituado pela lei como o processo pelo qual são atribuídos "a cada ação tantos votos quantos sejam os membros do Conselho de Administração", sendo "reconhecido ao acionista o direito de cumular os votos num só candidato ou distribui-lo entre vários" (artigo 141 da LSA). Tem, assim, por finalidade, propiciar

---

[455] Atualmente, o Conselho Fiscal somente pode escolher contador ou firma de auditoria quando a companhia não tiver auditores independentes, ou seja, nas companhias fechadas (artigo 163, §5º, c/c artigo 177, §3º, da LSA).

[456] Na Alemanha e Reino Unido, por exemplo, os auditores independentes são eleitos pela Assembleia Geral (cf. Hopt, Klaus J., e Leyens, Patrick C., *Board Models*, cit., pp. 9-15.

aos diversos segmentos da sociedade anônima a participação em órgãos administrativos da companhia.

A utilização do mecanismo do voto múltiplo é facultada, nos termos do artigo 141 da LSA, aos acionistas que representem, no mínimo, um décimo do capital social com direito a voto. Este percentual pode ser reduzido pela CVM, segundo prevê o artigo 291 da LSA, o que efetivamente foi empreendido pela Instrução CVM nº 165/91. Trata-se de efetivo aperfeiçoamento quanto à proporcionalidade da representação, no Conselho de Administração, dos diversos grupos integrantes da sociedade anônima, extremamente salutar sob a perspectiva do monitoramento da administração na persecução do interesse social.

Por outro lado, as inovações do texto legal trazidas pela Lei nº 10.303/01 em matéria de voto múltiplo (§§4º a 7º do artigo 141) são inócuas no contexto de dispersão acionária. Primeiramente, porque os percentuais para exercício do direito de eleger e destituir um membro e seu suplente do conselho de administração, em votação em separado na Assembleia Geral (15% do total das ações com direito a voto ou 10% do capital social, na hipótese de ações sem direito a voto ou com voto restrito), somente fazem sentido se controlador diluído exercer o controle em percentual maior. Caso contrário, não precisariam necessariamente da faculdade legal e poderiam exercer diretamente o poder de controle, elegendo a maioria dos membros do Conselho de Administração. Não é este, contudo, o tipo de companhia com capital disperso em foco neste estudo. Porém, se o controle diluído é exercido em percentuais inferiores aos acima referidos (15% das ações votantes e 10% do capital social) são eles demasiadamente elevados.

De forma mais simples que o voto múltiplo, alguns países adotam limitações à eleição de administradores por detentores de participação significativa no capital social com direito a voto (o que contempla, portanto, eventuais controladores diluídos) [457]. Na Alemanha, por força da cogestão, metade dos membros do Conselho de Supervisão é preenchida por representantes dos empregados. Soluções desta natureza, combinada com o voto múltiplo, seriam aptas a assegurar representatividade de diversos grupos acionistas no regime de capital disperso.

---

[457] Cf. Wymeersch, E., *Do We Need a Law on Group Companies?*, in Hopt, K. J., e Wymeersch, E., *Capital Markets and Company Law*, Oxford, Oxford University, 2003.

ii) mandato

Em relação ao prazo de mandato dos administradores, a LSA limita-se a dispor sobre o prazo máximo, ressaltando-se que os membros da administração são destituíveis a qualquer tempo por deliberação do órgão que o elegeu. Se é verdade que os administradores precisam de um prazo máximo, para evitar sua perpetuação no poder de gestão da companhia – embora a lei não vede ou limite a reeleição – também precisam de um prazo mínimo, para que possam implementar adequadamente políticas de gestão que permitam maximizar o valor das ações da companhia e que, para tanto, muitas vezes envolvem ações e estratégias de longo prazo[458]. Por outro lado, a possibilidade de destituição *ad nutum* é salutar para manter a administração permanentemente estimulada a cumprir o fim social, sob pena de serem substituídos em seus cargos.

De acordo com a LSA, o prazo de gestão para os membros da administração não pode ser superior a três anos (artigos 140, III, e 143, III), permitida a reeleição (o que, em tese, ao menos reabriria o debate na Assembleia sobre o desempenho do conselheiro; isto, contudo, pode não passar de mera ilusão, dado o absenteísmo e a utilização do mecanismo de *proxy*). Obviamente, a vedação à reeleição é uma alternativa *de lege ferenda* (cujas vantagens e desvantagens já foram amplamente debatidas, por exemplo, com relação ao mandato de governantes públicos[459]). Caso não seja acolhida, é natural que outros mecanismos de monitoramento da administração aqui debatidos estejam à disposição dos acionistas para impedir que os administradores se entrincheirem indevidamente em seus cargos.

Não trata a Lei, por sua vez, da obrigatoriedade dos mandatos unificados, para se evitar os chamados *classified* ou *staggered boards* (órgãos de administração cujos membros possuam prazos de mandato escalonados), com exceção do conselho eleito pelo procedimento de voto múltiplo

---

[458] Vale ressaltar, contudo, que a literatura em geral não é conclusiva acerca dos efeitos do prazo de mandato dos órgãos de administração sobre o desempenho de suas funções, particularmente nas estruturas administrativas fora dos EUA. O sentido geral induz a pensar que, no âmbito das funções diretivas, prazos maiores beneficiam o acúmulo de experiência no cargo, o que, por outro lado, pode levar ao comodismo e entrincheiramento da administração. Nos órgãos de supervisão, prazos mais longos, embora permitam um conhecimento maior sobre as atividades da companhia, podem estimular a criação de laços de lealdade com o órgão diretivo e consequente desvios de conduta (cf. Desender, K. A., *The Relationship*, cit., pp. 15-17).

[459] V. Barreto, Lauro, *Reeleição e Continuísmo*, Rio de Janeiro, Lumen Juris, 1998.

(artigo 141, §3º, da LSA). Os *classified* ou *staggered boards* contribuem para perpetuar administradores representantes do acionista controlador, dado que é mais fácil eleger todos os administradores quando estes são escolhidos em eleições separadas. Ainda, constituem mecanismo que objetiva desestimular a aquisição do controle por terceiros, uma vez que, adquirindo-se o controle da companhia, seria necessário aguardar o término dos mandatos escalonados para eleger administradores alinhados aos interesses do novo controlador (o que, no Brasil, teria aplicação limitada, já que a administração é destituível a qualquer tempo, cf. artigos 140 e 143 da LSA; ademais, sempre que a eleição tiver sido realizada por processo de voto múltiplo, a destituição de qualquer membro do conselho de administração pela Assembleia Geral importará destituição dos demais membros, procedendo-se a nova eleição). A exigência de mandatos unificados está presente, por exemplo, no Regulamento do Novo Mercado e nas companhias fechadas investidas pelos FIP (artigo 2º, §4º, II, da Instrução CVM nº 391/03).

iii) composição

Durante o último quarto do século XX já era notória a preocupação com a exagerada concentração de poder nos executivos das macroempresas de capital disperso. Para limitar o seu poder, difundiu-se a ideia de que o *"board of directors"* não deveria ser constituído apenas por pessoas ligadas à empresa, mas compreender alguns, ou a maioria, de pessoas "independentes", a fim de que o órgão tivesse capacidade de questionar as propostas dos executivos e fiscalizar seus atos[460]. Outras propostas foram adotadas com a mesma finalidade, como (i) não cumulação, pela mesma pessoa, dos cargos de presidente do conselho e chefe do executivo[461]; (ii) não eleição para o conselho de ex-chefes executivos; (iii) reuniões periódicas do conselho sem a presença de executivos.

Nos termos da LSA, até 1/3 dos membros do Conselho de Administração podem compor a Diretoria, o que vale dizer que é possível haver Diretoria

---

[460] No mesmo sentido, v. Fama, Eugene., *Separation of Ownership and Control*, in *JLE*, vol. 26, s.l., s.e., 1983, disponível [*on-line*] in http://ssrn.com/abstract=94034 (c.10.11.12), pp. 301-325.
[461] Cf. Boyd, B. K., Gove, S., e Hitt, M. A., *Consequences of Measurement Problems in Strategic Management Research: The Case of Amihud and Lev.*, in *Strategic Management Journal*, n. 26, s.l., s.e., 2005, pp. 367-375 e Eisenhardt, K., *Agency Theory: An Assessment and Review*, in *Academy of Management Review*, n. 14, s.l., s.e., 1989, pp. 57-74.

totalmente exercida por membros do Conselho de Administração[462]. Esta talvez seja uma das principais razões do papel secundário exercido pelo Conselho de Administração na atividade de supervisão, pois acaba muitas vezes sendo uma extensão da Diretoria. Por decorrência lógica, é ingênuo esperar que um conselheiro fiscalize sua própria atividade como diretor (o que equivale a deixar a raposa cuidando do galinheiro...).

O problema se agrava quando os cargos de presidente do Conselho de Administração e o presidente da Diretoria (CEO) se acumulam ou ao menos quando o presidente do Conselho de Administração também é membro da Diretoria, ainda que não seja o CEO. Na primeira hipótese, confere-se uma força quase imbatível nos assuntos da empresa. No segundo caso, a subordinação do presidente do Conselho de Administração ao CEO gerará, no mínimo, constrangimentos na atuação no órgão colegiado[463].

Conforme aponta Brown, o maior problema de muitos conselhos é a ascendência do operacional (e, portanto, da Diretoria) sobre a definição de políticas da empresa. Perde-se, em decorrência, a possibilidade do uso do mecanismo dos *"checks and balances"*, eis que o Conselho de Administração passa a deliberar de acordo com os ditames traçados pela Diretoria[464].

Portanto, em linha com as soluções trazidas pela França e Alemanha e, atualmente, pela própria SAE, onde os membros do Conselho de Supervisão não podem fazer parte da Diretoria, mesma solução deveria ser adotada no Brasil, na definição do regime jurídico da companhia de capital disperso. Assim, membros do Conselho de Administração não podem ser membros da Diretoria, sob risco de perda da possibilidade de se exercer efetivamente, por meio do Conselho, o controle e a supervisão das atividades da Diretoria. Não se pode compreender como alguém poderia julgar com isenção atos ou atividades das quais participou, ou mesmo comandou: *nemo judex in causa propria*. Assim, nada mais lógico que a apreciação dos atos da

---

[462] Conforme observa Evandro F. Pontes, "esse problema [sobreposição de funções], de fato grave, que demarca as *funções societárias* com um tropicalismo bastante peculiar e com poucos paralelos no mundo, permite-nos uma reflexão (...). O capitalismo periférico desenvolvido no Brasil e amadurecido nos tempos de governo militar por meio dos Planos Nacionais de Desenvolvimento (os chamados PND), deram um ambiente favorável à criação de uma cultura muito peculiar, e que tem se dissolvido a passos vagarosos, no sentido de criar nichos de permissões para acúmulo de funções" (in *O Conselho Fiscal*, cit., p. 33)

[463] Cf. Toledo, Paulo F. C. S. de, *O Conselho de Administração*, cit., p. 163.

[464] In *Putting the Corporate Board to Work*, Michigan, MacMillan, 1976, pp. 37-38.

Diretoria, para ser feita imparcialmente, o deva ser por um Conselho de Administração do qual não faça parte nenhum diretor[465].

Em relação à dimensão dos órgãos da administração, a literatura sobre psicologia social indica que grupos maiores podem experimentar problemas de comunicação e coordenação. Grupos menores, por sua vez, tendem a ser mais coesos e aptos à tomada de decisão com agilidade[466]. Dalton *et al* argumentam que Conselhos maiores asseguram, em tese, maior efetividade ao processo de supervisão dos diretores, pois permitem maior e melhor debate (o que depende, também, da qualificação dos seus membros), assim como diminuem a capacidade de os diretores, notadamente o CEO, exercerem influencia sobre o Conselho[467]. Ademais, quanto maior o órgão, maior a possibilidade de representatividade dos diferentes grupos e interesses que permeiam a companhia, por indicação dos acionistas. Há que se ter, contudo, um equilíbrio para se evitar os problemas de comunicação e coordenação vistos acima, tornando o órgão não operacional (o que, de certa forma, chega a ocorrer com o *Aufsichtsrat*, cuja composição pode chegar a 21 membros). Por sua vez, diretorias menores tendem justamente a ser mais ágeis, muito embora um grau mínimo de especialização entre os diretores seja desejável, cujo aprofundamento não cabe neste trabalho (lembrando que, as companhias abertas, no Brasil, devem ter ao menos um diretor de relações com investidores[468]).

Nesse sentido, a LSA fixa o número mínimo de membros, determinando serem 3 conselheiros (artigo 140) e 2 diretores (artigo 143). Assegura, assim, um mínimo de debate e diversidade em ambos os órgãos, embora a Diretoria não seja órgão necessariamente de deliberação colegiada (artigo 143, §2º, da LSA). Não fixa o número máximo de membros, deixando a critério do estatuto social, o que não chega a comprometer o adequado funcionamento dos órgãos, sob esta perspectiva.

---

[465] Nesse sentido, v. Toledo, Paulo F. C. S. de, *O Conselho de Administração*, cit., pp. 162-167.
[466] Cf. Shull, F., Delbecq, A., e Cummings, L., *Organizational Decision Making*, New York, McGraw-Hill, 1970.
[467] Cf. Dalton, D., Daily, C., Ellstrand, A., e Johson, J., *Metaanalytic Review of Board Composition – Leadership Structure and Financial Performance*, in *Strategic Management Journal*, n. 19, s.l., s.e., 1998, pp. 269-290. V. ainda, sobre a influência do CEO, Jensen, M., *The Modern Industrial Revolution, Exit and The Failure of Internal Control Systems*, in *Journal of Finance*, n. 48, s.l., s.e., 1993, pp. 831-880.
[468] Artigo 44 da Instrução CVM nº 480/09.

Por último, ainda sobre a composição da administração, não passa despercebida a possibilidade de o estatuto social prever a participação no conselho de representantes dos empregados, escolhidos pelo voto destes, em eleição direta, organizada pela empresa, em conjunto com as entidades sindicais que os representem (parágrafo único do artigo 140). Sobre esta matéria, contudo, dedicar-se-á abaixo um tópico específico (cogestão).

iv) requisitos

Não traz, a LSA, nenhum requisito especial de investidura para os cargos de administração, além de (i) ser residente no país, no caso de diretor; (ii) nomeação de representante com poderes para receber citação, no caso de conselheiros residentes no exterior; (iii) no caso de conselheiro[469], ter reputação ilibada e não (a menos que dispensado pela Assembleia Geral) (a) ocupar cargos em sociedades que possam ser consideradas concorrentes no mercado, em especial, em conselhos consultivos, de administração ou fiscal; e (b) ter interesse conflitante com a sociedade; e (iv) a *contrario sensu*, não ser impedido por lei especial, ou condenado por crime falimentar, de prevaricação, peita ou suborno, concussão, peculato, contra a economia popular, a fé pública ou a propriedade, ou a pena criminal que vede, ainda que temporariamente, o acesso a cargos públicos, bem como não ser declarado inabilitado por ato da Comissão de Valores Mobiliários.

Assim, a lei não faz exigências, por exemplo, quanto à profissionalização ou independência dos administradores (a "independência" é presumida, contudo, no preenchimento de cargos pelos acionistas minoritários, por meio do voto múltiplo, e na ausência de conflito de interesses, para os

---

[469] Até a edição da Lei nº 12.431, de 24 de junho de 2011, a LSA ainda estabelecia como requisito para a investidura do cargo de membro do Conselho de Administração a obrigatoriedade de ser acionista da companhia. Tratava-se de requisito ultrapassado, em completa dissonância com a maioria dos ordenamentos jurídicos (de fato, países como Alemanha, Itália, Espanha, Japão, Inglaterra e Estados Unidos aboliram ou nunca adotaram tal exigência, que, no Brasil, obteve inspiração no modelo francês), e sem aplicação lógica (uma vez que é ingênuo presumir algum *affectio societatis* dos administradores por serem titulares, muitas vezes, de uma única ação).

conselheiros[470] [471]). Tais exigências ficam restritas às normas de adoção voluntária, relativas a boas práticas de *corporate governance*.

O Regulamento do Novo Mercado, por exemplo, define que "Conselheiro Independente" caracteriza-se por (i) não ter qualquer vínculo com a companhia, exceto participação de capital; (ii) não ser acionista controlador, cônjuge ou parente até segundo grau daquele, ou não ser ou não ter sido, nos últimos três anos, vinculado a sociedade ou entidade relacionada ao acionista controlador (pessoas vinculadas a instituições públicas de ensino e/ou pesquisa estão excluídas desta restrição); (iii) não ter sido, nos últimos três anos, empregado ou diretor da companhia, do acionista controlador ou de sociedade controlada pela companhia; (iv) não ser fornecedor ou comprador, direto ou indireto, de serviços e/ou produtos da companhia, em magnitude que implique perda de independência; (v) não ser funcionário ou administrador de sociedade ou entidade que esteja oferecendo ou demandando serviços e/ou produtos à companhia; (vi) não ser cônjuge ou parente até segundo grau de algum administrador da companhia; (vii) não receber outra remuneração da companhia além

---

[470] O que abre margem à discussão sobre se seria possível nomear diretores com interesse conflitante com a sociedade, dada a aparente omissão legal. Não obstante, não deve prosperar o entendimento, pois o administrador tem o dever de agir com lealdade e não atuar em conflito de interesses com a companhia. Ao tomar posse, o diretor automaticamente estaria se submetendo a esses deveres. Ainda que tais deveres sejam assumidos com a posse e a eleição seja naturalmente prévia à posse, a impossibilidade de cumprimento dos deveres pelos administradores deveria ser interpretada como requisito impeditivo para a posse. Isso, inclusive, ofereceria um caminho – difícil, diga-se – para se exigir algum grau de qualificação do administrador, com base no dever de diligência (v. discussão a respeito no capítulo 8). Não obstante, a CVM regulamentou o disposto no artigo 147, §4º, pela Instrução CVM nº 367/02, estabelecendo seu entendimento sobre presunção de conflito de interesses: "para os efeitos do inciso II, do §3º do art. 147 da LSA, presume-se ter interesse conflitante com o da companhia a pessoa que, cumulativamente: (i) tenha sido eleita por acionista que também tenha eleito conselheiro de administração em sociedade concorrente; e (ii) mantenha vínculo de subordinação com o acionista que o elegeu". Por fim, o artigo 4º da referida Instrução esclareceu que o impedimento do conflito de interesses também se aplica à eleição de diretor pelo Conselho de Administração.

[471] De acordo com Carvalhosa, tal conflito de interesses, diferentemente daquele previsto no artigo 156, seria formal (in *Comentários à Lei de Sociedades Anônimas*, vol. 3, 5ª ed., São Paulo, Saraiva, 2011, pp. 253-255). Há, ainda, que se notar que os requisitos de independência são, em regra, mais amplos que o conflito de interesses. A existência de vínculos de interesse com a companhia não necessariamente indica hipóteses de conflito.

da de conselheiro (proventos em dinheiro oriundos de participação no capital estão excluídos desta restrição)[472].

Naturalmente, a adoção de alguns dos requisitos acima seria salutar sob a perspectiva do alinhamento de interesses dos administradores com a companhia, particularmente aqueles referidos nos itens (i) e (vii). Alguns requisitos, contudo, seriam suscetíveis de questionamento, particularmente por supostamente limitarem a livre iniciativa ou ferirem princípios de isonomia perante a lei, protegidos constitucionalmente (artigos 1º, V, e artigo 5º da CF[473])[474]. Outros, embora denotem clara relevância para o alinhamento de interesses, não precisam ser necessariamente requisitos de investidura para os cargos de administração, como uma espécie de controle *ex ante* de potencial conflito de interesses. Se, como se verá adiante, nosso ordenamento (e, da mesma forma, o Direito Comparado em geral) não acolheu o conflito de interesses formal, deve ser dada razão à opinião acima. Ademais, ainda que se interprete o conflito de interesses do artigo 147, §3º, III, como formal, a Assembleia Geral, tendo conhecimento do fato, ao eleger o administrador conflitado automaticamente dispensa-o do impedimento, nos termos do artigo 147, §3º, da LSA[475].

Deve, contudo, a independência dos administradores ser amplamente monitorada com base em duas ferramentas: (i) informação (v. capítulo 6 acima; aos acionistas deve ser dada ampla e adequada informação como meio de proteção dos seus direitos e do interesse social, o que inclui, por

---

[472] Os critérios são similares aqueles impostos pela seção 303A.01 do regulamento de listagem da NYSE.

[473] Contudo, ao menos em relação à qualificação profissional, estaria a LSA autorizada a impô-la como requisito para eleição de administradores (artigo 5º, XIII, parte final, da CF). Nem por isso, contudo, ao menos para membros da administração, a iniciativa seria adequada, pois dada a diversidade de companhias, atividades, etc. seria inviável especificar e comprovar o tipo de qualificação profissional necessária para ser administrador.

[474] A questão, contudo, é controversa. Marcelo Barbosa, por exemplo, entende que inclusive o estatuto social poderia criar requisitos adicionais aos previstos em lei (in *Direito das Companhias*, cit., p. 1072; no mesmo sentido, Teixeira, E. L., e Guerreiro, A. T., *Das Sociedades Anônimas*, cit., n. 154). Em sentido contrário, mas aparentemente aceitando implicitamente a fixação de requisitos por lei, v. Carvalhosa, Modesto, in *Comentários*, cit., p. 256.

[475] Ainda, nos termos do artigo 2º, §3º, da Instrução CVM nº 367/02, a impossibilidade da declaração de existência de conflito de interesses pelo eleito não obsta a investidura, impondo-se, nesta hipótese, que a Assembleia Geral expressamente dispense o eleito de tal exigência, e o instrumento de declaração contenha esclarecimentos detalhados acerca das razões que impedem a declaração antes referida.

exemplo, o conhecimento sobre as qualificações pessoais para o exercício do cargo de administrador, seus vínculos com a companhia, etc.[476]; ademais, uma das formas para se contornar eventuais questionamentos sobre a adoção do critério de independência pode ser a adoção da política de "pratique ou explique" (*comply or explain*), que também é adotada em alguns países); e (ii) adequada aplicação da doutrina dos deveres fiduciários, particularmente em relação à vedação do conflito de interesses e seu reflexo dever de lealdade.

Não obstante, conforme se observa da experiência prática estrangeira e da doutrina dominante, a presença de membros independentes no Conselho de Administração é um importante instrumento de monitoramento dos diretores. A teoria se sustenta, de forma geral, na crença de que tais conselheiros, por não possuírem outros vínculos de interesse com a companhia, são livres para tomarem decisões no melhor interesse desta[477].

7.3.2 Remuneração

Conforme aponta Hopt, a busca dissimulada de remuneração em prejuízo da companhia deve ser proibida. O princípio geral econômico e de mercado relativo a preços deve ser aplicado. Isso não apenas no interesse individual das partes, mas também no interesse da economia de mercado e da função orientadora das forças de mercado. É certo que remunerações excessivas

---

[476] Tais informações são, hoje, requeridas, no âmbito infra legal pela Instrução CVM nº 480/09, para divulgação no Formulário de Referência.

[477] Cf. Fama, E., e Jensen, M., *Separation of* Ownership, cit., pp. 301-325, Fama, E. F., *Agency problems and the theory of the firm*, in *Journal of Political Economy*, n. 88, 1980, pp. 288-307, MacAvoy, Paul, e Millstein, Ira, *The Active Board of Directors and Its Effect on the Performance of the Large Publicly Trade Corporation*, in *Journal of Applied Corporate Finance*, vol. 11, s.l., s.e., 1999, pp. 8-20, Dechow, Patricia, Sloan, Richard, e Sweeny, Amy, *Causes and Consequences of Earnings Manipulation: An Analysis of Firms Subject to Enforcement Actions by SEC*, in *Contemporary Accounting Research*, vol. 13, s.l., s.e., 1996, pp. 1-36, Cotter, James, Shidasani, Anil, e Zenner, Marc, *Do Independent Directors Enhance Target Shareholder Wealth During Tender Offers*, in *Journal of Financial Economics*, vol. 43, s.l., s.e., 1997, pp. 195-218 e Beasley, Mark, *An Empirical Analysis of the Relation Between the Board of Directors Composition and Financial Statement Fraud*, in *The Accounting Review*, vol. 71, s.l., s.e., 1996, pp. 443-465. Em sentido contrário, vide: Hermalin; Benjamin, e Weisbach, Michael, *The Effects of Board Composition and Direct Incentives on Firm Performance*, in *Financial Management*, vol. 20, s.l., s.e., 1991, pp. 101-112, Bhagat, Sanjai, e Black, Bernard, *The Non-Correlation Between Board Independence and Long Term Firm Performance*, in *Journal of Corporation Law*, vol. 27, s.l., s.e., 2002, pp. 231-273 e Hayes, Rachel, Hamid, Mehran, and Scott, Schaefer, *Board Committee Structures, Ownership and Firm Performance*, in *Working Paper*, University of Chicago e Northwestern University, 2004.

ou desvinculadas do desempenho individual ou coletivo dos membros da administração, são, hoje, um grande problema ético, econômico e jurídico. Quando a remuneração de altos executivos atinge um valor muitas vezes superior à de trabalhadores comuns, ou até mesmo daqueles mais qualificados, a coesão da sociedade civil fica, mais cedo ou mais tarde, ameaçada. Esse fenômeno é particularmente chocante quando membros da administração concedem a si mesmos aumentos excessivos de bônus e pagamentos enquanto, simultaneamente, demitem trabalhadores ou transferem empregos para países que pagam salários mais baixos ou, ainda, em cenários de crise econômica e escândalos financeiros[478].

Os esforços para lidar com esse problema são múltiplos: autocontrole, códigos de conduta, revelação individual da remuneração de cada membro da administração, fiscalização e aprovação pelo conselho de supervisão ou acionistas, etc.

A Lei das Sociedades Anônimas dedica um único artigo para tratar propriamente da remuneração dos administradores. Segundo o artigo 152, a Assembleia Geral fixará o montante global ou individual da remuneração dos administradores (conselheiros e diretores), inclusive benefícios de qualquer natureza e verbas de representação, tendo em conta suas *responsabilidades, o tempo dedicado às suas funções, sua competência e reputação profissional e o valor dos seus serviços no mercado*. Trata-se da remuneração fixa ou remuneração *stricto sensu* (*pro labore*), na qualidade de contraprestação pelo desempenho das funções do administrador (e, nesta medida, deve

---

[478] Cf. *Deveres Legais e Conduta Ética*, cit., p. 613. Recentemente, no contexto da crise do mercado hipotecário norte-americano (popularmente conhecida por crise do *"subprime"*), ao mesmo tempo em que instituições financeiras daquele país apuravam vultosos prejuízos pelo reconhecimento de perdas decorrentes da má avaliação de ativos registrados nos respectivos balanços, seus executivos atribuíam a si mesmos remunerações exorbitantes, muitas vezes calculadas sobre resultados fictícios ou inexistentes. Kogut, em 2009, cita exemplo: "[n]os últimos três anos, o Banco Bear Stearns pagou US$ 11,3 bilhões de salários e benefícios aos seus empregados; o Lehman Brothers pagou US$ 21,6 bilhões, de 2004 a 2006; e Merrill Lynch pagou US$ 45 bilhões no mesmo período. Conforme a revista *The Economist* de 31 de janeiro mostra, os resultados dessas entidades nos anos seguintes foram muito ruins. Lehman quebrou, os acionistas da Bear Stearns receberam ações do JP Morgan no valor de US $ 1,4 bilhão, que hoje valem a metade, e os acionistas da Merril Lynch receberam ações do Bank of America que hoje valem US$ 9,6 bilhões, 20% do valor original da troca de ações" (in Valor Econômico, *Remuneração de Executivos: a Crise Trouxe uma Lição?*, 27.2.09, disponível [*on-line*] in http://www.fazenda.gov.br/resenhaeletronica/MostraMateria.asp?page=&cod=534481 (c. 25.11.12)).

guardar equilíbrio com a prestação, para os quais os parâmetros acima são importantes)[479].

Quanto à eventual remuneração variável, o § 1º do artigo 152 dispõe que o estatuto da companhia que fixar o dividendo obrigatório em 25% ou mais do lucro líquido, pode atribuir aos administradores participação no lucro da companhia, desde que o seu total não ultrapasse a remuneração anual dos administradores nem um décimo dos lucros (artigo 190 da LSA), prevalecendo o limite que for menor. Os administradores somente farão jus à participação nos lucros do exercício social em relação ao qual for atribuído aos acionistas o dividendo obrigatório, de que trata o artigo 202. Trata-se, assim, de uma compensação de natureza premial, sem relação objetiva direta com a equivalência jurídico-financeira das funções desempenhadas, servindo para recompensar o administrador pelos resultados alcançados[480].

Existem, portanto, duas preocupações claras na lei: (i) definição de parâmetros, ainda que vagos, para fixação da remuneração; e (ii) preservação dos direitos patrimoniais dos acionistas, sobre o que já se discorreu no capítulo anterior[481].

A definição de parâmetros amplos e genéricos, originados da técnica americana dos *standards*, tem sua utilidade na presença da figura do *acionista controlador*, pois oferecem balizadores para análise *ex post* da deliberação tomada em Assembleia Geral e eventualmente permitir que acionistas minoritários arguam abuso de poder de controle[482].

Na ausência da figura do acionista controlador, a utilidade desses parâmetros – frise-se, amplos e genéricos – é limitada. Vale dizer ainda que eles se prestam a balizar a remuneração fixada pela Assembleia Geral, mas não trata a lei da individualização, quando for o caso, da remuneração dos

---

[479] Cf. Leães, Luiz Gastão Paes de Barros, *Da Remuneração dos Membros dos Conselhos de Administração*, in *Estudos e Pareceres sobre Sociedades Anônimas*, São Paulo, RT, 1989, p. 185.

[480] Idem. Os FIP, de que se tratou no capítulo 5, oferecem subsídios interessantes para aperfeiçoamento da disciplina, no que diz respeito à *performance* dos administradores. Enquanto a LSA permite que se pague ao administrador até 10% dos lucros, quando distribuídos no mínimo 25% *do lucro* aos acionistas, aqueles fundos preveem que o gestor terá direito a um percentual *do excedente do cotista* que ultrapassar determinada meta de *rentabilidade* ou *taxa de retorno*. Ou seja, não é suficiente que o fundo tenha lucro para que o administrador seja remunerado, mas que este lucro rentabilize adequadamente o capital dos cotistas, inclusive considerando seu custo de oportunidade.

[481] V. item 6.2 supra.

[482] Cf. Carvalhosa, Modesto, *Comentários*, cit., p. 133 e Xavier, Alberto, *Administradores de Sociedades*, São Paulo, 1979, p. 37.

diretores pelo Conselho de Administração. Outra omissão legal diz respeito a benefícios indiretos (*fringe benefits*) que os administradores podem se outorgar sem aprovação da Assembleia Geral[483]. Trata-se de falha grave, que permite aos administradores expropriarem riquezas dos acionistas, sem sequer ter a obrigação de informá-los da outorga de tais benefícios (exceto quando da solicitação por acionistas titulares de 5% ou mais do capital social, nos termos do artigo 157, §1º, c, da LSA)[484].

Resta claro, contudo, que a preocupação da lei, antes de tudo (e correta, diga-se), é oferecer proteção patrimonial ao acionista, ocupando-se de impor limites à remuneração[485] (*quantum*). Não se ocupa, entretanto, de *como* deve ser a remuneração. Sem prejuízo da proteção dos direitos patrimoniais dos acionistas, a forma de remuneração consiste em um dos aspectos fundamentais do regime jurídico das companhias de capital de disperso, pois está estreitamente ligada ao alinhamento de interesses dos administradores com a realização do fim social[486].

De fato, constitui boa técnica de organização da sociedade com vistas à redução dos custos de transação a atribuição, aos efetivos titulares do poder de gestão, dos riscos do empreendimento (refletidos, neste caso, na remuneração variável). Os administradores tenderiam a tomar as melhores decisões para a sociedade, porque estas repercutiriam diretamente em seu patrimônio individual[487]. Ademais, o sucesso do monitoramento por quem exerce o poder será tanto maior quanto forem os incentivos para que o agente participe dos ganhos residuais da sua atividade (de monitoramento)[488].

---

[483] Nos termos do artigo 152 da LSA, os acionistas fixam o montante global ou individual da remuneração, porém não exige a lei que se especifique que tipo de beneficio indireto podem ter os administradores.

[484] Com opinião diversa, v. Carvalhosa, Modesto, *Comentários*, cit., pp. 309-310. Para referido autor, ainda que o artigo 157, §1º, c, afirme o contrário, os benefícios indiretos devem ser comunicados na AGO seguinte, independentemente de solicitação.

[485] Conforme ensinam Teixeira e Guerreiro, a *ratio legis* dos dispositivos sobre remuneração, particularmente daqueles que tratam da remuneração variável é "restringir o abuso das maiorias em prejuízo do dividendo, na atribuição de participação nos lucros sociais aos administradores da companhia" (in *Das Sociedades Anônimas*, cit.). Não se pode olvidar de que o acionista controlador e partes a ele relacionadas muitas vezes se fazem presentes nos órgãos de administração e a atribuição de remunerações elevadas nada mais é do que uma forma de desviar os lucros que iriam para o bolso dos acionistas minoritários.

[486] Cf. Becht, M. *et al.*, *Corporate Governance*, cit., p. 24.

[487] Cf. Fama, F. e Jensen, M. C., *Separation of Ownership and Control*, cit..

[488] Cf. Alchian, Armen A., e Demsetz, Harold, *Production*, cit., pp. 777 e ss.

Em regra, planos de remuneração em companhias abertas compreendem um componente fixo (*pro labore*), bônus relacionado a resultados de curto prazo (calculado sobre o lucro contábil, por exemplo) e planos de compra de ações (de forma geral, sob a forma de opção de compra). Mesclam-se, assim, incentivos de curto e longo prazo (para tanto, em regra, também são necessárias regras contratuais que limitam a venda de ações pelos administradores por determinados períodos, normalmente previstas em planos de negociação com valores mobiliários da companhia[489]). Tais planos ainda incluem outros benefícios, tais como planos de aposentadoria, saúde e os já mencionados *fringe benefits*[490]. Nos EUA, em grande parte por influência da SOX, assim como nos principais países do continente europeu, a remuneração é desenhada por comitês de remuneração, com a participação de administradores independentes[491]. De forma geral, a estrutura de remuneração é baseada em "padrões de mercado"[492] e na busca de equilíbrio entre incentivos de curto e longo prazo. Nesse sentido, a literatura defende a participação, nesses comitês, de representantes dos acionistas, pois, em sua ausência, a tendência é fazer predominar incentivos de curto prazo, que não só afetam a adequada realização do interesse social como também dão margem à atividade especulativa[493].

Umas das preocupações em relação à outorga de opções de compra de ação aos administradores é que, apesar de contribuírem para o alinhamento de interesses, também é uma forma simples e direta para os diretores se enriquecerem e expropriarem valor dos acionistas. No Brasil, contudo, esse risco é mitigado pelo fato de, como visto acima, a fixação dos limites de remuneração e a destinação do lucro dependerem de aprovação dos acionistas.

Para solucionar a lacuna na LSA sobre a criação de incentivos aos administradores por meio da remuneração (não obstante a lei preveja a possibilidade de distribuição do lucro aos administradores e não crie restrições legais

---

[489] Artigo 15 da Instrução CVM nº 358/02.
[490] Cf. Becht, M. *et al.*, *Corporate Governance*, cit., p. 25.
[491] V. seções A e D do *Combined Code* do Reino Unido.
[492] Cf. Murphy, K., *Executive Compensation*, in Ashenfelter, O. C., e Card, D. (coord.), *Handbook of Labor Economics*, vol. 3, Amsterdan, Elsevier, 1999, pp. 2485-2563.
[493] Cf. Bolton, P., Scheinkman, J., e Ziong, X., *Executive Compensation and Short-termist Behavior in Speculative Markets*, in *NBER Working Paper* n. W9722, disponível [*on-line*] in http://ssrn.com/abstract= 410649. (c. 17.11.12), Jensen, M., *Agency Cost of Overvalued Equity*, in *Working Paper, The European Corporate Governance Institute*, s.l., s.e., 2004 e Jensen, M., e Murphy, K., *Remuneration: Where We've Been, How We Got There, What Are The Problem, And How To Fix Them*, in *Working Paper, The European Corporate Governance Institute*, s.l., s.e., 2004.

para formas alternativas de pagamento, desde que dentro dos parâmetros definidos na lei), algumas alternativas podem ser vislumbradas: (i) criação voluntária de comitês de remuneração, compostos preponderantemente por membros independentes do Conselho de Administração, que ajudariam a "desenhar" o plano dentro dos limites aprovados pelos acionistas[494]; (ii) atuação dos órgãos reguladores, criando regras específicas sobre plano de remuneração, tal qual é feito, por exemplo, em relação às instituições financeiras pelo Bacen, por meio da Resolução nº 3.921/10, do CMN[495] [496];

[494] A LSA inclusive não limita a criação de comitês dessa natureza em estatuto, conforme o artigo 160. Na Europa, v. Recomendação 2005/162/CE, de 15 de fevereiro de 2005.
[495] Referida Resolução dispõe sobre a política de remuneração de administradores das instituições financeiras e demais instituições autorizadas a funcionar pelo Bacen. Na linha da atuação prudencial da referida autarquia, determina o art. 2º que a "política de remuneração de administradores deve ser compatível com a política de gestão de riscos e ser formulada de modo a não incentivar comportamentos que elevem a exposição ao risco acima dos níveis considerados prudentes nas estratégias de curto, médio e longo prazos adotadas pela instituição". Já seu art. 3º dispõe que "a remuneração dos administradores das áreas de controle interno e de gestão de riscos *deve ser adequada para atrair profissionais qualificados e experientes e ser determinada independentemente do desempenho das áreas de negócios, de forma a não gerar conflitos de interesse*" (grifou-se). De acordo com a Resolução, as instituições que efetuarem pagamentos a título de remuneração variável a seus administradores devem levar em conta, quanto ao montante global e à alocação da remuneração, os seguintes fatores, entre outros: (i) os riscos correntes e potenciais; (ii) o resultado geral da instituição, em particular o lucro recorrente realizado; (iii) a capacidade de geração de fluxos de caixa da instituição; (iv) o ambiente econômico em que a instituição está inserida e suas tendências; e (v) as bases financeiras sustentáveis de longo prazo e ajustes nos pagamentos futuros em função dos riscos assumidos, das oscilações do custo do capital e das projeções de liquidez. Ainda, no pagamento de remuneração variável a administradores, devem ser considerados, no mínimo, os seguintes critérios: (i) o desempenho individual; (ii) o desempenho da unidade de negócios; (iii) o desempenho da instituição como um todo; e (iv) a relação entre os desempenhos mencionados nos incisos I, II e III e os riscos assumidos. A remuneração variável pode ser paga em espécie, ações, instrumentos baseados em ações ou outros ativos, em proporção que leve em conta o nível de responsabilidade e a atividade do administrador. No entanto, no mínimo 50% (cinquenta por cento) da remuneração variável deve ser paga em ações ou instrumentos baseados em ações, compatíveis com a criação de valor a longo prazo e com o horizonte de tempo do risco e no mínimo 40% (quarenta por cento) da remuneração variável deve ser diferida para pagamento futuro, crescendo com o nível de responsabilidade do administrador. Ainda, as instituições financeiras e demais instituições autorizadas a funcionar pelo Banco Central do Brasil, que *atuem sob a forma de companhia aberta* ou que sejam obrigadas a constituir comitê de auditoria nos termos da regulamentação em vigor, devem instituir componente organizacional denominado comitê de remuneração.
[496] Não obstante, não nos parece que, atualmente, a LSA ou a Lei das CVM atribua a esta competência para regulamentar a forma de remuneração dos administradores.

e (iii) regras de transparência sobre as formas de remuneração e todo e qualquer vínculo, direto ou indireto, dos administradores com a companhia[497].

Por outro lado, a remuneração baseada no resultado da companhia cria também um incentivo distorcido para que os administradores inflem resultados ou, pior, pratiquem fraudes contábeis ou outros ilícitos do gênero. Para muitos, este problema esteve na raiz dos escândalos financeiros no início dos anos 2000 envolvendo companhias norte-americanas e firmas de auditoria e que depois foram identificadas mundo afora, levando a profundas reformas legislativas, dentre as quais se destaca a SOX. Isto evidencia, portanto, a necessidade da adoção de rígidos padrões contábeis, regras de contratação e prestação de serviços de auditoria externa, sistemas de responsabilização (inclusive penal) e fiscalização, interna e externa

---

[497] Nesse sentido, a Instrução CVM nº 480/09 requer informações bastante detalhadas sobre a remuneração da administração em geral, que abrange, entre outros, os *fringe benefits*. Referida Instrução foi colocada em audiência pública e uma das questões mais importantes em discussão era sobre o nível adequado de transparência sobre a remuneração dos administradores. A CVM expôs não ter dúvidas "de que é necessário um avanço grande nesta matéria, tendo em vista que atualmente a informação pública é bastante parca. (...) Compreender a remuneração dos administradores é importante por, pelo menos, dois motivos. Primeiro, é necessário identificar com clareza o custo da administração para o emissor. Em outras palavras, interessa para o emissor e para o investidor saber quanto dinheiro é gasto, abrangendo todas suas diversas formas, para que as atividades do emissor sejam geridas. A estrutura e política de remuneração também evidenciam o regime de incentivos a que estão sujeitos os administradores. É por meio da remuneração que o emissor incentiva os seus administradores a privilegiarem ações de curto, médio ou longo prazo e a perseguirem metas estabelecidas pela organização. A remuneração de um administrador pode ser composta por uma parte fixa, composta de salário e benefícios, e uma parte variável, composta de bônus, planos de opções de compra de ações ou outras formas de remuneração baseada em ações. A parte variável da remuneração é normalmente calculada com base em certas métricas que medem o desempenho do emissor. A depender das métricas escolhidas, o administrador terá incentivos para buscar os resultados que o emissor elegeu como prioritários. A remuneração também pode ser estruturada de maneira que se equilibrem incentivos de curto e longo prazo. Portanto, é importante para o investidor saber não somente o montante global da despesa, mas também entender como ela é dividida e quais as métricas que a influenciam" (cf. Edital de Audiência Pública nº 07/08, disponível [*on-line*] in http://www.cvm.gov.br (c. 25.11.12). Um dos principais pontos em discussão era a necessidade de divulgação da remuneração individualizada dos administradores. Por exemplo, de acordo com recomendações da União Europeia, os países europeus são obrigados a discriminar a remuneração individualizada dos administradores (cf. The European Commission, *Commission Rcommendation on Fostering and Appropriate Regime for the Remuneration of Directors of Listed Companies*, 2004/913/EC, 2004, p. 385. Nesse sentido, a recomendação foi seguida pela Alemanha, por meio da *Vorstandsvergütungs-Offenlegungsgesetz – VorstOG*, de 3.8.2005).

das companhias, donde se destacam a criação de comitê de auditoria (cujo papel poderia ser desempenhado pelo Conselho Fiscal) e atuação da CVM, na qualidade de órgão regulador e fiscalizador das companhias abertas e auditores.

7.4 A cogestão e a internalização de interesses

Reservando-se para os acionistas a Assembleia Geral, órgão da companhia com atribuição para tratar dos temas fundamentais a esta referentes, e consignando-se uma função técnica para a Diretoria (como órgão executivo), pode-se dar ao Conselho de Administração o papel de catalisador das diferentes facetas da sociedade, incluindo as diversas correntes formadoras de seu capital e representantes dos trabalhadores. De acordo com esta concepção, o Conselho de Administração passaria a ser o órgão representativo do capital e do trabalho ou de outros interesses atinentes à companhia[498].

Como já visto, a administração da companhia está intimamente relacionada com o problema da reforma da empresa porque a ela está assegurado o exercício do poder hierárquico. Daí as cogitações sobre a cogestão ou codeterminação[499] produzirem reflexos sobre a lei societária.

O instituto da cogestão foi consagrado na Alemanha (*Mitbestmmung*)[500]. A constituição de Weimar, de 1919, atribuía aos trabalhadores, em seu artigo 165, o direito de intervir, em igualdade de condições com os empresários, na regulação das condições de salário e de trabalho, assim como no desenvolvimento econômico geral das forças produtivas. Ainda, reconhecia

---

[498] Cf. Carpenter, M., e Westphal, J., *The Strategic Context of External Network Ties: Examining the Impact of Director Appointment on Board Involvement in Strategic Decision-Making*, in *Academy of Management Journal*, n. 44, s.l., s.e., 2001, pp. 639-660, Mace, M., *Directors: Myth and Reality*, Boston, Harvard Business School, 1986, e Burt, R., *Corporate Profits and Cooptation*, New York, Academic Press, 1983.

[499] Como apontam Lamy e Bulhões Pedreira, a expressão "cogestão" está consagrada pelo uso, porém é mais correto – como faz a lei alemã – falar-se em "codeterminação", pois a participação dos empregados não implica gestão comum, e sim determinação, ou decisão, comum, em órgãos colegiados que definem a orientação geral da empresa (in a Lei das S.A., cit., p. 98).

[500] Embora o exemplo alemão seja o mais conhecido – justamente por ter sido aquele que gozou de maior sucesso – a codeterminação também foi introduzida, na mesma época, em outros países da Europa continental. Pode-se citar como exemplo a Bélgica, que em 20 de setembro de 1948 criou os conselhos de empresa, a França, por lei de 22 de fevereiro de 1945, Holanda, por lei de 4 de maio de 1950 e a Itália, que regulou as comissões internas nas empresas, por meio de convenção coletiva, de 18 de abril de 1966 (cf. Carvalhosa, Modesto, *A Nova Lei das Sociedades Anônimas – Seu Modelo Econômico*, cit., p. 24).

aos empregados o direito de se representarem nos comitês da empresa. Em 1920, introduzia-se pela primeira vez na Alemanha a representação laboral no conselho de supervisão (*Aufsichtsrat*), regra posteriormente revogada pelo regime nazista. Em 1976, era então promulgada a Lei de Cogestão, tornando obrigatória a inclusão da participação laboral nas sociedades com mais de dois mil empregados[501]. Tais sociedades devem ter metade do Conselho de Supervisão composto por representantes dos empregados. O voto de minerva, entretanto, cabe ao representante dos acionistas, dando um ligeiro poder maior a este grupo.

Além do modelo alemão, outros países europeus preveem esquemas de participação dos trabalhadores diversos. A Holanda, por exemplo, apresenta modelo similar ao alemão, embora a participação dos empregados não seja definida por eleição como neste último, mas por cooptação[502]. Na França, Bélgica e Portugal a lei prevê a possibilidade de criação de um órgão distinto, representativo dos trabalhadores, com poderes variados, podendo chegar até à intervenção na gestão da empresa[503]. Já no Reino Unido, Irlanda e Itália, os trabalhadores possuem instrumentos de participação na empresa por meio de convenções coletivas de trabalho[504].

---

[501] Antes disso, logo depois da Segunda Guerra, uma lei de 1946 estabeleceu as bases para criação de comitês de empresa, e outra, de 1949 (alterada em 1956) estabeleceu a cogestão nas indústrias do aço e do carvão. Ainda, a lei de empresas, de 1952, fixou as condições da cogestão nas empresas com mais de 500 empregados. Sobre a história da codeterminação, v. Hopt, Klaus J., *The German Two-Tier Board: Experience, Theories, Reforms*, in Hopt, Klaus J., *Comparative Corporate Governance*, cit., pp. 229 e ss.

[502] A Holanda ainda permite que companhias multinacionais não sigam o seu modelo de codeterminação.

[503] A participação dos empregados é assegurada por meio da criação de conselhos de trabalho, dos quais até dois representantes podem participar das reuniões do *Conseil d'Administration*, sem a capacidade de fazer recomendações vinculantes (nas estruturas formalmente dualistas, eles participam do *Conseil de Surveillance*). Ainda, nas companhias em que a participação dos trabalhadores atingir mais de três por cento do capital social, é assegurada a indicação de até 3 representantes para ocupar o cargo de diretor (arts. L.225-22 e ss. e L.225-27 e ss. do *Code de Commerce*).

[504] No Reino Unido, onde sindicatos e o partido trabalhista possuem relevância, não se verifica solução equivalente à alemã. Desde o governo Tatcher, o foco tem sido a elaboração de leis visando a limitação dos movimentos grevistas. Por outro lado, a disposição societária mais relevante acerca da proteção dos trabalhadores do Reino Unido encontra-se no *Company Act of 1980*, seção 309. Ela dispõe que a administração deve considerar os interesses dos trabalhadores, o que, por outro lado, de acordo com o *Company Law Review Steering Group*, trata-se de disposição *"not well recognised and understood"* (in Company Law Review Steering Group, *The Strategic Framework, Consultation Document*, fevereiro de 2009, p. 5.1.17.

Por meio da codeterminação, introduzem-se nos órgãos de administração representantes dos *stakeholders*, notadamente, membros dos trabalhadores da companhia, como se deu na relativamente bem sucedida experiência alemã. A lógica desta solução está na constituição de um órgão de administração que efetivamente represente os diversos interesses relacionados à companhia, garantindo, assim, efetivamente a independência da administração e a proteção de interesses elegidos *pela lei*. Ademais, os empregados, em regra, estão em situação melhor que os acionistas para a fiscalização da administração, pois de forma geral deteriam mais informação sobre a companhia, pois estão dentro dela (argumento relativamente falacioso, pois, como é notório, a administração consegue ser hábil em filtrar informações relevantes sobre o negócio, especialmente daqueles que não são empregados chave da companhia). A crítica que Wiedemann faz é a de que deveria haver, no Conselho, representantes dos investidores e não apenas dos trabalhadores. Depois da Lei da Cogestão, entretanto, aboliu-se essa possibilidade – não há condições políticas para mudar a lei alemã.

Embora o sucesso relativo na Alemanha, o modelo não tem prosperado da mesma forma em outros ordenamentos jurídicos. Atualmente, o modelo recebe críticas pelo fato de a participação de trabalhadores nos processos decisórios produzirem decisões ineficientes, quando não paralisam ou enfraquecem os órgãos da administração, fazendo com que tais custos superem quaisquer benefícios obtidos com a internalização dos interesses dos trabalhadores[505].

A análise das decisões administrativas sob a ótica do interesse exclusivo dos empregados (ao menos na parte do Conselho de Supervisão composta por seus representantes) não permite a adequada apreciação do valor que tais decisões teriam fora do sistema alemão. Sob a ótica desse sistema, tal análise não pode se pautar simplesmente pelo prisma da eficiência, como fazem os adeptos da análise econômica do Direito, já que a proteção dos interesses dos empregados está inserida em um dos pilares do ordenamento jurídico alemão.

Não obstante, estudos comparativos entre companhias com Conselho de Supervisão composto por membros representativos dos empregados até

---

[505] Cf. Hansmann, Henry, e Kraakman, Reinier, *The End of History*, cit., p. 5. Pode-se imaginar que decisões como o encerramento de filiais, abertura de sucursais com oportunidades para trabalhadores mais jovens e transferência de unidades produtivas originam, em regra, complicadas negociações nos órgãos onde se encontrem representantes dos trabalhadores.

a metade dos cargos e em até 1/3, evidenciam que estas últimas possuíam, em 1998, um valor de mercado em média 18% maior[506]. Em 2004, novo estudo apontou o crescimento desse número para 31%[507]. De forma, similar, na análise comparativa entre companhias antes e após a lei alemã de 1976 (comparação entre 1975 e 1986), constatou-se uma redução de valor equivalente a 16%. Isto permite inferir que, entre a calibragem de interesses de acionistas e trabalhadores, o sistema tem pendido para o lado deste último.

A questão é complexa. Muitos sustentam, com base na doutrina institucionalista de Rathenau, que o interesse social das companhias alemãs sintetiza-se no interesse de preservação da empresa. Este, na verdade, é o elo comum entre os interesses dos acionistas e trabalhadores, é a regra de calibragem e discurso que permitiu o equilíbrio do sistema tal como concebido. Por outro lado, é óbvio que, para preservação da empresa, os interesses dos acionistas bastariam (a menos que a companhia tivesse prazo de duração determinado). Assim como, para se atingir este propósito, não só os interesses dos trabalhadores mas também os interesses dos credores deveriam ser internalizados na companhia (a nossa Lei de Falências é prova da necessidade de equilíbrio de interesses da companhia com credores, com o objetivo de preservação da empresa[508]).

Como bem aponta Hopt, em verdade, o sistema em sua origem teve o mérito e propósito de servir como sistema de prevenção de conflitos sociais, contribuindo para manter sob controle movimentos grevistas e ajudar a reconstrução da Alemanha no pós-guerra[509]. E, nisso, recentes escândalos evidenciam que o modelo tem falhado em seu propósito original, seja em prevenir greves ou mesmo evitar desigualdades extremadas no pagamento de remuneração aos executivos[510].

---

[506] Cf. Schmid, Frank A. ,e Seger, Frank, *Arbeitnehmermitbestimmung, Allokation von Entscheidung un Shareholder Value*, in *Zeitschrift für Betriebswirtschaft*, n. 68, 1998, pp. 453-473.
[507] Cf. Gorton, Gary, e Schmid, Frank A., *Capital, Labor, and the Firm: A Study of German Codetermination*, in *Journal of the European Economic Association*, n. 2, s.l., s.e., 2000, pp. 863-905.
[508] Arts. 47 e 75 da Lei nº 11.101/01.
[509] Cf. Hopt, Klaus J., *New Ways in Corporate Governance: European Experiments With Labor Representation on Corporate Boards*, in Michigan Law Review, n. 82, s.l., s.e., 1984, pp. 1338-1363.
[510] Frank Bsirke, presidente de sindicato de trabalhadores (*United Services Union*) e membro do Conselho de Supervisão da Lufthansa, foi duramente criticado por ter organizado uma greve do sindicato à custa da companhia em 2002. Também, Klaus Zwickel, presidente do sindicato alemão dos metalúrgicos (*IG Metal*) e membro do Conselho de Supervisão da Mannesmann,

Apesar das críticas, o modelo mereceria atenção, pois o objetivo, no sistema de controle diluído, não seria administrar interesses externos à sociedade, mas garantir representatividade a ponto de equilibrar os poderes dentro dos órgãos de exercício do poder de condução das atividades sociais, gerando independência[511].

Como visto, com base na teoria dos *connected contracts*, o controle é objeto de diferentes negociações e acordos, ao longo do exercício da atividade empresarial, podendo ser alocado, em graus variáveis, a qualquer um dos seus participantes (sócios, administradores, empregados, fornecedores e consumidores). Com base em tal teoria, esses elementos deixam de ser "externos" à sociedade, e passam a ser elementos essenciais no equilíbrio eficiente de forças dentro da empresa.

A alocação do controle tem como fator fundamental a possibilidade de modificação dos riscos, bem como os fatores de retorno, sendo objeto de constante negociação entre os participantes da atividade. Em consequência, o controle não está necessariamente ligado à propriedade de ações ou aos administradores, podendo ser alocado a qualquer participante da atividade que tenha a possibilidade efetiva de alterar os riscos, ou seja, de aumentar ou diminuir a possibilidade de ganhos ou de perdas[512].

---

está sendo processado por não ter se oposto ao pagamento de indenização de EUR 15 milhões a Klaus Esser por sua demissão como consequência do *takeover* da companhia pela Vodafone em 2000. Do total, os administradores da Mannesmann receberam EUR 100 milhões em indenizações (cf. Hopt, Klaus J., e Leyens, Patrick C., *Board Models*, cit., p. 22, notas 159 e 160). Noack e Zetzsche ainda citam dois novos escândalos: em 2005, foi descoberto que um membro do Conselho de Supervisão da Volkswagen AG pagou valores significativos, com recursos da companhia, para o chefe do comitê de trabalhadores, Sr. Volkert, que também havia sido membro representante do sindicato e membro do Conselho de Supervisão desde 1992. Conforme apurado, os pagamentos foram feitos para facilitar o relacionamento da Diretoria com os empregados da Volkswagen AG. O problema é particularmente grave na medida em que Volkert, como membro do Conselho de Supervisão, deveria monitorar a Diretoria. Em 2007, por sua vez, um dos sindicatos alemães acusou a Diretoria da Siemens AG de ter subornado um segundo sindicato para obter cooperação com a empresa, posicionando-se favoravelmente a determinadas medidas que afetavam os trabalhadores (in *Germany's Corporate and Financial Law 2007*, cit., p. 77).

[511] Connard, por exemplo, ao comentar o modelo alemão e sua discussão para adoção de um modelo de codeterminação europeu, sugere que a representação estranha ao capital, nos órgãos da empresa, compreenda dois grupos, o de representantes do trabalho e o dos consumidores, com um terço de votos cada um (cf. Connard, Alfred F., *Corporations in Perspective*, Mineola, The Foundation Press, 1976, p. 366).

[512] Cf. Klein, W., Gulati, M. e Zolt, Eric, *Connected Contracts*, cit., p. 903.

Por exemplo, quanto maior o investimento em capital, maior o poder do acionista de conduzir a atividade da empresa, alterando os riscos do negócio, mas, em tese, menor será sua tendência a adotar projetos com elevado retorno e altas taxas de risco. Afinal, em caso de insucesso, como o investimento em capital é maior, será o acionista que mais terá a perder. Por outro lado, quanto menor o investimento em capital, menor o poder do acionista de tomar as decisões empresariais, alterando os riscos do negócio, pois os credores exigirão poderes de veto, de monitoração, ou mesmo participação na gestão da empresa[513].

Os empregados, de forma geral, realizam uma espécie particular de investimento na empresa, tanto quanto os sócios ou credores. Eles investem sua reputação, o desenvolvimento de habilidades específicas, que podem servir somente à atividade na empresa, o desenvolvimento de habilidades específicas para lidar com determinado tipo de cliente, bem como sua capacidade intelectual[514]. No caso de fornecedores, por exemplo, quando não há muitos clientes disponíveis, podem fazer elevados investimentos voltados exclusivamente para o atendimento da demanda de determinada empresa. O mesmo se diga em relação a determinados consumidores, investindo em como utilizar um determinado produto, em como se relacionar com determinados fornecedores, entre outras situações, nas quais tenderá exigir garantias de que a fornecedora continuará os negócios contratados, por longo período e nas mesmas condições.

A par de escolhas legislativas, o ponto central da discussão é saber até que ponto faz sentido internalizar esses interesses na sociedade. Como já afirmado, a medida da internalização de interesses é a própria realização do interesse social. O exemplo mais óbvio seria nomear para os órgãos administrativos pessoas com qualificação técnica especifica para o setor de atuação de determinada empresa. Isto permitiria a avaliação e implantação da estratégia de atuação no setor de forma mais eficiente. Ou ainda, em setores em que a mão de obra especializada é elemento chave para o sucesso da empresa, a internalização de interesses desses empregados é uma forma de assegurar a maximização de valor da empresa, dando-lhes segurança e fazendo-os "investir" na companhia[515]. Da mesma forma,

---

[513] Cf. Munhoz, E. S., in *Empresa Contemporânea*, cit., p. 200.
[514] Cf. Klein, W., Gulati, M. e Zolt, Eric, *Connected Contracts*, cit., pp. 914 a 916.
[515] Cf. Roberts, J., e Van den Steen, E., *Shareholder Interests, Human Capital Investments and Corporate Governance*, in *Working Paper n. 1631*, Stanford, Stanford University, 2000. O estudo

embora menos óbvia e para ficar fora da esfera dos "interesses socialmente protegidos", pode ser desejável internalizar nos órgãos sociais representantes de outros interesses, como, por exemplo, de consumidor de um monopsônio. Porém, – e essa assertiva é fundamental – tais interesses não integrarão o órgão de administração como um "outro interesse" ou "interesse externo", mas como elemento necessário para realização do interesse social, que é o único interesse apto a prevalecer na atividade social. Como já se disse, os interesses socialmente protegidos, enquanto não forem compatíveis com o interesse social, devem ser tutelados por leis estranhas ao Direito Societário[516] [517]. Não é necessário,

se baseia na teoria dos direitos de propriedade desenvolvida por Grossman, Hart e Moore na década de 1980, que defende a internalização (pela propriedade ou pela participação na administração do negócio, conforme aplicável) de bens físicos e intelectuais na companhia visando à proteção contra a potencial expropriação de valor *ex post* devido à falta de adequada proteção sobre tais bens *ex ante*. Um exemplo óbvio seria a companhia que lança uma invenção se proteger da competição (e expropriação de valor do seu invento) detendo não apenas direitos de propriedade intelectual sobre a invenção como também o controle dos insumos (físicos e intelectuais) empregados na produção (in *Grossman, S. J., e Hart, O. D., The Costs and Benefits of Ownership: a Theory of Vertical and Lateral Integration*, in JPE, n. 94, s.l., s.e., 1986, pp. 691-719 e Hart, O. D., e Moore, J., *Property Rights and the Nature of Firm*, in JPE, n. 98, s.l., s.e., 1990, pp. 1119-1158). Isto é particularmente verdadeiro, por exemplo, nas sociedades de profissionais liberais (consideradas em regra não empresárias; art. 966, par. único, do CC), como escritórios de advocacia, firmas de auditoria e consultoria, bem como em universidades, onde a participação de membros dos empregados nas instâncias administrativas é comum.

[516] Não se quer com isso afastar o caráter cada vez mais publicístico do Direito Societário, mas apenas redirecionar o foco. A função social da empresa é um conceito de extrema importância na realização do interesse público e que merece maior aprofundamento em seus reflexos no Direito Societário.

[517] Questão também interessante se refere à relação entre Direito Societário e Direito do Trabalho. Cada vez mais aumentam as pressões pela flexibilização da legislação trabalhista, em prol do aumento da competitividade das companhias. É o interesse dos acionistas tentando sobrepujar o interesse do trabalhador. A solução, como poderia se pensar, seria permitir a flexibilização almejada para as leis trabalhistas, mas, em contrapartida, instituir a codeterminação. Para o relativo sucesso do sistema, o interesse social deveria ser remodelado, como fez a Alemanha, para comportar o interesse dos empregados. Mas, como se viu, os efeitos têm sido mais negativos que positivos quando a internalização se dá no âmbito da administração, cujo funcionamento colegial comporta a antagonização de interesses – afinal, ainda que o interesse social seja uno, os interesses individuais dos grupos de acionistas e trabalhadores são, de forma geral, com exceção do interesse de preservação da empresa, opostos (os órgãos administrativos são transformados assim em um palco para o conflito de classes). Na realidade, a verdadeira solução – *quase* utópica – adviria quando capital e trabalho

para a tutela desses interesses, que entidades ou pessoas estranhas às empresas integrem seus órgãos deliberativos, imiscuindo-se nos assuntos internos da companhia.

Caso contrário, estudos evidenciam que a multiplicidade de interesses representados no Conselho de Administração vem a reduzir o desempenho da administração como um todo, proporcionando maior oportunidade de desvio de foco do interesse social para interesses dos grupos representados, além de dificultar o processo decisório, inclusive em sua agilidade[518].

Tanto que, mesmo na Alemanha, a codeterminação tem sido cada vez mais questionada, não apenas pelo latente conflito de interesses decorrente da participação dos empregados na realização de seus próprios interesses, mas também pela cada vez mais reconhecida ineficiência do modelo, quando considerado sob a ótica da maximização do valor das ações, transformando-o em um modelo cada vez menos competitivo no mercado global, com o consequente receio de fuga das empresas para outros países, ainda mais pela pressão criada com a introdução do modelo administrativo facultativo da Sociedade Anônima Europeia[519]. Ou seja, o modelo que nasceu supostamente para assegurar a preservação da empresa hoje a ameaça.

Destarte, trazendo a discussão da codeterminação para o universo da Lei das Sociedades Anônimas, não se pode esquecer que no Brasil, como na Alemanha, o trabalho e o trabalhador são protegidos em sede constitucional e nem por isso o legislador pátrio fez a escolha de internalizar o interesse dos empregados na companhia. O fez apenas pela declaração vaga do parágrafo único do artigo 116 e pelas alíneas "b" e "c" do §1º do artigo 117, além de deixar aberta a possibilidade de participação dos empregados no Conselho de Administração (artigo 140, parágrafo único) – sem obrigá-la – o que parece ser o mais correto, diante do tudo quanto foi exposto até aqui.

---

estiverem na mesma posição – não na mesma *função*, como nos órgãos de administração –, o que poderia ser obtido com a participação dos trabalhadores no capital e com o estímulo à participação nos resultados da empresa. Não cabe, aqui, o aprofundamento da questão, que seria digna de estudos aprofundados pelos societaristas.

[518] Cf. Ferris, S. P., Jagannathan, M., e Pritchard, A., *Too Busy to Mind the Business? Monitoring by Directors with Multiple Board Appointments*, in *Journal of Finance*, n. 58, 2003, pp. 1087-1111 e Desender, K. A., *The Relationship*, cit., pp. 17-19.

[519] Cf. Noack, Ulrich, e Zetzsche, Dirk, *Germany's Corporate and Financial Law 2007*, cit., p. 76.

7.5 O acionista controlador diluído

Ao se falar em companhias de capital disperso, como explicado alhures, estamos nos referindo a companhias com controle gerencial ou controle diluído. Ou seja, estamos tratando de companhias em que o controle exercido pela administração é compartilhado ou disputado com o acionista controlador detentor de um bloco significativo de ações.

O cenário em que o controle, embora diluído (exercido com menos de 50% do capital social com direito a voto), é bem delineado, aproxima-se do modelo de controle concentrado. Dever-se-ia, ao menos em tese, aplicar, portanto, a disciplina do modelo que a LSA concebeu, que reconhece a figura do poder de controle do acionista como elemento central, com suas perfeições e imperfeições. Não por isso se deve deixar de reconhecer a utilidade e importância de tudo o que vem sendo tratado até aqui e do que se discutirá adiante. Isto porque, em um cenário em que o poder de controle acionário, embora bem definido, é exercido com menos da maioria do capital social com direito a voto, mantêm-se válidas as premissas sobre a clareza da definição do interesse social, o reforço dos direitos de participação dos acionistas (notadamente mediante os estímulos ao ativismo e o aumento da transparência – embora reflexos possam ser sentidos na disciplina dos "direitos de saída"), a efetiva atuação do Conselho de Administração como órgão de supervisão, o papel do Conselho Fiscal, a adequada tutela da responsabilidade dos administradores (vis-à-vis, no caso, a tutela da responsabilidade do acionista controlador) e relevância do mercado de controle acionário, com a nova disciplina dos negócios envolvendo o controle da companhia. Afinal, está aqui em construção o regime jurídico da companhia *de capital disperso*.

Porém, no cenário em que o poder de controle gerencial se sobressai, o papel do acionista controlador como instância de monitoramento da administração é relevante, assim como é complexo, na medida em que os dois centros de interesse resolvam compartilhar ou disputar o controle.

Detendo parcela relevante do capital social com direito a voto, o controlador diluído está apto a ser a voz ativa desejada pelos defensores do ativismo societário. Pode, assim, influenciar decisivamente os rumos dos negócios, inclusive elegendo e destituindo membros do Conselho de Administração. Possui também, dessa forma, mais acesso a informações sobre a companhia[520]. O poder de controle do acionista é, portanto, um importante

---

[520] Cf. Becht, M., *Corporate Governance*, cit., p. 46.

obstáculo à liberdade de condução da companhia pelos administradores, especialmente para a satisfação de interesses pessoais ou de terceiros.

Isso conduz, todavia, a que os administradores ou se aproximem do acionista controlador[521] ou venham a disputar com ele o poder, particularmente por meio das *proxy fights* ou da colusão com outros grupos representativos do quadro social. Em qualquer cenário, os resultados são potencialmente danosos ao acionista não controlador[522], pois tendem a colocar o interesse social em segundo plano. A aproximação da administração com grupos de acionistas, controladores ou não, coloca diretamente em ameaça os deveres de lealdade e a prevenção à atuação em conflito de interesses. A disputa pelo poder, por sua vez, pode resultar, além do comprometimento do dever de lealdade, em abuso de poder de controle ou desvio de finalidade e, até, violações ao dever de informar ou de sigilo.

Ademais, há que se considerar que, racionalmente, o controlador diluído, como qualquer acionista, exercerá seus *direitos* quando a expectativa de ganhos superar os custos envolvidos em seu exercício. Particularmente quanto ao exercício *do poder*, ele está relacionado à expectativa de apropriação de benefícios particulares do controle pelo seu titular face ao ônus que lhe é imposto. Por exemplo, em uma tentativa de aquisição do poder de controle, o acionista tenderá a exercer seu poder para frustrá-la, ainda que ela seja potencialmente boa para a companhia visada[523].

Portanto, se o controle diluído tem influencia decisiva sobre o comportamento da administração, a relação dúbia que se estabelece entre esses dois centros de poder requer o reforço dos demais mecanismos de monitoramento, bem como dos direitos de participação *lato sensu* dos acionistas. Isto permite ainda inferir que, na presença de um acionista controlador diluído, o regime jurídico das companhias de capital concentrado e capital disperso não são necessariamente contrapostos, mas *complementares*[524].

---

[521] Isso é particularmente importante, por exemplo, nas tentativas de aquisição do controle por meio de OPA, onde tanto o controlador diluído quanto os administradores podem se sentir conjuntamente ameaçados.
[522] Cf. La Porta, R., Lopez-de-Silanes, e F., Shleifer, *Law and Finance*, in JPE, n. 106, s.l., s.e., 1998, pp. 1113-1155, e Burkart, M., Gromb, D. e Panunzi, F., *Large Shareholders, Monitoring, and The Value of the Firm*, in *Quarterly Journal of Economics*, n. 112, s.l., s.e., 1997, pp. 693-728.
[523] Cf. Oioli, Erik F. *A Oferta Pública de Aquisição*, cit.
[524] Por óbvio que nenhuma variação de modelo de sociedade anônima levaria a sentidos contrapostos na medida em que a estrutura jurídica básica desse tipo de sociedade é a mesma e sobre a qual já se tratou no capítulo 4. Estamos nos referindo aqui, portanto, aos tipos de respostas que cada modelo dá para os problemas centrais com que lidam.

7.6 Conselho Fiscal e comitê de auditoria

Da análise empreendida no Direito Comparado, particularmente dos países cujas legislações serviram de inspiração para a lei pátria, notou-se que a estrutura orgânica das sociedades anônimas, principalmente daquelas que recorrem à captação de recursos no mercado de valores mobiliários, institui a clara especialização funcional entre gestão e fiscalização. A conclusão não poderia surpreender, pois a fiscalização nada mais que é um *contra controle*, isto é, uma derivação natural do poder de controle. Quem tem o poder de comandar também deve ser controlado, ou seja, vigiado, supervisionado, sujeito à revisão[525], especialmente quando o poder de comandar recai sobre bens alheios.

Essa atividade de supervisão, para ser bem exercida, deve ser, o máximo possível, independente, livre e desinteressada, porém orientada por objetivos claros. Afinal, a supervisão deve se prestar a uma finalidade. No caso do Direito Societário, tal finalidade não pode ser outra que não a realização do interesse social[526], a estrela polar que movimenta toda a companhia. Assim, esse verdadeiro *poder* de fiscalizar não deve ser executado no interesse dos acionistas enquanto indivíduos ou grupos individualizados, muito menos se prestar ao controlador. Isto se torna muito mais claro quando se liberta o pensamento das amarras da dicotomia entre maioria e minoria. A fiscalização, sobretudo, deve buscar o equilíbrio de forças entre os diversos centros de poder aptos a expropriar valor da companhia e a desviá-la na realização do interesse social.

Por isso que, mesmo nos países em que órgãos administrativos encarregados da supervisão também se envolvem na gestão, uma segunda (ou terceira) instância surge, com funções puras de fiscalização, organizadas sob a forma de conselhos fiscais (como o *Colegio Sindacale*) ou comitês de auditoria. Obviamente, dada a diversidade com que se configuram os diferentes modelos administrativos, os poderes e atribuições desse órgãos podem ser variados.

No Brasil, embora as instâncias administrativas se organizem sob dois órgãos distintos, com funções executivas e de representação (Diretoria) e de supervisão (Conselho), foi visto que este último não só não se presta, hoje, às atividades supervisoras, como também se imiscui nas atividades administrativas, fixando a orientação geral dos negócios ou atuando no

---

[525] Cf. Pontes, Evandro Fernandes de, *O Conselho Fiscal*, cit., p. 19.
[526] V. artigo 165, §1º, da LSA.

aconselhamento da Diretoria. Não obstante sejam atribuições úteis para suprir o absenteísmo assemblear, elas contaminam e retiram a independência do Conselho para, por exemplo, atuar como seu análogo alemão (*Aufsichtsrat*), não obstante os percalços da codeterminação que afetam este último.

Nesse contexto, a luz se dirige para o Conselho Fiscal, órgão que, no regime da companhia de capital disperso, deve exercer papel de extrema importância na proteção do interesse social, atuando como ferramenta para manutenção do equilíbrio entre administradores, acionistas controladores diluídos e acionistas em geral. Contudo, a disciplina conferida pela Lei das Sociedades Anônimas ao Conselho Fiscal faz dele, nas palavras de Pontes, uma figura "bizarra"[527], objeto de desprestígio e desconfiança. Isto deve mudar.

7.6.1 Função

Diferentemente do Conselho de Administração, o Conselho Fiscal é órgão externo à administração. Sua função, instrumental, é fiscalizar as contas da companhia e a atuação dos administradores, tendo em vista seus deveres legais e estatutários, no interesse da companhia[528]. Segundo a Exposição de Motivos da Lei nº 6.404/76, o Conselho Fiscal "não é órgão de auditoria contábil, *mas de fiscalização dos administradores e de informação da assembleia geral, que poderá desempenhar papel de maior significação na defesa da companhia e dos acionistas ao acompanhar, efetivamente, a ação dos administradores*, submetendo seus atos à apreciação crítica, para verificar o cumprimento de seus deveres legais e estatutários" (grifou-se).

Não obstante, na ausência da figura do poder de controle e da potencial expropriação de valores da companhia pelos administradores, o Conselho Fiscal, dentro de suas limitações, pode e deve (cf. artigos 163, IV, 165 c/c 154 e 165, §1º, da LSA) ser um importante protetor do interesse social.

Conforme observa Comparato, "está claro que a LSA reconhece no controlador, em princípio, o verdadeiro intérprete do interesse social, diante dos não controladores. A presunção legal, tanto nas sociedades mercantis quanto na sociedade política, é de que o titular do poder age

---

[527] Idem, p. 158.
[528] Interessante notar que, com o advento da SOX, tem cabido ao Conselho Fiscal, nas companhias que estão sujeitas à referida lei, verificar o cumprimento, pela administração, das diretrizes da companhia (v. item 7.6.4 infra).

no interesse coletivo"[529]. Na medida em que o poder deixa de ser exercido pelo acionista e passa a sê-lo pelo administrador, cujo poder não é fundado na propriedade, tornando-o, portanto, mais propenso à assunção de riscos e à atuação em função de interesse pessoais, não se pode admití-lo, contrariando a lição do insigne mestre, como único intérprete do interesse social.

Convém que tal interpretação seja feita por terceiro não interessado, porém integrante da companhia. Se o controle do interesse social não é viável aos acionistas dispersos, deve, portanto, recair sobre o Conselho Fiscal, tal como a lei já prevê. Não se trata, contudo, de um controle de análise e conveniência do exercício da atividade empresarial, a qual está resguardada pela cláusula do objeto social e cuja realização é um dever dos administradores, sendo resguardada pela *business judgment rule*. Esta é uma prerrogativa inerente ao direito de comandar[530]. Deve, não obstante, se pautar pela análise da compatibilidade do ato à realização do interesse social, sem prejuízo das salvaguardas inerentes à quem toma as decisões empresariais.

Não se pode concordar, entretanto, diante do acima exposto, com a sobreposição de atribuições entre administradores e Conselho Fiscal (inclusive em função da reserva de atribuições e poderes dos órgãos de administração, cf. artigo 139 da LSA)[531]. Este não pode, e não deve, se imiscuir no mérito das decisões administrativas. Esse tipo de controle cabe a três instâncias de monitoramento: acionistas, Conselho de Administração (artigo 163, I, da LSA) e o próprio mercado (daí a relevância do "mercado de controle societário", especialmente na inoperância dos primeiros, o que se discutirá no capítulo 8).

O controle exercido pelo Conselho Fiscal, portanto, é de legalidade e formal[532]. Nem por isso, contudo, deve deixar de se aprofundar na análise das operações sociais. Por exemplo, nos termos do artigo 163, I, da LSA, compete ao Conselho Fiscal fiscalizar, por qualquer de seus membros, os atos dos administradores e verificar o cumprimento dos seus deveres legais

---

[529] In *O Poder de Controle*, cit., p. 225.
[530] Cf. Comparato, F. K., in *O Poder de Controle*, cit., p. 227.
[531] Para Eizirik, por exemplo, os poderes do Conselho Fiscal não deveriam abranger a opinião sobre políticas empresariais, orientação geral dos negócios (de competência do Conselho de Administração), nomeação e destituição de diretores, nem tampouco obrigações específicas da companhia (in *Sociedades Anônimas – Jurisprudência*, Rio de Janeiro, Renovar, 1996, p. 171).
[532] Cf. Leães, Luiz G. P. B., *Pareceres*, São Paulo, Singular, 2004, p. 1283.

e estatutários. Ora, para se aferir a atuação do administrador dentro de padrões de diligência e dentro do dever de agir de acordo com o interesse social, algum esforço interpretativo se espera do conselheiro, tal qual um juiz diante da necessidade de aplicar a lei ao caso concreto. O mesmo parâmetro de atuação se espera do conselheiro quando a lei determina que ele deve opinar sobre "planos de investimento ou orçamentos de capital" a serem submetidos à Assembleia Geral pela administração (artigo 163, III, da LSA). Não se trata de mero controle de legalidade da proposta, mas uma análise de mérito, *dentro daquilo que possa comprometer a realização do interesse social*, para servir de contraponto à administração, inclusive na formação da vontade a ser manifestada na Assembleia. É, assim, mais uma forma de o Conselho atuar como freio e contrapeso no monitoramento dos poderes da administração.

7.6.2 Instalação e funcionamento permanente

O Conselho Fiscal, apesar de órgão obrigatório nas companhias, não precisa necessariamente funcionar (artigo 161 da LSA). Trata-se de regra para se dizer no mínimo "*sui generis*"[533].

Nas companhias em que o funcionamento não é permanente, ele precisa ser instalado a pedido de acionistas, reunidos em Assembleia Geral, que representem no mínimo 10% do capital social votante ou 5% das ações sem direito a voto (artigo 161, §2º, da LSA)[534]. A CVM, no exercício dos poderes atribuídos pelo artigo 291 da LSA, sabiamente reduziu tais quóruns, por meio da Instrução CVM nº 324/00, podendo chegar a até 2% para as ações com direito a voto e 1% para as ações sem direito a voto. Ainda que instalado, seu funcionamento será por no máximo um ano, conforme se depreende do artigo 161, §5º, da LSA.

---

[533] Trata-se de verdadeira inovação da lei, mudando, de forma negativa a nosso ver, a disciplina do Decreto-lei nº 2.627/40. Pontes afirma que não há dispositivo semelhante aplicável a companhias abertas nas legislações de Argentina, México, Portugal, França, Itália, EUA, Alemanha, Espanha, Chile, Suíça, Inglaterra, Canadá, Austrália e Japão (in *O Conselho Fiscal*, cit., p. 159).

[534] De acordo com pesquisa conduzida pela Revista Capital Aberto em 2009, o Conselho Fiscal está instalado em aproximadamente 70% das companhias abertas pesquisadas; aproximadamente 29% dos membros são indicados por acionistas minoritários e 62,5% dos Conselhos Fiscais são instalados de forma permanente (*Revista Capital Aberto*, junho de 2009, p. 18).

Não obstante, a despeito de posições contrárias[535], em companhias abertas com controle diluído, o Conselho Fiscal *deve* ser instalado permanentemente[536]. Não se pode deixar o monitoramento à mercê do absenteísmo nas assembleias. Pelo contrário, o absenteísmo é uma das razões que justificam sua existência. A existência de um órgão fiscalizatório de atuação constante, que se reúna periodicamente e mantenha uma boa interação com a auditoria interna, além de evidenciar uma postura firme de transparência, desonera os acionistas da necessidade de se mobilizarem para reunir quórum legal e os capacita a controlar com maior eficácia seus gestores, em um cenário de estruturas societárias cada vez mais complexas[537].

Sobretudo, existe uma razão muito importante para justificar o funcionamento permanente do Conselho Fiscal, que não recebe a devida atenção da doutrina, e que reside na imprestabilidade do Conselho de Administração como órgão puro de fiscalização (o que dá origem ao problema "de quem controla quem controla")[538], como já se teve oportunidade de discorrer. Isto se deve não apenas à confusão entre as funções de supervisão e gestão, como também à ausência de requisitos de independência e qualificação para composição daquele órgão, o que compromete a adequada atuação como supervisor por seus membros, não obstante os deveres fiduciários que se lhes impõem.

Portanto, para o adequado equilíbrio orgânico da sociedade de capital disperso, o Conselho Fiscal, instalado e em funcionamento permanente, é fundamental.

---

[535] V. por exemplo, Carvalhosa, Modesto, *Comentários*, cit., p 368. Segundo referido autor, o funcionamento facultativo é uma tentativa de minimizar as ineficiências do sistema adotado pelo legislador anterior do Decreto-lei nº 2.627/40 e, cabendo aos minoritários o direito de fiscalização, estes o exercerão somente quando quiserem, por dissidência ou mera cautela. Ora, com a devida vênia, como já se esclareceu exaurientemente neste trabalho, a explicação acima se mostra incompatível com o modelo de dispersão acionária e pode ser creditada à "miopia" generalizada que o conflito entre acionista controlador e acionista minoritário produz na doutrina nacional.

[536] Nesse mesmo sentido, v. Salles, Denise Chachamovitz Leão de, *O Conselho Fiscal nas companhias de Capital Pulverizado*, in Monteiro de Castro, Rodrigo R., e Azevedo, Luis André de Moura, *O Poder de Controle e Outros Temas*, cit., e Pontes, Evandro F. de, *O Conselho Fiscal*, cit.

[537] Cf. Salles, Denise C. L. de, *O Conselho Fiscal*, cit., p. 200.

[538] V. item 7.7.3 infra.

7.6.3 Eleição, requisitos e funcionamento (sugestões)

i) eleição

O artigo 161, §4º, da LSA, estabelece que acionistas titulares de ações preferenciais sem direito a voto, ou com voto restrito, têm direito de eleger, em votação em separado, um membro do Conselho Fiscal e seu respectivo suplente. Igual direito terão os acionistas que representem pelo menos 10% do capital social com direito a voto.

Conforme aponta Salles, a leitura do artigo leva à conclusão de que os titulares de ações ordinárias terão de se reunir e congregar pelo menos 10% do capital social votante de uma companhia para serem representados no Conselho Fiscal, o que é um ônus considerável nas companhias de capital disperso e desequilibrado em relação aos preferencialistas[539].

Ainda mais problemático é o disposto na alínea "b" do §4º do artigo 161 da LSA, que assegura ao acionista controlador o direito ter a maioria dos membros do Conselho Fiscal[540]. O legislador pretendeu, claramente, reforçar os poderes do acionista controlador e tornar inócuo o papel do Conselho Fiscal na defesa dos interesses da companhia, especialmente contra o próprio acionista controlador. Afinal, é o controlador controlando a si mesmo, ferindo um princípio básico na distribuição do poder de fiscalizar.

Dessa maneira, a forma de eleição dos membros do Conselho Fiscal urge ser reformada para adequação ao regime de dispersão do capital. Deve ser adotado um regime de representatividade dos acionistas – nos moldes do voto múltiplo, como forma de prevenir a preponderância do controlador diluído – mas, sobretudo, devem ser trabalhados os requisitos para ocupação do cargo, que assegurem efetiva independência e deem ao órgão um caráter eminentemente técnico, conforme se discutirá a seguir.

Antes, como uma última nota sobre a eleição, são feitas considerações sobre a *destituição* e também *remuneração*. Ao conselheiro deve ser dada

---

[539] Vide o Parecer de Orientação CVM nº 19, de 9.5.1990, sobre a consolidação do direito dos preferencialistas. V. ainda, o Processo Administrativo Sancionador nº RJ-2007-11086 (j. 6.5.2008), Dir. Rel. Marcos Pinto Barbosa, que esclarece que o requisito de 10% previsto no artigo 161, §4º, da LSA, não se refere ao número de ações que o minoritário presente à Assembleia precisa deter para eleger um membro do Conselho Fiscal, mas sim ao número de ações detidas por minoritários da companhia.

[540] Ainda que referido dispositivo não faça uso expressamente da palavra "controlador" e sim somente a "demais acionistas", é ao titular do poder de controle que ele se refere, pela leitura conjunta com a alínea "a", que menciona expressamente os acionistas "minoritários".

estabilidade para o adequado exercício de sua função e assegurada sua independência. Para tanto, não poderiam ser demissíveis *ad nutum* (sem justa causa)[541], devem ter prazos de mandato razoáveis[542], assim como devem ter remuneração adequada e compatível com suas funções, cujos parâmetros deveriam seguir, no mínimo, os mesmos fixados pela lei para os administradores (sendo insuficiente, portanto, a regra disposta no artigo 161, §3º, que se limita a fixar um mínimo, aparentemente baixo para o grau de capacitação técnica que deveria ser requerida para a função e assegurar independência).

ii) requisitos

O artigo 162 da LSA prevê que os mesmos requisitos e impedimentos que a lei estabelece para os administradores são extensíveis aos membros do Conselho Fiscal. Estes ainda devem possuir capacitação técnica, comprovada por curso superior, ou experiência de pelo menos 3 anos em cargo de administração ou de conselheiro fiscal. A disciplina, contudo, é insuficiente para o adequado funcionamento do órgão.

Primeiramente, porque não assegura a sua completa independência. De acordo com o artigo 147, §3º, da LSA, o conselheiro não pode atuar em companhia concorrente ou possuir interesse conflitante com a companhia, requisitos sobre os quais já se discorreu a propósito do Conselho de Administração. Ainda, nos termos do artigo 162, §2º, não podem ser nomeados conselheiros fiscais os membros do órgão de administração, empregados da companhia ou de sociedade controlada ou do mesmo grupo, ou cônjuge ou parente até 3º grau de administrador da companhia. Ora, os requisitos de independência são muito mais amplos[543].

---

[541] Cf. Pontes, Evandro F. de, *O Conselho Fiscal*, cit., pp. 170-173. Posição esta contrária à doutrina corrente (v. Carvalhosa, Modesto, *Comentários*, cit., p. 423).

[542] Segundo Pontes, há urgência em se reconhecer, no direito brasileiro, pelo menos no que se refere às companhias abertas, que os mandatos dos conselheiros fiscais sejam, no mínimo, coincidentes com o período máximo da auditoria por uma mesma firma, a saber, cinco anos, conforme dispõe o artigo 31 da Instrução CVM nº 308/99. Se, como diz a nota explicativa à regra do referido artigo, "a prestação de um serviço de auditoria para um mesmo cliente, por um prazo longo, pode comprometer a qualidade desse serviço", é de se admitir que um mandato muito curto e incompatível com o período de auditoria enfraquece sobremaneira a fiscalização (in *O Conselho Fiscal*, cit., p. 171).

[543] Pontes, inclusive, defende que acionistas não deveriam ser conselheiros fiscais, em linha com o artigo 414 (6) do CSC português (in *O Conselho Fiscal*, cit., p. 178).

Em relação à capacitação, claramente o requisito de comprovação em curso superior é insuficiente. Primeiramente, porque no Brasil, de acordo com o Ministério da Educação, podem ser qualificados como cursos superiores aqueles chamados de "curta duração", realizados em até dois anos em regime parcial. Além disso, não especifica em qual curso superior. Com a devida vênia, não se pode presumir que determinadas carreiras – os exemplos seriam inúmeros – oferecem qualificação necessária para ocupação de um cargo eminentemente técnico. Na Itália, por exemplo, requer-se que ao menos um dos membros do *Colegio Sindacale* tenha formação jurídica e que os demais sejam inscritos nos registros profissionais competentes, determinados pelo Ministro da Justiça; ou então, entre *professores universitários* com reconhecida competência em matéria jurídica ou econômica[544]. E nós nos limitamos à possibilidade de ter membros formados em qualquer área do conhecimento com somente dois anos de estudo, que ainda pode ser dispensada[545]! Ainda, ao permitir a possibilidade de substituição do requisito acima pela comprovação de experiência, a lei é falha ao se não explicitar se os anos de experiência seriam alternados ou sucessivos e se haveria limitação temporal. De toda forma, dada a diversidade e complexidade da atividade de fiscalização de uma companhia aberta, tal comprovação de experiência não parece ser requisito apto à comprovação de capacitação técnica.

iii) funcionamento (sugestões)

Como ponto de partida para propostas de aperfeiçoamento da disciplina sobre o Conselho Fiscal das companhias abertas, Pontes enumera algumas das razões para o inadequado funcionamento do Conselho Fiscal no Brasil, algumas já tratadas acima: (i) falta de funcionamento permanente; (ii) falta de independência dos membros; (iii) inexigibilidade de qualificação condizente com a função; (iv) regime confuso de responsabilidades; (v) falta de conteúdo mínimo para os pareceres do órgão; (vi) atribuições diluídas em outros órgãos conflitando com o veto de outorga de atribuições para outros órgãos (§7º do artigo 163 da LSA); (vii) instabilidade da função; e (viii) mandatos muito curtos[546].

---

[544] Art. 2.397 do CCit.
[545] Art. 162, §1º, da LSA.
[546] In *O Conselho Fiscal*, cit., pp. 159-150, nota 271. Como contraponto, referido autor propõe que: (i) o Conselho Fiscal deveria ter funcionamento permanente, sempre; (ii) a qualificação dos membros deve contar com requisitos de formação acadêmica e experiência que comportem o exercício das atribuições a contento; (iii) os mandatos devem ser mais extensos e abranger,

Vale notar que o IBGC, por meio do seu "Guia de Orientação para o Conselho Fiscal", sugere diversas atribuições adicionais ao Conselho Fiscal, tais como o acompanhamento da estrutura de capital da companhia, nível de endividamento, execução de orçamentos, política de pessoal, cumprimento de obrigações em geral, remuneração da administração[547], contingências ativas e passivas, política de distribuição de dividendos, política de divulgação de informações, operações financeiras, emissões e relacionamentos com outros órgãos administrativos além do exame dos demonstrativos contábeis em si. Todas estas atribuições, sem dúvida, contribuiriam para aperfeiçoar o papel de supervisão a ser exercido pelo Conselho Fiscal.

Destaca-se, ainda, como já se mencionou alhures, que deveria caber ao Conselho Fiscal contratar os auditores independentes, em substituição à atribuição do Conselho de Administração previsto no artigo 142, IX, da LSA. Atualmente, o Conselho Fiscal somente pode escolher contador ou firma de auditoria quando a companhia não tiver auditores independentes, ou seja, nas companhias fechadas (artigo 163, §5º, c/c artigo 177, §3º, da LSA). A lógica da lei, portanto, parece ser a seguinte: nas companhias fechadas, não sendo obrigatório Conselho de Administração, cumpre ao Conselho Fiscal, se instalado, decidir a contratação, se entender necessário para o exercício de suas funções, da auditoria independente, centralizando o papel de fiscalizador na companhia (como o modelo tradicional de organização administrativa italiano, do *Colegio Sindacale*). Na companhia aberta, em que Conselho de Administração e auditoria independente são obrigatórios (artigos 138, §2º e 177, §3º, da LSA), cabe o primeiro contratar o segundo, no pressuposto de que cabe aquele o desempenho de "conselho de supervisão" (como o modelo alemão nesse caso, do *Aufsichtsrat*). Contudo, como visto, a atuação do Conselho de Administração como órgão supervisor apresenta lacunas, não funcionando de forma perfeitamente igual ao seu análogo alemão.

---

pelo menos, três exercícios; (iv) os mandatos necessitam ter maior estabilidade e os critérios de destituição deveriam ser mais rígidos; (v) os critérios de inelegibilidade e impedimentos precisam ser mais rigorosos e, adicionalmente, incrementados por uma definição clara de independência que impeça o acesso ao cargo de pessoas próximas de acionistas ou grupo de acionistas; e (vi) por fim, deve haver piso de remuneração condizente com as exigências da função (idem, p. 181).

[547] As quais deveriam incluir a atribuição de benefícios indiretos (*fringe benefits*), sobre cujos efeitos negativos já se tratou no tópico sobre remuneração dos administradores.

7.6.4 Comitês de auditoria

Conforme constata Salles, a redescoberta do Conselho Fiscal como órgão de fiscalização independente se deu principalmente a partir de 2003, com a promulgação da SOX, ocasião em que o debate sobre o fortalecimento do órgão se acirrou. O resultado positivo teria sido o fortalecimento do Conselho Fiscal, que foi reconhecido pela SEC como órgão substituto ao comitê de auditoria exigido pela SOX para companhias brasileiras listadas na NYSE[548][549].

Cumpre, sobretudo, em linhas gerais, destacar que o Conselho Fiscal e o comitê de auditoria previsto na SOX possuem similitudes, porém diferenças[550]. O Conselho Fiscal, pela atual Lei das Sociedades Anônimas, tem como função primordial fiscalizar os atos de gestão. Já o papel fundamental do comitê de auditoria é avaliar os riscos das companhias, e foi criado pela SOX em resposta às fraudes contábeis e financeiras das grandes empresas norte-americanas em 2000 e 2001. Sua constituição seria autorizada pelo artigo 160 da LSA, compondo os órgãos de administração.

Por isso, em função de tudo quanto já exposto, o Conselho Fiscal apresentaria uma vantagem no desempenho do papel de monitoramento em relação ao comitê de auditoria, por ser órgão independente, não subordinado à administração da companhia[551].

7.7 Outras limitações aos poderes da administração
7.7.1 Auditoria externa

A auditoria externa ou auditoria independente, como também é conhecida, surgiu como consequência natural da expansão da atividade empresarial e da consequente necessidade de controles, internos e externos. Essa expansão só foi possível, como se sabe, mediante a captação de recursos de terceiros, na forma de empréstimos bancários de longo prazo, ou abrindo o capital da companhia para novos acionistas. Para tanto, os credores ou novos acionistas, presentes ou futuros, precisam conhecer a posição patrimonial e financeira, bem como a capacidade de gerar lucros das empresas.

---

[548] Cf. Salles, Denise C. L. de, *O Conselho Fiscal*, cit., p. 192.

[549] Vale notar que por iniciativa do CMN, as instituições financeiras também passaram a contar obrigatoriamente com comitê de auditoria, nos termos da Resolução nº 3.170, de 4 de fevereiro de 2004.

[550] V. Pontes, sobre enumeração das características do comitê de auditoria brasileiro, adaptado à SOX (in *O Conselho Fiscal*, cit., p. 207).

[551] Nesse sentido, Salles, Denise C. L. de, *O Conselho Fiscal*, cit., p. 213.

Havia, então, a necessidade de fornecer diversas informações para que credores e investidores pudessem avaliar com segurança a liquidez e a rentabilidade de seu investimento.

As demonstrações contábeis passaram a ter importância muito grande para os aplicadores de recursos na companhia, pois permitem, entre outras vantagens, conhecer a situação patrimonial da companhia, avaliar resultados e ponderar a capacidade de pagamento e de geração de lucros da atividade empresarial. Trata-se, portanto, de poderosíssima ferramenta analítica e uma das principais fontes de informação para credores e acionistas, servindo de medida para estes avaliarem o desempenho da administração (e sua remuneração variável) e, em última instância, o sucesso da companhia na realização de sua finalidade.

Como medida de proteção contra a possibilidade de manipulação de informações, passou-se então a exigir que essas demonstrações financeiras fossem examinadas por um profissional independente (ou seja, sem vínculos com a companhia e seus membros) e de reconhecida capacidade técnica. A auditoria independente passa, assim, a ser uma importante ferramenta de controle formal (externo) da própria administração, visando, sobretudo, à proteção dos acionistas presentes ou futuros da companhia e demais investidores do mercado de capitais.

Isto porque, no Brasil, somente as demonstrações financeiras das companhias abertas devem obrigatoriamente ser submetidas à auditoria por auditores independentes registrados na CVM[552] (artigo 177, §3º, e 275 da LSA e artigo 26 da Lei nº 6.385/76). Assim, torna-se legítimo presumir que o objetivo *primordial* da lei não é privilegiar os demais credores da companhia (que de resto possuem remédios legais e contratuais para efetivação do seu direito), ou a posição enfraquecida do acionista. Isto porque, na companhia fechada, onde a posição do acionista minoritário é em tese ainda mais enfraquecida, nem a auditoria, nem o próprio Conselho Fiscal, são obrigatórios. Parece, todavia, autorizado inferir que o bem juridicamente tutelado pela lei é a confiança do mercado, como forma de viabilizar o direcionamento de recursos do mercado de capitais para formação da grande empresa.

Como resultado do trabalho de auditoria independente, é produzido parecer com as conclusões do auditor, que pode apresentar ressalvas. Tais

---

[552] A atividade de auditoria de companhias abertas no Brasil é regulada e fiscalizada pela CVM (artigo 1º, VII, da Lei da CVM).

ressalvas não obrigam necessariamente à modificação das demonstrações financeiras, mas podem suscitar questionamentos do órgão fiscalizador (CVM) e dos acionistas. Isto porque o parecer é um dos documentos que deve estar à disposição dos acionistas para a Assembleia Geral Ordinária (Artigo 133, III, da LSA). Ainda, o auditor independente deve estar obrigatoriamente presente na AGO para atender aos pedidos de esclarecimentos de acionistas (artigo 134, §1º).

Nos EUA, a atuação dos auditores foi fortemente influenciada pela SOX. Referida lei foi uma resposta aos escândalos corporativos envolvendo companhias como Enron e WorldCom no início deste século. Ela, entre outros, busca restaurar a confiança na fidelidade das demonstrações financeiras, aplicando severas penalidades para desvios nas informações financeiras e prevenindo conflitos de interesses na atuação de auditores externos e analistas financeiros[553]. Uma das razões apontadas para o referido escândalo foi justamente o conflito de interesses que se estabeleceu no relacionamento das companhias com firmas de auditoria. Isto porque estas, ao mesmo tempo em que auditavam as demonstrações financeiras das companhias – isto é, exerciam um típico e importante papel de controle –, também prestavam serviços às mesmas companhias, geradores de importante receita. O receio da perda desses contratos de prestação de serviço naturalmente levou as auditorias a serem, pode-se dizer, no mínimo, mais resilientes na análise dos números das companhias que os contratavam.

Assim, entre as principais medidas preventivas tomadas, logo seguidas mundo afora, foram: (i) proibição às firmas de auditoria de prestar serviços de consultoria em geral às empresas que auditam; (ii) escolha, contratação e destituição da firma de auditoria por um comitê de auditoria (que, entretanto, no Brasil, como visto, é atribuição do Conselho de Administração; cf. artigo 142, IX, da LSA); (iii) criação de rodízio entre as firmas de auditoria na prestação de serviços de auditoria em cada companhia; e (iv) adoção de novos padrões contábeis, especialmente com relação

---

[553] Embora fuja ao escopo deste trabalho a atividade dos analistas que, no Brasil, são regulados pela CVM (Instrução CVM nº 483/10), vale notar que eles desempenham papel importante no sistema de informações sobre as companhias, emitindo relatórios que muitas vezes influenciam a decisão de investidores comprarem ou venderem ações da companhia analisada. Portanto, sua atuação e isenção de julgamento devem, de fato, ser reguladas e fiscalizadas. As agências de classificação de risco também desempenham papel similar e se tornam o centro das atenções recentes em virtude da crise no mercado imobiliário norte-americano, que posteriormente se tornou uma crise financeira mundial.

à transparência de operações não classificadas no balanço patrimonial (*off-balance*)[554], para se evitar a manipulação da contabilidade.

O Brasil vem seguindo essa tendência mundial[555], especialmente através da regulação da CVM (particularmente por meio da Instrução CVM nº 308/99, conforme alterada pela Instrução CVM nº 509/11, que endereça a maioria das questões listadas no parágrafo anterior), do CFC (que, entre outros, disciplina conjuntamente com a CVM a questão da qualificação técnica e requisitos de independência dos auditores) e da adoção de padrões contábeis internacionais, como o IFRS e os pronunciamentos do CPC e Ofícios Circulares da CVM, além de iniciativas autorreguladoras[556] de órgãos de classe.

[554] O problema é claro, e grave. O balanço patrimonial, em regra, deve servir como uma radiografia da situação patrimonial da companhia e dos riscos a que está sujeita. Aqueles riscos, entre outras informações que não podem ser contabilizadas ou não refletem adequadamente a situação patrimonial da companhia, devem, de forma geral, constar de notas explicativas (v. artigo 176, §5º, da LSA). Ocorre que algumas companhias, à época, transferiam ativos a terceiros sobre os quais não possuíam juridicamente controle, embora mantendo consigo os riscos da operação. É, por exemplo, um típico problema enfrentado, no Brasil, nas operações de cessão de créditos (como aqueles classificados contabilmente como "contas a receber"), com cláusulas de recompra não obrigatória (que muitas vezes, na prática, são exercidas de forma habitual) ou coobrigação implícitas. A cessão de crédito, atendidos os requisitos do negócio jurídico perfeito e o disposto nos artigos 286 e seguintes do Código Civil, é uma forma de alienação e autoriza a companhia a retirar o bem do seu ativo. Ocorre que, em decorrência das cláusulas referidas acima, embora a companhia não seja mais titular do crédito, ela pode vir a ser chamada a honrar a obrigação do devedor inadimplente, suportando os riscos da operação (o que se justifica como forma de diminuição do risco do ativo alienado e assim de aumentar o preço da cessão), que não são informados nas demonstrações financeiras, sequer nas notas explicativas. O problema deriva, no fundo, da divergência da essência do negócio sobre a forma jurídica, que pauta o conflito entre advogados e contabilistas. Embora não possam ser considerados juridicamente como simulação ou fraude a lei (cf. arts. 166 e 167 do CC), determinadas operações, se contabilizadas somente levando em consideração aspectos jurídicos e não sua essência econômica, pode produzir distorções. Em suma, as noções de patrimônio contábil e jurídico não necessariamente podem, ou devem, se confundir, por mais aparentemente absurda que possa ser a aceitação dessa conclusão para um jurista. O problema acima apontado foi, no Brasil, enfrentado pelo Bacen e pela CVM, principalmente por meio da Resolução nº 3.533/08, do CMN, da Instrução CVM nº 408/04, Instrução CVM nº 475/02, Ofícios Circulares da SEP e SNC, e pronunciamentos do CPCon.

[555] A Alemanha, por exemplo, em linha com a SOX, empreendeu reforma do sistema contábil por meio da *Gesetz zur Einführung Internationaler Rechnungslegungsstandards um zur Sicherung der Qualität der Abschlussprüfung*, no contexto da *Bilanzrechtsreformgesetz – BilReG*, de 4.12.2004.

[556] O item 6.2 e ss. do Regulamento de Listagem do Novo Mercado obriga que as companhias aderentes adotem, direta ou indiretamente, os parâmetros contábeis do IRFS ou USGAAP.

7.7.2 Acordo de acionistas

Conforme visto anteriormente, nas companhias listadas no Novo Mercado é muito comum a verificação da existência de poder de controle fundado na celebração de acordo de acionistas. Segundo evidencia Gorga, os acordos de acionistas têm servido para substituição da participação acionária. Apesar de deterem pequena participação no capital votante das companhias, determinados acionistas têm coordenado suas ações a fim de conduzir as atividades sociais por meio dos acordos de acionistas que, muitas vezes, possuem cláusulas que vinculam o exercício do voto dos administradores, fazendo destes meros representantes dos acionistas partes do acordo[557]. Portanto, uma análise acurada de tais acordos como instrumento de monitoramento da administração e sua legalidade são relevantes.

Em sua essência, o acordo de acionistas figura como contrato concluído por acionistas da companhia com o intuito de compor seus interesses individuais relacionados à negociação de suas participações na companhia, exercício do direito de voto ou poder de controle, de forma a harmonizar os seus interesses societários e implementar o próprio interesse social[558]. Como pactos parassociais[559], os acordos de acionistas são insuscetíveis de modificar as relações societárias, mas capazes de modificar as relações entre as partes, em certas hipóteses com força vinculante para a sociedade[560].

Isto pode, inclusive, resultar na aquisição, ou transferência *lato sensu*, do poder de controle – que deverá ter reflexos na disciplina dos negócios

---

[557] In *Changing the Paradigm*, cit., p. 71.
[558] Cf. Eizirik, Nelson, *Acordo de Acionistas, Arquivamento na Sede Social, Vinculação dos Administradores da Sociedade Controlada*, in *RDM* n. 129, 2003, p. 45.
[559] A denominação "contrato parassocial" foi introduzida por Oppo. Segundo o autor, por contrato parassocial deve se entender os "acordos estipulados pelos sócios (por alguns ou também por todos), fora do ato constitutivo e do estatuto, para regular entre si ou também nas relações com a sociedade, com os órgãos sociais ou terceiros, seus interesses ou uma conduta social" (in *Le Convenzioni Parasociali tra Diritto delle Obbligazioni e Diritto delle Società*, in *Rivista di Diritto Civile*, n. 6, Padova, Antonio Milani, 1987, p. 517). Ressalta-se, contudo, que se considera parassocial o pacto que coexista com o contrato social, e não o pacto que o modifique ou que o absorva ou seja absorvido pelo contrato social. O contrato parassocial não pode ser confundido, nesta hipótese, com o contrato social. Enquanto o contrato social é relação entre sócios e sociedade, o vínculo que intercorre entre cada sócio como indivíduo ou entre sócio e um órgão social e não passe pelo trâmite da sociedade, não pode originar-se do contrato social. No contrato parassocial, a sociedade permanece estranha à relação; ainda que o contrato seja pactuado entre um sócio e um órgão social (idem, p. 41).
[560] Salomão Filho, Calixto, *O Novo Direito Societário*, cit., p. 96.

relativos ao controle, de que trata o capítulo 9 – e, assim, limitar ou cessar o poder de controle gerencial.

Nesse sentido, ainda que posteriormente à publicação da Lei nº 10.303/01, com a inclusão expressa, nos §§8º e 9º, dos deveres do presidente tanto da Assembleia quanto dos demais órgãos de deliberação da companhia de não computar os votos em desconformidade com o acordo de acionistas, parte da doutrina continua a entender que o acordo não poderia versar sobre matéria exclusiva de competência da administração social[561].

Segundo esses autores, a vinculação dos administradores ao acordo de acionistas retiraria da autonomia de vontade do Conselho de Administração a deliberação sobre matérias de sua competência exclusiva. O esvaziamento do órgão o transformaria em algo sem conteúdo, deixando de ser um colegiado de debates e deliberações, para ser um órgão apenas enunciador de manifestações de vontade alheias[562].

A corrente oposta, todavia, argumenta que o artigo 139 da LSA deve ser interpretado sistematicamente. A alínea b, do artigo 116, permite expressamente a interferência dos acionistas na administração da companhia ao prever que o controlador pode orientar as decisões dos órgãos de administração. Conjugada a essa disposição, o *caput* do artigo 116 garante a possibilidade do grupo controlador assim se caracterizar por meio de acordo de acionistas, o que implica afirmar que, por tal meio, o controlador poderia interferir na administração social[563].

---

[561] Cf. Camargo, J. L., e Bocater, M. I., *Conselho de Administração: seu Funcionamento e Participação de Membros Indicados por Acionistas Minoritários e Preferencialistas*, in Lobo, Jorge (coord.), *Reforma da Lei das Sociedades Anônimas*, 2ª ed., Rio de Janeiro, Forense, 2002, p. 397; e Toledo, Paulo F. C. S. de, *Modificações Introduzidas na Lei das Sociedades por Ações, Quanto à Disciplina da Administração das Companhias*, in Lobo, Jorge, cit., p. 429. Para essa corrente, estão em jogo dois valores a serem compatibilizados: a segurança jurídica do exercício do poder de controle, através de acordo de acionistas, com a prevalência do poder da maioria atingindo a essência do Conselho de Administração e, de outro lado, a preservação do sistema da LSA, com o funcionamento autônomo desse órgão social, em obediência aos preceitos legais da indelegabilidade das atribuições de um órgão para outro e do dever jurídico que os administradores devem ter para com todos os acionistas, e não somente para com o grupo que o elegeu (cf. Camargo, J. L. e Bocater, M. I., *Conselho de Administração*, cit., p. 397).

[562] Camargo, J. L., e Bocater, M. I., *Conselho de Administração*, cit., p. 396.

[563] Cf. Aragão, Paulo, *A Disciplina do Acordo de Acionistas na Reforma da Lei das Sociedades por Ações (Lei nº 10.303, de 2001)*, in Lobo, Jorge (coord.), *Reforma*, cit., p. 374, e Bulhões Pedreira, J. L., *Acordo de Acionistas sobre Controle de Grupo de Sociedades*, in RDB, n. 15, São Paulo, RT, 2002, pp. 237 e ss.

O problema, contudo, existe quando *não há* o controlador referido no artigo 116 da LSA. De acordo com a lei, a celebração de acordo sobre voto não é defesa apenas daqueles que têm interesse de exercer o poder de controle. Determinado grupo de acionistas pode, por exemplo, celebrar acordo na tentativa de eleger um ou mais conselheiros por meio do mecanismo de voto múltiplo. Este conselheiro, por força dos §§ 8º e 9º do artigo 118 da LSA, estará obrigado a votar nas decisões colegiadas conforme decidam previamente os acionistas que o elegeram.

Como o administrador não pode dissentir do acordo de acionistas e manifestar-se de maneira contrária a seus termos, nem se abster de votar ou de comparecer à reunião do órgão administrativo, não poderá o administrador exercer plenamente seu juízo de valor na tomada das decisões que julgar mais eficientes à companhia. Pior, como o interesse manifestado pelos acionistas vinculados por acordo pode não se confundir integralmente com o interesse da companhia, o comportamento dos administradores poderia ser orientado por uma decisão que visasse maximizar a utilidade individual do grupo em detrimento da utilidade da maioria dos acionistas.

É certo que, como reconhecido pela doutrina, o administrador pode – e deve – contrariar o acordo de acionistas quando este produzir decisões contrárias ao interesse social[564]. Não obstante, o problema reside na zona cinzenta entre o que é contrário e o que não é totalmente de acordo com o interesse social da companhia. Há decisões que podem privilegiar determinados grupos de acionistas e não ser ruins à companhia. Mas também podem não ser as melhores.

O administrador, antes de tudo, deve ser leal à companhia e não àqueles que o elegeram (artigos 154, §1º, e 155 da LSA). A S.A. não pode ser dada à divisão em feudos, facções ou congêneres, particularmente quando não contribuam de forma efetiva para a realização do interesse social. Ainda que o acordo de acionistas possa ser utilizado como instrumento efetivo de controle da administração ou de grupos de administradores, deve-se perseguir, sobretudo, a coerência do sistema. E em nome de tal coerência, embora se deva aceitar a legitimidade da celebração de acordos parassociais, não se pode admitir organizações paralelas de poder com instrumentos capazes de desviar os rumos da empresa da realização do

---

[564] Cf. Eizirik, Nelson, *Acordo de Acionistas*, cit., p. 50, Carvalhosa, M., *Comentários*, cit., p. 540, Aragão, P., *A Disciplina do Acordo*, cit., pp. 377-378, Sacramone, M. B., *Exercício do Poder*, cit., pp. 153-155 e Adamek, M. V. von, *Responsabilidade Civil*, cit., p. 146.

interesse social, que é, como já se mencionou, o fundamento e elemento de legitimação de qualquer modelo societário. Ainda que se aceite – de forma controversa, diga-se – a institucionalização de super poderes do acionista controlador por meio da celebração de acordo de acionistas, isto nada mais do que reafirma o modelo optado pelo legislador da Lei nº 6.404/76. Não se pode admitir, contudo, em um modelo de dispersão acionária, de salutar "democracia acionária", que grupos alheios comandem a administração e, por conseguinte, a empresa, como "coisa própria", ainda mais quando escudados pela ausência dos deveres que recaem sobre quem efetivamente controla a sociedade (poder de controle) (artigos 116 e 117 da LSA).

7.7.3 Ativismo de investidores institucionais e detentores de outros blocos significativos de ações

Um alento para o ativismo societário parece advir dos investidores institucionais[565], notadamente fundos de pensão e fundos mútuos de investi-

---

[565] Cabe aqui precisarmos o conceito. O termo "investidor institucional" carece de definição jurídica no ordenamento nacional, embora seja empregada em algumas normas regulamentares (o MNI, por exemplo, sem precisar o conceito, sistematiza sob a rubrica "Investidores Institucionais" – seção 4.0.0 -, normas do SFN aplicáveis a: sociedades seguradoras, sociedades de capitalização, entidades abertas e fechadas de previdência complementar, regimes próprios de previdência social, resseguradores locais, fundos especiais, fundos de investimento em direitos creditórios, fundos mútuos de ações, fundos de aposentaria programada individual e fundos de investimento no exterior). De acordo com a CVM, "os investidores institucionais, por sua vez, podem ser considerados os participantes mais importantes desse mercado, tendo em vista a massa de recursos captada junto ao público. Na verdade, os investidores institucionais são os *profissionais da aplicação de poupança de terceiros*. Nessa categoria, estão incluídos os fundos mútuos de investimento em ações, as companhias seguradoras, as entidades fechadas de previdência privada – os chamados fundos de pensão, entre outros" (grifou-se) (disponível [*on-line*] in http://www.cvm.gov.br/port/protinv/caderno1(new).asp (c. 16.11.12)). Em Portugal, o conceito de investidor institucional é dado pelo artigo 30º (1) do CVMP: "consideram-se investidores institucionais as seguintes entidades: (a) instituições de crédito; (b) empresas de investimento; (c) empresas de seguros; (d) instituições de investimento coletivo e respectivas sociedades gestoras; (e) fundos de pensões e respectivas sociedades gestoras; (f) outras instituições financeiras autorizadas ou reguladas, designadamente fundos de titularização de créditos, respectivas sociedades gestoras e demais sociedades financeiras previstas na lei, sociedades de titularização de créditos, sociedades de capital de risco, fundos de capital de risco e respectivas sociedades gestoras". O conceito, embora similar, não se confunde com o de investidor qualificado, dado no Brasil pelo artigo 109 da Instrução CVM nº 409/04. Na verdade, este contempla o primeiro, com uma diferença importante: não integram o conceito as pessoas físicas e jurídicas de natureza não financeira.

mento. Os investidores institucionais, diferentemente dos investidores individuais, compram e vendem ações em caráter profissional e remunerado, aplicando recursos de terceiros confiados à sua administração. Cabe aos investidores institucionais buscar, constantemente e por dever legal, oportunidades de investimento que apresentem as melhores rentabilidades, zelando pela observância dos limites de exposição ao risco e pela política de investimentos previamente estabelecidos[566].

A titularidade de maior quantidade de ações em maior número de companhias abertas[567], somada à capacidade de melhor interpretar as informações disponíveis, constituem importantes estímulos à adoção de posturas proativas por investidores institucionais, voltadas ao monitoramento do controlador e dos administradores, bem como ao exercício dos direitos e prerrogativas assegurados pela LSA e pelas normas da CVM[568]. Assim, os investidores institucionais supririam, ao menos em parte, o papel do acionista controlador no monitoramento da administração[569].

Conforme aponta Roe, nos EUA, há evidências concretas de que os investidores institucionais estão se tornando mais ativos, exercendo seus direitos de voto com maior circunspecção, inclusive fazendo uso do mecanismo das *proxies*. De forma crescente, têm atuado contrariamente à adoção de defesas propostas pelos administradores contra tentativas de *takeovers* e, às vezes de forma não tão visível, têm influenciado as estraté-

---

[566] Cf. Azevedo, Luis André de Moura, *Ativismo dos Investidores*, cit., p. 241.

[567] Cf. Shleifer, A., e Vishny, *Large Shareholders and Corporate Control*, in JPE, n. 94, s.l., s.e., 1986, pp. 461-488. A título de exemplo, nos EUA, tradicionalmente caracterizado pela atomização das participações acionárias, estimava-se, nos anos 2000, que os fundos de pensão – um dos tipos de investidor institucional – controlariam cerca de 50% de todo capital social das companhias listadas (cf. *Corporate Takeovers: Public Policy Implications for the Economy and Corporate Governance, Subcomm. on Telecommunications, Consumer Protection, and Finance of the House Comm. on Energy and Commerce*, 99º Congresso, 2ª sessão, 112 *apud* Bainbridge, Stephen M., *The Politics of Corporate*, cit., p. 22, nota 100). Isto daria, a um número relativamente pequeno de agentes, um enorme poder.

[568] Idem, p. 242.

[569] Há estudos, por exemplo, que indicam que o envolvimento do sistema bancário alemão, como representante dos acionistas, nos Conselhos de Supervisão, afetam positivamente o desempenho das companhias (cf. Gorton, Gary, e Schmid, Frank A., *Universal Banking and the Performance of German Firms*, in *Journal of Financial Economics*, n. 58, s.l., s.e., 2000, pp. 29-80, Edwards, Jeremy S., e Nibler, Marcus, *Corporate Governance in Germany: The Role of Banks and Ownership Concentration*, in *Economic Policy*, n. 15, s.l., s.e., 2000, pp. 237-267 e Lehman, Erik E., e Weigand, Jürgen, *Does the Governed Corporation Perform Better? Governance Structures and Corporate Governance in Germany*, in *European Finance Review*, n. 4, s.l., s.e., 2000, pp. 157-195).

gias da companhia e a composição do *board* mediante negociação com os administradores[570].

No entanto, de acordo com Bainbridge, há certo ceticismo se os investidores institucionais irão – ou, ainda mais, se devem – ser agentes ativos no governo das sociedades[571]. Conforme aponta referido autor, dado que os investidores institucionais são maximizadores de lucro, eles somente se engajarão no ativismo se os ganhos esperados superarem os custos[572]. Aliás, esta máxima se aplica a qualquer investidor *racional*. A complexidade e amplitude das questões do dia a dia da companhia exigem emprego elevado de tempo e conhecimento especializado, o que, de forma geral, tende a limitar a atenção desses investidores às questões mais relevantes aptas a comprometer seu investimento no longo prazo. Isto será tão mais agravado quanto maior o número de companhias integrantes do portfolio do investidor institucional. Ademais, alega-se que determinados investidores institucionais, a exemplo dos fundos de pensão, tendem a formar portfolios de investimento que reproduzem índices (tal qual o Ibovespa, por exemplo), como estratégia de minimização de custos de monitoramento, o que induz à passividade[573]. Além disso, muitos investidores tenderão a preferir liquidez ao ativismo[574].

---

[570] Cf. Roe, Mark, *Strong Managers, Weak Owners: The Political Roots of American Corporate Finance*, Princeton, Princeton University, 1994, pp. 223-224. V. ainda Bergin, Paul, *Voting by Institutional Investor on Corporate Governance Issues in The 1988 – Proxy Season, Investor Responsibility Research Center*, s.e., 1988, pp. 54-57, e Bainbridge, Stephen M., *The Politcs of Corporate Governance*, cit., p. 23. No Brasil, houve, por exemplo, evidências de participação decisiva dos investidores institucionais no episódio da tentativa frustrada de aquisição do controle da Perdigão S.A. pela Sadia S.A. por meio de OPA. Neste episódio, os fundos de pensão (que, embora sem admitir formalmente a formação de um bloco de controle, detinham juntos mais da metade do capital social com direito a voto da Perdigão S.A.) tomaram a frente dos demais acionistas e, antes mesmo que os procedimentos da OPA pudessem ser concretizados, se posicionaram contra a tentativa de aquisição (cf. matérias publicadas pela Folha de São Paulo, *Perdigão Considera Baixa Oferta Feita pelo Concorrente*, disponível [*on-line*] in http://www1.folha.uol.com.br/fsp/dinheiro/fi1807200606.htm (c. em 16.11.12) e pelo O Estado de São Paulo, *Previ Recusa Nova Oferta da Sadia pela Perdigão*, de 21 de julho de 2006, disponível [*on-line*] in http://www.estadao.com.br/arquivo/economia/2006/not20060721p16465.htm (c. 16.11.12)).
[571] In *The Politcs of Corporate Governance*, cit., p. 1.
[572] Idem, p. 24.
[573] Cf. Malkiel, Burton G. *A Random Walk Down Wall Street*, 5ª ed., New York, W. W. Norton & Company, pp. 360-363.
[574] Ibidem, p. 25.

Outro aspecto importante levantado por estudiosos, negativos à ideia do exercício de um papel ativo dos investidores institucionais, reside no fato de que seu comportamento também depende da forma como se relacionam com seus clientes[575]. Estudos realizados nos EUA e em Portugal denotam um desequilíbrio dos clientes em relação ao desempenho dos investidores institucionais: as perdas não são tão penalizadas quanto os bons desempenhos são premiados. Isso é mais evidente nas EFPC, para as quais os pensionistas contribuem, via de regra, compulsoriamente. Este comportamento reduz o espaço de equilíbrio em que o investidor institucional se comporta de modo consentâneo com os interesses das poupanças dos seus clientes e confere liberdade acrescida na gestão de carteiras, minimizando a pressão por resultados[576].

Ademais, conforme constatado por Roe, particularmente em fundos de pensão dos funcionários das próprias companhias, há risco de os mesmos serem influenciados pelos próprios administradores[577]. Essa constatação leva a três novas considerações sobre o problema de participação dos investidores institucionais (e, de forma geral, do papel de acionistas com titularidade de participações mais expressivas de capital[578]): os problemas de colusão com administradores, do *self dealing*[579] e de quem controla os investidores institucionais[580]. Se o segundo problema aparenta conter o último, a solução para este passaria pela criação de regras estranhas ao Direito Societário, próprias ao regime de cada investidor institucional, que disciplinassem a questão, sob um prisma *societário*. A solução não poderia ser mais insatisfatória. Para tanto, é necessário reforçar as regras de

---

[575] Cf. Diamond, D. W., e Rajan, R. G., *Liquidity Risk, Liquidity Creation and Financial Fragility: a Theory of Banking*, in JPE, n. 109, s.l., s.e., 2001, pp. 287-327.

[576] in Alves, Carlos Francisco, *Os Investidores Institucionais e o Governo das Sociedades: Disponibilidade, Condicionantes e Implicações*, Lisboa, Almedina, 2005.

[577] In *Strong Managers*, cit., pp. 124-138.

[578] Cf. Zingales, L., *The Value of the Voting Right: a Study of the Milan Stock Exchange Experience*, in *Review of Financial Studies*, n. 7, s.l., s.e., 1994, pp. 125-148, La Porta, R., Lopez-de-Silanes, e F., Shleifer, *Law and Finance*, cit., pp. 1113-1155, e Burkart, M., Gromb, D. e Panunzi, F., *Large Shareholders*, cit., pp. 693-728.

[579] Idem e cf. Rock, Edward B., *Controlling the Dark Side of Relational Investing*, Cardozo Law Review, n. 15, 987, s.l., s.e., 1994, pp. 995-999.

[580] V. estudo empírico de Roberta Romano in *Less is More: Making Institutional Activism a Valuable Mechanism of Corporate Governance*, in Yale Law Journal, n. 18, s.l., s.e., 2001, pp. 2359-2430.

lealdade (e a consequente prevenção da atuação em conflito de interesses) e de informação das companhias.

Roe, por sua vez, defende que investidores institucionais trariam benefícios não só por monitorar, mas também por facilitar a transmissão de informações aos demais acionistas e ajudar na composição de interesses dentro da companhia[581]. Explica-se. Dada a teórica proximidade dos investidores institucionais com os administradores (ou mesmo sua participação no Conselho de Administração)[582], aqueles serviriam de receptáculo das informações relevantes sobre a gestão da companhia[583], que seriam por eles espalhadas para os demais acionistas[584]. Ademais, serviriam para "personificar" a comunidade de acionistas no relacionamento com os administradores.

O primeiro benefício apontado acima por Roe parece difícil de prosperar em nosso ordenamento, em virtude das regras sobre *insider trading*[585]. Já o segundo benefício pode constituir uma vantagem real, embora seja difícil por si só presumir alguma ação coordenada dos investidores institucionais com os demais acionistas. Por outro lado, vale destacar que o monitoramento exercido por este tipo de ativismo está voltado para a maximização do retorno do acionista (e muitas vezes do retorno de curto prazo), não levando em conta necessariamente outros interesses afeitos ao interesse social.

Portanto, o papel dos investidores institucionais e, de forma geral, dos titulares de blocos significativos de ações, como portadores da bandeira do ativismo pode ser limitado e não resolve, por si só, o problema do monitoramento dos administradores. Será útil, de forma geral, na gestão de crises ou mesmo como contraponto à atuação dos administradores nas OPA para aquisição de controle[586]. Pode, por outro lado, agravar o quadro, se não for adequadamente aplicada uma disciplina de proteção ao abuso de minoria ou se sua "personificação" dos interesses dos demais acionistas

---

[581] In *Strong Managers*, cit., p. 241.
[582] Cf. Bhagat, S., Black, B., e Blair, M., *Relational Investing and Firm Performance*, in *Journal of Financial Research*, n. 27, s.l., s.e., 2004, pp. 1-30.
[583] Cf. Heflin, F., e Shaw, K., *Blockholder Ownership and Market Liquidity*, in *Journal of Financial and Quantitative Analysis*, n. 35, s.l., s.e., 2000, pp. 621-633.
[584] Roe sugere que o mercado norte-americano "*[do not] accurately process soft, technological, and proprietary information not out there in public markets*" (idem).
[585] O mesmo ocorreria nos EUA, como aponta Bainbridge (in *The Politcs of Corporate*, cit., p. 43).
[586] V. novamente o caso da tentativa de aquisição do controle da Perdigão S.A. pela Sadia S.A.

levar a uma noção distorcida de lealdade dos administradores ao investidor de maior representatividade.

De resto, reconhecidos os limites de atuação dos investidores institucionais, o desempenho efetivo de papel ativo por esse tipo de investidor, de forma geral, padecerá dos mesmos problemas que afetam o ativismo societário como um todo, com exceção da limitação de determinados quóruns (quando sua participação for maior que os quóruns mínimos para exercício de direitos) e o acesso a determinadas informações, caso tome assento no Conselho de Administração. Sua atuação na vida social, ainda que se reconheça alguma utilidade para monitoramento da administração, não será solução eficaz para o problema, a qual depende de outros mecanismos de controle. Ademais, o investidor institucional é elemento externo à organização societária e não se pode presumir sua presença em qualquer companhia aberta, ainda que se criem incentivos legais para tanto[587], o que também, de toda forma, não parece solução adequada para o Direito Societário.

7.7.4 Intervenção do Estado, dos credores e outras limitações ao poder de administrar os bens sociais

Diversas são as possibilidades de intervenção no livre exercício da atividade de administração das companhias advindas do mundo *externa corporis*. Ao longo deste trabalho, já se tratou das hipóteses em que interesses de terceiros, supostamente alheios ao interesse social, devem ser internalizados na companhia e cuidados de acordo com as regras societárias. Nas demais hipóteses, caberá à lei ou aos contratos regularem a forma de intervenção, invariavelmente orientados para a realização de interesses diversos.

Na lista de potenciais instrumentos de controle externo, assume relevância a interferência do Estado. Ela pode ser dar diretamente no domínio econômico, no exercício da empresa pelo próprio Estado (inclusive mediante a desapropriação de ações para constituição de sociedades de economia mista) ou por meio da atuação como órgão regulador. Neste campo, destaca-se a atuação da CVM, como órgão regulador e fiscalizador do mercado de capitais. Sua atuação, mediante criação de regras adequadas

---

[587] V., por exemplo, a Resolução nº 3.921/09, do CMN, que dispõe sobre as diretrizes de aplicação dos recursos garantidores dos planos administrados pelas EFPC. Normas desta natureza são costumeiramente utilizadas como política de incentivo a determinados setores da economia ou ativos financeiros, direcionando para esses as aplicações dos fundos de pensão.

à lógica da dispersão acionária – como regras de transparência, de redução dos percentuais mínimos previstos na LSA para exercício de direitos pelos acionistas e de funcionamento das OPA –, bem como fiscalização competente dos desvios de conduta dos acionistas controladores e administradores, é essencial (vide o item 6.5 supra).

Ainda, nas companhias atuantes em setores regulados (como instituições financeiras e concessionárias), a atuação dos respectivos órgão reguladores também pode ser importante freio à atuação dos administradores e acionistas controladores, quando existentes. É certo, contudo, que esse freio é orientado por um interesse público diverso e às vezes colidente com o interesse social (vide, por exemplo, a atuação do Bacen, orientada para manutenção da saúde do Sistema Financeiro Nacional e implantação de políticas monetárias, regulando o recolhimento compulsório para controlar a expansão da base monetária, o que limita aos bancos emprestar dinheiro, sua atividade principal[588])[589]. Pode o Poder Público, inclusive, intervir extrajudicialmente na administração das companhias atuantes em setores regulados, com o fim de assegurar a adequação na prestação do serviço, bem como o fiel cumprimento das normas contratuais, regulamentares e legais pertinentes (artigo 32 e seguintes da Lei nº 8.987/95 e, no caso de instituições financeiras, a Lei nº 6.024/74 e o Decreto-lei nº 2.321/87, que cria o RAET[590]).

Mais uma forma importante de limitação ou intervenção no poder de administração é representada pela atuação dos credores. Isto ocorre, de forma recorrente, em contratos financeiros, por meio de cláusulas que determinam condutas ou restringem determinadas operações da empresa, visando à preservação da sua capacidade de pagamento, sob pena de vencimento antecipado da dívida. São exemplos de cláusulas dessa natureza aquelas que limitam o endividamento da companhia, que impedem operações de reorganização societária, alienação de controle, alienação de

---

[588] Artigo 10, III e IV, da Lei nº 4.595/64.

[589] Outro exemplo óbvio são as revisões tarifárias previstas nos contratos de concessão de serviços públicos, visando à modicidade das tarifas cobradas dos usuários, frontalmente colidente com a maximização dos lucros da companhia.

[590] Umas das justificativas para o regime de administração especial temporária é, inclusive, a verificação de "gestão temerária ou fraudulenta" dos administradores da instituição financeira (artigo 1º,"d", do Decreto-lei nº 2.321/87).

ativos em geral, alteração de objeto, etc. São hipóteses que chegam a beirar verdadeira forma de exercício de poder de controle externo[591].

Outra forma de controle a ser considerada se trata do risco de sanção legal e moral dos administradores e acionistas controladores. O risco de abalo de reputação, por exemplo, pode se prestar como limite à tomada de decisões impopulares ou, principalmente, que atestem incapacidade do administrador no exercício de sua função, reduzindo o valor de mercado de seus serviços. Leis de proteção aos credores, como a Lei de Falências, também podem servir como freio à atuação dos administradores, tanto pelo receio de conduzir à empresa à falência e sofrer suas consequências, como pela própria intervenção de um administrador judicial ou síndico.

Não se pode deixar de mencionar também a importância do papel da autorregulação, especialmente aquela voltada para adoção de "boas práticas" de *corporate governance*. Vide, por exemplo, o Novo Mercado, cujo regulamento obriga as companhias a terem administradores independentes. Trata-se de importante solução contratual para falhas da lei ou para regular matérias com as quais a lei, por razões variadas, é incapaz de lidar de forma satisfatória. No mesmo sentido, a atuação de órgãos de classe, como associações de investidores, serve, entre outros, para pressionar administradores e promover campanhas de apoio a investidores ou projetos de lei.

Por fim, e não menos importante, destaca-se o mercado de controle societário, ou seja, da possibilidade de aquisição de controle de companhias com capital disperso, sem negociação prévia com administradores ou controladores diluídos, o que coloca em risco o exercício do seu poder. Trata-se de uma das mais importantes ferramentas de monitoramento do desempenho da administração, atuando no controle do mérito das decisões – complementar, portanto, ao controle formal exercido internamente pelo Conselho Fiscal. Afinal, decisões mal tomadas tendem a desvalorizar as ações listadas em bolsa, facilitando sua aquisição por terceiros crentes da sua capacidade de administrar a empresa de forma mais eficiente. O mercado de controle acionário, por sua importância e por seus reflexos na estrutura e funcionamento da sociedade anônima, será tratado em particular no capítulo 9.

---

[591] Cf. Macedo, Ricardo Ferreira de, *Controle não Societário*, cit.

Inúmeras são, assim, as possibilidades de interferência na administração das companhias, alheias ou tangenciais ao Direito Societário. Infelizmente, dentro dos limites deste trabalho, não será permitido maior aprofundamento. Contudo, o tema fica como sugestão para futuros estudos, particularizados para o universo da companhia de capital disperso.

Capítulo 8
Deveres e responsabilidades dos administradores. A disciplina da responsabilidade da companhia de capital disperso na lei das sociedades anônimas

8.1 Deveres e responsabilidades dos titulares do poder *interna corporis*
Nos dizeres dos autores do anteprojeto da LSA, "uma lei de sociedades anônimas deve ser, pois, uma lei de freios e contrapesos, uma lei de equilíbrio, uma lei em que todos os artigos compõem um sistema cuja ruptura em favor de qualquer das partes e interesses em jogo significa o comprometimento do todo, e a inviabilização da grande máquina jurídica" (em alusão à metáfora de Ripert)[592].

O Direito Societário, em sua origem, baseou-se na correspondência entre poder de gestão e responsabilidade (*keine Herrschaft ohne Haftung*). A doutrina sempre reconheceu que esta correspondência exerce uma função relevante na vida econômica, pois sanciona patrimonialmente a incapacidade na condução da empresa[593]. Ademais, a atribuição de responsabilidade ao titular do poder, ou seja, aquele que em última instância orienta as atividades empresariais, atende ao princípio geral de Direito, expresso no preceito do *alterum non laedere*, que manda respeitar as pessoas e os bens alheios. De acordo com os artigos 186 e 927 do Código Civil,

---
[592] Cf. Lamy Filho, A. e Bulhões Pedreira, J. L., *A Lei das S.A.*, cit., p. 262.
[593] Cf. Ascarelli, Tulio, *Problemi Giuridici*, II, pp. 883 e 884.

aquele que, por ação ou omissão voluntária, negligência ou imprudência, violar direito e causar dano a outrem, fica obrigado a repará-lo.

Com o enfraquecimento do acionista controlador, a administração se sobressai como detentora do efetivo poder de conduzir as atividades sociais. Nesse sentido, quanto maior a dissociação entre propriedade e controle, ou seja, quanto maior a diluição do controle, maior a ingerência dos administradores e maior a capacidade destes assumirem riscos e adotarem medidas voltadas à satisfação exclusiva de interesses pessoais, em seu único benefício e em detrimento dos acionistas e da própria companhia. Inexistindo um poder de controle bem definido, maiores são as chances de entrincheiramento dos administradores. Portanto, o foco da lei societária deve se deslocar do sistema de imputação de deveres e responsabilidades ao acionista controlador, para um sistema de imputação de responsabilidade e monitoramento dos administradores, que permita o restabelecimento da correspondência entre poder de gestão e risco.

8.2 O conflito de interesses como centro da disciplina de monitoramento da administração

Conforme ensina Adam Smith, o interesse próprio é a força propulsora da economia[594], e talvez até mesmo do comportamento humano em geral como sugerem as teorias modernas sobre o funcionamento do cérebro. Entretanto, mesmo estando convencidos de que os seres humanos têm livre arbítrio para decidirem a favor ou contra determinada conduta ética, é evidente que a tentação de administradores colocarem seus interesses pessoais acima dos seus deveres fiduciários perante a companhia é difícil de resistir[595].

Ao atribuir a administração da sociedade para terceiros, os acionistas estão, na verdade, a fazer-se substituir no comando da empresa e carecem para isso de meios eficientes para assegurar que os efeitos úteis que pretendem alcançar com a atribuição daquela função sejam efetivamente alcançados. A ausência de conflitos de interesses dos órgãos de administração acaba assim por representar uma pedra angular do funcionamento adequado da organização societária.

---

[594] In *An Inquiry into the Nature and Causes of the Wealth of Nations*, 5ª ed., London, Book, 1789.
[595] Cf. Hopt, Klaus, *Deveres Legais*, cit., p. 107.

Em matéria de conflito de interesses, a Lei das Sociedades Anônimas foi fortemente influenciada pelas legislações alemã e italiana[596], especialmente em relação a esta última, no que diz respeito ao conflito de interesses do administrador.

Nos termos do artigo 156 da LSA, é vedado ao administrador intervir em qualquer operação social em que tiver interesse conflitante com o da companhia, bem como na deliberação que a respeito tomarem os demais administradores, cumprindo-lhe cientificá-los do seu impedimento e fazer consignar, em ata de reunião do conselho de administração ou da diretoria, a natureza e extensão do seu interesse.

Ainda que observado o disposto acima, o administrador somente pode contratar com a companhia em condições razoáveis ou equitativas, idênticas às que prevalecem no mercado ou em que a companhia contrataria com terceiros. O negócio contratado de forma diversa é anulável, e o administrador interessado será obrigado a transferir para a companhia as vantagens que dele tiver auferido.

Tais disposições foram claramente inspiradas no artigo 2.391 do *Codice Civile*[597]. Ainda que sua redação aparentemente permita inferir a existência de um conflito formal, dado que o administrador deve abster-se de votar,

---

[596] Cf. Lamy Filho, A., *A Reforma da Lei de Sociedades Anônimas*, in RDM, v. 7, n. 123, Leães, Luiz Gastão Paes de Barros, *Estudos e Pareceres sobre Sociedades Anônimas*, São Paulo, RT, 1989, pp. 9-27 e França. Erasmo Valladão Azevedo e Novaes, *Conflito de Interesses de Administrador na Incorporação de Controlada*, in *Temas de Direito Societário*, cit., pp. 334-341. Em suma, em matéria de proibição de voto e conflito de interesses assemblear, a lei alemã estabelece um controle *ex ante* de legitimidade do voto. Violada a proibição, decorre a nulidade do voto ou anulabilidade da deliberação, se o voto for decisivo para a formação da maioria. Especificamente no que diz respeito ao conflito de interesses, a lei alemã estabelece um controle *ex post*, tornando-se necessária a indagação acerca do conteúdo da deliberação (§§ 136, 1, e 243, 2, da AktG). De forma similar, dispõe o Direito italiano, nos termos do artigo 2.373 do *Codice Civile* de 1942, que acolhe a distinção entre *divieto di voto* e conflito de interesses, sendo necessário também, para a caracterização deste último, ao menos dano potencial para a sociedade, diversamente do que ocorre nas hipóteses de *divieto di voto*.

[597] Artigo 2.391 do *Codice Civile*: "Conflito de interesses. O administrador que, em uma determinada operação, tiver por conta própria ou de terceiros, interesse em conflito com aquele da sociedade (arts. 1.394, 1.395), deve dar notícia aos outros administradores e ao conselho fiscal e abster-se de participar nas deliberações concernentes à mesma operação (arts. 1.394, 2.631)". Tradução livre de: *"Art. 2.391. Conflito d'interessi. L'amministratore, che in uma determinata operazione há, per conto próprio o di terzi, interesse in conflitto com quello della società (c. 1.394, 1.395), deve darne notizia agli altri amministratori e al collegio sindacale, e deve astenersi dal partecipare alle deliberazioni riguardante l'operazione stessa (c. 1.394, 2.631)".*

não é este o entendimento da doutrina e jurisprudência italiana. Segundo Bonelli, no artigo 2.391 do *Codice Civile*, o foco é colocado sobre o "conflito", ou seja, a suposta divergência entre o interesse do administrador e o interesse social. O administrador deve ter um interesse, por conta própria ou de terceiros, em uma operação, orientada em uma dada direção, enquanto importa ao interesse social que a operação seja orientada em uma direção diversa. Isto significa que, para verificar se o administrador, em uma dada operação, teria violado o próprio dever de agir sem conflito de interesses, o juiz deverá, de um lado, verificar se o administrador tinha, por conta própria ou de terceiros, um interesse naquela operação; de outro, se as condições da operação eram tais que hajam prejudicado a sociedade[598].

Ainda, a existência do conflito deve ser verificada em concreto, ou seja, ele não deriva de uma abstrata e típica contraposição formal de posições, que sobressaia independentemente das efetivas condições de uma determinada operação. O conflito, vale dizer, surge somente se o conteúdo e a modalidade da operação sejam tais que determinem aquela concreta divergência de interesses. Não é decisivo, por outro lado, que o administrador seja ele mesmo, ou partes a ele relacionadas, contraparte da operação. Na jurisprudência italiana, o que prevalece é o entendimento de que a responsabilidade do administrador surge nas operações cujas condições eram de tal forma a demonstrar que o administrador tinha em concreto feito prevalecer o próprio interesse ou de outrem, causando danos à sociedade administrada[599]. Assim, o Direito italiano trata o conflito de interesses dos administradores da mesma forma que o conflito de interesses do acionista no exercício do voto em assembleia.

Conforme aponta Valladão França, citando os ensinamentos de Bonelli, não só no Direito italiano, tal como no Direito brasileiro, o conflito de interesses dos administradores é substancial. O mesmo se dá nos Direitos norte-americano, inglês e francês. Nesse sentido, é paradigmática a evolução da jurisprudência norte-americana, que claramente se divide em três fases. Na primeira, vigente até os primeiros anos do século XX, a regra geral era de que os contratos realizados entre a sociedade e os próprios

---

[598] Bonelli, Franco, *La Responsabilità degli Amministratori di Società per Azione*, Milão, Giuffrè, 1992. Referido autor mantém sua posição mesmo após a reforma da legislação italiana em 2003, na obra *Gli Amministratori di S.P.A. Dopo la Riforma delle Società*, Milano, Giuffrè, 2004.

[599] Idem, pp. 82-87. Nesse mesmo sentido, Galgano, Francesco, e Genghini, Riccardo, in *Il Nuovo Diritto Societario, Gli statuti delle nuove società di capitali*, vol. 29 do *Trattato di Diritto Commerciale e di Diritto Pubblico dell'Economia*, 3ª ed., Milano, CEDAM, 2006.

administradores se consideravam sempre e de qualquer forma anuláveis; havia, portanto, uma presunção absoluta de conflito. Na segunda fase, até meados do século XX, os contratos podiam anular-se por conflito de interesses se concluídos por uma maioria de administradores interessados, ou se efetivamente não equitativos ou fraudulentos, o que presume, portanto, alguma análise concreta da contratação. Já na fase mais recente, o único elemento decisivo para concluir se o contrato foi celebrado em conflito de interesses é o de examinar em concreto se ele é ou não prejudicial à sociedade, afastando-se qualquer presunção absoluta de conflito, ainda que os administradores venham a ser contraparte da companhia[600].

No Brasil, prevalece a posição de que o que acarreta a sanção legal é o conflito substancial de interesses, ou seja, contratar com a companhia em condições desrazoáveis ou iníquas, inferiores às que prevalecem no mercado ou em que a companhia contrataria com terceiros[601]. Daí ser, como aponta Carvalho de Mendonça, difícil estabelecer uma regra absoluta para aferir se os interesses do administrador e da companhia são ou não opostos[602]. Na impossibilidade de se encontrar uma norma geral e rígida, a solução tem de ser buscada considerando cada caso isoladamente, conforme as circunstâncias especiais.

Os problemas da verificação *in concreto* do conflito de interesses são de duas ordens: (i) dificuldade prática de delegar a um terceiro – juiz – a definição do interesse social, pois, ainda que esse seja identificado à maximização do valor das ações, aquele não tem necessariamente aptidão e qualificação técnica suficiente para tanto, o que pode resultar na inutilidade prática do instituto; e (ii) falta de interesse dos acionistas da companhia de capital disperso, como já visto, em fiscalizar e efetivamente

---

[600] Cf. *Conflito de Interesses de Administrador na Incorporação de Controlada*, in *Temas de Direito Societário*, cit., pp. 351-352. Na Inglaterra, embora a situação seja menos linear, o administrador interessado pode informar ao conselho de administração sobre a existência do conflito e se age de boa-fé, o contrato é válido e não acarreta responsabilidade (cf. Gower, *The Principles of Modern Company Law*, 3ª ed., London, Stevens & Sons, 1969, p. 533). Na França, o artigo 102 da Lei nº 66-537, de 24 de julho de 1966, excepcionava da regra de conflito aqueles contratos relativos às operações de administração ordinária, "concluídos em condições normais", o que significa, na prática, que a relevância do conflito é verificada em concreto segundo o conteúdo de cada operação.

[601] Nesse sentido, v. França, Erasmo Valladão A. e N., *Conflito de Interesses do Administrador na Incorporação de Controlada*, in *Temas de Direito Societário*, cit., pp. 334 e ss., Leães, Luiz G. Paes de Barros, *Estudos e Pareceres*, cit., p. 32.

[602] Cf. *Tratado*, cit., p. 64.

ingressar com a ação cabível para resguardar os interesses da companhia. Isso tudo faz com que administradores possam se sentir à vontade para contratar com a companhia em condições não equitativas e que lhe propiciem benefícios particulares.

Salomão Filho, por sua vez, apresenta visão diversa sobre o tema, desenvolvendo a ideia de culpa *in abstrato* dos administradores, segundo *padrões de mercado*[603]. Isto, contudo, esbarra nos mesmos problemas apontados acima, qual seja, dificuldade da fixação por terceiros – notadamente o juiz – de parâmetros objetivos para definição do interesse social, assim como na falta de interesse de agir dos acionistas.

Embora seja louvável o esforço interpretativo, é forçoso reconhecer, ante o Direito posto brasileiro, a necessidade da análise substancial do conflito de interesses, a menos que se fizesse opção legislativa por proibir a contratação *per se*. Como o propósito deste trabalho é analisar a adequação da LSA, pode-se dar ao luxo de não se prender ao texto da lei e fazer conjecturas sobre como a lei *poderia* ser. Faria sentido proibir *per se* a contratação com administradores, na ótica da dispersão acionária? O que deve prevalecer, a preservação do interesse social ou a liberdade de contratar dos administradores?

Considerando-se que o modelo de dispersão acionária busca um alinhamento de interesses entre companhia e administradores de forma eficiente, ou seja, reduzindo custos de monitoramento da administração, a proibição *per se* da contratação com administradores e partes relacionadas passa a ser uma alternativa a ser considerada. Contudo, pode-se alegar que a contratação com administradores, em determinadas circunstâncias, pode ser benéfica à companhia e alinhada com o interesse social, particularmente nas situações em que a companhia não tem alternativa à contratação. É certo que tais hipóteses devem montar à minoria das situações, na medida em que se pressupõe a contratação de administradores profissionais e independentes (embora ainda assim exista a possibilidade de contratação com partes relacionadas[604]).

---

[603] In *O Novo Direito Societário*, cit., p. 98.
[604] Sobre o conceito de partes relacionadas e suas implicações, v. Camargo, André Antunes Soares de Camargo, *Transações entre Partes Relacionadas: Um Desafio Regulatório Complexo e Multidisciplinar*, tese de doutoramento defendida na Faculdade de Direito da Universidade de São Paulo, 2012.

Quatro alternativas, isolada ou combinadamente, se mostram plausíveis, então: (i) aprovação prévia e informada da contratação pela Assembleia Geral; (ii) o estabelecimento de uma presunção, relativa ou absoluta, de existência de conflito de interesses na contratação com administradores, com inversão do ônus da prova; (iii) reforço das regras de transparência; ou (iv) análise *in concreto* da operação por outro órgão interno da companhia, adequado à defesa do interesse social.

A primeira alternativa é solução que soaria a mais óbvia. Se o administrador é um agente[605] da companhia e, ainda que indiretamente, dos acionistas, entre os quais se estabelece uma relação de fidúcia, nada mais

---

[605] Está se fazendo aqui referência ao problema de relacionamento entre agente e principal, que marca a análise dos custos de transação, e não propriamente à natureza jurídica da relação entre administradores e companhia e sua posição dentro desta. Quanto a este aspecto, que merece um estudo particular e não comporta maiores digressões dentro das parcas linhas deste trabalho, prevalece no Brasil a teoria orgânica, segundo a qual o administrador integra órgão da sociedade, com poderes atribuídos pela lei e sem se subordinar aos demais órgãos da sociedade, ainda que em posição hierarquicamente inferior (pelo fato de seus cargos serem preenchidos por deliberação de outro órgão), e, portanto, na clássica lição de Pontes de Miranda, "presenta" a sociedade (v. Toledo, Paulo F. C. S. de, *O Conselho de Administração*, cit., pp. 65-73). Quanto à sua posição em relação à companhia, notadamente no que diz respeito à natureza jurídica do ato de preenchimento da função de administrador, muitas linhas já foram discorridas no debate sobre a natureza contratual dessa relação, alterando-se os posicionamentos entre o contrato de mandato, de trabalho ou de prestação de serviços, chegando-se à conclusão, em debates mais recentes, sobre a natureza atípica desse contrato (v. Sacramone, Marcelo Barbosa, *Ato de Preenchimento de Órgão de Administração – Natureza Jurídica da Relação entre o Administrador e a Sociedade Anônima*, tese de doutoramento defendida na Faculdade de Direito de São Paulo, 2012, e Adamek, Marcelo Vieira von, *Responsabilidade Civil*, cit., pp. 38-52. Em sentido contrário, negando a existência de vínculo contratual, v. Leães, Luiz Gastão Paes de Barros, *Da Remuneração*, cit., p. 183). Na prática, como se verá, a distinção tem utilidade limitada, ainda que em matéria de responsabilidade – aquiliana ou contratual (cf. Adamek, M. V., idem, p. 52). A referência, neste trabalho, ao administrador como agente da companhia e dos próprios acionistas remete às relações *lato sensu* que se estabelecem entre as partes, vinculadas à própria criação e evolução das sociedades. Ora, quem contrata e, portanto, funda a sociedade são os sócios (art. 981 do CC), que originalmente a administravam na condição de empresários. Com o crescimento e especialização da atividade empresarial, os sócios gradativamente "delegam" a administração para terceiros, até a completa dissociação entre a propriedade dos bens sociais, representados pela ação, e o efetivo controle sobre eles, de onde se estabelece uma relação fiduciária que, como será visto, teve origem na noção de *trust* do direito anglo-saxão e foi incorporada nos diversos ordenamentos jurídicos, mesmo os de tradição romano-germânica que, em regra, não conhecem a figura do *trust*, como o Direito brasileiro, ainda que o conceito de fidúcia seja inerente ao Direito Justinianeu.

natural que a potencial operação conflitante fosse submetida ao escrutínio do principal (acionista), o qual poderia decidir sobre a aprovação ou não da operação. Esta é a solução encontrada, por exemplo, por alguns fundos de investimento, como é o caso do FIP analisado no capítulo 5 acima, e dos fundos de investimento imobiliário, cuja regulamentação (artigo 34 da Instrução CVM nº 472/08) exige expressamente que "os atos que caracterizem conflito de interesses entre o fundo e o administrador dependem de aprovação prévia, específica e informada da assembleia geral de cotistas". Tal regra, contudo, é falha, na medida em que não fixa um parâmetro objetivo para o *potencial* conflito de interesses (como o fato de o administrador ser contraparte do fundo, o que, como se sabe, também não necessariamente implica a existência de conflito *real*). Ao dizer que os atos que *caracterizem* conflito devem ser aprovados pela assembleia, a regra deixa ao critério do administrador a interpretação sobre a existência do conflito, o que resulta na inocuidade do dispositivo ou, novamente, no retorno à necessidade da apreciação *ex post* da operação.

Há ainda, porém, o conhecido problema da falta de ativismo societário, o que dificultaria a análise e aprovação das operações pela Assembleia Geral, especialmente nas companhias em que a contratação com administradores possa se dar de forma recorrente.

Esse problema também se relaciona, em certa medida, com a eficácia do estabelecimento de presunção, absoluta ou relativa, da existência de conflito (a segunda alternativa acima apontada). Neste caso, parte-se do pressuposto de que a contratação do administrador com a companhia é conflituosa, cabendo aquele provar o contrário. Sozinha, tal alternativa não soluciona os problemas acima apontados, pois remete novamente à análise do caso concreto *ex post* e à necessidade de apreciação da operação por terceiros, sejam eles acionistas, outros órgãos internos da companhia ou o juiz.

O reforço das regras de transparência, que exijam a divulgação de operações dos administradores com a companhia, é importante para a eficácia dos remédios contra o desvio de conduta dos administradores, como já visto no capítulo 6. O artigo 157, §1º, da Lei das Sociedades Anônimas não obriga, necessariamente, a divulgação de toda e qualquer operação dos administradores ou partes relacionadas com a companhia. Como visto, atualmente o administrador de companhia aberta só é obrigado a revelar determinadas informações à Assembleia Geral Ordinária e a pedido de acionistas que representem 5% ou mais do capital social, o que é uma clara limitação no ambiente de dispersão acionária[606]. Ademais, não são todas as informações que devem ser disponibilizadas aos acionistas, criando-se subterfúgio para a omissão relativa a operações contratadas pelos administradores com a companhia, particularmente aquelas que envolvam interesses conflitantes.

Por fim, uma derradeira alternativa seria a apreciação das operações envolvendo os administradores por órgão interno da companhia, adequado à defesa do interesse social. Nos termos do artigo 163 da LSA, compete ao Conselho Fiscal fiscalizar, por qualquer de seus membros, os atos dos administradores e verificar o cumprimento dos seus deveres legais e estatutários[607]. Trata-se de possibilidade de verificação *in concreto* do conflito de interesses – em consonância com a posição doutrinária hoje prevalente e com o entendimento da matéria no Direito Comparado – sem, contudo, os percalços da análise pela Assembleia Geral ou terceiros não habilitados à análise e definição do interesse social. Isto passa, contudo, pela revalorização do Conselho Fiscal e uma nova forma de pensar sobre seu funcionamento, cujas reflexões foram a ele dedicadas parte do capítulo 7.

8.3 Finalidade das atribuições e desvio de poder: regra matriz para a imputação de responsabilidade aos titulares do poder de controle *interna corporis*?

Antes de propriamente adentrarmos na disciplina dos deveres fiduciários, é forçoso compreender, em linha com o que aqui já foi dito, a diretriz do exercício das atribuições dos administradores. E, como não podia deixar de ser, essa orientação é dada pelo fim social, a "estrela polar" da companhia e seus membros.

Assim, dispõe o artigo 154 da LSA que o administrador deve exercer as atribuições que a lei e o estatuto lhe conferem para lograr os *fins e no interesse da companhia*, satisfeitas as exigências do bem público e da função social da empresa. A lei, sabiamente, ainda esclarece que o

---

[606] Mais uma vez se recorre ao exemplo dos FIP, cuja regulamentação obriga que as companhias fechadas objeto de investimento pelo fundo disponibilizem todos os contratos da companhia com partes relacionadas (artigo 2º, §4º, II, da Instrução CVM nº 391/02).

[607] No Direito alemão, por exemplo, os membros do conselho de direção não podem exercer nenhuma atividade empresarial, nem participar de nenhum negócio, no ramo de atividades da empresa, seja em benefício próprio ou de terceiro, sem o consentimento do conselho de supervisão.

administrador eleito por grupo ou classe de acionistas tem, para com a companhia, os mesmos deveres que os demais, não podendo, ainda que para defesa do interesse dos que o elegeram, faltar a esses deveres (§1º). Tal dispositivo está relacionado ao dever de lealdade, pois o administrador deve ser leal à companhia e não aos acionistas em particular. Não pode, portanto, omitir-se no exercício ou proteção de direitos da companhia (artigo 155, II, da LSA).

Contudo, o aspecto que mais chama atenção é que as atribuições dos administradores devem ser exercidas buscando realizar os fins e no interesse da companhia. Isto implica, em termos práticos, que a atuação dos administradores deve (i) se pautar pela realização do objeto social (escopo-meio), limite natural e necessário à atividade de presentação da companhia, que só responde por aqueles atos praticados que se enquadrem dentro do seu objeto (e que dá origem à doutrina dos atos *ultra vires*[608]); e (ii) ser economicamente útil, ou seja, deve buscar a geração de lucros (escopo-fim) e, de forma mais apropriada, deve buscar a maximização da valorização das ações dos acionistas.

Trata-se, portanto, de dispositivo de fundamental importância para o regime jurídico das companhias de capital disperso, regra geral orientadora do exercício do *poder-dever* que recai sobre os administradores na condição de verdadeiros controladores.

Ademais, não se deve olvidar a referência expressa do artigo 154 da LSA à atuação dos administradores tendo em vista as exigências do bem público e da função social da empresa. As normas nunca contêm palavras inúteis. O Direito Societário não pode ficar alheio à realidade, nem negar seu caráter cada vez mais publicista. A companhia aberta envolve não apenas o interesse dos acionistas como o de milhares de investidores e da própria poupança popular. Natural se esperar, portanto, algum controle social

---

[608] Cf. Martins, Fran, *Comentários à Lei das Sociedades Anônimas*, 3ª ed., Rio de Janeiro, Forense, 1989, pp. 367-368. Segundo Sampaio Campos, o objeto social é cláusula central do contrato de sociedade, em torno do qual gravitam as demais, pois representa essencialmente o risco a que os sócios concordaram em se submeter à vista da expectativa de geração de lucro. É em torno do objeto social que se concentra a chamada comunhão de escopo, que caracteriza o contrato de sociedade. O objeto social tem, ainda, a função de circunscrever a liberdade dos administradores e da própria assembleia, no sentido de que limita as atividades que a companhia pode exercer (in Lamy Filho, A., e Bulhões Pedreira, J. L., *Direito das Companhias*, cit., pp. 1.110-1.111).

sobre as sociedades anônimas[609], sobretudo aquelas de capital disperso. Ainda, como já visto, a função social da empresa deriva do corolário constitucional da função social da propriedade (artigo 170, III, da Constituição Federal). Conforme afirma Salomão Filho, "estendida à empresa, a ideia de função social [da empresa] é uma das noções de talvez mais relevante influência prática e legislativa no Direito brasileiro"[610]. Devem, portanto, os administradores buscar a maximização de valor aos acionistas, zelando pela preservação da empresa, dentro dos limites do interesse público e da função social daquela[611] – tudo em que linha com o que já se disse aqui sobre o interesse social – aproximando sua matriz de deveres e responsabilidades à do acionista controlador, estatuída no parágrafo único do artigo 116 da Lei das Sociedades Anônimas. Contudo, há pequenas sutilezas que diferenciam tais dispositivos.

O parágrafo único do artigo 116 diz expressamente que "o acionista controlador deve usar *o poder* com o *fim de fazer a companhia* realizar *o seu objeto* e *cumprir sua função social*, e tem deveres e responsabilidades para com os demais acionistas da empresa, os que nela trabalham e para com a comunidade em que atua, *cujos direitos e interesses deve lealmente respeitar e atender*" (grifou-se).

A regra matriz de responsabilidade do acionista controlador, primeiramente, fala em exercício do *poder* para *fazer a companhia* realizar seu objeto, não se limitando genericamente ao exercício do voto nas assembleias, mas se referindo a um verdadeiro *comando* da atividade, o que implica dizer que o acionista controlador deve fazer também com que os administradores (que presentam a companhia) realizem o objeto da companhia, ou seja, cumpram o disposto no artigo 154.

Este, por sua vez, faz referência ao exercício das *atribuições que a lei e o estatuto* conferem aos administradores. Ainda que o administrador seja dotado de um poder-função, o artigo não faz referência ao *poder de controle* – até porque, como se sabe, o controle gerencial não é ampla e

---

[609] V., por exemplo, o uso das regras de *full and fair disclosure* como instrumento de controle social (Leães, Luiz Gastão P. B., *Mercado de Capitais & Insider Trading*, São Paulo, RT, 1982, pp. 16 e 18.
[610] In *Sociedade Anônima: Interesse Público*, cit., p. 79.
[611] Cf. Toledo, Paulo Fernando Campos Salles de, *O Conselho de Administração na Sociedade Anônima – Estrutura, Funções e Poderes. Responsabilidade dos Administradores*, São Paulo, Atlas, 1997, pp. 55-56.

expressamente reconhecido pela LSA – que é poder de fato, que não necessariamente decorre da lei ou do estatuto.

Isto, por si só, seria uma grave insuficiência do dispositivo para suprir a inaplicabilidade do parágrafo único do artigo 116 como matriz de deveres e responsabilidades do administrador, *enquanto controlador*. Contudo, na ausência de uma regra geral que redefina o poder de controle não apenas fundado na participação acionária, como sugerimos, a regra do artigo 154, pragmaticamente, deve ser reinterpretada de maneira abrangente, para abarcar também o conceito de poder de controle, o que estaria perfeitamente alinhado com a interpretação sistemática e teleológica da LSA (partindo-se da presunção de que a lei busca imputar deveres e responsabilidades para o titular do poder de controle, como forma de proteção daqueles espoliados desse poder).

O dispositivo pertinente ao acionista controlador ainda fala em exercício do poder para *realização do objeto e cumprimento da função social [da companhia]*, estatuindo que o acionista controlador tem deveres e responsabilidades para com *os demais acionistas* da empresa, *os que nela trabalham e para com a comunidade* em que atua, *cujos direitos e interesses deve lealmente respeitar e atender.*

Já o artigo 154 aprega a atuação do administrador para lograr os *fins e no interesse da companhia*, satisfeitas as exigências do *bem público* e da *função social da empresa*. Como visto acima e avaliado pela doutrina, a lei, ao se referir a *lograr os fins* da companhia, quer se referir à realização do objeto social, tal como remete o parágrafo do artigo 116, e *no interesse da companhia*, referindo-se à realização do objeto com o escopo de lucratividade[612].

Esta última parte (interesse da companhia, ligado ao escopo-fim de lucratividade) não está presente no dispositivo do acionista controlador. Isto não significa, contudo, que o acionista controlador não deve perseguir o interesse da companhia. Primeiramente, nos termos do artigo 115 da LSA, todo acionista deve exercer seu voto no interesse da companhia. Além disso, o objetivo de lucro é inerente ao próprio contrato de sociedade e é, portanto, elemento constitutivo da formação de vontade de todo acionista (LSA, art. 2º). Por fim, caso o acionista controlador atue de forma contrária ao fim social, particularmente visando à obtenção de vantagens

---

[612] Cf. Sampaio Campos, Luiz Antonio, in Lamy Filho, A., e Bulhões Pedreira, J. L., *Direito das Companhias*, cit., pp. 1.110, Martins, Fran, *Comentários*, cit., pp. 574-575 e Toledo, Paulo Fernando C. S. de, *O Conselho de Administração*, cit., pp. 89-90.

indevidas para si ou para terceiros, incidirá em abuso de poder de controle, previsto no artigo 117 da LSA. Por outro lado, a vantagem do artigo 154, nesse sentido, é de que o dever de buscar a realização do interesse social é claro para o administrador.

Outro ponto que chama atenção é que o artigo 154 faz referência à satisfação das *exigências do bem público e da função social da empresa*, enquanto o parágrafo único do artigo 116 fala em *cumprir a função social [da companhia]*, referindo-se à existência de deveres e responsabilidades do acionista controlador para com os demais acionistas da empresa, os que nela trabalham e para com a comunidade em que atua, *cujos direitos e interesses deve lealmente respeitar e atender*.

A satisfação da função social da empresa (artigo 154) e o cumprimento da função social da companhia (perfil corporativo da empresa) parecem se equivaler, e devem ser entendidos como limites naturais (e legais) à realização do interesse social, como já visto. Essa noção de função social pode abarcar interesses dos trabalhadores e da comunidade em que a companhia atua, embora não necessariamente se confundam com o interesse da companhia.

O dispositivo dos administradores, por sua vez, não cria deveres e responsabilidades daqueles para com os demais acionistas, trabalhadores ou comunidade, muito menos os obriga a *atender* aos interesses destes. Nesse sentido, os deveres estatuídos para o acionista controlador parecem mais amplos, embora, na prática, a diferença seja inócua. Primeiramente, os únicos interesses dos acionistas que os administradores devem atender são aqueles que se confundem com os interesses da companhia. Como visto, por força do §1º do artigo 154 e do artigo 155, o administrador deve ser leal *à companhia*. Por outro lado, ainda que o acionista controlador tenha deveres e responsabilidades para com os trabalhadores e a comunidade, como visto, estes não são legitimados pela LSA para efetivar em juízo seus direitos. Trata-se, portanto, de meros princípios orientadores do exercício do poder de controle[613]. A menos que, por uma decisão legislativa, se decidisse efetivamente internalizar *outros interesses* no interesse da companhia,

---

[613] De acordo com Dworkin, princípios diferem-se das regras por não terem aplicação imediata a fatos concretos. Eles indicam uma direção a ser seguida, embora não gerem necessariamente uma particular decisão a ser tomada. Sua não aplicação, ao contrário das regras, não implica sua invalidade ou exclusão do sistema. São considerados como mandamentos de otimização, orientações que devem ser seguidas na maior medida possível (Dworkin, R. *Taking Rights Seriously*, Cambridge, Harvard University, 2001, p. 24).

melhor seria se o texto se limitasse ao cumprimento da função social da empresa, mais adequado à organização da ordem econômica constitucionalmente elegida.

Contudo, o dispositivo dirigido aos administradores fala em satisfação das exigências do bem público, como verdadeira condição para a realização do fim social. A lei não define, entretanto, o que seja o *bem público*. Trata-se de fórmula legal para traduzir o dever que assiste às companhias de se por em consonância com os interesses da sociedade a que serve e da qual se serve. A lei busca, assim, reconhecer o fato de que, segundo Lamy Filho, as decisões que as companhias adotam têm repercussão que ultrapassam de muito seu objeto estatutário, e se projetam na vida da sociedade como um todo. O poder empresarial, assim, participa do interesse público[614], que a todos cabe respeitar[615]. Mas quais seriam essas condições do bem público a serem atendidas?

Fran Martins faz alusão à influência decisiva que o poder público tem tido em relação às empresas em geral e das que se revestem da forma anônima em particular. Essa influência se faria sentir não apenas em relação aos que prestam serviços nas empresas – manutenção de escolas para os filhos dos empregados, restaurantes, creches, exames médicos obrigatórios – como, igualmente, da comunidade a que está ligado o empreendimento. As medidas que, em todo o mundo, são tomadas a respeito de poluição, a limitação ou mesmo proibição da fabricação de certos produtos considerados nocivos, a localização de indústrias em determinados lugares, de modo a não prejudicar o desenvolvimento racional das cidades – uma série

---

[614] Interessante contrastar a referência ao "interesse público" com o "interesse nacional" a que faz menção o artigo 117 da LSA (abuso de poder de controle do acionista controlador). O interesse nacional está ligado, etimologicamente, ao interesse da nação, como agrupamento político autônomo que ocupa território com limites definidos e cujos membros, ainda que não necessariamente com a mesma origem, língua, religião ou raça, respeitam instituições compartidas (leis, constituição, governo). É um conceito de Direito do Estado, que pode, ou não, englobar o interesse público (via de regra tendem a, ou deveriam, se confundir no Estado de Direito). Importante notar, nesse sentido, o contexto histórico e político da criação da LSA, e do seu objetivo de fomentar a "grande empresa nacional", ou seja, a S.A. foi concebida dentro de um plano político de desenvolvimento econômico nacional.

[615] Cf. Lamy Filho, A., *A Empresa – Formação e Evolução – Responsabilidade Social*, in Santos, Teophilo de Azeredo (coord.), *Novos Estudos de Direito Comercial em Homenagem a Celso Barbi Filho*, Rio de Janeiro, Forense, 2003, p. 15.

de medidas que são adotadas pelo poder público em relação às empresas, tendo em vista os interesses da coletividade[616].

Contudo, como já visto, as companhias – e, por conseguinte, os administradores – não estão obrigados a seguir ditos interesses senão em virtude de exigência legal, quando não for relevante para a maximização de valor aos acionistas[617]. Caso contrário, já não teriam mais lugar em nosso ordenamento companhias tabaqueiras, armamentistas ou carvoeiras. Por outro lado, seria desnecessário uma norma infra legal dizer que a lei (que determina ou protege o bem público) deve ser cumprida. Como se afirmou, as leis não contêm palavras desnecessárias. Assim, o atendimento das exigências do bem público deve ser compreendido sob dois aspectos: (i) como princípio; e (ii) como corolário da "responsabilidade social" dos administradores, impondo limite à sua responsabilização quanto à prática de atos gratuitos razoáveis em benefício dos empregados ou da comunidade de que participe a empresa (artigo 154, §4º).

8.3.1 Abuso e desvio de poder

Ainda na esteira da comparação entre as matrizes de deveres e responsabilidade do acionista controlador e dos administradores, convém refletir sobre a existência de diferenciação imposta pela lei ao coibir o *abuso* de poder de controle do acionista, assim como o *desvio* de poder dos administradores. Trata-se de critério de extrema significância para a responsabilização dos administradores como centro de poder na sociedade anônima.

Conforme ensina Comparato, o Direito Societário foi buscar no direito administrativo moderno, por iniciativa do Conselho de Estado francês (que emprega a noção de *excés de pouvoir*), as noções de abuso, desvio e excesso de poder, de grande utilidade hoje para aquele Direito[618].

A doutrina administrativa, ao tratar do tema, lembra que o excesso e o desvio do poder são espécies do gênero abuso de poder. Este poderia ser definido, então, em sentido amplo, como "o vício do ato administrativo que ocorre quando o agente exorbita de suas atribuições (excesso de poder), ou pratica o ato com finalidade diversa da que ocorre implícita

---

[616] In *Comentários*, cit., p. 576.
[617] Compartilha da mesma opinião Menezes Cordeiro, em relação ao dispositivo correlato do CSC (artigo 64º, 1, b) (in *Deveres Fundamentais*, cit., p. 15).
[618] In *O Poder de Controle*, cit., p. 363.

ou explicitamente da lei (desvio de poder)"[619]. Haveria, assim, ao tratar o artigo 154 do desvio de poder, uma limitação à responsabilidade do administrador, *enquanto titular do poder de controle*?

Conforme ensina Comparato, o *desvio* subentende uma via direta que deixou de ser seguida, para se atingir um alvo ou se chegar a um resultado. Pressupõe, pois, antes de tudo, a falha de um objetivo ou finalidade impostos pelo Direito, ou *aberratio finis legis*. O desvio de poder consiste num afastamento não da forma, mas do espírito da lei, representando ato típico de fraude à lei, e não necessariamente contra a lei. Do desvio de poder, por sua vez, deve ser destacado o excesso, que ocorre quando o agente, embora perseguindo fins consagrados ou impostos pela ordem jurídica, interfere, não obstante, de modo mais do que necessário na esfera jurídica alheia[620]. É a atuação além do limite das suas atribuições.

Ora, ainda que o título que antecede o artigo 154 da LSA fale expressamente em "desvio de poder", referido artigo deve ser interpretado de forma ampla, abrangendo as situações de abuso de poder, ou seja, tanto do desvio quanto do excesso. Isto resta claro da própria análise do artigo. Os exemplos de vedações trazidos pelo §2º filiam-se mais às hipóteses de excesso de poder do que propriamente desvio de finalidade. Ademais, o administrador, mesmo que controlador, exerce seu poder (de fato) na condição jurídica de administrador, isto é, sujeito às obrigações e limites da lei. Isto significa estar adstrito à realização do objeto social para consecução do objetivo imediato do lucro. A atuação com excesso de poderes dará ensejo à aplicação da doutrina dos atos *ultra vires*, resultando, portanto, na responsabilização do administrador.

Por fim, vale notar que o artigo 154, §2º, é econômico na exemplificação de atos caracterizadores de abuso de poder, se comparado à lista de exemplos trazida pelo artigo 117 da LSA. Uma das razões certamente é a pouca familiaridade do Direito brasileiro com o abuso de poder dos administradores – *vis-à-vis* o abuso de poder do acionista controlador. Como, em ambas as situações, a lei se limita a colacionar exemplos, não há prejuízo em matéria de proteção dos direitos dos acionistas. Contudo,

---

[619] Cf. di Pietro, Maria Sylvia Zanella, *Direito Administrativo*, São Paulo, Atlas, 2004, p.229. Nesse mesmo sentido, Meirelles, Hely Lopes, *Direito Administrativo Brasileiro*, 24ª ed. atualizada por Azevedo, Eurico Andrade, Aleixo, Délcio Balestero, e Burle Filho, José Emmanuel, São Paulo, Malheiros, 1999, p. 81.

[620] In *O Poder de Controle*, cit., p. 364.

certamente o esforço interpretativo do aplicador será maior quando da análise do problema na esfera dos administradores. Para tanto, pode e deve fazer uso da doutrina dos deveres fiduciários, acolhida pela LSA, e que, se não resume as hipóteses de abuso de poder, oferece importante subsídios para a responsabilização dos administradores.

8.4 Doutrina dos deveres fiduciários

Os deveres fiduciários dos administradores são disciplinados pelos artigos 153 a 158 da LSA. São eles os deveres de dar cumprimento às finalidades das atribuições do cargo e de não agir em conflito de interesses – dos quais já se tratou acima – dever de diligência, de lealdade, de sigilo, de informar e vigilância. De acordo com a Exposição de Motivos da LSA, referidos artigos "definem, em enumeração minuciosa, e até pedagógica, os deveres e responsabilidades dos administradores. É Seção de maior importância no Projeto porque procura fixar os padrões de comportamento dos administradores, *cuja observância constitui a verdadeira defesa da minoria e torna efetiva a imprescindível responsabilidade social do empresário*. Não é mais possível que a parcela de poder, em alguns casos gigantesca, de que fruem as empresas – e através delas, seus controladores e administradores – seja exercido em proveito apenas de sócios majoritários ou dirigentes, *e não da companhia, que tem outros sócios, e em detrimento, ou sem levar em consideração, os interesses da comunidade*" (grifo nosso).

Além dos deveres amplos e genéricos referidos acima, a LSA ainda destaca muitos outros deveres específicos, aplicáveis a hipóteses determinadas, além de deveres implícitos, dedutíveis de normas gerais ou mesmo de princípios societários.

Convém notar que a Lei das Sociedades Anônimas disciplina os deveres e responsabilidades dos administradores, fortemente inspirada na doutrina dos *fiduciary duties* do direito norte-americano, que visa à tutela direta da própria companhia e, indiretamente, das demais pessoas afetadas pelas atividades da sociedade[621]. A doutrina norte-americana e, em menor medida,

---

[621] Cf. Parente, Flávia, *O Dever de Diligência dos Administradores de Sociedades Anônimas*, Rio de Janeiro, Renovar, 2005, pp. 21-211, Toledo, Paulo Fernando Campos Salles, *O Conselho de Administração na Sociedade Anônima – Estrutura, Funções e Poderes. Responsabilidade dos Administradores*, São Paulo, Atlas, 1997, p. 53, e Zanini, Carlos Klein, *A Doutrina dos "Fiduciary Duties" no Direito Norte-Americano e a Tutela das Sociedades e Acionistas Minoritários Frente aos Administradores das Sociedades Anônimas*", in *RDM*, n. 109, p 138.

a britânica, influenciaram fortemente a disciplina dos deveres fiduciários mundo afora, com base na evolução do conceito de *trustee*.

De fato, conforme aponta Hopt, no Direito Societário da Europa Continental, os membros da administração são tradicionalmente considerados como órgãos da companhia, com deveres e responsabilidades descritos mais ou menos de modo geral. Na lei alemã das sociedades por ações, de 1965, por exemplo, existiam apenas três breves parágrafos que tratam da matéria relativa ao bom comportamento do conselho, disciplinando a remuneração, que deve ser adequada, a proibição imposta aos membros do conselho de concorrer com a companhia e a concessão de créditos, pela companhia, para seus conselheiros. Além disso, existe apenas uma regra geral estipulando que, na condução dos negócios sociais, os membros do conselho de direção devem empregar o cuidado de um administrador diligente e consciencioso[622].

Nos EUA, a atuação dos administradores é pautada pela regra da *"business judgment rule"*[623]. Tal regra não se encontra positivada, tendo sido

---

[622] In *Deveres Legais*, cit., p. 606.

[623] O instituto teve sua origem no julgamento do caso *Otis & Co. vs. Pennsylvania R. Co.*, 61 F. Supp. 905 (D.C. Pa. 1945) nos Estados Unidos, por meio do qual a Corte Federal americana determinou que erros cometidos no exercício das atribuições de um administrador, sobretudo no que tange ao julgamento de um negócio, não o sujeita à responsabilidade por negligência perante os acionistas. Recentemente, a regra foi incorporada ao direito escrito alemão (AktG, § 93 (2)), em 22 de setembro de 2005, e no Direito português, no artigo 72, n. 2 do Código de Sociedades Comerciais. Apesar da inspiração norte-americana, a transposição da *business judgment rule* para a Alemanha obedeceu a necessidades efetivas. Na verdade, no caso alemão, observava-se que as situações de responsabilidade dos administradores, designadamente das décadas do pós-guerra, eram relativamente escassas: o § 93 chegou a ser comparado a um "tigre de papel". A partir de 1998, mercê das alterações introduzidas no § 147 pelo KonTrag, as situações de responsabilidade multiplicaram-se, sendo absorvidas pelas companhias seguradoras. Os *lobbies* destas companhias levaram à adoção da regra, tanto mais que o UMAG de 2005, atingindo o § 148, foi facilitar, de novo, a responsabilidade dos gestores. Com a seguinte consequência prática: em casos de negligência, a responsabilidade é excluída quando se mostre que o administrador agiu dentro da razoabilidade dos negócios (cf. Menezes Cordeiro, António, *Os Deveres Fundamentais*, cit., p. 3). No Brasil, ela não é expressamente reconhecida, mas é, como aponta Adamek, um desdobramento do próprio sistema de responsabilidade civil dos administradores e, portanto, mesmo no Direito brasileiro, tem ela aplicação na definição da responsabilidade civil por falta da gestão (in *Responsabilidade Civil*, cit., p. 131) (em sentido diverso, pelo reconhecimento expresso da *business judgment rule* no artigo 159, § 6º, da LSA, v. Correa-Lima, Osmar Brina, *Sociedade Anônima*, 3ª ed., Belo Horizonte, Del Rey, 2005, p. 200).

desenvolvida em grande parte pelos tribunais. Ela estabelece a presunção de que, ao decidirem a respeito da realização de determinado negócio, os administradores da companhia agiram de boa-fé e no interesse da companhia. Assegura-se, assim, discricionariedade na tomada de decisão dos administradores, ao mesmo tempo em que afasta a presunção de culpa por eventuais prejuízos causados por decisões negociais[624]. Trata-se de regra cara ao desenvolvimento da atividade empresarial[625]. No entanto, as decisões negociais dos administradores não podem ser tomadas de maneira absolutamente livre. Seus limites são impostos justamente pelos deveres fiduciários. A seguir serão tratados os principais aspectos da LSA relacionados à matéria, sem, contudo, fugir à linha mestra deste estudo. Não se busca aqui, portanto, produzir nenhum grande tratado ou sequer um pequeno manual sobre deveres fiduciários.

i) Dever de diligência

Os padrões de conduta dos administradores têm sido determinados, nos EUA, pelas decisões das cortes do Estado de Delaware. O primeiro dever é o de diligência. De acordo com a Suprema Corte do Estado de Delaware, tal dever é caracterizado pela obrigação do administrador agir bem informado, após consideração de todas as questões relevantes para o negócio e apropriada deliberação, incluindo o recurso ao devido assessoramento legal e financeiro[626]. Como aponta Parente, o dever de diligência pode ser decomposto em múltiplos aspectos, quais sejam: "(i) dever de se

---

[624] Cf. Parente, Flávia, *O Dever de Diligência dos Administradores de Sociedades Anônimas*, Rio de Janeiro, Renovar, 2005, p. 71, e Lipton, Martin, e Steinberger, Erica H., *Takeovers & Freezeouts* (1978), vol. 1, New York, Law Journal, 2005, p. 5A-4.

[625] Sobre a aplicação da regra, vis-à-vis o Direito brasileiro, v. Adamek, Marcelo Vieira von, *Responsabilidade Civil*, cit., pp. 129-131.

[626] V. *Smith v. Van Gorkom*, 488 A.2d 858, 874 (Del. 1985). Nesse caso, Van Gorkom, CEO da Trans Union Corporation, conseguiu aprovar a alienação do controle da companhia mediante exposição de 20 minutos aos membros do órgão de administração, sem que estes fizessem qualquer indagação. Segundo relatos, Van Gorkom teria assinado os documentos do negócio durante uma ópera, sem sequer revisá-los. A Suprema Corte de Delaware entendeu que os administradores não se informaram adequadamente a respeito do valor da companhia, nem sobre a negociação proposta e, portanto, não gozavam do direito à proteção fornecida pela *business judgment rule*. As obrigações decorrentes do dever de diligência vieram posteriormente a serem conhecidas como "obrigações Van Gorkom" (cf. Parente, Flávia, *O Dever de Diligência*, cit., pp. 79-81, Lipton, Martin, *Takeovers*, cit., p. 5A.01, e Ribas, Gustavo Santamaría Carvalhal, *Das aquisições hostis na prática norte-americana e a perspectiva brasileira*, in RDM, n. 141, p. 126).

qualificar para o exercício do cargo (...); (ii) dever de bem administrar, que consiste na atuação do administrador visando à consecução do interesse social, dentro dos limites do objeto social; (iii) dever de se informar, o qual impõe aos administradores a obrigação de obter todas as informações necessárias ao desenvolvimento adequado do negócio social; (iv) dever de investigar, segundo o qual os administradores devem não apenas analisar criticamente as informações que lhes foram fornecidas para verificar se são suficientes ou devem ser complementadas, como também, de posse destas informações, considerar os fatos que podem eventualmente vir a causar danos à sociedade, tomando as providências cabíveis para evitar que tal ocorra; e (v) dever de vigiar, que consiste na obrigação permanente de os administradores monitorarem o desenvolvimento das atividades sociais"[627]. Trata-se, portanto, o dever de diligência, de dever abrangente, que se relaciona de maneira direta com os demais deveres fiduciários[628].

Crítica comum que se faz à LSA refere-se à definição do parâmetro de conduta do administrador. Dispõe o artigo 153 que o administrador da companhia deve empregar, no exercício de suas funções, o cuidado e diligência que todo *homem ativo e probo* costuma empregar na administração dos seus próprios negócios. A lei traduziu, assim, a fórmula romana do *vir diligens ac probus*, porém adotando como parâmetro um cidadão qualquer e não um administrador empresário[629]. Assim, o legislador teria desconsiderado as exigências de competência, formação teórica e experiência profissional, exigida atualmente de todo administrador de empresa.

De forma que parece mais adequada, a AktG alemã, § 93 (1), estabelece como critério o cuidado de um homem de negócios diligente e consciencioso[630]. Já nos EUA, o MBCA estipula o dever de o administrador agir *"with*

---

[627] in *O Dever de Diligência*, cit., pp. 101-102.

[628] De acordo com Lamy Filho e Bulhões Pedreira, o dever de diligência é o dever de maior amplitude, sendo que os demais, a rigor, constituem "meros desdobramentos e exemplificações do padrão de comportamento dos administradores definido pela lei em vigor" (in *A Lei das S.A.*, cit., p. 235).

[629] Toledo, por exemplo, critica a redação afirmando que "a lei brasileira, em boa parte moderna, nesse ponto ficou atrás, até do Código Comercial. Este, com efeito, ao tratar do mandato mercantil, dispõe que o mandatário deve empregar 'na sua execução a mesma diligência que qualquer comerciante ativo e probo costuma empregar na gerência dos seus próprios negócios'" (in *O Conselho de Administração*, cit., p. 87).

[630] No original: "*§93 (1) Die Vorstandsmietglieder haben bei ihrer Geschäftsführung die Sorgfalt eines ordentlichen und gewissenhaften Geschäftleiters anzuwenden (...)*".

the care that a person in a like position *would reasonably believe appropriate under circumstances*". No mesmo sentido, o Código de Sociedades Comerciais Português estipula, em seu artigo 64, que os "gerentes, administradores ou diretores de uma sociedade devem atuar com a diligência de um *gestor criterioso e ordenado*, no interesse da sociedade, tendo em conta os interesses dos sócios e dos trabalhadores". Até mesmo o Direito italiano, sensível à tendência de se exigir uma diligência especial dos administradores da companhia, reformou o padrão de comportamento do *bonus paterfamilias* que então vigorava. A nova redação do artigo 2.392 do *Codice Civile* dispõe que *"gli amministratori devono adempiere i doveri ad essi imposti dalla legge e dallo statuto con la diligenza richiesta dalla natura dell'incarico e dalle loro specifiche competenze"*.

A questão se agrava, contudo, na medida em se constata que a LSA não impõe qualquer requisito qualitativo para ocupação dos cargos de membros da administração (artigos 146 e 147). Estudos demonstram, por exemplo, que a efetividade no desempenho das atribuições dos administradores, especialmente na supervisão dos diretores, depende não apenas dos incentivos que recebem para executar adequadamente suas funções, mas da sua própria capacidade de fazê-lo[631].

Não obstante, como bem observa Adamek, importa reconhecer que as dificuldades envolvendo o dever de diligência não decorrem do *standard* adotado pelo legislador, mas, de certo que sim, resultam da aplicação do *standard* ao caso concreto; mais especificamente, resultam da árdua tarefa de extrair, à luz das particularidades do caso concreto, o comportamento que se poderia razoavelmente esperar do administrador em hipóteses

---

[631] Cf. Hillman, A. J., Dalziel, T., *Boards of Directors and Firm Performance: Integrating Agency and Resource Dependence* Perspectives, in *Academy of Management* Review, n. 28, s.l., s.e., 2003, pp. 383-396 e Tugle, C.S., Sirmon, D. G., Reutzel, C. R., *Commanding Board of Directors Attention: Investigating How Organizationl Performance and CEO Duality Affect Board Member's Attention to Monitoring*, in *Strategic Management journal*, n. 31, s.l., s.e., 2010, pp. 946-968. Por exemplo, uma das conclusões da comissão investigativa sobre o escândalo financeiro envolvendo os administradores da Enron é a de que o órgão diretivo *"should be faulted...for failing to probe and understand the information that did come to it"* (cf. Rosen, Robert, *Risk Management and Corporate Governance: The Case of Enron*, in *Connecticut Law Review*, vol. 35, s.l., s.e., 2003, pp. 1157-1184). Nesse mesmo sentido, estudos empíricos evidenciam a importância da educação para os administradores (cf. Dionne, Georges, e Trikki, Thouraya, *Risk Management and Corporate Governance: The Importance of Independence and Financial Knowledge for the Board and the Audit Commitee*, in *HEC Montreal Working Paper n. 05-03*, Montreal, disponível [*on-line*] in http://ssrn.com/abstract=730743 (c. 17.11.12)).

semelhantes. Essa diligência não é uniforme ou geral, pelo contrário, deve ser analisada caso a caso, de acordo com as circunstâncias envolvidas, como, por exemplo, o tipo de atividade exercida pela companhia, sua dimensão e importância, os recursos disponíveis aos administradores, o momento e as circunstâncias que envolveram a tomada de decisão, etc.[632]. Nesse sentido, os padrões de diligência de administradores de companhias abertas naturalmente devem ser mais elevados, pois pressupõem algum grau de sofisticação e especialização dos seus administradores. Isso tudo, todavia, faz da regra ser de muito difícil aplicação no caso concreto.

ii) dever de lealdade e conflito de interesses

Outro dever consagrado na jurisprudência norte-americana, do qual a vedação do conflito de interesses – já tratada acima – é corolária, é o de lealdade. Com base nesse dever, a *business judgment rule* pode ser afastada nas hipóteses em que o administrador se colocar em situação de conflito com a companhia, seja por atuar como parte contrária em um negócio com a companhia ou por obter algum benefício particular[633].

O administrador deve, portanto, ser fiel aos interesses e à finalidade da companhia, honrando os compromissos assumidos. Nos dizeres de Toledo, "deve servir à companhia, e não servir-se dela"[634]. Para que esta norma não fique apenas no plano ideal, o legislador exemplifica, indicando condutas específicas vedadas ao administrador. A enumeração tem início pela proibição do uso de oportunidades comerciais, quando conhecidas em virtude do exercício do cargo. A regra é equivalente à das *corporate opportunities* do Direito norte-americano[635]. A vedação compreende a utilização em benefício próprio e de terceiros, e persiste até nos casos em que a companhia não é prejudicada pela conduta. A norma, como se depreende, é de natureza formal, e não material, caracterizando-se a infração independentemente dos resultados[636].

---

[632] In *Responsabilidade Civil*, cit., p. 129.
[633] V. *Cede & Co. v. Technicolor, Inc.* 634 A.2d 345, 361 (Del. 1993).
[634] In *O Conselho de Administração*, cit., p. 94.
[635] Para definir oportunidade comercial pode-se utilizar a *Section* 5.05 (b) do *American Law Institute's Corporate Governance Project* que a caracteriza como aquela em que *"(1) the director should reasonable believe was offered to the corporation, (2) the director believes would be of interest to the corporation, or (3) is 'closely related' to a business in which the corporation is engaged or expects to be engaged.*
[636] Cf. Toledo, Paulo F. C. S. de, *O Conselho de Administração*, cit., p. 95.

A lei aguarda do administrador dedicação total à companhia – embora não exija exclusividade – e, para propiciá-la, estabelece que os interesses daquele não podem se confundir com os desta. A vedação objetiva cortar o mal pela raiz, buscando evitar situações que, surgidas, dariam ensejo a que o administrador pudesse se afastar de seu dever de lealdade.

Já o inciso seguinte do artigo 155 da LSA analisa as oportunidades comerciais sobre outro ângulo, o da omissão. Não pode o administrador deixar de aproveitar oportunidades de negócio de interesse da companhia, visando à obtenção de vantagens para si ou para outrem.

Vai mais além a lei, ao proibir que o administrador se omita no exercício ou proteção de direitos da companhia. Trata-se de regra de fundamental importância para a completude do sistema de responsabilização dos administradores. Este responderá não apenas quando agir com desvio ou excesso de poder, mas também quando deixar de agir na defesa dos interesses da companhia, resultando na responsabilização por omissão, que, por exemplo, não é explicitamente reconhecida na lei para o acionista controlador (o artigo 117 lista apenas condutas comissivas, embora a doutrina, como já visto anteriormente, admita, com razão, a responsabilização por omissão). Esta noção será importante, por exemplo, quando se analisar a postura dos administradores no âmbito de uma OPA para aquisição do controle[637].

iii) dever de sigilo

Ao lado do dever de lealdade, cuida a lei da repressão ao uso de informações privilegiadas (*insider trading*). Conforme Leães, conceitua-se o *insider trading* como a "utilização de informações confidenciais da empresa pelos administradores e controladores em proveito próprio, ao negociar com ações da sociedade"[638]. Mais precisamente, a lei determina que cumpre ao administrador de companhia aberta "guardar sigilo sobre qualquer informação que ainda não tenha sido divulgada para conhecimento do mercado, obtida em razão do cargo e capaz de influir de modo ponderável na cotação de valores mobiliários, sendo-lhe vedado valer-se da informação para obter, para si ou para outrem, vantagem mediante compra ou venda de

---

[637] Ou seja, o administrador *deve* se posicionar sobre a OPA, ainda que a CVM tenha se omitido de adentrar na questão quando da reforma da Instrução CVM nº 361/02. V., nesse sentido, Oioli, E. F., *A Oferta Pública de Aquisição*, cit., pp. 136 e ss.

[638] In *Mercado de Capitais e "Insider Trading"*, tese apresentada à Faculdade de Direito da Universidade de São Paulo, 1978, p. 97.

valores mobiliários". O administrador deve ainda zelar para que a violação do disposto acima não possa ocorrer através de subordinados ou terceiros de sua confiança, sendo, ainda, vedada a utilização de informação relevante ainda não divulgada, *por qualquer pessoa* que a ela tenha tido acesso, com a finalidade de auferir vantagem, para si ou para outrem, no mercado de valores mobiliários.

Na estrutura da companhia, os administradores ocupam posição na qual, para poderem exercer de modo eficiente suas funções, devem ter contato com todas as informações corporativas relevantes para corretamente decidir e orientar a atividade empresarial. No exercício de suas atribuições, assim, tomam contato com informações confidenciais, como as que envolvem, por exemplo, segredos industriais, planos de atuação, operações contratuais estratégicas. Tais informações podem resultar num prejuízo para a sociedade ou em um benefício para seus concorrentes, exigindo dos administradores o dever geral de sigilo. E, como resultado do dever de lealdade, devem não apenas guardar sigilo como também não utilizar as informações privilegiadas para proveito próprio ou de terceiros.

Cabe destacar que o assunto também é disciplinado pela CVM, por meio da Instrução CVM nº 358/02, que por sua vez tem fundamento não no artigo 155 da LSA, mas na Lei nº 6.385/76, que estabelece as diretrizes de atuação da CVM no mercado de capitais. Tal regra é, portanto, mais ampla, pois não se ocupa do detalhamento do dever de lealdade dos administradores, mas da proteção do mercado como um todo, o que se mostra mais próximo e adequado à realidade das companhias de capital disperso.

Assim, referida regra determina que cumpre aos administradores (além dos acionistas controladores, membros do conselho fiscal e de quaisquer órgãos com funções técnicas ou consultivas, criados por disposição estatutária, e empregados da companhia), guardar sigilo sobre as informações relativas a ato ou fato relevante às quais tenham acesso privilegiado em razão do cargo ou posição que ocupam, até sua divulgação ao mercado, bem como zelar para que subordinados e terceiros de sua confiança também o façam, respondendo solidariamente com estes na hipótese de descumprimento. Ainda, antes da divulgação ao mercado de ato ou fato relevante ocorrido nos negócios da companhia, é vedada a negociação com valores mobiliários de sua emissão, ou a eles referenciados, pela própria companhia aberta, pelos acionistas controladores, diretos ou indiretos, diretores, membros do Conselho de Administração, do Conselho Fiscal e de quaisquer órgãos com funções técnicas ou consultivas, criados por disposição estatutária, ou por quem quer que, em virtude de seu cargo, função ou posição na companhia aberta, sua controladora, suas controladas ou coligadas, tenha conhecimento da informação relativa ao ato ou fato relevante.

A vedação de negociar com valores mobiliários também se aplica aos administradores que se afastem da administração da companhia antes da divulgação pública de negócio ou fato iniciado durante seu período de gestão, e se estenderá pelo prazo de seis meses após o seu afastamento. Também prevalecerá a vedação (i) se existir a intenção de promover incorporação, cisão total ou parcial, fusão, transformação ou reorganização societária; e (ii) em relação aos acionistas controladores, diretos ou indiretos, diretores e membros do conselho de administração, sempre que estiver em curso a aquisição ou a alienação de ações de emissão da companhia pela própria companhia, suas controladas, coligadas ou outra sociedade sob controle comum, ou se houver sido outorgada opção ou mandato para o mesmo fim.

Além do maior detalhamento, a regulamentação trabalha o conceito de "fato ou ato relevante", que também é mais amplo que a simples informação capaz de "influir de modo ponderável na cotação de valores mobiliários" prevista na LSA. Assim, considera-se relevante, qualquer decisão de acionista controlador, deliberação da Assembleia Geral ou dos órgãos de administração da companhia aberta, ou qualquer outro ato ou fato de caráter político-administrativo, técnico, negocial ou econômico-financeiro ocorrido ou relacionado aos seus negócios que possa influir de modo ponderável: (i) na cotação dos valores mobiliários de emissão da companhia aberta ou a eles referenciados; (ii) na decisão dos investidores de comprar, vender ou manter aqueles valores mobiliários; ou (iii) na decisão dos investidores de exercer quaisquer direitos inerentes à condição de titular de valores mobiliários emitidos pela companhia ou a eles referenciados[639].

iv) dever de informar

Por fim e não menos importante, entre os deveres expressamente enunciados na LSA, há o dever de informar (*duty of disclosure*) dos administradores. Na verdade, trata-se de uma das mais importantes ferramentas de monitoramento dos administradores.

---

[639] Sobre o *insider trading* na LSA e na regulação da CVM, v. Proença, José Marcelo Martins, *Insider Trading. Regime Jurídico do Uso de Informações Privilegiadas no Mercado de Capitais*, São Paulo, Quartier Latin, 2005.

O dever de informar desdobra-se em três modalidades distintas: (i) dever de declaração no termo de posse; (ii) dever de revelação à Assembleia Geral Ordinária; e (iii) dever de comunicação e divulgação. Nos dois primeiros casos, as informações voltam-se precipuamente para os acionistas da sociedade. Na última, contudo, as informações dirigem-se ao mercado de capitais como um todo, sendo também mais bem detalhadas na regulamentação pela CVM, por meio da Instrução CVM nº 358/02, como já visto. Ainda, na primeira hipótese, as informações dizem respeito à pessoa do administrador, enquanto na última referem-se à companhia e, na segunda, pode enquadrar-se em uma ou outra alternativa.

De acordo com o artigo 157, § 1º, da LSA, o administrador de companhia aberta é obrigado a revelar à Assembleia Geral Ordinária, a pedido de acionistas que representem 5% (cinco por cento) ou mais do capital social: (a) o número dos valores mobiliários de emissão da companhia ou de sociedades controladas, ou do mesmo grupo, que tiver adquirido ou alienado, diretamente ou através de outras pessoas, no exercício anterior; (b) as opções de compra de ações que tiver contratado ou exercido no exercício anterior; (c) os benefícios ou vantagens, indiretas ou complementares, que tenha recebido ou esteja recebendo da companhia e de sociedades coligadas, controladas ou do mesmo grupo; (d) as condições dos contratos de trabalho que tenham sido firmados pela companhia com os diretores e empregados de alto nível; e (e) quaisquer atos ou fatos relevantes nas atividades da companhia. Por meio dessas informações, os acionistas ficam cientes das possíveis ligações, presentes ou passadas, do administrador com a companhia e com seu controlador, assim como tomam ciência de indícios de abusos cometidos e de outros fatos relevantes.

Certamente, o quórum mencionado no referido §1º é um daqueles que merecem ser revistos, tal qual não deve prosperar a limitação de exercício do direito de solicitar informações ao âmbito da Assembleia Geral Ordinária, como sugere a literalidade da lei. Não há justifica para não permitir que os acionistas solicitem informações em Assembleia Geral Extraordinária, fórum no qual muitas vezes tomam eles o primeiro contato com os diretores, que são eleitos pelo Conselho. Aguardar a realização da AGO só contribui para que o tempo macule a utilidade da informação e apague falhas da administração.

Por outro lado, dada a relevância da informação como instrumento de monitoramento da administração – relativamente de baixo custo, diga-se – *de lege ferenda* a regra deveria ser repensada. Não há justificativa para que a divulgação de tais informações seja restrita à Assembleia Geral e a pedido de determinados grupos de acionistas. Se é certo que o administrador exerce suas funções para a companhia e não para atender aos interesses de determinados grupos, toda e qualquer informação sobre atos ou fatos que importem na criação de vínculos de qualquer natureza dos administradores com a companhia ou que infiram a existência de qualquer interesse em particular dos administradores em relação à companhia (dos quais aqueles enumerados no artigo 157, §1º, são exemplo), deveriam ser imediatamente divulgados a todos os acionistas, independentemente de solicitação.

Isto porque é fundamental que os acionistas, presentes ou futuros, da companhia tenham conhecimento dos verdadeiros vínculos de interesse dos administradores com relação a ela. É a forma mais simples, pois, de se avaliar a verdadeira persecução do interesse social.

Poder-se-ia contra-argumentar, entretanto, que tal modificação não seria necessária, pois na medida em que a efetiva existência de tais interesses é relevante para os acionistas, já existiria a obrigatoriedade de divulgação sob a forma de fato relevante. Tal suposição seria ingênua, pois, como se sabe, a divulgação de um fato ou ato relevante passa, antes, por um juízo subjetivo dos administradores. De acordo com o entendimento dominante da CVM, cabe aos administradores o julgamento do que seja relevante ou não para a companhia[640]. Naturalmente que este juízo, neste caso, não poderia ser contaminado por interesses conflitantes.

Como contraponto, poder-se-ia cogitar, de forma análoga à divulgação de ato ou fato relevante, a possibilidade de manter sob sigilo determinadas informações, sempre que necessárias para resguardar interesse legítimo (da companhia)[641]. Neste caso, entende-se que tais informações deveriam, de qualquer forma, serem disponibilizadas ao Conselho Fiscal, que ficaria encarregado de zelar pelo cumprimento das finalidades da administração, bem como da divulgação da informação sempre que entender necessária para o resguardo dos interesses da companhia.

Como última observação, impõe-se o reconhecimento de que o dever de sigilo e o dever de informar andam juntos e impõem um tênue

---

[640] Cf. Processo Administrativo Sancionador CVM Nº RJ 2011/10752 e atas de reunião do colegiado da CVM de 6.11.2009 e 5.1.2010.

[641] O conteúdo das informações a serem (ou não) divulgadas também deveria ser regulamentado, pensando-se, também, por outro lado, na preservação do sigilo de informações pessoais, seja por razões legais, seja por motivos de segurança.

balanceamento entre o que deve ser informado e o que deve ser mantido em sigilo, o que, em regra, cabe à fiscalização da CVM. Porém, o elo entre tais deveres e a razão de sua aplicação encontra-se no dever de lealdade. A regra, sob a perspectiva de monitoramento dos administradores, é a prevalência do dever informar. Contudo, é o dever de lealdade, que se posto à prova, deve orientar a manutenção do sigilo de determinadas informações.

v) dever de vigilância

O dever de vigilância (*duty to monitor*) é um dever genérico e *implícito*. Sua acolhida no ordenamento jurídico brasileiro é deduzida dos §§ 1º e 4º do artigo 158 da LSA e, em última instância, constitui também desdobramento do dever de diligência.

Não se trata, aqui, do dever de fiscalização de determinados órgãos em relação a outros (cf. artigos 142, III, e 163, I) da LSA. O dever geral de vigilância existe não apenas no relacionamento entre órgãos, mas também dentro deles, de membro a membro. Trata-se de dever individual de cada administrador[642].

De fato, da leitura dos §§ 1º e 4º do artigo 158 da LSA, conclui-se que não pode o administrador permanecer inerte perante a atuação de outro administrador, mas dentro do âmbito de suas atribuições, deve estar atento ao que vem sendo praticado na administração.

Embora apenas implícito na lei, trata-se de dever de grande importância sob a ótica de monitoramento da administração, que mereceria mais destaque da lei e dos aplicadores do Direito. É uma espécie de segundo patamar de supervisão dentro dos órgãos de administração. Existe aquele expressamente estatuído em lei em relação ao Conselho de Administração como um todo (artigo 142, III, da LSA) e este dever de vigilância individual, que se aplica tanto de órgão a órgão, como dentro do mesmo órgão, inclusive na Diretoria. Ou seja, é um dever geral que cabe a todos os administradores, exigindo dele senso crítico sobre o andamento dos negócios e, caso se deparem com conduta ilícita, violadora da lei ou dos estatutos, os obriga a tomar medidas apropriadas para impedir a prática do ato danoso. Caso não as tomem, os administradores respondem solidariamente pela reparação dos danos, mesmo que não tenham participado diretamente do ato. Respondem, ainda, pelo mesmo descumprimento do dever de vigilância, por não tomarem parte das reuniões dos órgãos administrativos ao

---

[642] Cf. Adamek, M. V. von, *Responsabilidade Civil*, cit., p. 180.

qual pertencem, abandonarem suas funções ou delegá-las a subordinados sem a devida supervisão[643].

vi) outros deveres gerais e específicos

Os deveres gerais descritos na LSA são, como visto, desdobramentos do dever de diligência e de lealdade. Além daqueles expressamente indicados nos artigos 153 a 158 da LSA, outros deveres gerais também são eventualmente indicados pela doutrina, como, por exemplo, (i) dever de produzir relatório sobre os negócios sociais e os principais fatos administrativos do exercício social findo, bem como de prestar contas da gestão social (artigos 133, I, e 133, I, da LSA); (ii) dever de obediência às leis e aos estatutos sociais (artigo 158, I, da LSA); (iii) dever de não concorrência (artigo 147, §3º, I e II); (iv) dever de dar cumprimento às deliberações válidas da Assembleia Geral; e (v) dever de não cumprir decisões de outros órgãos ou de terceiros, usurpadoras de competências privativas.

Ainda, afora tais deveres gerais, a Lei das Sociedades Anônimas contempla deveres específicos esparsos, muitos dos quais envolvendo obrigações de resultado, diante das quais não é suficiente a mera atuação diligente do administrador[644]. A título de meros exemplos, poder-se-ia citar: (i) dever dos primeiros administradores de prontamente cumprir as formalidades complementares à constituição da companhia (artigo 99 da LSA); (ii) dever de manter a escrituração dos livros sociais e tempestivamente registrar atos de emissão e substituição de certificados e de transferências e averbações (artigo 104, *caput* e parágrafo único); (iii) dever de elaborar e apresentar o relatório e as demonstrações financeiras, e de publicá-los e colocá-los à disposição dos acionistas (artigos 133 e 176 da LSA); (iv) dever de convocar a assembleia geral, nos casos e na forma previstos em lei (artigos 123 e 132 da LSA); (v) dever de participar da Assembleia Geral (artigo 134, §1º) e assim por diante[645]; (vi) promover o arquivamento e publicação dos atos da operação de cisão (artigo 229, §4º da LSA). São, todavia, deveres ligados às atribuições legais do cargo e não propriamente deveres fiduciários, muito embora estes devam ser observados no cumprimento de qualquer obrigação dos administradores.

---

[643] Cf. Galgano, Francesco, *La Società per Azioni*, cit., p. 295 e Adamek, M. V. von, *Responsabilidade Civil*, cit., pp. 180-181.
[644] Cf. Adamek, M. V. von, *Responsabilidade Civil*, cit., p. 183.
[645] Idem, p. 184.

8.4.1 O Parecer de Orientação CVM nº 35/08

Material interessante sobre a aplicação prática dos deveres fiduciários se revela no PO nº 35/08, sobre "deveres fiduciários dos administradores nas operações de fusão, incorporação e incorporação de ações envolvendo a sociedade controladora e suas controladas ou sociedades sob controle comum", a par das polêmicas sobre a aplicação do conflito de interesses e proibições de voto que giram em torno do assunto[646] e sobre o conteúdo do PO nº 35/08[647].

Nesse contexto, os administradores da companhia controlada, ou de ambas as companhias sob controle comum, têm uma função relevante a cumprir. Na sistemática da Lei nº 6.404/76, cabe a eles negociar o protocolo de incorporação ou fusão que será submetido à aprovação da Assembleia Geral. Ao negociar o protocolo, os administradores devem cumprir os deveres fiduciários que a lei lhes atribui, defendendo os interesses da companhia que administram e de seus acionistas, assegurando a fixação de uma relação de troca equitativa.

De acordo com o PO nº 35/08, é pacífico na CVM o entendimento de que o artigo 264 da LSA criou um regime especial para as operações de fusão, incorporação e incorporação de ações envolvendo a sociedade controladora e suas controladas ou sociedades sob controle comum, deixando claro que o controlador pode, via de regra, exercer seu direito de voto nessas operações. Também é pacífico nesta autarquia o entendimento de que a relação de troca das ações pode ser livremente negociada pelos administradores, segundo os critérios que lhes pareçam mais adequados.

De fato, a sistemática do artigo 264 teria por objetivo disciplinar as situações de reorganização societária onde o equilíbrio natural obtido pela

---

[646] V., sobre o tema, França, Erasmo Valladão A. e N., *O Conceito de 'Benefício Particular' e o Parecer de Orientação 34 da CVM*, in *Temas de Direito Societário*, cit., pp. 568-582, e *Ainda o Conceito de Benefício Particular – Anotações ao Julgamento do Processo CVM n. RJ-2009/5.811*, São Paulo, Malheiros, in RDM, v. 47, n. 149/150, 2008, pp. 293-322.

[647] Luiz Leonardo Cantidiano e Paulo Cézar Aragão tecem críticas à elaboração do parecer, quanto ao conteúdo e conveniência. O primeiro, inclusive, entende inadequada a utilização dos pareceres de orientação com o propósito dado pela CVM, em violação à Deliberação CVM nº 1, de 23.2.1978 (in *Incorporação de Sociedades e Incorporação de Ações*, in Castro, Rodrigo R. M. de, e Azevedo, Luis André N. de M., *Poder de Controle*, cit., p. 153). Para o segundo, o PO nº 35/08 foi uma forma de a CVM contornar a impossibilidade de revogação por ato administrativo da disciplina do artigo 264 da LSA, dada uma suposta insatisfação com a tutela dos acionistas minoritários conferida pelo referido artigo (in *O Parecer de Orientação 35/2008 da CVM e a Incorporação de Companhia Fechada por sua Controladora Companhia Aberta*, in Adamek, Marcelo V. von (coord.), *Temas de Direito Societário*, cit., p. 525).

contraposição de interesses opostos pode ser comprometido, ou seja, em casos em que não há, efetivamente, duas maiorias distintas negociando. Assim, na incorporação, pela controladora, de companhia controlada, a justificação, apresentada à Assembleia Geral da controlada, deverá conter, além das informações previstas nos artigos 224 e 225 da LSA, o cálculo das relações de substituição das ações dos acionistas não controladores da controlada com base "no valor do patrimônio líquido das ações da controladora e da controlada, avaliados os dois patrimônios segundo os mesmos critérios e na mesma data, a preços de mercado, ou com base em outro critério aceito pela Comissão de Valores Mobiliários, no caso de companhias abertas". Pretende-se, com isso, oferecer aos acionistas de ambas as companhias um parâmetro objetivo para comparação da relação de troca efetivamente negociada entre as companhias, cuja fixação é livre.

A questão apresenta particularidades na companhia de capital disperso. Primeiramente, porque diferentemente do que pressupõe a lei, pode não haver uma mesma fonte de poder de controle atuando nas Assembleias das sociedades controladora e controlada. Isto é, pode não haver um *acionista* controlador a comandar as decisões na Assembleia da sociedade controladora. Esta, por sua vez, pode votar na Assembleia da sociedade controlada de acordo com os desígnios da administração da controladora, como verdadeiro centro de poder. Nem por isso, contudo, poderá deixar de existir uma convergência de interesses – favoráveis à controladora – nas Assembleias de ambas as sociedades.

Maior problema, contudo, se dá quando as administrações da sociedade controlada e controladora se confundem, ou melhor, são coincidentes, hipótese que não deve ser dada como incomum ou improvável. Haveria aí um potencial conflito de interesses? A resposta é naturalmente sim, quanto à potencialidade do conflito. Porém, nem por isso o administrador deverá ser impedido de atuar na operação de reorganização, pela compreensão da aplicação da regra do conflito de interesses na administração (artigo 156 da LSA), da qual já se tratou alhures. A própria CVM tem afirmado o entendimento de que o fato de o mesmo administrador exercer cargos em companhias controladora e controlada que contratam entre si não dá lugar à hipótese de conflito prevista no artigo 156[648].

---

[648] Cf. Parecer CVM/SJU-160, de 18.12.1979, Processo 25/2003, j. 25.3.2008, Processo RJ-2007/3.453, Processo CVM/RJ-2008/1.815, j. 28.4.2009.

Todavia, é também pacífico na CVM o entendimento de que o regime especial previsto no art. 264 não afasta a aplicação dos artigos 153, 154, 155 e 245 da Lei das Sociedades Anônimas, como demonstram diversos precedentes. Portanto, ao negociar uma operação de fusão, incorporação ou incorporação de ações, os administradores devem agir com diligência e lealdade à companhia que administram, zelando para que a relação de troca e demais condições do negócio observem condições estritamente comutativas.

Assim, a d. autarquia dá exemplos interessantes de como deve se pautar a conduta dos administradores, ajudando a aclarar os parâmetros de cumprimento dos deveres fiduciários[649]. Nesse sentido, a CVM entende que os administradores das companhias abertas controladas ou, no caso de companhias sob controle comum, de ambas as companhias, devem (no sentido de recomendação) adotar os seguintes procedimentos nas operações de que trata o art. 264 da Lei nº 6.404, de 1976: (i) a relação de troca e demais termos e condições da operação devem ser objeto de negociações efetivas entre as partes na operação; (ii) o início das negociações deve ser divulgado ao mercado imediatamente, como fato relevante, a menos que o interesse social exija que a operação seja mantida em sigilo; (iii) os administradores devem buscar negociar a melhor relação de troca e os melhores termos e condições possíveis para os acionistas da companhia; (iv) os administradores devem obter todas as informações necessárias para desempenhar sua função; (v) os administradores devem ter tempo suficiente para desempenhar sua função; (vi) as deliberações e negociações devem ser devidamente documentadas, para posterior averiguação; (vii) os administradores devem considerar a necessidade ou conveniência de contratar assessores jurídicos e financeiros; (viii) os administradores devem se assegurar de que os assessores contratados sejam independentes em relação ao controlador e remunerados adequadamente, pela companhia; (ix) os trabalhos dos assessores contratados devem ser devidamente supervisionados; (x) eventuais avaliações produzidas pelos assessores devem ser devidamente fundamentadas e os respectivos critérios, especificados; (xi) os administradores devem considerar a possibilidade de adoção de formas alternativas para conclusão da operação, como ofertas de aquisição ou de permuta de ações; (xii) os administradores devem rejeitar

---

[649] Sobre a aplicação do PO nº 35/08, v. o voto do diretor da CVM Marcos Pinto Barbosa no Proc. RJ2009/13179, j. 9.9.2010.

a operação caso a relação de troca e os demais termos e condições propostos sejam insatisfatórios; (xiii) a decisão final dos administradores sobre a matéria, depois de analisá-la com lealdade à companhia e com a diligência exigida pela lei, deve ser devidamente fundamentada e documentada; e (xiv) todos os documentos que embasaram a decisão dos administradores devem ser colocados à disposição dos acionistas, na forma do artigo 3º da Instrução CVM nº 319/99.

Além disso, seguindo a experiência internacional acerca da interpretação dos deveres fiduciários dos administradores, a CVM recomenda que: (i) um comitê especial independente seja constituído para negociar a operação e submeter suas recomendações ao Conselho de Administração, observando as orientações contidas no parágrafo anterior; ou (ii) a operação seja condicionada à aprovação da maioria dos acionistas não-controladores, inclusive os titulares de ações sem direito a voto ou com voto restrito.

Na formação do comitê especial independente acima referido, a CVM recomenda a adoção de uma das seguintes alternativas: (i) comitê composto exclusivamente por administradores da companhia, em sua maioria independentes; (ii) comitê composto por não-administradores da companhia, todos independentes e com notória capacidade técnica, desde que o comitê esteja previsto no estatuto, para os fins do art. 160 da Lei nº 6.404, de 1976; ou (iii) comitê composto por: (a) um administrador escolhido pela maioria do conselho de administração; (b) um conselheiro eleito pelos acionistas não-controladores; e (c) um terceiro, administrador ou não, escolhido em conjunto pelos outros dois membros.

8.4.2 A limitação da doutrina dos deveres fiduciários

Apesar da extensa relação dos deveres fiduciários dos administradores, há certa descrença sobre sua efetiva utilidade[650]. Primeiramente, em regra, os deveres se referem a obrigações negativas dos administradores, ou seja, se limitam a afirmar o que os administradores não podem fazer. Mesmos nos casos em que o dever é afirmativo, como é o de diligência, a *business judgment rule* limita a análise do conteúdo das decisões.

Esta, por sinal, embora – frise-se – necessária, é a grande limitação à efetiva aplicação da doutrina dos deveres fiduciários, tornando seu

---

[650] Cf. Easterbrook, F. e Fischel, D., *The Economic Structure of Company Law*, Cambridge, Harvard University Press, 1991, pp. 94 e ss.

cumprimento de difícil fiscalização. Some-se a isso o fato de que as obrigações dos administradores, em regra, são de meio e não de resultado. Não respondem, portanto, pelos prejuízos sofridos pela companhia, exceto se justamente faltarem com seus deveres fiduciários[651]. Assim, a sanção sobre o mérito das decisões administrativas fica prejudicada e restrita à destituição pelos acionistas – por sua vez pouco efetiva em função do absenteísmo – ou à ameaça de uma potencial aquisição do controle por terceiros que identifiquem uma companhia desvalorizada, porém com potencial de crescimento se bem gerida.

Isto demonstra, portanto, a insuficiência da doutrina dos deveres fiduciários como mecanismo de controle dos administradores. Pode-se dizer que ela proporciona o ferramental básico para responsabilização, porém deve vir acompanhada de outros mecanismos e reforço de direitos que tornem tal responsabilização e, em última instância, o controle sobre a administração, efetivos.

8.5 Responsabilidade dos administradores

A responsabilidade dos administradores, como de todo se tem frisado neste trabalho, é de extrema relevância para o Direito Societário, especialmente no regime de dispersão do capital. Os administradores exercem parcela significativa de poder social e, do desempenho de suas funções, podem resultar danos significativos à própria companhia, aos seus acionistas e até mesmo a terceiros.

O administrador, ao atuar no mundo jurídico, não é mero mandatário dos acionistas, ele presenta a sociedade, exteriorizando a vontade social e até mesmo atuando na formação dela. A sociedade, portanto, é que se obriga, uma vez manifestada validamente sua vontade pelos seus órgãos. Assim, do mesmo modo que os sócios não se confundem com a sociedade, e que as pessoas naturais distinguem-se das pessoas jurídicas que integram, também os administradores, ainda quando exercitem a representação orgânica da companhia, mantêm suas próprias identidades. Esta é a regra, e de sua observância resulta a norma expressa no artigo 158 da LSA, segundo a qual a responsabilidade pelas obrigações assumidas pela sociedade

---

[651] E, de forma ainda mais grave, permite a lei que o juiz reconheça a exclusão da responsabilidade (ou seja, ainda que verificada a culpa no descumprimento de um dever fiduciário) do administrador, se convencido de que este agiu de boa-fé e visando ao interesse da companhia (artigo 159, §6º, da LSA) (v., sobre esse aspecto, o item 8.5 infra).

anônima é desta, e não daqueles que externaram sua vontade. Estes, em princípio, nenhuma responsabilidade assumem pelos negócios efetivados, em que atuaram em nome daquela, e não em seus próprios[652].

A responsabilidade civil do administrador deriva de duas fontes principais, ambas ligadas diretamente à conduta do agente. A primeira reporta-se aos atos por ele praticados "dentro de suas atribuições ou poderes, com culpa ou dolo" (artigo 158, I, da LSA). A segunda aos que foram cometidos "com violação da lei ou do estatuto" (artigo 158, II). Aqui, o administrador exorbita de suas funções. O ato não se contém dentro dos limites traçados pela lei ou pelo estatuto, sendo, apesar disso, praticado. A principal característica do ato é a de que o reconhecimento da responsabilidade independe do exame do elemento subjetivo, diversamente daquele previsto no inciso I, seja a responsabilidade aquiliana ou contratual[653]. Trata-se de um dado objetivo: houve uma lesão ao direito de alguém, ocasionada pela atuação do administrador de certa companhia, que violou norma legal ou estatutária, independentemente do seu *animus*[654]. Como afirma Franzoni, a responsabilização civil dos administradores é o meio de justificar o exercício de um poder que encontra legitimação na propriedade[655]. De fato, como gestores de bens alheios, devem os administradores responder pelos desvios de sua conduta, especialmente quando seus poderes não sejam exercidos para a consecução do interesse da companhia. A questão ganha ainda mais relevo quanto maior a dissociação entre propriedade e controle, o que torna fundamental a efetiva aplicação da disciplina no regime do capital disperso.

Sob essa perspectiva, não obstante os propósitos desta obra não comportem maiores digressões sobre a responsabilidade civil dos administradores, interessam, sobretudo, as ações sociais de responsabilidade (sem, contudo, deixar de notar a óbvia responsabilidade dos administradores por

---

[652] Cf. Toledo, Paulo F. C. S. de, *O Conselho de Administração*, cit., p. 110.

[653] Como bem observa Adamek, a verdade é que os embates registrados nessa matéria longe estão de ter a importância que no discurso doutrinário se lhe tende a atribuir, simplesmente porque as diferenças entre a responsabilidade civil obrigacional e aquiliana também não são tão significativas com antes se supunha, inclusive porque, em ambos os casos, a fonte da responsabilidade civil continua sendo sempre a violação de uma obrigação preexistente (in *Responsabilidade Civil*, cit., p. 196).

[654] Cf. Toledo, Paulo F. C. S. de, *O Conselho de Administração*, cit., p. 116.

[655] In *La Responsabilità Civili Degli Amministratori di Società di Capitali*, in Galgano, Francesco, *Trattato di Diritto Commerciale e di Diritto Pubblico dell'Economia*, v. 19, Padova. Cedam, 1994, p. 3.

danos individuais e a terceiros, para ressarcimento dos quais se independe do regramento da LSA), de fundamental importância para se fazer efetiva a proteção dos interesses da companhia.

Como se sabe, a legitimidade da ação social é, ordinariamente, atribuída à própria companhia (ação *ut universi*), pois esta, sofrendo diretamente os efeitos lesivos da conduta do administrador, precisa buscar reparação dos danos. Exige-se, contudo, que seja tomada deliberação a respeito em Assembleia Geral[656], ordinária ou extraordinária[657], pelo quórum normal.

Eis então um dos primeiros problemas para o funcionamento do instituto. Via de regra, a ação será movida pela sociedade contra seus (ex) administradores, que serão suspensos de suas funções enquanto perdurar o processo judicial, se assim deliberado pela Assembleia. Difícil imaginar que o administrador, na condição jurídica de representante orgânico da companhia, com o poder que esta qualidade lhe confere, deixe de influenciar a deliberação da Assembleia, normalmente marcada pelo absenteísmo, para tentar impedir o ajuizamento da ação social.

Como remédio, a lei oferece alternativamente a ação social *ut singuli*, que se apresenta sob duas modalidades. Primeiramente, a Lei das S.A. confere legitimidade extraordinária a "qualquer acionista" para promover a ação, se a própria companhia não o fizer em três meses, a contar da deliberação na Assembleia. A solução visa justamente a evitar atitudes protelatórias dos responsáveis pela companhia, que poderiam tornar inócuas as deliberações tomadas em Assembleia. Poderá o acionista, dotado, para tanto, de legitimação ativa concorrente, mas subsidiária, fazer valer o deliberado em Assembleia, diante da inércia dos respectivos responsáveis.

A segunda modalidade de ação social *ut singuli* destina-se às situações em que a Assembleia Geral deliberou não responsabilizar o administrador da companhia. Neste caso, exige a lei que os autores da ação, além de acionistas, "representem 5%, pelo menos, do capital social". Trata-se

---

[656] A Lei das Sociedades Anônimas atribuiu privativamente à Assembleia Geral competência para deliberar sobre a matéria. Isto porque é o órgão que, na organização societária, ocupa a posição de proeminência, e ainda, por uma óbvia razão de conflito de interesses. Pois, se a representação da companhia cabe à Diretoria, não é razoável esperar que estes administradores decidam contra a própria sorte.

[657] Neste caso, a propositura da ação deve constar da ordem do dia, ou resultar de discussão de assunto que dela tenha constado. Cabe ressaltar, todavia, que o RCE nº 2.157/01 dispensa, para a SAE, a necessidade de que a propositura da ação conste da pauta do dia (artigo 134).

de requisito de muito difícil preenchimento, principalmente no caso das companhias com capital disperso[658].

Um segundo problema relativo às ações sociais *ut singuli* é que elas são propostas visando à reparação de todo o prejuízo causado à companhia, revertendo-se os resultados positivos da ação a esta. Contudo, se o acionista decair em seu pedido, cabe a ele suportar os ônus financeiros, que não são partilhados com a companhia. Existe uma razão para tanto, que é a de se evitar a leviandade na propositura de ações e ainda por cima transferir o ônus de tal postura para a companhia e, indiretamente, a todos os acionistas. Por outro lado, de tal dificuldade ou ônus que recai sobre o acionista, resulta que este permanece em regra inerte no exercício dos direitos de defesa do interesse da companhia.

Este é um dos problemas do ativismo (ou falta de), dado que, dos ganhos obtidos, apenas uma fração (muitas vezes pequena) se dirige ao acionista ativo (v. a seção 6.3.2 supra). Afinal, o comportamento *racional* do acionista se pauta pela análise risco *versus* retorno, concluindo-se que pode ter pouco a ganhar e muito a perder. Para se evitar o problema, na Inglaterra o tribunal tem o poder de ordenar que os custos do processo sejam, em dadas circunstâncias (em regra, sob a presença de pedido de boa-fé e no interesse da companhia), suportados pela própria companhia[659], solução semelhante à também adotada na Alemanha (AktG, § 147 (2)[660]).

Ainda, é interessante notar que a LSA prevê forma de incentivo ao acionista quanto à propositura de ação de responsabilidade contra a sociedade controladora, nos termos do artigo 246, §2º. Segundo referido dispositivo, a sociedade controladora, se condenada, além de reparar o dano e arcar com as custas processuais, pagará honorários de advogado de 20% e

---

[658] Justo seria, pois, que o acionista que não reúne percentual mínimo pudesse propor a ação social *ut singuli*, desde que prestasse caução às custas e honorários, tal como se admite no âmbito do grupo de sociedades (artigo 246, §1º, b, da LSA). Nesse sentido, por exemplo, na Alemanha, alternativamente ao requisito do percentual do capital social (também 5%), pode ser proposta ação social por acionistas que detenham mais de EUR 1 milhão em ações.

[659] V. Pettet, Ben, *Company Law*, 2ª ed., Harlow, Pearson Longman, 2005.

[660] De com o §148 da UMAG, os requisitos para que a companhia suporte os custos da ação seriam (i) o acionista que tiver proposto a ação ter adquirido suas ações antes da ocorrência do ato da administração *sub judice*; (ii) os acionistas terem tentado induzir previamente o Conselho de Supervisão a propor a ação; (iii) os fatos indicarem séria quebra dos deveres fiduciários danosos à companhia; e (iv) sob a perspectiva da companhia, não haver razão melhor para não dar continuidade à ação.

prêmio de 5% ao autor da ação, calculados sobre o valor da indenização. Defende-se que a mesma sistemática possa ser adotada em todas as ações *ut singuli* movidas pelos acionistas.

Considerada, portanto, a literal falta de interesse de agir dos acionistas, indaga-se ainda sobre a possibilidade de se atribuir legitimidade ativa extraordinária *e concorrente* a outros integrantes da sociedade. É o que defende, por exemplo, Toledo, em sua tese de doutorado, sugerindo que o Conselho de Administração também possua legitimidade para ajuizar ação social *ut singuli*, particularmente contra a Diretoria, para efetivar seu papel como conselho de supervisão[661].

Afinal, se o objetivo da lei foi atribuir a terceiros (acionistas) o direito de ingressar com ação em nome da companhia, como remédio para eventual inércia do titular do poder de controle, por que não ampliar esse direito àqueles que também desempenham papel de zelar pelo interesse da companhia? Nesse caso, vai-se além, defendendo-se *de lege ferenda*[662] a legitimidade também do Conselho Fiscal (até porque os membros do Conselho de Administração poderiam também figurar no polo passivo da ação). Se cabe ao Conselho de Administração supervisionar a Diretoria e ao Conselho Fiscal fiscalizar as atividades sociais e a realização do interesse social, nada mais sensato que também disponham de instrumentos para tornar seu papel efetivo.

Esperar que tais órgãos cumpram seu papel apenas levando suas conclusões sobre descumprimento de deveres para a Assembleia, que deve deliberar sobre o ingresso da ação, é escrever letra morta. Eles devem substituir a vontade dos acionistas na proteção do interesse social, até mesmo porque os acionistas não controladores não têm esse dever, assim como o interesse social não se confunde com o interesse individual do acionista que se arrisque na aventura de processar os administradores em nome da companhia.

Conforme ensina José Frederico Marques, a ação "somente pode ser proposta por aquele que é titular do interesse que se afirma prevalente na pretensão, e contra aquele cujo interesse se exige que fique subordinado ao do autor". A justificativa para a legitimidade ativa do Conselho de Administração encontraria guarida, portanto, nos artigos 154 e 155, II LSA, enquanto a do Conselho Fiscal residiria nos artigos 163, IV e 165, §1º,

---

[661] In *O Conselho de Administração*, cit., pp. 168 e ss.
[662] V. artigo 6º do CPC.

mas, sobretudo, no novo papel que este órgão deveria passar a exercer na sociedade anônima de capital disperso, como se discutiu alhures.

A solução encontra, em certa medida, amparo no Direito Comparado. Nos Estados Unidos, por exemplo, a atribuição de demandar, postulando reparação por perdas e danos, é do *board of directors*[663]. No mesmo sentido, o § 112 da AktG dispõe que o Conselho de Supervisão representa a sociedade judicialmente e extrajudicialmente em face dos membros da Diretoria. Também na Itália, o *Consiglio di Sorveglianza*, por força do artigo 2.409, *decies*, do *Codice Civile*, pode deliberar e propor ação social *ut singuli*[664].

Todavia, como acima apontado, a legitimidade do Conselho de Administração e do Conselho Fiscal deve ser concorrente, não sendo autorizado desconsiderar deliberação da Assembleia Geral contrária à propositura da ação social, que deve ser soberana nesse sentido. Há que se considerar que a propositura da ação por aqueles órgãos importará em custos para a companhia, que acabaria por suportar também os efeitos de eventual sentença desfavorável, pois não há de se esperar que conselheiros coloquem seu patrimônio pessoal como caução. E infligir custos à companhia significa indiretamente infligir possível diminuição patrimonial aos acionistas. O exercício de direitos visando à proteção do interesse social violado no passado pode implicar a redução de lucratividade *no presente*. Não pode, portanto, ser tolhida dos acionistas a decisão de incorrer nesse risco[665].

---

[663] Idem, p. 169.

[664] Artigo 2.404, *decies*, CCit: "(...) *L'azione sociale di responsabilità può anche essere proposta a seguito di deliberazione del consiglio di sorveglianza. La deliberazione è assunta dalla maggioranza dei componenti del consiglio di sorveglianza e, se è presa a maggioranza dei due terzi dei suoi componenti, importa la revoca dall'ufficio dei consiglieri di gestione contro cui è proposta, alla cui sostituzione provvede contestualmente lo stesso consiglio di sorveglianza. L'azione può essere esercitata dal consiglio di sorveglianza entro cinque anni dalla cessazione dell'amministratore dalla carica (...)*".

[665] Recorre-se mais uma vez à analogia das soluções empregadas em fundos de investimento. Embora não seja cláusula obrigatória pela regulação da CVM, não é incomum a existência de regras nos regulamentos submetendo à prévia deliberação dos cotistas o ingresso de medidas defensivas dos interesses dos cotistas, justamente por importarem na incorrência de custos pelo fundo que, em última instância, são suportados pelos cotistas, inclusive com perda de rentabilidade de suas cotas. Em alguns casos, tais cláusulas preveem ainda o aporte adicional de recursos pelos cotistas para fazer frente a tais despesas. Existe, ainda, uma razão de legitimação nesse processo de aprovação pelos acionistas. Há um aparente conflito entre a defesa dos interesses da companhia violados e a realização do interesse social. Explica-se. Se um conselheiro entende que a propositura de uma ação não convém para a companhia por uma relação de risco-retorno, pode se sentir ameaçado pela eventual alegação de omissão ao dever de lealdade. Por outro lado, se ingressa com a ação que se materializa em perda para a

Por outro lado, face ao reconhecido problema do absenteísmo, se afigura a solução italiana, que admite, por exemplo, que o *Consiglio de Sorveglianza* renuncie à ação ou transacione no âmbito processual por deliberação da maioria absoluta dos conselheiros e sempre que não houver *oposição* de acionistas representantes de mais de 5% do capital social (artigo 2.409, *decies*, do CCit[666]). Isto, evidentemente, não afasta a propositura da ação *ut singuli* pelos demais acionistas e credores, nos termos previstos nos artigo 2.393 e 2.394 do *Codice Civile*.

Outro aspecto da LSA que merece atenção diz respeito à possibilidade de o juiz reconhecer a exclusão da responsabilidade do administrador se ficar convencido de que este agiu de boa-fé e visando ao interesse da companhia (artigo 159, §6º, da LSA). A regra, de todo modo, tem sido duramente criticada[667]. Há quem veja, na regra, a materialização do postulado da *business judgment rule*[668]. Adamek, porém, entende de forma diversa, com o que se concorda. O juiz, neste caso, já avançou até o ponto de considerar o administrador culpado, ou seja, já superou as etapas de verificação da ilicitude e culpabilidade do agente, mas ainda assim decide isentar o agente do dever de indenizar. Não se trata, portanto, de excludente de responsabilidade, mas de causa de justificação, modalidade de perdão judicial. Assim, autoriza a lei que o juiz deixe de condenar o administrador a reparar os danos causados, se estiver convencido de que agiu de boa-fé e no interesse

---

companhia, poderá se sentir também ameaçado por apresentar retornos abaixo do esperado. É verdade que a situação acima, embora embaraçosa, apenas reflete um conflito aparente e se resolve pela aplicação da doutrina dos deveres fiduciários *vis-à-vis* o entendimento de que as obrigações dos administradores não são de resultado. Da mesma forma, não deve prosperar o eventual receio de reconhecimento de culpa *in eligendo* ou *in vigilando* do administrador (diretor) causador do prejuízo. A primeira, na ausência de fatores impeditivos e de maiores requisitos legais para eleição de diretores, deve ser afastada. A segunda é mitigada pela imediata reação do conselho na identificação da falta do diretor, que não só não ameaça de descumprimento como reforça o cumprimento do dever de vigilância.

[666] *In verbis*: "(...) Il consiglio di sorveglianza può rinunziare all'esercizio dell'azione di responsabilità e può transigerla, purché la rinunzia e la transazione siano approvate dalla maggioranza assoluta dei componenti del consiglio di sorveglianza e purché non si opponga la percentuale di soci indicata nell'ultimo comma dell'articolo 2393. La rinuncia all'azione da parte della società o del consiglio di sorveglianza non impedisce l'esercizio delle azioni previste dagli articoli 2393-bis, 2394 e 2394-bis".

[667] Cf. Barreto Filho, Oscar, *Medidas Judiciais da Companhia contra os Administradores*, in RDM, n. 40, p. 17, Bulgarelli, Waldírio, *Manual das Sociedades Anônimas*, 6ª ed., São Paulo, Atlas, 1991, 164 e Adamek, M. V. von, *Responsabilidade Civil*, cit., pp. 286 e 287.

[668] Cf. Corrêa-Lima, Osmar Brina, *Sociedade Anônima*, cit., pp. 225-226.

social[669]. A admissibilidade desta hipótese parece pouco aceitável ou o deveria ser de forma bastante restritiva – excluindo-se expressamente, por exemplo, os casos de conduta dolosa ou negligente[670] – no contexto de extremada dissociação entre poder e controle. Uma companhia não pode ser dirigida por terceiros apenas com base em boas intenções.

Por fim, um último reparo à disciplina da lei. Conforme aponta Toledo, para a tutela dos direitos do acionista e da companhia, poderia ainda o legislador ter feito uso do instrumental utilizado no sistema processual norte-americano, o das *derivative suits* e as *class actions*[671], de grande valia para companhias com capital disperso.

O primeiro modelo é similar à ação social *ut singuli*, porém admite que o acionista, como *representative*, aja por conta e ordem da companhia e também dos demais acionistas no pedido judicial de reparação por danos sofridos, tornando-se uma espécie mista de ação social e individual, sendo que as custas e honorários são arcados pela companhia[672]. Naturalmente, é necessária, como no Direito norte-americano e no Direito alemão (inspirado no primeiro, v. §148 do UMAG), a imposição de controles para a propositura dessas ações que oneram a companhia, para se evitar o comportamento oportunístico de acionistas e advogados e, assim, se evitar as famosas *"strike suits"*[673]. A reafirmação dos deveres de lealdade dos acionistas e o abuso de minoria tem papel importante nisso.

Já as *class actions* são modalidade de ação coletiva, por meio do qual o acionista promove ação judicial não apenas em seu benefício, mas também no de outros acionistas que se encontrem em situação semelhante ou que tenham sofrido dano da mesma natureza[674]. No tratamento judicial da *class*

---

[669] Cf. Adamek, M. V. von, *Responsabilidade Civil*, cit., p. 287.

[670] Adamek e Tavares Borba entendem que tais hipóteses escapariam ao alcance da regra (cf. *Responsabilidade Civil*, cit., p. 287, e *Direito Societário*, 12ª ed., Rio de Janeiro, Renovar, 2010, p. 425). Isto não parece claro. Em tese, seria admissível a hipótese de perdão na qual o administrador pratica determinado ato de boa-fé e no interesse da companhia, negligenciando, por exemplo, o cumprimento de determinada lei que poderia alegar desconhecer, resultando prejuízos à companhia.

[671] In *O Conselho de Administração*, cit., p. 130. Sobre esse tipo de ação, v. Carvalhosa, Modesto, *Comentários*, cit., p. 204.

[672] Cf. Carvalhosa, Modesto, *Comentários*, cit., pp. 465-466.

[673] *Strike suits* são ações derivativas cujo propósito é obter altos honorários advocatícios ou acordos rentáveis entre acionistas e seus advogados, de um lado (na forma de enriquecimento sem causa) e a companhia e seus administradores, de outro (idem, p. 466).

[674] Nos EUA, a *class action* é regulada pela *Rule 23* da *Federal Rules of Civil Procedure*.

action não se aplicam as mesmas restrições previstas para as *derivatives suits*, tendo em vista que, na primeira, o acionista somente intentará a ação se tiver efetivo e direto interesse no sucesso do seu pedido[675].

8.6 Conclusões parciais: a disciplina da responsabilidade do controlador na companhia de capital disperso

Examinada a disciplina da responsabilização do administrador à luz da dispersão acionária, cumpre investigar como seria o sistema de responsabilidades do *controlador* no regime jurídico das companhias de capital disperso, isto é, naquelas em que podem estar presentes e até coexistir o controle gerencial e o diluído, em face da Lei das Sociedades Anônimas.

O sistema de responsabilização do *acionista* controlador já é amplamente conhecido e debatido, girando em torno da institucionalização de deveres (artigo 116, parágrafo único) e da figura do abuso de poder de controle (artigo 117)[676]. Porém, como se sabe, esse sistema somente é aplicável ao poder fundado na participação acionária e, portanto, é inservível ao controle exercido pelos administradores.

Por outro lado, como já se teve oportunidade de analisar, a disciplina do *desvio de poder* aplicável aos administradores pode desempenhar papel funcionalmente equivalente ao do *abuso de poder* do acionista. Para aplicação daquela disciplina, a lei se vale dos deveres fiduciários, com um grau

---

[675] Vale notar que, no Brasil, existe modalidade de ação civil pública, intentada pelo Ministério Público de ofício ou por requerimento da CVM, visando evitar ou obter o ressarcimento de prejuízos causados a investidores do mercado de capitais, incluindo, portanto, os acionistas das companhias de capital disperso (Lei nº 7.913, de 7 de dezembro de 1989). De acordo com o artigo 1º da Lei nº 7.913/89, a ação pode ser motivada, entre outros, por prejuízos (ou ameaça de) decorrentes de (i) operação fraudulenta, prática não equitativa, manipulação de preços ou criação de condições artificiais de procura, oferta ou preço de valores mobiliários; (ii) compra ou venda de valores mobiliários, por parte dos administradores e acionistas controladores de companhia aberta, utilizando-se de informação relevante, ainda não divulgada para conhecimento do mercado, ou a mesma operação realizada por quem a detenha em razão de sua profissão ou função, ou por quem quer que a tenha obtido por intermédio dessas pessoas; ou (iii) omissão de informação relevante por parte de quem estava obrigado a divulgá-la, bem como sua prestação de forma incompleta, falsa ou tendenciosa (v. ainda Zaclis, Lionel, *Proteção Coletiva dos Investidores no Mercado de Capitais*, São Paulo, RT, 2007).

[676] Como referência doutrinária, seguimos talvez uma das maiores obras jurídicas do Direito brasileiro, *O Poder de Controle na Sociedade Anônima*, cit., escrita por Comparato e posteriormente anotada por Salomão Filho.

de detalhamento muito maior que aquele que usa para o acionista, o que pode indicar vantagens.

Não obstante, tal detalhamento é natural, pois mesmo em modelos tipicamente caracterizados pelo poder do acionista controlador, este *comanda* a companhia por meio dos administradores. De toda forma, mesmo que implicitamente, os deveres fiduciários também se aplicam ao acionista controlador, pois, como também já se viu, são a decorrência lógica do poder de comandar bens alheios como se fossem próprios. Assim, o acionista controlador deve também ser diligente e leal.

Esses deveres apresentam particularidades em função de quem e como se exerce o poder. Por exemplo, embora a disciplina do conflito de interesses do acionista e do administrador sejam similares no tocante ao controle material (tal como empregado pela doutrina dominante[677]), elas apresentam particularidade em função do exercício do direito de voto (que se estende, portanto, pela disciplina do abuso de direito de voto e do impedimento de voto). Igualmente, o dever de informar merece um grau maior de aprofundamento para o administrador, que detém muitas vezes o monopólio da informação na companhia.

Assim, a disciplina da Lei das Sociedades Anônimas, quanto ao aspecto de responsabilização do titular do poder de controle, pode, com algum esforço interpretativo, se prestar tanto ao poder de controle diluído quanto ao poder gerencial, ainda que não expressamente reconhecido[678]. Melhor, contudo, como já se defendeu no capítulo 2, que a disciplina do poder de controle fosse unificada e não apenas restrita ao poder fundado no poder de controle acionário, resguardando-se as particularidades de cada uma de suas formulações que impactam, como visto, não apenas a esfera de direitos dos acionistas, como a própria estrutura orgânica da sociedade.

---

[677] V. França, Erasmo Valladão A. e N., *O Conflito de Interesses*, cit.

[678] Essa conclusão confirma uma preocupação do legislador quanto à administração, externada na Exposição de Motivos: "O Projeto introduz várias e importantes modificações na administração da companhia, atento a que os órgãos da administração – *sobretudo nas grandes empresas* – são quem detém maior parcela do poder empresarial, condicionam o sucesso ou insucesso da empresa, e podem ser fonte dos maiores agravos aos minoritários" Nesse mesmo sentido, Bulgarelli afirma que "a fixação das responsabilidades dos controladores casa-se (...) com a dos administradores, ensejando, no seu conjunto, eficaz proteção às minorias" (in *Regime Jurídico*, cit., p. 139).

Capítulo 9
A disciplina da aquisição e transferência do controle

9.1 Considerações iniciais

O regime jurídico das companhias de capital disperso pode e deve ser analisado sob duas perspectivas estruturais: estática e dinâmica. Até o presente momento, este trabalho se dedicou à análise da estrutura estática da sociedade, qual seja, a adequada alocação de direitos e deveres na sociedade entre seus participantes e sua estrutura organizacional. Contudo, para que se tenha uma visão completa do regime jurídico desse novo modelo, é importante compreender sua perspectiva dinâmica, ou seja, os negócios envolvendo a aquisição e/ou transferência do poder de controle fundado na participação societária, que inclusive poderá resultar na transição de modelos, passando-se eventualmente de uma situação de controle diluído ou gerencial para controle majoritário.

Assim, este capítulo se dedicará à análise das aquisições originárias do poder de controle, negócio jurídico típico do contexto de dispersão acionária, incluindo as ofertas públicas de aquisição do controle e as aquisições privadas em bolsa (escalada acionária). Far-se-á também a análise da complicada situação das aquisições derivadas do controle. Isto porque, admitindo-se o controle diluído, ainda que com a titularidade de ínfima participação no capital social votante, ele pode ser transferido a terceiros, sendo inevitável a análise da aplicabilidade do artigo 254-A da LSA e seus efeitos. Por último e não menos importante, dedicar-se-á à discussão sobre a adoção de mecanismos de defesa contra OPA para aquisição de controle, questão fulcral para o desenvolvimento do mercado de controle societário.

9.2 O mercado de controle societário

Como visto, no sistema de controle diluído, o poder de controle é passível de disputa no mercado acionário, enquanto no sistema de controle concentrado ele permanece bloqueado com o controlador, de forma que somente pode ser negociado com ele.

O mercado de controle societário possui importante função disciplinadora dos agentes. A potencial ameaça de aquisição do controle das companhias é um estímulo para a gestão eficiente das companhias[679]. Afinal, somente assim é possível manter elevadas as cotações das ações em bolsa e, desta forma, evitar a aquisição de controle em um mercado livre. Uma companhia mal administrada pode tornar-se alvo de disputa pelo seu controle, colocando em risco a manutenção dos administradores nos seus cargos. De acordo com os defensores dessa linha de pensamento, todos, acionistas, trabalhadores e investidores seriam beneficiados pela alocação ótima dos fatores proporcionada pela existência de um livre mercado de participações acionárias[680].

Ademais, em sistemas de capital disperso, especialmente naqueles em que os custos de monitoramento são elevados, o mercado de controle societário tem papel importante no preenchimento da lacuna deixada pelo absenteísmo assemblear[681]. Especialmente porque representa uma forma de controle de mérito das decisões administrativas, em complementação ao controle formal exercido pelo Conselho Fiscal. Companhias mal geridas tendem a perder valor de mercado e a ficarem expostas à aquisição do seu controle por terceiros – mediante a realização de OPA –, que acreditam na capacidade de maximizar o valor da companhia. Esta hipótese teria, inclusive, a vantagem de atuar no mérito de decisões gerenciais legalmente protegidas pela *business judgment rule*.

Assegurar a existência de um mercado de controle acionário, portanto, está diretamente relacionado à questão da utilização de técnicas de defesa contra ofertas públicas de aquisição do controle. Sob a perspectiva das boas práticas de *corporate governance*, a adoção de tais técnicas não é bem

---

[679] Cf. Clark, Robert, *Corporate Law*, Aspen Law & Business, 1986, New York, p. 535, Manne, Henry G., *Mergers and the market for corporate control*, in *Journal of Political Economy*, n. 73, 1965, pp. 110-120, Fama, E. F., *Agency problems*, cit., pp. 288-307, e Jensen, Michael C., e Ruback, R. S., *The Market for Corporate Control: The Scientific Evidence*, in *Journal of Financial Economics*, n. 11, 1983 pp. 291-322.
[680] Cf. Posner, R., *Economic Analysis of Law*, 2ª ed., Boston-Toronto, 1977, pp. 303 e ss.
[681] Cf. Becht *et al*, *Corporate Governance*, cit., p. 21.

vista. Quando se criam mecanismos de defesa, está se impondo um artifício para evitar a aquisição do controle independentemente da qualidade da gestão da companhia.

Contudo, as pesquisas sobre os efeitos da adoção de técnicas de defesa sobre a companhia visada não são conclusivas. A corrente tradicional afirma que as técnicas de defesa servem para proteger os administradores e, portanto, reduzem a ocorrência de ofertas de aquisição do controle, bem como o valor das ações da companhia visada[682]. Outra corrente acredita que o uso de técnicas de defesa permite aos acionistas destinatários da oferta receberem prêmios maiores pela alienação de suas ações, haja vista que se torna mais difícil a oferta ser bem sucedida[683]. Nesse sentido, os efeitos da adoção de barreiras à livre aquisição do poder de controle seriam positivos caso a redução da frequência das ofertas seja compensada pelo aumento nos prêmios ofertados. Por fim, uma terceira corrente acredita que o uso de técnicas de defesa não produz qualquer efeito sobre a companhia visada, haja vista que todas as companhias, em tese, podem implantar mecanismos de defesa de maneira muito rápida caso se sintam ameaçadas[684]. O fato é que os resultados das pesquisas envolvendo dados empíricos relativos ao valor das ações e ao desempenho da companhia visada após a adoção de técnicas de defesa são variados e, em alguns casos, inconclusivos ou contraditórios. Uma das razões para tanto reside no fato de que a cotação das ações e o desempenho da companhia são afetados por inúmeros outros fatores e não apenas pelas defesas utilizadas.

Por outro lado, a doutrina também tece críticas à existência de um livre mercado de controle societário pelo fato de ele pressionar a administração a dar retornos em curto prazo, não sendo capaz de avistar suas

---

[682] Cf. Malatesta, Paul H., e Walking, Ralph A., *Poison pill securities: stockholder wealth, profitability, and ownership structure*, in *Journal of Financial Economics*, n. 20, 1988, pp. 347-376, e Ryngaert, Michael, *The effects of poison pills securities on shareholder wealth*, in *Journal of Financial Economics*, n. 20, 1988, pp. 377-417.

[683] Comment, Robert, e Schwert, William, *Poison or placebo? Evidence on deterrence and wealth effects of modern antitakeovers measures*, in *Journal of Financial Economics*, n. 39, 1995, pp. 3-43, e Heron, Randall A., e Lie, Erik, *On the Use of Poison Pills and Defensive Payouts by Targets of Hostile Takeovers*, Indiana, Indiana University, 2000.

[684] Daines, Robert, e Klausner, Michael, *Antitakeover Protection from the Start: An Empirical Study of IPOs*, Stanford, Stanford University, 1999, e Coates, John C., *Explaining Variation in Takeover Defenses: Failure in the Corporate Law Market*, Cambridge, Harvard Law School, 2000.

ações para a companhia ao longe, no longo prazo. Estudos demonstram que companhias com *poison pills* investem mais em pesquisa e desenvolvimento. A explicação para isso é que, em companhias que não possuem *poison pills*, a pressão por resultados imediatos desviam a atenção dos administradores da pesquisa e desenvolvimento, uma vez que estes exigem investimentos (leia-se despesas) iniciais elevados, afetando o resultado da companhia, cujos retornos são percebidos apenas no longo prazo[685]. Se isso é verdade, só se reforça o argumento de que regras que melhor definam o interesse social e assegurem seu atingimento, particularmente por meio do adequado monitoramento interno dos órgãos de administração e da adequada aplicação de *standards* comportamentais, regras de remuneração adequadas, aliado às regras de transparência, especialmente sobre a execução das estratégias da companhia, entre outras medidas que foram discutidas ao longo deste trabalho, são fundamentais para o sucesso do modelo. A crítica, isolada, não invalida *per se* a importância do mercado de controle societário.

O mercado de controle societário, pois, é uma das pedras angulares do sistema de dispersão acionária, atuando de forma decisiva no equilíbrio de forças entre administradores, de um lado, e acionistas ausentes, de outro, controlando, quanto ao mérito, as decisões administrativas, de forma complementar ao controle legal e de formalidade desempenhados pelo Conselho Fiscal e auditoria independente, e servindo, sobremaneira, como mecanismo de salvaguarda em eventuais falhas no sistema de monitoramento interno da companhia. Afinal, se o sistema de controles internos (sem considerar, por exemplo, fraudes contábeis) é falho a ponto de permitir decisões que retirem valor da companhia, o mercado de controle societário estará de prontidão para viabilizar a tomada de controle por terceiros que melhor se alinhem ao interesse social.

Contudo, a compreensão do funcionamento desse mercado sob o ponto de vista da companhia e das distorções que pode produzir é fundamental,

---

[685] Cf. Srinidhi, Bin, e Sen, Kaustav, *Effect of poison pills on value relevance of earnings*, s.l., 2002, disponível [*on-line*] in http://papers.ssrn.com/sol3/papers.cfm?abstract_id=302646 (c. 30.6.11), p. 2. V. ainda Stein, Jeremy C., *Takeover Threats and Managerial Myopia*, in Journal of Political Economy, n. 96, 1998, pp. 61-80, Shleifer, Andrei, e Vishny, Robert W., *Equilibrium short horizons of investors and firms*, in American Economic Review, 1990, pp. 148-153, Knoeber, Charles R., *Golden parachutes, shark repellents, and hostile tender offers*, in American Economic Review, 1986, pp. 155-167, e Borokhovic, Heneth A., Brunarski, Kelly R., e Parrino, Robert, *CEO Contracting and antitakeover amendments*, in Journal of Finance, n. 52, 1997, pp. 1.495-1.517.

para então se traçar a melhor disciplina. Para tanto, analisar-se-á a dinâmica da aquisição e transferência de controle societário em sua essência e em suas deficiências no regime atual da Lei das Sociedades Anônimas.

9.3 Negócios envolvendo aquisição do controle: breves anotações e premissas

Antes de propriamente adentrar na disciplina da aquisição ou transferência do controle, de forma *sistematizada*[686], algumas ideias precisam ser esclarecidas, assim como certas premissas devem ser adotadas. A falta delas certamente leva hoje à aplicação de uma disciplina muito pouco coesa e efetiva na Lei das Sociedades Anônimas.

Primeiramente, parte-se da análise – tal como fazem Comparato e Salomão Filho em seu *O Poder de Controle*, embora aqui de forma mais sintetizada – dos interesses afetados nos negócios jurídicos envolvendo controle[687].

É notório que os interesses em negócios dessa natureza não dizem respeito somente às partes anunciadoras do acordo de vontades. Em alguns casos sequer uma das partes está vendendo ou *sabe* que está vendendo o controle[688]. O negócio afeta, assim, interesses externos e internos (em relação ao interesse social).

Toma-se como ponto de partida o parágrafo único do artigo 116 da Lei das Sociedades Anônimas, que afirma que o acionista controlador "tem deveres e responsabilidades para com os demais acionistas da empresa, os que nela trabalham e para com a comunidade em que atua, cujos direitos e interesses deve lealmente respeitar e atender". Como já se afirmou, a lei não contém palavras inúteis: se o controlador tem deveres até de lealdade com

---

[686] É surpreendente que ainda hoje poucos autores tenham tratado do assunto *aquisição* do controle de forma sistematizada. Fábio K. Comparato e Guilherme D. C. Pereira talvez sejam os principais autores a lidar com o tema (respectivamente in *O Poder do Controle*, cit., e *Alienação do Poder de Controle Acionário*, São Paulo, Saraiva, 1995), porém concentram suas reflexões sobre a *cessão* do controle e, consequentemente, quase ignoram a ótica das aquisições originárias do poder de controle, embora, naturalmente, o assunto não lhes seja desconhecido. Isto se explica, talvez, pela pouca importância que sempre se deu, no Brasil, à OPA para aquisição do controle e, ainda mais, para a escalada em bolsa.

[687] Nas páginas 281 a 315 e nota 51 de Salomão Filho.

[688] Como é o caso das OPA para aquisição de controle e a escalada acionária. Os alienantes das ações, em regra, não vendem o controle, apenas o adquirente das ações tem interesse em se apropriar daquele.

acionistas, trabalhadores e a comunidade, por óbvio que a eles importam qualquer alteração no controle da companhia.

Vide o caso recentíssimo no Brasil da aquisição da companhia aérea de baixo custo (*low cost*) Webjet Linhas Aéreas S.A. pela Gol Linhas Aéreas Inteligentes S.A., que resultou no posterior encerramento das atividades da primeira[689]. A adquirente optou pela venda de ativos e demissão de quase todos os empregados, evidenciando uma estratégia de eliminação de concorrente. Foram afetados assim não somente os empregados, mas os próprios consumidores, que não só deixarão de ter a opção de usar determinadas rotas aéreas exploradas somente pela primeira companhia, como sofrerão com a diminuição da concorrência e consequente aumento de preços nas passagens aéreas.

Contudo, tais interesses, como elementos externos ao interesse social que são, possuem tutela – pode-se discutir se adequada ou não – em leis estranhas ao Direito Societário, tais como a CLT, a Lei de Defesa da Concorrência e a própria Lei de Concessões. Não é à toa que operações envolvendo mudança de controle são analisadas pelos órgãos do SBDC e pelo Poder Concedente[690], conforme aplicável, assim como o artigo 448 da CLT dispõe que "a mudança de propriedade ou na estrutura jurídica da empresa não afetará os contratos de trabalho dos respectivos empregados"[691].

Ainda no exemplo acima, imagine-se a hipótese da existência de acionistas minoritários. Caso o "encerramento" da empresa se dê sob a forma de demissão de empregados e alienação de ativos – decisões que podem ser tomadas pela própria administração da companhia (cf. artigos 122 c/c 142,

---

[689] Cf. http://www1.folha.uol.com.br/mercado/1189968-gol-anuncia-fim-da-webjet-e-demissao-de-850-funcionarios-veja-fotos.shtml (c. 23.11.12)

[690] O fundamento legal, no caso das concessões de serviços públicos, está no artigo 27 da Lei nº 8.987/95. Essa condição, certamente, não decorre do artigo 255 da LSA, que impõe somente a necessidade de autorização do governo para alteração do estatuto social de companhia que dependa de autorização para funcionar cujo controle tenha sido alienado.

[691] Veja que no caso citado como exemplo, tem-se notícia de que Ministério Público abrirá inquérito para apurar ilegalidades na demissão de empregados (in Valor Econômico, *Ministério Público Vê Irregularidades em Demissões da Webjet*, de 23.11.12, disponível [*on-line*] in http://www.valor.com.br/empresas/2915794/ministerio-publico-ve-irregularidades-em-demissoes-da-webjet (c. 24.11.12), assim como que a Agência Nacional de Aviação Civil notificou a companhia controladora sobre o encerramento das operações da empresa adquirida (in Valor Econômico, *Anac Notifica a Gol e Monitora o Fim das Operações da Webjet*, de 23.11.12, disponível [*on-line*] in http://www.valor.com.br/empresas/2915772/anac-notifica-gol-e-monitora-o-fim-das-operacoes-da-webjet (c. 24.11.12)).

VIII, da LSA), fora, portanto, do âmbito assemblear – os acionistas podem se ver sócios de uma empresa desmantelada sem sequer ter direito a recesso no regime atual da lei, que também não existe em caso de dissolução propriamente dita[692]. Resta-lhes o remédio judicial, via responsabilização por perdas e danos em decorrência de abuso do poder de controle, o que, todavia, não é solução das mais satisfatórias. Os acionistas carecem, portanto, de um tratamento adequado da LSA para os negócios envolvendo mudança de controle. Falha a lei com quem ela mais deveria se preocupar.

A explicação para essa lacuna não pode ser outra que a própria razão histórica da lei: fortalecer o controlador como "dono" da empresa, tendo o acionista minoritário como mero fornecedor de capital.

Contudo, com a ausência do acionista controlador no modelo de dispersão acionária, consegue-se visualizar com clareza uma segunda ideia elementar, simples, porém fundamental: a sociedade, enquanto técnica de organização da empresa, pertence aos sócios. Assim, negócios que envolvam a transferência das ações do bloco de controle com o objetivo de *transferir a empresa*[693] dizem respeito a todos os acionistas.

Não à toa que os contratos que envolvem a venda do controle usualmente estipulam que o cedente responde pelo ativo e passivo da companhia, espelhado no balanço. Matéria ligada aos vícios redibitórios, remete ao principio geral do Direito de que o "vendedor deve fazer boa a coisa vendida", como se o controlador fosse dono da empresa. Trata-se de uma apropriação indevida de valor de todos os acionistas (um dos chamados benefícios privados do controle). Não se quer negar aqui o valor do bloco de controle. É óbvio que o valor da venda de 51% das ações de uma companhia não tem o valor proporcional à venda de 49%. A questão é a quem pertence esse sobrepreço.

---

[692] Que eles teriam em caso de reorganização societária (fusão, cisão ou incorporação) (artigos 136, IV e IX e 252, §2º, da LSA).
[693] Importante aqui compreender a acepção do termo. É certo que, se for reduzida a sua significância ao estabelecimento ou fundo de comércio, não há dúvidas de que este pertence à sociedade. A venda do estabelecimento reverte ao patrimônio da empresa, cujo acervo é dividido entre os sócios na proporção da sua participação no capital, via de regra. A empresa, associada ao seu perfil subjetivo e do qual o estabelecimento é apenas um dos elementos, se confunde com a própria sociedade, que, como discorrido ao longo desse trabalho, é técnica de organização, criada pelos sócios e refletida no estatuto e na lei, e do qual a própria personalidade jurídica é elemento.

É um erro, todavia, entender tal cláusula de responsabilidade como elemento essencial do contrato de venda de controle. O princípio de "fazer boa a coisa vendida" remete ao poder de controle – verdadeiro objeto do contrato – e não ao objeto do poder. Dessa forma, em matéria de vícios redibitórios, o alienante das ações não deve responder por todos os ativos e passivos da companhia, mas pelos passivos decorrentes de ação de responsabilidade por abuso do poder de controle ocorrido no período em que o alienante era titular do poder de controle ou que diminuam valor ou utilidade do *poder de controle* (e não das ações, que afetam a todos os acionistas na proporção de sua participação no capital social). Podem haver "passivos ocultos" na companhia cuja origem não tenha qualquer ligação com ação ou omissão do controlador. Nesse caso, ele sofre os efeitos da materialização do prejuízo de forma igual aos demais acionistas, na proporção da sua participação no capital. Assim, não haveria nesse caso que se falar em devolução do sobrepreço (pelo controlador e pelos demais acionistas, pois o passivo é oculto a todos; a situação seria a mesma de alguém que adquiriu suas ações na bolsa de um terceiro de boa-fé, cujo valor veio a se reduzir por perda superveniente decorrente do passivo oculto originado no passado). O adquirente do controle sofreria os efeitos do passivo oculto da mesma forma que todos, restando-lhe a ação social ou a ação individual competente, quando cabíveis, para reparação das perdas incorridas. Assim, a redação de tais cláusulas decorre da construção de pressupostos baseados em "declarações e garantias" do vendedor, para assegurar a coercibilidade das referidas cláusulas contra o vendedor, assumidos na pretensa ideia de o que se está alienando é a organização empresarial e não propriamente o poder sobre ela.

Vale notar, aqui, que a Resolução nº 401/76, do CMN, reconhecia o problema, porém dava solução alternativa. Dizia seu item XV que "[s]e o instrumento de alienação do controle criar para o acionista controlador *outras obrigações além da transmissão das ações vendidas ou permutadas, relacionadas com os negócios ou patrimônio da companhia*, o adquirente do controle *poderá optar por oferecer aos acionistas minoritários a aquisição das suas ações sem obrigações adicionais* assumidas pelo acionista controlador. Nesse caso, as condições de preço ou permuta ofertadas aos acionistas minoritários deverão corresponder às contratadas com o acionista controlador, *com dedução do valor correspondente às obrigações por este assumidas*" (grifou-se). Seria uma forma, portanto, de transferir a responsabilidade pelos vícios redibitórios *da empresa* a todos os acionistas ou admitir que o acionista controlador assumisse a responsabilidade por tais vícios em nome de todos. Está aí a origem de todo equivocada do sobrepreço – portanto, não no valor do controle, mas na assunção pelo controlador de obrigações que não são suas – que o tempo – o melhor dos detergentes – transformou em "prêmio de controle".

Portanto, é claro que poder e objeto não se confundem. O poder de controle resume-se no poder de gerir bens alheios *como se fossem* próprios, mas isto não faz do controlador proprietário dos bens. Não se pode, também, justificar o sobrepreço como contrapartida das responsabilidades assumidas pelo controlador. O argumento é falacioso. A contrapartida da responsabilidade é o próprio poder. Pouco importa, também, a subjetividade das partes, como, por exemplo, o pagamento do sobrepreço como contrapartida ao direito de voto em si ou, menos ainda, se a aplicação do raciocínio ora desenvolvido resulte na supressão do interesse pelo controle. O poder de controle acionário deve ser reservado ao acionista empresário, ou seja, àquele que tem interesse e acredita na sua capacidade de administrar e criar valor para a empresa, que beneficia a si e a todos. Não a quem desejar obter vantagens particulares à custa de quem lhe confia o poder de comandar e para com quem tem deveres de lealdade[694].

Com isso, conclui-se que, se é verdade que não cabe aos acionistas impedir *per se* a venda de ações integrantes do bloco de controle[695], todo e qualquer negócio, envolvendo a *aquisição* do poder de controle, deve ser tutelado sob dois aspectos: (i) divisão do sobrepreço, quando houver; e (ii) assegurar o direito de retirar-se da sociedade.

Vale ressaltar que esse raciocínio é válido para companhias abertas e fechadas. Nas companhias abertas, ainda há de ser feita uma consideração extra-societária – mas intimamente ligada ao Direito Societário – que diz

---

[694] Esta, inclusive, é uma das razões do sucesso do Novo Mercado no aparecimento das companhias com controle minoritário ou sem controle acionário. O controle, naquele segmento de listagem, ficou mais difícil (pela atribuição do voto a todas as ações do capital) e menos vantajoso (pela obrigatoriedade de divisão do "prêmio de controle" com todos os acionistas; o que, por sua vez, encareceu as mudanças de controle). Nem por isso, contudo, o acionista controlador desapareceu por completo nas companhias daquele mercado...

[695] Por óbvio não se quer aqui defender uma "estatização" do controle. A proibição da venda *de ações* seria uma interferência indevida na esfera particular de direitos do cedente e não nos parece que os acionistas não controladores sejam legitimados a isso. Contudo, poder-se-ia cogitar de legitimação para impedir a venda do controle, pelas razões já expostas, toda vez que ele puser em risco o interesse social.

respeito à tutela do investidor. Essa foi, em certa medida, a razão buscada pelo legislador no artigo 254-A[696]. Assim, a disciplina conferida a um ou outro tipo societário pode ser diferente. Interessa, para este estudo, saber como a lei lida com as companhias abertas, particularmente no contexto da dispersão acionária.

O controle pode ser adquirido, voluntariamente[697], basicamente por três tipos de negócios: (i) aqueles que envolvem a transferência de controle por meio de negociação privada (aquisição derivada do poder de controle); (ii) oferta pública de aquisição do controle; e (iii) aquisições privadas de participações acionárias aptas a reunir o poder de controle, entre as quais se destaca a escalada em bolsa (sendo, as hipóteses (ii) e (iii), modalidades de aquisição originária do poder de controle[698], razão pela qual, ao invés

---

[696] Cf. Prado, Roberta Nioac, *Oferta Pública*, cit., pp. 271-279.

[697] Os autores costumam classificar as formas de aquisição de controle entre voluntárias e involuntárias (Cf. Pereira, Guilherme Döring Cunha, *Alienação do Poder*, cit., p. 31). O elemento chave dessa distinção reside, obviamente, na vontade de o adquirente adquirir o poder de controle da companhia. Entre as aquisições involuntárias, destaca-se primeiramente a transferência por sucessão hereditária, tanto das ações integrantes do bloco de controle quanto de ações em montante suficiente para a aquisição do controle, quando o sucessor já é acionista da companhia. Há, ainda, autores que apontam outras hipóteses em que o adquirente pode adquirir o poder de controle sem inicialmente ter a pretensão de fazê-lo (idem, pp. 31-32). Tais hipóteses seriam mais comuns quando há grande difusão acionária, situação em que o adquirente de pequeno percentual de ações em bolsa ou em oferta pública de ações pode passar a exercer o poder de controle sem inicialmente ter a intenção de adquiri-lo. A objeção à classificação dessas hipóteses como aquisições involuntárias reside no momento de aquisição do poder de controle. De acordo com o artigo 116 da Lei das Sociedades Anônimas, o poder de controle diluído está calcado no seu uso efetivo para a direção das atividades sociais e orientação do funcionamento dos órgãos da companhia. Ora, nesse caso, pressupõe-se a existência de um elemento de vontade. A aquisição de poder de controle, nessas circunstâncias, seria necessariamente voluntária. Se alguém adquire um percentual que lhe confira uma posição acionária inferior a 50% do capital social com direito a voto sem a pretensão de exercer o poder de controle, não está, naturalmente, adquirindo o controle societário. Somente o adquirirá quando efetivamente exercê-lo, sustentado então pela nova propriedade de ações, nos termos do referido artigo 116.

[698] As formas de aquisição de controle podem ser classificadas de acordo com sua voluntariedade, forma de estruturação ou objeto (Cf. Oioli, Erik F., *Oferta Pública de Aquisição*, cit., pp. 80 e ss.). Tais classificações são úteis não apenas para melhor compreender e diferenciar as formas de aquisição de controle, mas também para efeitos práticos, como, por exemplo, para definir se há hipótese de incidência da OPA *a posteriori* prevista no artigo 254-A da LSA. Uma das principais distinções é aquela que diferencia as aquisições do controle entre originárias e derivadas. Conforme explica Cunha Pereira, a presente classificação apresenta interesse pela

de se tratar neste capítulo da cessão do controle, opta-se pela utilização da expressão aquisição do controle).

A Lei das S.A. disciplina os negócios envolvendo a transferência do controle basicamente no artigo 254-A[699], assim como trata da aquisição do controle mediante oferta pública nos artigos 257 a 263. A lei é absolutamente omissa em relação à hipótese de aquisição do controle mediante escalada[700]. Analisar-se-á, na sequência, cada um desses negócios, como disciplinados ou não, na lei, para então chegarmos à proposição de uma nova disciplina da aquisição do controle.

9.4 As aquisições derivadas do poder de controle: a problemática do artigo 254-A da Lei das Sociedades Anônimas

A obrigatoriedade da realização de uma oferta pública de aquisição de ações (*tag along*) em função da aquisição do controle diluído é, talvez, uma das questões mais controversas acerca do regime jurídico dessa espécie de

---

aplicação da regra *nemo ad alium transferre potest plus quam ipse habet* (in *Alienação do Poder*, cit., pp. 30-31). Não apenas por isso, mas, sobretudo, pela definição da hipótese de incidência do artigo 254-A da Lei das Sociedades Anônimas. Na aquisição derivada, o adquirente adquire um controle pré-existente. Há, portanto, transferência do poder de controle. Assim, a propriedade vem para o adquirente nas mesmas condições em que estava no patrimônio do alienante. Há tipicamente aquisição derivada na cessão ou alienação negociada do controle. A aquisição originária pode ocorrer em uma situação de inexistência de um poder de controle estabelecido ou mesmo na existência de um controle diluído, que deixará de ser exercido. Não há, aqui, transferência ou alienação do controle, mas simplesmente aquisição, uma vez que o adquirente consegue reunir um número de ações suficiente para assegurar-lhe o controle da companhia. Assim, não haverá lugar para esse tipo de aquisição quando o poder de controle for totalitário ou majoritário (pode-se, contudo, pensar em sua admissibilidade nas companhias com controle majoritário conjunto, formado por acordo de acionistas que não imponha restrições à alienação de ações integrantes do bloco de controle. Eventualmente, a alienação de ações integrantes do bloco de controle em uma OPA pode tornar-se interessante para determinados acionistas integrantes do bloco, ainda que ao custo da perda do poder de controle). A escalada acionária e a OPA são exemplos típicos de aquisições originárias do poder de controle, que serão analisados adiante.

[699] A lei ainda trata do assunto nos artigos 255 e 256. No primeiro, trata da aprovação do governo para alteração de estatuto de companhia cujo controle foi alienado. Já o segundo trata da realização de Assembleia Geral para aprovação da compra do controle de sociedade empresária nas circunstâncias previstas nos incisos I e II.

[700] Convém ressaltar que o artigo 256 da LSA não é aplicável ao assunto. Ele sujeita à aprovação da Assembleia Geral *a compra de controle*. Na escalada, como se verá, não se compra controle: compram-se ações que levam ao controle (diferente, portanto, também da OPA, cujo objeto não é a compra de ações que levem ao controle, mas é o próprio controle).

controle na legislação brasileira. Desde a origem do dispositivo, na edição da lei em 1976, a disciplina teve idas e vindas, sendo originalmente disciplinada no artigo 254, revogado pela Lei nº 9.457, de 5 de maio de 1997, e posteriormente reintroduzida pela Lei nº 10.303, de 31 de outubro de 2001, na forma do artigo 254-A. Talvez seja uma das questões mais debatidas em Direito Societário, agora com o fôlego renovado graças à superveniência do controle diluído, e também uma das mais complicadas.

Em sua redação original – contrária à proposta pelos autores do anteprojeto da LSA[701] – o artigo 254 prezava, sobretudo, e de forma aparentemente correta, o tratamento igualitário entre acionistas minoritários de companhia aberta, mediante realização de oferta pública simultânea para aquisição de suas ações[702]. Logo em seguida, o artigo foi regulamentado pela Resolução nº 401/76, do CMN, que, entre outros, limitou a oferta aos acionistas com direito a voto e esclareceu que o valor da oferta seria igual ao valor pago ao acionista controlador[703]. O dispositivo da lei foi revogado pela Lei nº 9.457/97, editada para facilitar e permitir a privatização de empresas estatais. A supressão à época desse e de outros dispositivos em claro prejuízo aos minoritários, demonstra a intenção de aumentar o preço das empresas vendidas à custa daqueles[704].

Tal regra foi concebida no ordenamento jurídico societário como um direito compensatório – um verdadeiro "direito de saída" da sociedade –

---

[701] O projeto original limitava-se ao princípio de divulgação da operação. A alienação do controle de companhia aberta deveria ser comunicada, dentro de vinte e quatro horas da sua contratação, à CVM e à bolsa de valores onde suas ações fossem negociadas, além de divulgada pela imprensa, com a identificação do comprador. Note-se que a proposta era de todo incoerente com o tratamento para outras hipóteses da lei que envolviam transferência de controle, como a alienação de controle de companhia que dependa de autorização do governo ou desapropriação do controle, onde eram previstas medidas compensatórias.

[702] Todavia, a redação não explicitava quem eram esses acionistas minoritários (há que se reconhecer, na lei, que a expressão "acionistas minoritários" não é unívoca; por exemplo, no artigo 117, §1º, ela designa, claramente, todos os não controladores, enquanto no artigo 161, §4º, alínea "a", ela se refere, também de forma clara, apenas a titulares de ações votantes), nem o valor pelo qual deveria ser feita a oferta, o que não permitia, de antemão, assumir a existência de um "prêmio de controle".

[703] Pois, diferentemente da lei, que estabelecida tratamento igualitário *aos acionistas minoritários*, o item I da Resolução nº 401/76 assegura aos acionistas minoritários tratamento igualitário *ao do controlador*.

[704] Cf. Salomão Filho, Calixto, in *O Poder de Controle*, cit., nota de texto 52, nota de rodapé 11, p. 271.

em contrapartida à atribuição de amplos poderes ao acionista controlador. Na medida em que o reforço desses poderes era medida necessária à formação da grande empresa nacional, a necessidade de apelo ao investimento de recursos de terceiros, particularmente via mercado de capitais, requereu a concepção de tais direitos compensatórios, notadamente direitos à informação e direito de saída, entre os quais se incluem o direito de retirada, a OPA por fechamento de capital ou diminuição de liquidez acionária, e a OPA por alienação do controle. Tanto é verdade que, se o objetivo fosse apenas a divisão do sobrepreço, bastaria a regra impor ao adquirente do controle o pagamento aos demais acionistas do valor correspondente à diferença entre o valor de mercado das ações e o valor pago por ação integrante do bloco de controle, tal como faz, hoje, como opção, o §4º do artigo 254-A.

Assim, entendeu o legislador que a potencial mudança nos rumos da atividade empresarial, motivada pela alteração do poder de controle, ensejaria o direito de o acionista com direito a voto que não pertencesse ao bloco de controle se retirar da sociedade, mediante a aceitação de OPA realizada pelo adquirente, nas mesmas condições de preço da aquisição de controle (como previsto na redação original do artigo 254 da Lei nº 6.404/76 e atualmente no regulamento do Novo Mercado). De forma sistemicamente coerente, a LSA também previu que, em caso de desapropriação do bloco de controle para constituição de sociedade de economia mista – o que, na essência, é uma transferência de controle, e onde é seguro presumir-se uma mudança de orientação da companhia, com a predominância do interesse público – fosse assegurado o direito de retirada. Só que, neste caso, o direito de saída é assegurado em qualquer tipo de companhia – aberta ou fechada – enquanto a OPA é reservada às companhias abertas[705].

---

[705] Pode supor, então, que o legislador pretendeu oferecer uma tutela especial aos investidores de mercado de capitais, presumindo sua maior fragilidade perante os acionistas controladores. Tanto que o artigo 17, §1º, III, da LSA, também permite a atribuição às ações preferenciais sem direito a voto do direito de serem incluídas na oferta pública de alienação de controle, nas condições previstas no art. 254-A. Já ao acionista da companhia fechada, que naturalmente não possui "portas de saída" da sociedade e cujas ações podem inclusive ter restrições quanto à transferibilidade (artigo 36 da LSA), legou-se a via contratual, reforçando a companhia fechada como um modelo para empresas pequenas e com maior *affectio* entre os sócios. Por isso, a cláusula de venda conjunta (*tag along*) é disposição hoje típica de acordos de acionistas de companhias fechadas.

Não obstante, após a revogação do artigo 254 da LSA no período das privatizações – resultando em um período de 4 anos sem qualquer tutela da alienação de controle -, em 2001, por meio da Lei nº 10.303/01 – anunciada como reforma (pretensamente favorável) dos direitos dos minoritários – reintroduziu-se a disciplina, sob a forma do artigo 254-A.

O artigo 254-A da LSA dispõe que "a alienação, direta ou indireta, do controle de companhia aberta somente poderá ser contratada sob a condição, suspensiva ou resolutiva, de que o adquirente se obrigue a fazer oferta pública de aquisição *das ações com direito a voto* de propriedade dos demais acionistas da companhia, *de modo a lhes assegurar o preço no mínimo igual a 80% (oitenta por cento) do valor pago por ação com direito a voto*, integrante do bloco de controle" (grifou-se).

Difícil saber, contudo, se a reforma visou à proteção dos acionistas minoritários ou a reforçar a posição do acionista controlador. Isto porque o "direito de saída" é excluído daqueles que talvez mais precisem dele: os preferencialistas sem direito a voto e sem a prerrogativa assegurada pelo artigo 17, §1º, III, da LSA[706], que também possuem direitos sobre a organização empresarial e também podem ter seus direitos afetados pela mudança de controle[707]. E mais, a lei institucionalizou a expropriação de valor dos acionistas, assegurando ao controlador um "prêmio de controle" equivalente a 20% do preço pago pelas ações do bloco de controle.

Dessa forma, conclui-se que, hoje, a lei disciplina as alienações onerosas de controle, porém de forma inadequada, pois não estabelece tratamento equitativo entre todos os acionistas, seja em relação à divisão do valor atribuído à organização empresarial, seja por não assegurar a todos o direito de retirar-se da sociedade. Porém, os problemas não param aí: em

---

[706] Portanto, invertendo a lógica presumível da OPA, ela pode ser vista como uma forma de reforçar o controle do adquirente, permitindo que ele exclua (por um preço mais baixo que pagou pelas ações do bloco de controle) os acionistas capazes de lhe fazer frente nas Assembleias e a quem a lei assegura alguns direitos de participação e fiscalização (v. a este respeito o item 6.3.3 (i) (b) supra).

[707] Vale notar que o §5º do artigo 254-A (vetado) previa que as companhias poderiam conceder aos seus acionistas sem direito de voto o direito previsto no artigo 254-A em igualdade ou não com as ações com direito a voto. O veto foi justificado pela insegurança jurídica que a inclusão desse direito no estatuto social poderia provocar, uma vez que (i) sua posterior supressão, ainda que por quórum qualificado, não importaria em direito de retirada; e (ii) poderia haver confusão desse direito com a vantagem atribuível às ações preferenciais por força do artigo 17, §1º, III, da LSA, cuja supressão acarreta direito de retirada.

decorrência da dispersão acionária e da configuração do poder de controle diluído, renova-se o debate: estaria sua transferência sujeita à regra do artigo 254-A?

9.4.1 A aplicação do artigo 254-A à transferência de controle diluído

A *priori*, propõe-se uma análise eminentemente técnica, desprovida de juízo de valor quanto ao seu mérito. Afinal, a legislação brasileira traz uma solução – boa ou não – para a questão e, sobretudo, é preciso entender como aplicá-la, para então, traçar proposições acerca da disciplina mais adequada.

Em caso de existência de um controle majoritário, a aplicação do referido dispositivo na hipótese de sua alienação é clara, a despeito de inúmeras discussões, em sua maior parte envolvendo a forma pela qual esse controle é transferido. Contudo, a frágil caracterização do controle diluído suscita questionamentos, especialmente levando-se em consideração as consequências e custos associados à aplicação do dispositivo legal na hipótese de transferência desse tipo de controle. Isto é, a transferência de um pequeno conjunto de ações, que não necessariamente assegura o poder de controle ao adquirente, pode trazer consigo a obrigação de adquirir a totalidade das ações dos demais acionistas com direito a voto da companhia visada.

Sendo o controle minoritário um controle de fato, sua caracterização ou não carrega consigo uma grande carga de insegurança jurídica. Isto tem levado autores a verdadeiros malabarismos hermenêuticos para construção de interpretações convincentes acerca da não aplicação do artigo 254-A às transferências de controle diluído.

Exemplo ilustrativo da questão foi o posicionamento dos membros do colegiado da Comissão de Valores Mobiliários no julgamento de processo envolvendo alterações do controle indireto da TIM. O diretor Eliseu Martins defendeu claramente a aplicação do artigo 254-A às situações de controle diluído, ao passo que o diretor Eli Loria posicionou-se, também claramente, no sentido da impossibilidade dessa aplicação. Já o diretor Otavio Yazbek concordou com a aplicação do dispositivo no caso em julgamento, mas ressaltou seu entendimento no sentido de que a aplicação do referido artigo às situações de controle diluído deve ocorrer a partir da análise casuística, dada a complexidade que cerca a identificação da existência ou não desse poder. Por sua vez, a presidente Maria Helena Santana manifestou-se no sentido da inadequação do artigo 254-A para lidar com situações de controle diluído, sugerindo a adoção de regra semelhante à adotada no modelo europeu, que tornasse obrigatória a realização de oferta sempre que determinado percentual mínimo de ações fosse adquirido.

A despeito das discussões acima, entende-se que a redação do artigo 254-A não autoriza conclusão outra que não a sua aplicabilidade às operações envolvendo a alienação de controle diluído.

Poder-se-ia admitir que a regra talvez não tenha sido concebida para as transferências de controle diluído, até porque este não era elemento presente na realidade societária brasileira à época da edição da Lei ou mesmo da sua modificação em 1997 e 2001[708]. O argumento, no entanto, não é verdadeiro: a própria Resolução nº 401/76, que regulamentou o revogado artigo 254 da LSA, previa a possibilidade de transferência de controle diluído. Previa assim seu item IV: "[n]a companhia cujo controle é exercido por pessoa, ou grupo de pessoas, *que não é titular de ações que asseguram a maioria absoluta dos votos do capital social*, considera-se acionista controlador, *para os efeitos desta Resolução*, a pessoa, ou o grupo de pessoas vinculados por acordo de acionistas, ou sob controle comum, que é o titular de ações que lhe asseguram a maioria absoluta dos votos dos acionistas presentes nas três últimas Assembleias Gerais da companhia" (grifou-se).

Não se pode furtar, assim, a partir da análise sistemática da Lei, a sua aplicação a qualquer hipótese de alienação de controle acionário recepcionada pela lei societária.

Primeiro, como visto acima, é notório que o artigo 116 da Lei das Sociedades Anônimas admite a existência de um controle diluído. Isto posto, não haveria qualquer fundamento legal que permitisse afastar o controle diluído da hipótese de incidência do artigo 254-A. Não deveriam, portanto, prosperar as teses que sustentam que o controle referido em tal dispositivo não seria o mesmo referido no artigo 116 da Lei das Sociedades Anônimas[709]. Não há qualquer elemento na redação do artigo 254-A que permita esta conclusão. No mesmo sentido, não parece razoável admitir a hipótese de que a lei acionária trabalha com dois conceitos de acionista controlador, um para fins de sua responsabilização (artigo 116) e outro para fins de aplicação do *tag along* (artigo 254-A), até mesmo porque

---

[708] Lembrando-se que o Novo Mercado foi criado apenas em 2002, sendo que a listagem de companhias nesse segmento somente se intensificou a partir de 2004.

[709] C. Eizirik, Nelson, *Aquisição de Controle Minoritário, Inexigibilidade de Oferta Pública*, in Castro, R. R. M. de; e Azevedo, L. A. N. de M. (org.). *Poder de Controle*, cit., p. 182-184 e Marcílio, Pedro Oliva, em voto proferido no julgamento do processo nº RJ 2005/4069, da Comissão de Valores Mobiliários, realizado em 11.4.2006.

ambos encontram o mesmo fundamento: a concepção do controle como um poder, que enseja responsabilidade pelo seu mau exercício, bem como a possibilidade de saída da companhia pelo acionista minoritário em caso de alteração do seu titular.

Ainda que o artigo 254-A não faça menção expressa ao acionista controlador ou ao poder de controle, o "controle" citado expressamente no dispositivo é manifestação do poder de controle do acionista controlador, definido na Lei das S.A. em seu artigo 116. E mesmo que o "controle" referido no artigo 254-A se refira ao bloco de controle, como sustentam Lamy e Bulhões Pedreira, este nada mais é que o conjunto de ações, vinculadas ou não a acordos de acionistas, que permite exercer o poder de controle, ou seja, é a fonte desse poder[710]. E, como visto, esse conjunto de ações pode representar menos da metade das ações com direito a voto do capital social. Admitir conclusão diferente levaria a situação de insegurança jurídica ainda maior que admitir a aplicação do dispositivo às alienações de controle diluído.

Além disso, a dificuldade de aplicação do dispositivo não é motivo para a sua não aplicação. Afinal, dificuldade não é sinônimo de impossibilidade. E a dificuldade, aqui, é meramente operacional. Ela decorre da fragilidade da caracterização do controle diluído, mas, uma vez que este esteja bem caracterizado ou identificado, inegável é a aplicação do direito de venda conjunta em caso de sua transferência. Mesmo porque o que está em questão é transferência do poder sobre a organização empresarial e não meramente de quantidade de ações.

Essa distinção é irrelevante quando se trata de controle majoritário, mas o mesmo não ocorre na situação de dispersão do capital. A quantidade de ações não é critério suficiente para caracterizar a transferência de controle diluído. Por exemplo, a transferência de 30% do capital social com direito a voto, pode ou não significar a transferência do bloco de controle (e, por conseguinte, do poder de controle). E mais, ainda que tais 30% representem o bloco de controle, poderá não haver *transmissão direta* desse, ao menos para o adquirente das ações, caso este não exerça efetivamente o poder de controle. Todavia, haverá um novo alguém exercendo o controle.

Por outro lado, se uma quantidade pequena de ações é suficiente para assegurar a seu adquirente a preponderância nas assembleias gerais e o consequente poder de conduzir as atividades empresariais, ainda que em

---

[710] In *Direito das Companhias*, cit., pp. 823-827.

função de os demais acionistas não comparecerem às assembleias, não há razão para não assegurar aos demais acionistas o direito de saída da companhia, bem como o direito ao sobrepreço, se houver.

Porém, frise-se, em se tratando de transferência de controle diluído, será sempre necessária a caracterização do efetivo uso do poder conferido pelo bloco de controle minoritário para dirigir as atividades sociais (em consonância com a alínea "b" do artigo 116 da LSA). Pois, controle de fato que é, a existência do controle diluído sempre deverá ser analisada caso a caso[711].

É forçoso reconhecer que a solução, embora coerente com a Lei, não é satisfatória. A fixação de quaisquer critérios para sua apuração, como, por exemplo, aqueles existentes na revogada Resolução nº 401/76, do CMN, reproduzidos em parte no regulamento do Novo Mercado, poderá contribuir para diminuir a insegurança jurídica, mas sempre estabelecerá mera presunção de aquisição do controle diluído. Diferentemente da situação em que se adquire uma quantidade de ações tal que assegure o controle majoritário.

Por fim, há que se ressaltar, como já amplamente debatido pela doutrina, que o artigo 254-A somente se aplica às situações de aquisição derivada do poder do controle, ou seja, a aquisição do controle pré-existente,

---

[711] Nesse sentido, v. manifestação de voto do Diretor da CVM Sr. Otávio Yazbek, no processo CVM nº RJ 2007/14344, acerca da transferência do controle indireto da TIM Participações: "Não gostaria aqui de, no mesmo diapasão da declaração de voto apresentada pelo Diretor Eli Loria no presente caso, afastar de pronto qualquer possibilidade de negócio jurídico que transfira poder de controle minoritário e que, com isso, possa vir a ensejar a aplicação do art. 254-A da lei acionária. A bem da verdade creio que tal possibilidade não é de todo inconsistente com o regime do citado art. 254-A, mesmo porque, ainda na vigência do art. 254 original (que, revogado pela Lei nº 9.457/97, foi o embrião do atual art. 254-A, incluído pela Lei nº 10.303/01), a Resolução CMN nº 401/76, que regulamentava aquele dispositivo, já tratava expressamente do controle minoritário. (...) Ainda assim, porém, ela sinaliza que, muito provavelmente, a possibilidade de alienação de controle minoritário para os fins do art. 254-A não é descabida. A análise deve realizar-se caso a caso – nesta linha, aliás, é extremamente sintomático que o regime anteriormente vigente tenha remetido a determinados fatos bastante concretos ("as três últimas Assembleias Gerais da companhia"), de modo a afastar, do controle minoritário, justamente aquela fugacidade, aquela instabilidade, que usualmente o caracteriza. É claro que, sem balizadores objetivos (e em certa medida arbitrários) como aqueles, torna-se muito mais difícil identificar o controle minoritário e, ao mesmo tempo, outorgar aos agentes de mercado a segurança necessária. Ainda assim, parece-me importante não negar *a priori* tal possibilidade" (disponível em <www.cvm.gov.br>, acesso em outubro de 2010).

de titularidade de um terceiro. A legislação, por ora, não enfrenta as hipóteses de aquisição originária do poder de controle, a não ser a OPA, o que será debatido a seguir.

9.5 A oferta pública de aquisição do controle: o despertar da disciplina do "Ovo de Colombo" do Mercado de Capitais

As ofertas públicas de aquisição de controle tiveram origem provavelmente na Inglaterra, onde desde o *Companies Act* de 1929 são reguladas. Contudo, somente a partir da década de 1950 passaram a ter notoriedade naquele país, tornando-se logo muito comuns nos EUA a partir da década de 1960[712]. Nesses países, são conhecidas, respectivamente, como *takeover bids* ou *tender offers*[713].

A OPA para aquisição de controle é a forma pela qual uma pessoa natural ou jurídica, fundo ou universalidade de direitos, voluntariamente propõe, utilizando-se de qualquer meio de publicidade ou esforço de aquisição, aos acionistas de uma companhia ou aos acionistas de determinada classe ou espécie de ações, a aquisição das respectivas ações em montante tal que lhe assegure o poder de controle da companhia objeto da oferta[714]. É uma forma de aquisição do controle típica de mercados com grande dispersão acionária e liquidez[715].

---

[712] Cf. Comparato, Fábio Konder, *Aspectos Jurídicos da Macroempresa*, São Paulo, RT, 1970, p. 33, Garcia, Augusto Teixeira, *Da Oferta Pública de Aquisição e seu Regime Jurídico*, Coimbra, Coimbra, 1995, pp. 21 e ss. e Choper, Jesse H., Coffee Jr. John C. e Gilson, Ronald J., *Cases and Materials on Corporations*, 5ª ed., New York, Aspen, 2000, pp. 918-919.

[713] Importante ressaltar que nem toda *tender offer* ou *takeover bid* é necessariamente hostil, podendo se tornar amigável ao longo de seu processo.

[714] Conforme o artigo 3º, I, da Instrução CVM nº 361, de 5 de março de 2002, "companhia objeto" é a companhia aberta emissora das ações visadas na OPA. Utilizaremos nesse trabalho a expressão "companhia objeto" ou "companhia visada" sempre com esse significado.

[715] Essa forma de aquisição de controle passou a ser denominada indiscriminadamente no Brasil como "oferta hostil". Como este autor já teve oportunidade de tratar em outro estudo, não deve ser tratada indiscriminadamente como OPA hostil aquela simplesmente indesejada pelo acionista controlador ou pelos administradores, em qualquer hipótese. À luz do Direito brasileiro, em especial da Lei das Sociedades Anônimas, que possui determinadas particularidades em relação a outros países em que as *tender offers* são mais comuns, entende-se que cabe aos administradores e ao acionista controlador desaprovar uma oferta, nos termos da lei. Isto porque ambos possuem deveres e responsabilidades perante a companhia que justificam tal atuação. Tal desaprovação, portanto, não deve ser simplesmente impulsionada por interesses particulares. Portanto, somente será hostil a OPA desaprovada naqueles termos, justificando-se a adoção de técnicas de defesa, como se discutirá adiante (Cf. Oioli, Erik F., *Oferta Pública de Aquisição*, cit., p. 94).

A OPA *a priori* não pressupõe a prévia negociação entre adquirente e alienante do poder de controle. Muitas vezes sequer há um poder de controle a ser alienado. O ofertante propõe aos acionistas a aquisição de ações em montante suficiente para assegurar-lhe o poder de controle da companhia. Tal proposta pode ou não ser aceita pelos acionistas. Como elemento de convencimento, naturalmente o preço oferecido pelas ações objeto da OPA tende a ser superior à cotação das referidas ações em bolsa[716]. Caso os acionistas decidam vender suas ações ao ofertante em montante suficiente para atender à referida condição, o ofertante passará a ser o novo controlador da companhia.

A realização de uma OPA para aquisição do controle pode oferecer vantagens particulares em relação às demais formas de aquisição do controle interno, tanto para os acionistas quanto para o ofertante[717], o que fez Comparato chamá-la de "Ovo de Colombo do Mercado de Capitais"[718].

Para os acionistas, a OPA para aquisição do controle permite que recebam uma oferta em condições de igualdade e em valor normalmente superior ao da cotação da ação em bolsa (mas não necessariamente igual ao valor de mercado da companhia). Ou seja, todos os acionistas destinatários da oferta podem participar em condições de igualdade do eventual prêmio de controle[719].

Para o ofertante, as vantagens são várias. Primeiramente, essa forma de aquisição permite que ele faça uma oferta a todos os acionistas sem ter que negociar com a administração ou com o eventual acionista controlador[720]. A conclusão da OPA também é relativamente rápida, o que pode dificultar a instalação de mecanismos de defesa pela administração da companhia objeto.

Outra vantagem importante é a segurança conferida ao ofertante. Como esse tipo de OPA é normalmente sujeito à condição de aquisição de ações

---

[716] Cf. Clark, Robert C., *Corporate Law*, cit., p. 532.

[717] Cf. Comparato, F. K. e Salomão Filho, C., *O Poder de Controle*, cit., p. 240, Prado, Roberta Nioac, *Oferta Pública*, cit., p. 68 e Cantidiano, Luiz Leonardo, *Direito Societário & Mercado de Capitais*, Rio de Janeiro, Renovar, 1996, p. 57.

[718] Cf. Comparato, F. K., *Aspectos Jurídicos*, cit., pp. 31-32.

[719] Cf. Prado, Roberta Nioac, *Oferta Pública*, cit., p. 68.

[720] Isso, por exemplo, permite que o ofertante não se subordine às exigências que, normalmente, o alienante do controle, em uma negociação direta, faz, como o ágio no preço de alienação do controle, a manutenção de determinados administradores ou a venda, ao alienante do controle, de bens que integram o ativo social por preços inferiores aos de mercado (cf. Cantidiano, Luiz Leonardo, *Direito Societário*, cit., p. 57).

em número suficiente para assegurar ao ofertante o poder de controle, o ofertante sabe que, caso a oferta não seja bem-sucedida, não precisará desnecessariamente desembolsar recursos ou utilizar bens (oferta de permuta) para adquirir qualquer ação. Além disso, há uma relativa redução de custo para a aquisição do controle, uma vez que o ofertante pode adquirir apenas uma quantidade mínima de ações para obtê-lo. Também, o ofertante saberá de antemão o custo total da operação, por ter a oferta preço determinado[721].

A OPA, na medida em que é vantajosa ao ofertante por lhe permitir a aquisição do controle de uma companhia sem a prévia negociação com seus administradores e acionista controlador, cria um problema de ação coletiva para os seus destinatários: estes, em especial os acionistas das companhias com grande dispersão acionária, têm dificuldade para agirem coordenadamente, o que lhes retira poder de barganha. Assim, por exemplo, os acionistas, apesar de a oferta lhes ser desvantajosa, podem se sentir compelidos a aceitá-la devido ao temor de que, se a recusarem e os demais acionistas a aceitarem, os primeiros podem permanecer em uma companhia com pouca liquidez e à mercê de um novo controlador. Esses efeitos negativos serão ainda mais exponenciais se a oferta for particularmente contrária à realização do interesse social[722].

O problema identificado acima remete ao chamado "dilema do prisioneiro", que serve para ilustrar como oportunismo e ausência de ação conjunta podem produzir resultados indesejados[723]. Teoricamente, uma oferta deveria ser bem sucedida apenas quando um número mínimo de acionistas enxergasse o preço oferecido por suas ações na oferta como sendo superior ao preço das suas ações caso a companhia permanecesse sendo independente[724]. Não é, entretanto, o que necessariamente ocorre.

---

[721] Exceto se houver uma OPA concorrente ou outro motivo que leve o ofertante a melhorar as condições iniciais da sua oferta, especialmente com relação ao preço ofertado por ação.
[722] Importante esclarecer que o acionista comum, quando vende suas ações na OPA, age única e exclusivamente no interesse pessoal, não devendo qualquer prestação à consecução do interesse social (cf. Oioli, Erik F., *Oferta Pública de Aquisição*, cit., pp. 198-204).
[723] Cf. Bruner, Robert, *Hostile Takeover: A Primer for the Decision-Maker*, s.l., 2001, p. 12, disponível [*on line*] in *http://papers.ssrn.com/sol3/papers.cfm?abstract_id=294710* [8.11.12].
[724] Cf. Bebchuck, Lucian A., Bebchuck, Lucian A., *The Pressure to Tender: An Analysis and a Proposed Remedy*, in Coffe Jr., John C., Lowenstein, Louis e Rose-Ackerman, Susan (coord.), *Knights, Raiders & Targets) – The Impact of The Hostile Takeover*, Oxford, Oxford University, 1988, p. 374.

Portanto, a pressão exercida por uma OPA para aquisição do controle pode levar os acionistas a tomarem decisões distorcidas, mais benéficas ao ofertante, que talvez não tomassem se não estivessem sujeitos a tal pressão. O tratamento igualitário dos destinatários da oferta e a possibilidade de cancelamento da decisão de venda das ações antes do encerramento da OPA são formas de mitigar esse problema.

Ainda, na pendência de uma OPA para aquisição do controle, os interesses individuais dos acionistas, dos administradores e os da companhia podem divergir. Na hipótese de existência de um acionista controlador ou bloco de controle diluído, naturalmente se espera que ele não aceite a referida OPA, com o propósito de preservar o poder de controle ou obter alguma compensação pela sua perda. Os administradores, por sua vez, podem ter receio de que qualquer OPA dessa natureza possa ameaçar a manutenção de seus cargos. Já os acionistas destinatários da oferta poderão ser seduzidos pelos preços atrativos da oferta e então decidir alienar todas as suas ações. Entretanto, uma oferta por um preço elevado não significa necessariamente que ela é boa para a companhia, assim como não se pode necessariamente dizer que a oferta é ruim para a companhia por ser indesejada pelos administradores.

Portanto, o espírito que deve embasar qualquer regulação do instituto é a garantia do investidor contra ofertas inidôneas e ao acesso às informações necessárias à sua tomada de decisão[725], com a permanente preocupação de mitigação do problema da pressão para essa tomada e com os eventuais conflitos de interesses.

Atendidos estes objetivos, a OPA, nas companhias de capital disperso, é o meio adequado e desejável para a aquisição do poder de controle. Primeiro, porque evita negociações privadas de um poder que diz respeito a todos, dentro e fora da sociedade, e a consequente possibilidade de expropriação de valor da companhia e dos acionistas. Depois, porque possibilita um tratamento transparente e igualitário aos acionistas. Mas, principalmente, por duas características inerentes a este meio de aquisição do controle que atendem em cheio às premissas necessárias a qualquer disciplina sobre o assunto, discutidas no item 9.3 supra: (i) os acionistas têm a oportunidade de negociar diretamente com o ofertante o sobrevalor

---

[725] Cf. estudo da Superintendência Jurídica da CVM, *Oferta pública de aquisição de controle: artigos 257 e seguintes da Lei nº 6.404/76*, p. 32-33, e Exposição Justificativa das Principais Inovações do Projeto constante da Mensagem nº 204, de 1976, do Poder Executivo.

atribuído à organização empresarial[726]; e (ii) mais que um mecanismo de saída da sociedade, a OPA permite que *todos* os acionistas e todos os titulares de interesses na companhia – controlador, administradores, conselheiros fiscais, trabalhadores, consumidores e governo – se posicionem sobre a mudança de controle, com particular interesse naqueles que defendam os interesses da própria companhia. É forçoso reconhecer que a OPA é, de fato, o "Ovo de Colombo" do mercado de capitais.

Pode-se até argumentar, por outro lado, que, sendo a OPA dirigida aos acionistas com direito a voto (pois o objeto da OPA é adquirir o controle), os demais acionistas estariam excluídos do sobrepreço. Isto não é totalmente verdadeiro. Se a oferta é boa para a companhia, presume-se que os acionistas sem direito a voto concordem com a oferta, bem como que a aquisição de controle criará valor para empresa, permitindo que aqueles participem do sobrevalor no mercado secundário[727]. O mesmo vale para os acionistas que decidirem não vender suas ações na OPA e nem receberam parte do prêmio da venda. Para tanto, é essencial que a disciplina da OPA venha devidamente acompanhada da tutela da liquidez, assegurando-se, após a OPA, a manutenção de número mínimo de ações em circulação ou o direito dos acionistas remanescentes alienarem suas ações caso a liquidez seja restringida (denominados como *"sell out rights"* ou *"squeeze out rights"*, a depender sobre quem recai o direito de venda ou de compra das ações remanescente) ou caso, dentro de um determinado período, venham a ocorrer eventos que ensejem a saída do acionista (por exemplo, em decorrência de fechamento do capital) por um valor inferior ao que teria obtido se tivesse alienado suas ações na OPA[728].

---

[726] Esta negociação pode se dar, por exemplo, pela rejeição da proposta, que leve a aumentos sucessivos de preço ou até mesmo o lançamento de uma OPA concorrente.

[727] Poder-se-ia cogitar, inclusive, da possibilidade de inclusão de todos os acionistas na oferta, quando esta fosse lançada originalmente com o propósito de adquirir todas as ações com direito a voto, podendo resultar na existência de controle majoritário. Todavia, esse problema não existirá nas companhias em que todas as ações têm direito a voto, como ocorrem com aquelas listadas no Novo Mercado, onde se verifica atualmente a dispersão acionária.

[728] Um dos elementos motivadores da pressão sobre os acionistas e da consequente distorção da sua decisão de adesão à oferta é a redução do preço das ações da companhia após a concretização da OPA em virtude da forma de condução dos negócios pelo novo acionista controlador e da possibilidade de fusão ou incorporação envolvendo o ofertante e a companhia em condições desvantajosas aos acionistas remanescentes. Pois bem, a Instrução CVM nº 361/02 é falha nesse ponto, ao não estabelecer o compromisso do ofertante de assegurar, aos acionistas que recusarem a oferta, o recebimento de valor correspondente à diferença a

Portanto, no contexto da dispersão acionária, é fundamental que a OPA venha a ser adequadamente regulada, corrigindo suas distorções naturais decorrentes da falta de ação coletiva dos acionistas e servindo como instrumento apropriado para a negociação do controle nas companhias e, sobretudo, ferramenta de fomento do "mercado de controle societário".

9.5.1 A disciplina da OPA para aquisição de controle no Brasil

No Brasil, apesar da elevada concentração acionária experimentada na década de 1970, a Lei das Sociedades Anônimas previu, pela primeira vez, as aquisições de controle mediante oferta pública. Até então, as OPA já eram reguladas nos EUA, Reino Unido e na França. Tendo em vista os propósitos de criação da lei – fortalecer o mercado de capitais nacional

---

maior, se houver, entre o preço originalmente ofertado e: (i) o preço por ação que seria devido, ou venha a ser devido, caso venha a se verificar, dentro de determinado período, fato que impusesse, ou venha a impor, a realização de oferta pública de aquisição de ações obrigatória (oferta por cancelamento de registro, por aumento de participação ou por alienação de controle); ou (ii) o valor a que terão direito, caso dissintam de deliberação da companhia que venha a aprovar a realização de qualquer evento societário que permita o exercício do direito de recesso, quando este evento se verificar dentro de determinado período contado da data da realização do leilão de OPA *a priori*. Na ausência de regras desse tipo, um adquirente hostil, sem prejuízo da responsabilidade imputada por lei, poderá adotar mais facilmente práticas lesivas aos acionistas remanescentes da companhia (sobre a relevância desse tipo de regra, v. Davies, Paul e Hopt, Klaus, *Control Transactions*, in Kraakman, Reinier R. *et al* (coord.), *The Anatomy of Corporate Law. A Comparative and Functional Approach*, Oxford, Oxford University, 2006, p. 178), aumentando sobre estes a pressão para aceitação da OPA. De maneira interessante, a Instrução CVM nº 361/02 prevê que, do instrumento de qualquer OPA formulada *pelo acionista controlador, pessoa a ele vinculada ou à própria companhia*, que vise à aquisição de mais de 1/3 das ações de uma mesma espécie ou classe em circulação, constará declaração do ofertante de que, caso venha a adquirir mais de 2/3 das ações de uma mesma espécie e classe em circulação, ficará obrigado a adquirir as ações em circulação remanescentes, pelo prazo de 3 (três) meses, contados da data da realização do leilão, pelo preço final do leilão de OPA, atualizado até a data do efetivo pagamento (artigo 10, §2º, da Instrução CVM nº 361/02). Assim, a Instrução CVM nº 361/02 cria a obrigação de aquisição das ações remanescentes da companhia em mãos de acionistas minoritários, de forma semelhante à alienação e aquisição potestativas previstas, por exemplo, na Diretiva 2004/25/CE do Parlamento Europeu e do Conselho da UE (*sell-out* e *squeeze-out rights*). Contudo, mais uma vez aqui houve lapso do regulador, ao restringir esta obrigação apenas às ofertas do acionista controlador, pessoa a ele vinculada ou à própria companhia, não contemplando o tipo mais comum de OPA, formulada por terceiros. Estas se tornam, assim, mais onerosas e menos atrativas ao ofertante e destinatários, além de agravar o problema da pressão para adesão à oferta (cf. Oioli, Erik F., *Oferta Pública de Aquisição*, cit., item 5.4).

– os legisladores tiveram a preocupação de regular as ofertas públicas de aquisição do controle, ainda que praticamente inexistentes no país. Essa preocupação era fundamentada nas possíveis perturbações no mercado provocadas pela realização de uma oferta inidônea ou sem a observância de normas que tivessem em conta os interesses de todos os envolvidos. Assim, a LSA regula, nos seus artigos 257 a 263, as aquisições de controle mediante oferta pública, inspirada nas normas de consenso geral adotadas nos EUA, Reino Unido e França, adaptadas à realidade do nosso sistema[729].

A LSA, inclusive, atribui à CVM competência para expedir normas sobre oferta pública de aquisição de controle (artigo 257, §4º). Contudo, apesar de já regular as ofertas públicas de alienação do controle e para cancelamento de registro[730] previstas na Lei nº 6.404/76, a CVM apenas veio a regular efetivamente a oferta pública de aquisição de controle por meio da Instrução CVM nº 361, de 5 de março de 2002, posteriormente alterada pela Instrução CVM nº 492/11. Referida instrução também consolida a legislação até então existente, bem como a experiência acumulada da CVM sobre ofertas públicas de aquisição de ações.

Efetivamente, as normas regulamentares da CVM sobre OPA para aquisição do controle quase não foram testadas na prática, o que em grande parte transforma sua análise em trabalhado desafiador. Isto, inclusive, faz com que o principal foco das críticas seja justamente em relação à regulação do instituto pela CVM e não necessariamente às regras dispostas na LSA, cujo arcabouço, ainda que mínimo, é satisfatório, embora não se preocupe em enunciar explicitamente as diretrizes a serem seguidas pela CVM no exercício do seu poder regulatório especificamente quanto à preocupação de proteger os acionistas de ofertas inidôneas e assegurar o amplo acesso à informação[731]. Tal timidez talvez se explique pelo contexto em que a lei foi criada. Contudo, algumas considerações adicionais e pontuais merecem ser tecidas quanto alguns dispositivos da LSA, conforme abaixo.

---

[729] Cf. Exposição Justificativa das Principais Inovações do Projeto constante da Mensagem nº 204, de 1976, do Poder Executivo. De acordo com Carvalhosa, o fundamento da regulação das OPA na LSA "é a necessidade de proteção do mercado, da própria companhia e de seus acionistas com respeito a ofertas públicas voluntárias" (in *Comentários*, cit., p. 200).

[730] Cf. Instrução CVM nº 03, de 17 de agosto de 1978, Instrução CVM nº 185, de 27 de fevereiro de 1992, Instrução CVM nº 229, de 19 de janeiro de 1995 e a Instrução CVM nº 299, de 9 de fevereiro de 1999 (todas revogadas).

[731] Sobre as críticas à regulação editada pela CVM, v. Oioli, Erik F., *Oferta Pública de Aquisição*, cit., pp. 139-193.

9.5.2 Críticas pontuais à disciplina da OPA para aquisição do controle na LSA

A primeira das críticas diz respeito à OPA concorrente. Nos termos do artigo 262, §§1º e 2º, da LSA, a publicação de uma oferta concorrente torna *nulas* as ordens de venda que já tenham sido firmadas em aceitação da primeira oferta, sendo facultado ao primeiro ofertante prorrogar o prazo de sua oferta até fazê-lo coincidir com o da oferta concorrente.

Recebe críticas a redação do referido §1º que afirma serem nulas as aceitações da oferta já manifestadas quando do lançamento de OPA concorrente[732]. É fato que a aceitação manifestada em observância ao artigo 167 do Código Civil será válida, não tendo uma oferta concorrente o condão de torná-la *nula*, mas sim *ineficaz*[733]. Quis aqui o legislador afastar a irrevogabilidade da ordem de venda das ações, a fim de permitir que o acionista decida aderir à oferta concorrente. Contudo, o acionista não é obrigado a aceitar a oferta concorrente e pode confirmar sua aceitação à primeira oferta, sem a necessidade de manifestar nova aceitação. Caso o acionista não confirme a primeira oferta dentro do prazo ou aceite a oferta concorrente, extingue-se seu direito de vender as ações ao primeiro ofertante. A verdade é que tal discussão perderá importância nas ofertas processadas por meio de leilão, uma vez que as aceitações ou recusas da oferta, em regra, serão manifestadas durante o próprio leilão[734]. Assim, a chance de não haver aceitações da oferta durante lançamento de OPA concorrente é grande.

Ademais, a OPA concorrente deve ser lançada por preço no mínimo 5% superior ao da OPA com que concorrer[735]. Por sinal, na ausência da Instrução CVM nº 361/02, a LSA impunha desvantagem ao primeiro ofertante em relação à disputa pelo preço ofertado pelas ações da companhia. Isto porque o artigo 261, §1º, da Lei nº 6.404/76 permitia ao ofertante aumentar apenas uma única vez as condições de preço ou forma de pagamento da sua oferta, em percentual igual ou superior a 5% e até 10 dias

---

[732] Cf. Carvalhosa, Modesto, *Comentários*, cit., pp. 213, 222 e 223, e Martins, Fran, *Comentários*, cit., pp. 418-419.

[733] Tanto é verdade que o §2º do artigo 13 da Instrução CVM nº 361/02, ao tratar da OPA concorrente, determina que ela "deverá ser lançada por preço no mínimo 5% (cinco por cento) superior ao da OPA com que concorrer, e o seu lançamento torna *sem efeito* as manifestações que já tenham sido firmadas em relação à aceitação desta última (...)" (grifou-se).

[734] Artigo 12, §1º, da Instrução CVM nº 361/02.

[735] Artigo 13, §2º, da Instrução CVM nº 361/02.

antes do término do prazo da oferta (estendendo-se as novas condições aos acionistas que já tivessem aceitado a oferta). Se assim o primeiro ofertante fizesse, o ofertante concorrente poderia ainda melhorar uma vez as condições da sua oferta, ficando em situação privilegiada, uma vez que o primeiro ofertante não poderia mais melhorar a respectiva oferta. Este problema, inclusive, ficou evidente na disputa pela aquisição do controle da Cia. Mineira de Eletricidade, uma das primeiras ofertas dessa natureza realizadas no Brasil[736].

A Instrução CVM nº 361/02, contudo, esclareceu a questão, permitindo que tanto o ofertante inicial quanto o ofertante concorrente aumentem o preço de suas ofertas tantas vezes quantas julgarem conveniente, desde que tal aumento seja informado publicamente, com o mesmo destaque da oferta[737]. Interessante notar que a norma da CVM não determina percentual mínimo para a melhoria do preço da oferta. Nesse caso, não se aplicaria o disposto no artigo 261, §1º, da LSA, restrito às ofertas sem concorrência. Trata-se, em verdade, de norma nova regulamentadora da OPA concorrente, criada no âmbito da competência da CVM expressa no artigo 257, §4º, da LSA. Assim, o preço da OPA concorrente, ao menos em tese, por conta da regulamentação, poderá ser melhorado em qualquer percentual.

A proposta de oferta concorrente com preço inicial no mínimo 5% superior à oferta original é determinada pela Instrução CVM nº 361/02. A Lei das Sociedades Anônimas é silente a respeito. Anteriormente à referida Instrução, entendia a doutrina que não necessariamente a melhora da oferta dever-se-ia dar em relação ao preço[738]. Poderiam ser melhoradas outras condições, inclusive a forma de pagamento, ou mesmo poderia ser proposta oferta idêntica à primeira. A situação anterior à regulação da

---

[736] Cf. Cantidiano, Luiz Leonardo, *Direito Societário*, cit., p. 59-61. Carvalhosa entende, por outro lado, que independentemente da Instrução CVM nº 361/02, a LSA já permitia a melhora ilimitada do preço da oferta. Isto porque, ao tratar da OPA concorrente, o artigo 262 é silente sobre o assunto. Para referido autor, "a omissão do legislador deixa bem claro que a cada apresentação de oferta concorrente ou sucessiva melhoria nessa proposta, poderá o ofertante originário apresentar uma contraoferta" (in *Comentários*, cit., p. 226). De fato, não haveria razão para o legislador não admitir tal efeito da concorrência de ofertas, benéfica ao acionista destinatário. Diferentemente da OPA solitária, na qual o ofertante pode usar a melhoria gradativa do preço para testar os limites dos acionistas destinatários, bem como pressioná-los para aceitação da oferta.

[737] Artigo 13, §3º da Instrução CVM nº 361/02.

[738] Carvalhosa, Modesto, *Comentários*, cit., p. 226, e Martins, Fran, *Comentários*, cit., p. 417.

CVM, nesse ponto, parecia adequada. Preocupou-se o regulador apenas com os acionistas destinatários da oferta, buscando maximizar o preço oferecido, ao mesmo tempo em que dificultou a criação de concorrência na disputa pelo controle acionário. Contudo, uma oferta concorrente com as mesmas condições da primeira poderia ser interessante, especialmente se o concorrente estiver mais alinhado aos interesses da companhia que o primeiro ofertante.

Para a formação do contrato proposto pelo ofertante é necessária a aceitação de titulares de ações em quantidade mínima suficiente para a aquisição do poder de controle. Uma vez obtida tal quantidade de aceitações, o contrato é formado e a companhia passa a ter (novo) acionista controlador a orientar suas atividades[739].

Problema surge na hipótese de a aceitação ser nula ou anulável, quando, por exemplo, o acionista aceitante for absoluta ou relativamente incapaz, ou sua manifestação de vontade tiver sido viciada. Caso tal aceitação seja necessária para se atingir a quantidade mínima de ações para a aquisição do controle, o contrato resultante da OPA será maculado.

Tem-se aqui problema típico dos atos coletivos, muito semelhante aos vícios das deliberações assembleares, para os quais a Lei das Sociedades Anônimas estabelece regime especial. Como ensina Valladão França, tal especialização se justifica pelo interesse na continuidade da empresa e na estabilidade das deliberações da companhia em geral, "tudo aliado à tutela do interesse de terceiros, que com ela contratam, confiando na regularidade do arquivamento de seus atos constitutivos e subsequentes alterações, fiscalizado pelo Registro do Comércio (...)"[740]. Pois tal preocupação também existe na aceitação da OPA. Imagine-se que uma aceitação decisiva para a formação do contrato tenha sido manifestada por absolutamente incapaz e, portanto, seja nula. Consequentemente, nulo também será o contrato de aquisição do poder de controle, viciando-se todos os atos subsequentes deliberados pelo acionista controlador, desde a nomeação de administradores, que afetam não apenas a própria companhia como também terceiros que com ela contratam.

Contudo, a Lei das Sociedades Anônimas não previu regime especial para invalidação dos atos de aceitação da OPA e, consequentemente, do contrato dela decorrente e não há nada que autorize a lhe aplicar o mesmo

---

[739] Cf. Oioli, Erik F., *Oferta Pública de Aquisição*, cit., pp. 149-154.
[740] In *Invalidade das Deliberações de Assembleia das S/A*, São Paulo, Malheiros, 1999, p. 24.

regime prescrito às decisões assembleares. Assim, aplica-se às OPA o regime comum das nulidades e anulabilidades previsto no Código Civil. Trata-se de solução problemática, haja vista que os prazos decadenciais são longos, não corre a prescrição contra o absolutamente incapaz (artigos 178 e 198 do Código Civil) e os negócios jurídicos nulos não são sanáveis. Produz-se, dessa forma, grave ameaça de instabilidade à companhia, absolutamente incompatível com as exigências da atividade empresarial. Após o decurso de longo período, uma vez declarada a nulidade, será simplesmente impossível invalidar todas as operações sociais ocorridas após a OPA e voltar as partes ao *status* anterior ao da oferta. Nesta hipótese, a única solução que parece viável será a indenização das partes prejudicadas por perdas e danos.

Por último, cabem algumas reflexões sobre o tratamento da informação da OPA para aquisição de controle e o posicionamento de administradores e acionistas controladores. Não exige a lei ou a regulamentação da referida OPA que o respectivo instrumento contenha descrição dos propósitos do ofertante para a companhia, dificultando, portanto, a reflexão dos acionistas e administradores sobre a adesão ou recomendação da oferta, conforme o caso. Melhor seria se o instrumento, a exemplo do que ocorre na maior parte dos países que regulam os *takeovers*, fornecesse o *disclosure* necessário sobre os planos do ofertante. Tais informações são essenciais para a adequada análise da oferta por seus destinatários e, principalmente, pelos administradores e acionistas controladores, se houver, para que estes possam se posicionar sobre a oferta. Nesse sentido, Carvalhosa entende que a exigência legal de que o instrumento da oferta contenha informações sobre o ofertante (artigo 258, VI, da LSA) deve ser interpretada de maneira ampla, incluindo a necessidade de divulgação sobre os propósitos do ofertante e suas perspectivas para a companhia visada[741], posição que também aqui se acolhe.

Interessante também notar que o artigo 260 da Lei das Sociedades Anônimas, ao exigir que o ofertante e a instituição intermediária mantenham sigilo sobre a oferta projetada, limita, a princípio, a OPA amigável, previamente negociada com administradores ou acionista. De fato, o funcionamento da OPA no Brasil nesse ponto é diverso do encontrado no Direito Comparado. Em alguns países, como os do Reino Unido, Bélgica e Austrália, os administradores da companhia visada tomam conhecimento

---

[741] in *Comentários*, cit., p. 202.

da oferta antes de se tornar pública, podendo se manifestar a respeito. Não é assim no Brasil. Isto não impede, contudo, a prévia negociação da aquisição privada do controle.

Não obstante o dever de sigilo imposto ao ofertante e instituição intermediária da OPA, é importante analisar o comportamento do administrador ou acionista controlador da companhia visada caso venham a ter contato com a informação sigilosa da OPA antes de sua publicação. Neste caso, cabe-lhes também guardar sigilo da informação obtida em razão do cargo ou posição que ocupam, bem como lhes é vedada a negociação de ações da companhia visada, conforme o artigo 155, §1º, da LSA e artigos 8º e 13 da Instrução CVM nº 358/02. Isto, contudo, não impede que os administradores ou acionistas controladores tomem medidas defensivas contra a futura OPA após tomarem conhecimento da informação sigilosa, desde que não envolvam a negociação de valores mobiliários da companhia visada, por si ou por terceiros[742].

Respeitados o dever de sigilo e a vedação à negociação de valores mobiliários da companhia visada com o uso de informação privilegiada durante a fase que antecede à divulgação da OPA, uma possível medida defensiva a ser adotada pelos administradores ou mesmo acionistas controladores é a procura de alguém interessado em lançar uma oferta concorrente, o chamado *"white knight"*. Este tipo de defesa remete a outro problema em relação ao uso de informação nas ofertas públicas.

Isto porque as OPA são caracterizadas pela assimetria informacional dos envolvidos. O ofertante, por exemplo, possui pouca informação disponível sobre a companhia visada a fim de embasar sua proposta e, principalmente, fixar o preço pelas ações almejadas. O *"white knight"*, por estar

---

[742] Convém notar que a regulamentação da CVM em relação ao dever de sigilo e uso de informação privilegiada é mais restrita que a prevista na LSA, pois se fundamenta, também, na Lei nº 6.385/76. Assim, enquanto o dever de sigilo dos administradores previsto na LSA está inserido no âmbito do dever de lealdade à companhia (o que poderia levar à conclusão de que poderia ser quebrado justamente em lealdade à companhia, no caso de uma oferta hostil), na regulamentação esse dever é genérico. Ainda, enquanto a vedação à negociação de valores mobiliários na LSA com o uso de informação privilegiada é vedada na hipótese de ser realizada com a finalidade de obter vantagem para si ou para outrem (que, consequentemente, não impediria a negociação de valores mobiliários com o propósito exclusivo de *evitar prejuízos* à companhia visada em caso de oferta hostil), na regulamentação tal vedação mais uma vez é genérica, aplicando-se a qualquer situação. Sobre o *insider trading* na LSA e na regulação da CVM, v. Proença, José Marcelo Martins, *Insider Trading*, op. cit.

próximo aos administradores da companhia visada, poderia ter acesso a informações que somente estes têm e até mesmo realizar um processo de auditoria legal e contábil para realizar sua proposta, o que o colocaria em situação de vantagem em relação ao ofertante original. Trata-se de prática não equitativa, que deve ser coibida. Um dos princípios que norteiam a regulação do mercado de capitais é a observância de práticas comerciais equitativas entre os participantes do mercado[743]. A Instrução CVM nº 8, de 8 de outubro de 1979, por sua vez, veda aos administradores e acionistas de companhias abertas o uso de prática não equitativa, definida como "aquela de que resulte, direta ou indiretamente, efetiva ou potencialmente, um tratamento para qualquer das partes, em negociações com valores mobiliários, que a coloque em uma indevida posição de desequilíbrio ou desigualdade em face dos demais participantes da operação". Na existência de OPA concorrente, duas ou mais ofertas concorrem pela aquisição do controle da companhia objeto. O acesso a informações restritas por uma das partes a coloca notoriamente em posição de vantagem, criando a situação de desequilíbrio vedada pela legislação. Assim, os administradores ou demais acionistas da companhia visada deverão limitar o acesso a informações privilegiadas pelo *white knight* ou então devem liberar o acesso a tais informações a todos os participantes da disputa pela aquisição do controle da companhia visada.

Uma vez publicado o instrumento da OPA, sob a forma de edital, em jornal de grande circulação utilizado pela companhia visada, inaugura-se a fase de transparência dos procedimentos relacionados à oferta. O lançamento da OPA obviamente constitui fato relevante para a companhia visada, uma vez que exerce influência sobre a decisão de acionistas e investidores, conforme o caso, manterem ou adquirirem ações ou outros valores mobiliários de sua emissão ou ainda exercerem quaisquer direitos inerentes à condição de titulares de tais valores mobiliários[744]. A verdade é que, como a experiência estrangeira demonstra, com o advento de uma OPA para aquisição do controle, grande parte das atenções da companhia são desviadas da consecução do seu objeto para lidar com a oferta. Assim sendo, cabe aos administradores divulgar imediatamente o fato relevante ao público, nos termos do artigo 157, §4º, da Lei das Sociedades Anônimas e da Instrução CVM nº 358/02.

---

[743] Artigo 4º, VII, da Lei nº 6.385/76.
[744] Cf. definição de fato relevante determinada pelo artigo 2º da Instrução CVM nº 358/02.

Apesar de a oferta nascer já pública, ela tem destinatários limitados (titulares de ações que, em conjunto, conferirão o poder de controle ao ofertante). A publicação do fato relevante, por sua vez, tem por objetivo dar publicidade da oferta a todos os titulares de interesses na companhia visada. Além disso, a publicação do fato relevante, conforme ensina Carvalhosa, visa a assegurar equidade nas negociações entre acionistas destinatários e ofertante, haja vista que os primeiros, em regra, não têm acesso à administração da empresa[745]. Nesse sentido, cabe aos administradores não somente divulgarem a oferta como também se posicionarem a respeito dela, com fundamento nos artigos 153 e 155, II, da Lei das Sociedades Anônimas.

Pois bem, deverão então os administradores alertar os acionistas destinatários e demais interessados na oferta sobre suas deficiências, bem como sobre sua inoportunidade ou inconveniência[746], a fim de não somente dotar os acionistas destinatários de todos os elementos necessários para decidirem alienar ou manter suas ações, como, especialmente, defender os interesses da companhia. Como ainda lembra Carvalhosa, nada impede que os administradores recomendem a aceitação da oferta. Em todo o caso, qualquer opinião deverá ser fundamentada e emitida no interesse da companhia e dos acionistas (artigos 153 e 157, §3º, da LSA).

Diante do exposto até aqui, conclui-se que a LSA, mais uma vez dando sinais de estar à frente do seu tempo, traz em seu bojo o arcabouço mínimo para regulação das OPA para aquisição de controle. Sua principal deficiência vem, contudo, da pouca experiência do país com o tema e da regulamentação incipiente ou ineficaz dos países que influenciaram a legislação brasileira (dado que os países do continente europeu até hoje têm pouca vivência com o tema e a legislação norte-americana e inglesa, à época da concepção da LSA, tinham foco distinto e insuficiente para a proteção dos interesses dos acionistas – fato que só veio a ser corrigido muitos anos depois). Assim, peca a lei especialmente por não reconhecer expressamente as particularidades do instituto – especialmente aquelas que levam à distorção da livre manifestação de vontade dos acionistas e ao reconhecimento da potencial existência de conflitos de interesses – o que resulta também em uma regulação deficiente – a despeito dos esforços recentes da CVM de aperfeiçoar a Instrução CVM nº 361/02 – e na necessidade de reinterpretar determinados dispositivos para que ofereçam uma resposta adequada às demandas provocadas pela OPA.

---

[745] In *Comentários*, cit., pp. 200-201.
[746] Idem, p. 203.

9.6 A escalada e a proteção da liquidez e dispersão acionária

Conforme Salomão Filho, estruturas de capital disperso são preferíveis em relação à concentração do capital, pois contribuem para a democracia acionária e, em última instância, social[747]. Estudos têm evidenciado, inclusive, que quanto maior a dispersão acionária, maior o valor de mercado da companhia[748]. Também demonstram que são necessárias determinadas condições estruturais e regulatórias para que a dispersão do capital seja uma realidade[749]. A evolução recente das estruturas do mercado de capitais e o desenvolvimento da autorregulação têm sido fundamentais para a criação de tais condições.

Contudo, um importante obstáculo ainda põe em risco o fenômeno da dispersão acionária: a falta de tratamento adequado às aquisições originárias de poder de controle, seja por meio de aquisições privadas ou por meio da escalada em bolsa de valores. A escalada é uma forma de aquisição de parcelas expressivas de participação acionária ou até mesmo do controle acionário por meio da aquisição sucessiva em bolsa de valores de pequenos blocos de ações em circulação até que o adquirente atinja percentual do capital social com direito a voto da companhia que lhe assegure o poder de controle.

A OPA e a escalada acionária não se confundem. A primeira se trata de proposta, lançada a todos os acionistas de uma determinada classe ou espécie de ações, de realização de negócio cujo objeto mediato é a aquisição do controle da companhia visada. A escalada, por sua vez, corresponde a um conjunto de negócios jurídicos em bolsa aparentemente desconexos entre si (a não ser pelo objetivo último do adquirente, não revelado ao alienante), que tem por objeto mediato a aquisição de bloco minoritário de ações e, como objetivo último, a aquisição do controle da companhia visada.

É verdade que o processo de escalada pode ser oneroso ao adquirente. A aquisição sucessiva das ações em bolsa naturalmente elevará o preço das ações da companhia. Consequentemente, quanto mais próximo o adquirente estiver de atingir o controle, maior deverá ser o valor desembolsado

---

[747] *O Poder de Controle*, cit., p. 110.
[748] V. Claessens, S.; Djankov, S.; Fan, J.; Lang, L. *Disentangling the incentive and entrenchment effects of large shareholdings*. In: *The Journal of Finance*, vol. LVII, nº 6, dezembro de 2002, p. 2.741 e ss. e também Lanzana, A. Silveira A. P. *É Bom Ter Controlador?* In Revista Capital Aberto, nº 5, janeiro de 2004, p. 43, sobre estudo no Brasil.
[749] V. Coffee Jr., John C. *The Rise of Dispersed Ownership*, cit.

pelas ações. Além disso, esse processo pode ter longa duração, ficando o adquirente à mercê da disponibilidade de ações para negociação e da volatilidade do seu preço.

Por outro lado, a escalada em bolsa não obriga o adquirente a realizar uma OPA *a posteriori* pelas ações dos demais acionistas minoritários. Consequentemente, nenhum direito de saída é dado aos acionistas em decorrência da mudança de controle. O artigo 254-A da LSA determina que referida OPA ocorra somente nos casos de *"alienação*, direta ou indireta, *do controle* de companhia aberta" (grifou-se). O §1º do referido artigo ainda dispõe que "entende-se como alienação de controle a *transferência*, de forma direta ou indireta, *de ações integrantes do bloco de controle*, de ações vinculadas a acordo de acionistas (...)" (grifou-se) entre outros. A lei, ao definir a obrigatoriedade da OPA *a posteriori*, olha para o polo do alienante do controle, pressupondo que quem aliena já possuía o poder de controle. Ora, a escalada acionária é uma forma de aquisição originária do poder de controle, pois, não ocorrendo a transferência de nenhuma ação do bloco de controle, não há que se falar em alienação de controle[750].

Não havendo a obrigatoriedade de realização da OPA *a priori* ou *a posteriori*, a dispersão do capital na verdade torna-se um facilitador à aquisição do controle por terceiros, que em situação inversa – de concentração de capital – seriam ao menos obrigados a negociar com o controlador e pagar prêmio pelo controle[751].

Outro problema para os acionistas minoritários é a dificuldade de vender suas ações ao adquirente, durante o processo de escalada, por preços iguais[752]. As operações em bolsa não permitem a identificação da

---

[750] Compartilham dessa opinião, por exemplo, Comparato, Fábio Konder (*Direito Empresarial, Estudos e Pareceres*, São Paulo, Saraiva, 1990, p. 79), Cantidiano, Luiz Leonardo (*Direito Societário*, cit., p. 40) e Pereira, Guilherme Döring Cunha (*Alienação do Poder*, cit., pp. 202-205).
[751] Um bom exemplo desse problema foi o que ocorreu em países do leste europeu que optaram, após a derrocada do regime socialista, por programas de privatização que induziam à dispersão acionária. Devido à falta de proteções adequadas, esses países testemunharam processos de concentração acionária intensos, logo após a privatização. O resultado, portanto, foi a aquisição do controle das companhias privatizadas sem o pagamento de nenhum prêmio ao controlador, prejudicando o Estado e os demais acionistas.
[752] Exemplo notório disso, no Brasil, foi a aquisição do controle da Lojas Renner S.A. pela JC Penney do Brasil Investimentos Ltda. por meio de operações sucessivas de aquisição em bolsa e negociações privadas realizadas entre 1998 e 1999. Em um curto intervalo de tempo, de 4 meses, o adquirente lançou ofertas sucessivas de aquisições de ações na bolsa por valores que variaram entre R$14,55 por lote de mil ações (primeira aquisição) e R$37,61 por lote de

contraparte das operações e, portanto, não é possível identificar que o adquirente planeja obter o controle da companhia. Assim, a tendência é que as ações sejam alienadas por preços desiguais.

Por fim, a escalada, como processo de concentração acionária que é, tenderá também a reduzir a liquidez das ações da companhia até então com capital disperso e limitar futuros novos acessos ao mercado de ações para captação de recursos. A liquidez, além da importância já demonstrada nesse estudo para o modelo de capital disperso, contribui, como demonstra a literatura, para a elevação do preço das ações e diminuição da sua volatilidade, favorecendo a redução do custo de capital da companhia[753]. Pode e deve, portanto, ser um objetivo a ser perseguido, na medida em que a iliquidez extrai valor da companhia e indiretamente do acionista.

Não há dúvidas, portanto, de que, no contexto de dispersão acionária, o adequado tratamento da escalada acionária – hoje absolutamente inexistente na LSA – é necessário. A disciplina, com base no que se discutiu acima, deve lidar com a questão sob duas perspectivas: (i) possibilidade de aquisição do poder de controle em detrimento dos demais acionistas sem pagamento de sobrepreço; e (ii) preservação da liquidez. Embora sejam problemas distintos, eles se inter-relacionam, o que pode levar à cogitação de um mesmo remédio: a realização de uma OPA.

Por exemplo, no Reino Unido, mercado em que a dispersão acionária é mais comum, o *City Code* determina que os adquirentes de 30% ou mais das ações com direito a voto de emissão de companhia que tenha utilizado o mercado acionário para captação de recursos nos últimos 10 anos, serão obrigados a realizar OPA pelas ações dos demais acionistas de mesma classe e espécie. Também há na Inglaterra a obrigação de se informar ao mercado toda a aquisição de participação igual ou superior a 5% das ações com direito a voto[754].

Soluções contratuais também vêm sendo concebidas para lidar com o problema. Uma delas consiste nas impropriamente denominadas, no

---

mil ações (última aquisição). Diversos investidores reclamaram à CVM sobre a ocorrência de prática não equitativa. A CVM, por sua vez, instaurou o Inquérito Administrativo CVM nº 05/99, que resultou na punição dos envolvidos na referida prática.

[753] Stoll, H. R., e Whaley, R. E., *Transaction Costs and the Small Firm Effect*, in Journal of Financial Economics, n. 12, s.l., s.e., 1983, pp. 57-79, e Amihud, Y. e Mendelson, H., *Asset Pricing and the Bid-ask Spread*, in Journal of Financial Economics, s.l., s.e., 1986, pp. 223-249.

[754] Soluções semelhantes têm sido adotadas por diversos países da UE, além de Austrália e Canadá.

Brasil, *poison pills*[755], que estabelecem no estatuto social das companhias a obrigação de realização de OPA mediante a aquisição de determinado percentual do capital social com direito a voto. Solução semelhante foi estudada – e rejeitada – no âmbito do Novo Mercado, para as companhias ali listadas.

Contudo, a fixação indiscriminada de gatilhos para realização de OPA atrelada a percentuais do capital social pode servir a interesses outros que não os de todos os acionistas da companhia, particularmente quando tais percentuais sejam inferiores à participação do acionista controlador e o preço de lançamento da OPA seja proibitivo. Salvas hipóteses de proteção da liquidez acionária, dispositivos semelhantes poderão servir para entrincheiramento de acionistas controladores e administradores, sendo passíveis de questionamento[756]. Considerando-se que, em 2008, o percentual médio de controle nas companhias com capital disperso do Novo Mercado era exercido com 35,71% das ações com direito a voto, a adoção de um gatilho igual ao do Reino Unido seria no mínimo temerário. O fato é que o fenômeno da dispersão do capital no Brasil ainda é muito heterogêneo – há algumas poucas companhias sem acionista controlador e um grande

---

[755] Cf. Lipton, Martin, e Rowe, Paul K., *Pills, polls and professors: a reply to professor Gilson*, in *Delaware Journal of Corporate Law*, vol. 27, 2001, p. 14). O nome *"poison pill"* faz referência à introdução de cláusulas ou dispositivos (pílulas) com o objetivo de envenenar a companhia ou o ofertante, conforme o caso, evitando a aquisição do controle. Segundo Lipton, esse nome nasceu de uma entrevista feita pelo *Wall Street Journal* a um banqueiro de investimento sobre o uso da técnica de defesa pela Lenox, Inc. (idem, pág. 15). Em 1984, eram conhecidas apenas 7 companhias que utilizavam *poison pills*. Em 1985, ano em que a corte de justiça do Estado de Delaware julgou admissível o uso das *poison pills* (*Moran v. Household International, Inc.* in 500 A.2d 1346), o número de companhias subiu para 41. Nos anos subsequentes, de 1986 a 1989, 306, 143, 354 e 347 novas companhias adotaram as *poison pills*. Entre 1990 e 1995, o número de novas adoções foi baixo, voltando a crescer na segunda metade da década de 1990, com o surgimento de nova onda de aquisições. No final de 2004, aproximadamente 1.975 companhias norte-americanas possuíam *poison pills* ativas (cf. Saltzburg, Mark W., *Background Report on Poison Pills at U.S. Companies*, s.l., 2005, disponível in *http://www.irrc.org*, pág. 14). No final de 2003, entre as 500 maiores companhias norte-americanas, 57,6% utilizavam *poison pills* (cf. Lindstrom, Soren, *Shareholder Activism Against Poison Pills: An Effective Antidote?*, in *Wall Street Lawyer*, vol. 9, n. 2, 2005, p. 2).

[756] V. Munhoz, Eduardo Secchi. *Transferência de Controle nas Companhias sem Controlador Majoritário*, in Castro, R. R. M. de; e Azevedo, L. A. N. de M. (org.). *Poder de Controle*, cit., p. 309-319, e Zanini, Carlos Klein, *A poison pill brasileira: desvirtuamento, antijuridicidade e ineficiência*, in Adamek, Marcelo Vieira von (org.), *Temas de Direito Societário*, cit.

número com controle diluído exercido em percentuais bastantes diversos em relação ao capital social – para permitir a predefinição de um gatilho[757].

Ademais, a fixação de um gatilho em função do capital social serve apenas como frágil presunção de controle que pode, sobretudo, afetar a liquidez. Por exemplo, se uma companhia possui um acionista controlador titular de 28% das ações com direito a voto e o gatilho para realização da OPA é de aquisição de 30% do capital social com direito a voto, caso alguém venha a adquirir 29% das ações votantes, pode haver aquisição do controle, sem OPA, e as ações em circulação cairiam para 42% do capital votante. Ainda, se o acionista controlador tivesse 40% do capital e um terceiro viesse adquirir os 30% de ações com direito a voto, apesar de se atingir o gatilho, não haveria aquisição de controle, apenas redução de liquidez.

Assim, por tudo quanto já exposto neste trabalho, é necessária a aplicação de uma adequada regra de proteção da liquidez, especialmente no tocante à possibilidade de saída da sociedade em virtude da mudança de controle. Isto é particularmente verdadeiro na escalada, onde não há sobrepreço a ser dividido, porém deve ser assegurada proteção aos acionistas contra expropriação de valor provocada pelo novo controlador.

9.7 Disciplina da aquisição do controle: uma nova visão

Conforme já discutido anteriormente, com a diluição do controle, a dinâmica de proteção de interesses na sociedade anônima se desloca do núcleo controlador/acionista minoritário para o núcleo acionistas/administradores. A inexistência de um poder de controle faz perder força um sistema de direitos compensatórios aos acionistas não controladores, especialmente aqueles relacionados à tutela do "direito de saída" desses acionistas. Ora, se inexiste controle ou se este não está fundado na titularidade de ações que confiram tal poder, deixaria de fazer sentido a possibilidade de saída da companhia em virtude da transferência de titularidade de ações, a menos que houvesse efetiva transferência de *controle sobre a organização empresarial*, implicando mudança de direção na orientação das atividades sociais.

Como visto, nesse caso, são duas questões a serem disciplinadas: participação no sobrepreço da venda do controle sobre a organização empresarial e possibilidade de saída da sociedade.

---

[757] Ademais, sob a perspectiva da disciplina da aquisição do controle, a adoção de um gatilho somente poderia levar à *presunção* dessa aquisição (v. item 9.5 abaixo).

Na *alienação* do poder de controle, o remédio, cuja dosagem é inadequada na LSA, é a realização da OPA *a posteriori* a todos os acionistas não controladores nas mesmas condições de venda das ações do acionista controlador, seja ele majoritário ou diluído.

A aquisição originária do poder de controle por meio de oferta pública, por sua vez, é o meio mais adequado e desejável, no ambiente de dispersão acionária, para lidar com negócios envolvendo controle, seja no que diz respeito ao preço, seja no que concerne à convergência com o interesse social de interesses internos e externos envolvidos em negócios dessa natureza, desde que bem equacionado o problema da distorção decisória e resguardada a liquidez acionária.

Problema especial, contudo, vem a ser a escalada acionária. Nela, como visto, adquire-se o controle sem sobrevalor. Portanto, não há que se falar, *a princípio*, em OPA com esse objetivo. Porém, continua extremamente necessária a tutela da liquidez, que sirva de porta adequada à saída do acionista.

Como visto no capítulo 6, a Lei das Sociedades Anônimas já oferece sua solução para restrições de liquidez: a tutela é conferida pelo §6º do artigo 4º da LSA, que determina que o acionista controlador ou a sociedade controladora que adquirir ações da companhia aberta sob seu controle que elevem sua participação, direta ou indireta, em determinada espécie e classe de ações à porcentagem que, segundo normas gerais expedidas pela CVM, impeça a liquidez de mercado das ações remanescentes, será obrigado a fazer oferta pública, por preço determinado nos termos do § 4º do referido artigo, para aquisição da totalidade das ações remanescentes no mercado.

Essa porcentagem, hoje, na forma de fração, é de 1/3 (um terço) do total das ações de cada espécie e classe em circulação (cf. artigo 26 da Instrução CVM nº 361/02).

A solução é relativamente satisfatória. Primeiro porque embora a lei preveja a proteção da liquidez acionária, ela limita a obrigação de lançamento da OPA ao acionista controlador. Não se presta, portanto, à escalada acionária. Segundo, porque na formação do preço justo de lançamento da OPA (§4º do artigo 4º da LSA), não necessariamente leva em conta o valor já pago aos acionistas que venderam suas ações ao escalador. Dessa forma, não obstante o preço justo, a fim de não ferir o tratamento isonômico dos acionistas, ele não pode ser inferior ao maior valor pago pelo ofertante aos acionistas por meio de aquisições privadas dentro de um determinado período de tempo[758]. Terceiro, porque não leva em consideração a preservação do mercado de controle societário, mediante a possibilidade de lançamento de uma OPA para aquisição de controle que, como visto, deve ser o meio mais adequado para negócios envolvendo controle no contexto da dispersão acionária.

Assim, além do limite de 1/3 das ações em circulação, no contexto específico das companhias de capital disperso, deve ser respeitado o percentual de 50% do capital social (com direito a voto, especialmente no contexto do Novo Mercado) em circulação, de forma a preservar o mercado de controle societário, mediante a possibilidade de lançamento de uma OPA. Caso contrário, em uma companhia com um acionista controlador com 40% do capital social com direito a voto, caso um terceiro adquirisse 30% (inferior, portanto, a 1/3) das ações em circulação (ou seja, 18% do capital social, considerando-se que todas as ações são votantes), não haveria mudança de controle, não haveria OPA por redução de liquidez e não haveria mercado de controle societário[759]. Caso outro terceiro pretendesse lançar uma OPA

---

[758] Em regra, as legislações utilizam como referência o período de 1 (um) ano (v. artigo 19 da Instrução CVM nº 361/02). Caso o preço fosse inferior, os acionistas que venderem antes, no processo da escalada, teriam se beneficiado em detrimento dos demais.

[759] Isto derruba também o argumento de alguns críticos das *"poison pills brasileiras"* de que a fixação de gatilhos para o lançamento da OPA em percentuais inferiores aos detidos pelo acionista controlador serviria para o entrincheiramento deste último e/ou dos administradores. O argumento é de todo falacioso. Preservado o percentual de ações em circulação equivalente a no mínimo 50% do capital social com direito a voto, é, ao menos em tese, possível lançar uma OPA para aquisição do controle. O problema do entrincheiramento não está propriamente nos percentuais em que são exigidas as OPA, mas sim no preço em que ela é exigida, o que torna proibitiva qualquer tentativa de aquisição. Na OPA prevista no artigo 257 da LSA, o preço de lançamento é livremente fixado pelo ofertante, cabendo aos acionistas aceitarem ou não. A título de exemplificação, entre 25 de outubro de 2006 e 22 de junho de 2007, das 24 companhias que abriram seu capital no Novo Mercado, 21 incluíram as chamadas *"poison pills"* em seu estatuto social (cf. Hessel, Camila Guimarães, *Atenção, mantenha distância – sofisticadas poison pills ganham cada vez mais poderes para afastar tomadores de controle*, in *Revista Capital Aberto*, julho, 2007, p. 24). O tipo de *poison pill* mais comum no Brasil é aquele que prevê nos estatutos a necessidade de o adquirente de determinado percentual de ações da companhia visada realizar uma oferta pública para aquisição das demais ações em circulação da companhia por preço justo, normalmente acrescido de prêmio. Variação dessa *poison pill* determina que novas aquisições de ações, depois de atingido determinado percentual do capital social, devem ser realizadas em bolsa, mediante leilão. Entre as companhias referidas acima, os percentuais utilizados para disparar a oferta pública variaram de 10% a 35% do capital social, sendo que o percentual mais comum foi o de 20% (41,5% dos casos). Por sua

para aquisição de controle, teria que necessariamente negociar ou com o controlador ou com o outro terceiro adquirente da parcela expressiva do capital (*stakeholder*), reduzindo-se os benefícios de todos os interessados no exercício do poder de controle[760].

Em um cenário diverso, em que não exista acionista controlador, a totalidade das ações estará, por conseguinte, em circulação. Caso um terceiro venha a adquirir até 30% das ações, mesmo que venha a ser o controlador, os demais acionistas terão livre a possibilidade de sair da companhia pelo mercado secundário ou pelo mercado de controle societário, caso alguém venha a lançar uma oferta. Se o percentual atingisse 1/3 das ações em circulação, o adquirente estaria obrigado a lançar a oferta pública. Esta oferta, contudo, pode ser de duas naturezas: para aquisição do controle – explicitando as reais intenções do adquirente em se tornar controlador da companhia – ou para aquisição de todas as ações da companhia, no modelo atualmente existente para as OPA por aumento de participação, assegurando-se, em todo o caso, adequado tratamento aos acionistas remanescentes da oferta, com apropriada tutela da liquidez ou dos direitos de retirada (*sell out* e/ou *squeeze out rights*).

Todavia, em um cenário de mudança de controle, em que se confrontam diversos interesses, em particular com os interesses do adquirente, a tutela da liquidez pode não ser suficiente face à possibilidade de expropriação de valor da companhia. Quando um controlador toma decisões no próprio interesse, especialmente naquela zona cinzenta em que não se configura com clareza o abuso do poder de controle, a tendência é reduzir o valor das ações (o que, por outro lado, vem reforçar o argumento esposado nessa obra de reforço dos direitos e controles nas companhias de capital disperso).

---

vez, os prêmios estabelecidos variaram de *20% a 35% acima do preço justo*, sendo que quase 20% dos estatutos não previam prêmio e o percentual de prêmio mais comum foi o de 30% (30% dos casos) (idem). O estatuto social da Natura Cosméticos S.A., por exemplo, uma das companhias brasileiras pioneiras na adoção dessas "*poison pills*" exigia-se um preço que, entre outros, previa a adoção do critério de comparação por múltiplos equivalente a 12 vezes, mais um prêmio de 50%. Não é necessário ser nenhum economista para se concluir que se trata de um preço inibidor de qualquer tentativa de aquisição do controle. Por fim, vale ressaltar que a CVM, por meio do Parecer de Orientação nº 36/09 da CVM, se posicionou favoravelmente à supressão desses dispositivos estatutários por decisão dos acionistas.

[760] Poder-se-ia argumentar, todavia, que a existência desse *stakeholder* supriria a necessidade de um mercado de controle societário. Não se pode, entretanto, partilhar desse entendimento, não só pelas razões ora expostas, como pelas razões já expostas no item 7.7.3 supra.

Nos EUA, por exemplo, a experiência demonstra que aquisições do controle são normalmente seguidas por operações de fusão ou incorporação entre as companhias envolvidas (*takeout*). Geralmente, o preço estabelecido para a relação de troca nas operações de fusão e incorporação é inferior ao preço de mercado das ações quando da aquisição do controle. Ainda que não ocorra uma operação de fusão ou incorporação, o adquirente do controle poderá dirigir a companhia de acordo com interesses particulares. Por exemplo, o adquirente pode mudar o objeto da companhia, vender ativos relevantes ou até mesmo dissolver a companhia. Mesmo que tal conduta possa ser contestada ou configurar abuso de poder de controle, muitas vezes ela é difícil de ser detectada[761]. É notório que as ações dos acionistas minoritários de uma companhia cujo controle foi adquirido no mercado e as mesmas ações caso a companhia permanecesse independente, ainda que os ativos sejam os mesmos, possuirão preços distintos[762].

Nesses casos, diferentemente do que se advogou em relação à supressão do direito de retirada, a liquidez pode não – e não deve – ser solução. O fundamento, neste caso, é outro. O sobrepreço que não foi pago quando da escalada acionária é extraído por via indireta, prejudicando o acionista pela mudança de orientação na condução das atividades empresariais.

Nesse sentido, a solução seria, na ocorrência de determinados eventos dentro de um determinado período de tempo após aquisição do controle[763],

---

[761] Cf. Bebchuck, Lucian A., *The Pressure to Tender: An Analysis and a Proposed Remedy*, in Coffe Jr., John C., Lowenstein, Louis e Rose-Ackerman, Susan (coord.), *Knights, Raiders & Targets*, cit., p. 372.

[762] A esse respeito, utiliza-se por analogia a análise de Bebchuck no caso da OPA, ao tentar explicar o problema da pressão que motiva a tomada de decisões distorcidas. Para o referido autor, uma OPA, ainda que parcial, equivale à aquisição das ações da companhia como um todo. O autor utiliza como exemplo uma oferta na qual o ofertante adquire o controle de uma companhia com 100 ações comprando 70 dessas ações pelo preço de $10. Supõe referido autor que após a oferta o valor das 30 ações remanescentes será de $8. O custo de aquisição para o ofertante não foi de apenas $700 como se poderia concluir à primeira vista, mas de $940 [(70 ações × $10) + (30 ações × $8) = 940], pois, apesar de controlar inteiramente a companhia, não terá direito de capturar os ganhos nem a parcela correspondente às 30 ações (no valor de $240). Do ponto de vista dos acionistas como um todo, eles perderam 100 ações em uma companhia independente e ficaram com $700 mais 30 ações minoritárias no valor de $8. Na prática, é como se o ofertante tivesse adquirido a companhia por $940, tendo imediatamente vendido a investidores 30 ações minoritárias no valor de $240 (tal como se fossem um ativo distinto das ações da companhia quando independente), representando para estes uma perda de $60 (cf. Bebchuck, Lucian A., *The Pressure to Tender*, cit., pp. 375-376).

[763] Como, por exemplo, 1 (um) ano, já outrora sugerido.

o lançamento de uma OPA *a posteriori* a todos os acionistas remanescentes assegurando-se a diferença de preço, no mínimo, entre o valor da cotação das ações na ocorrência do evento e o maior valor pago pelo controlador no processo de escalada. O mesmo deveria ser assegurado aos acionistas que tiverem vendido suas ações, calculando-se a diferença com base no valor de venda. Os eventos que poderiam disparar a obrigatoriedade de lançamento da OPA poderiam ser, por exemplo, os mesmos que hoje dão direito de retirada na LSA, acrescidos da hipótese de dissolução da companhia, bem como da venda de ativos operacionais relevantes para a continuidade dos negócios[764].

Questionamento possível e naturalmente esperado é o de como se saber que houve aquisição do controle minoritário. A solução é simples: basta analisar o comportamento do acionista ou grupo de acionistas nas Assembleias anteriores da companhia e identificar se, e em que momento, as ações adquiridas passaram a ser decisivas para (i) convocação de Assembleia; e/ou (ii) a aprovação das deliberações[765]. O critério também é útil para distinguir a situação de acionistas que já eram detentores de ações e passaram a exercer controle por deter uma postura mais ativa na companhia ou mesmo por estabelecerem acordos de voto, formais ou não, com outros acionistas ou que o fazem por meio de procurações. Nestes casos, não se haveria de onerar o acionista ou grupo de acionista pelo exercício dos seus direitos, especialmente em virtude da ausência ou do desinteresse daqueles que não debatem ou fazem valer seu voto. Haveria, portanto, uma legítima presunção de desinteresse pela própria organização empresarial, que não merece ser premiado. Basta, neste caso, que se preserve a liquidez.

---

[764] Outra hipótese que poderia se cogitar seria a própria eleição de administradores, forma clássica de manifestação do poder de controle. Contudo, não deveria prosperar a tese, admitindo-se o procedimento de eleição por voto múltiplo, onde estaria assegurada a representatividade dos demais acionistas.

[765] Vale ressaltar que, por força do artigo 12, §1º, da Instrução CVM nº 358/02, qualquer pessoa ou grupo de pessoas representando um mesmo interesse, titular de participação acionária igual ou superior a 5% de ações de classe ou espécie representativa do capital social está obrigada a divulgar à companhia e esta ao mercado, toda vez que a referida participação se eleve em 5% da espécie ou classe de ações representativas do capital social da companhia, informações sobre referida participação, inclusive "objetivo da participação e quantidade visada, contendo, se for o caso, declaração do adquirente de que suas compras não objetivam alterar a composição do controle ou a estrutura administrativa da sociedade". Em companhias de capital disperso, esse percentual de elevação de 5% poderia ser ainda eventualmente reduzido.

A solução acima se prestaria, inclusive, à solução do problema da transferência do controle minoritário. Importante, assim, que a companhia declare se possui ou não controlador, como já faz em seu Formulário de Referência, ou então, nos termos do artigo 10 da Instrução CVM nº 358/02, o adquirente do controle divulgar fato relevante sobre essa circunstância. Neste caso e no caso da companhia que declara ter controlador (como presunção *juris tantum*[766]), aplica-se a regra de aquisição derivada do controle (nos moldes do artigo 254-A da LSA, *reformulada*). Caso contrário, ou caso a transferência das ações do bloco de controle se dê por valor equivalente ou próximo à cotação das ações em bolsa, aplicar-se-ia a mesma regra de OPA *a posteriori* que discutimos para a escalada acionária. Afinal, mais importante que saber como se adquirem as ações que dão o poder de controle, é saber o real propósito de como são usadas.

9.8 Limitações à transferência ou aquisição de controle: o caso das técnicas de defesa

Também é relevante ao presente estudo a análise da adoção de técnicas de defesa contra a aquisição de controle[767]. Permitir sua livre adoção significa

---

[766] É difícil pressupor que alguém, num universo de dispersão acionária, venha a comprar ações declaradamente integrantes do bloco de controle sem ter a intenção de exercer o controle. Um bom parâmetro de verificação seria o valor atribuído às ações adquiridas. Se o valor for o mesmo da cotação em bolsa, seria admissível pressupor-se o contrário. Caso haja sobrevalor, é um forte indício de aquisição de controle com o objetivo de efetivamente orientar a organização empresarial.

[767] Danielson e Karpoff apresentam descrição detalhada de técnicas societárias, tanto estatutárias quanto estruturais, utilizadas nos EUA (Danielson, Morris G., e Karpoff, Jonathan M., *Do Pills Poison Operating Perfomance?*, s.l., 2002, disponível [*on-line*] en http://papers.ssrn.com/abstract-304647 (c. 23.11.12), pp. 33-35). V. também Daines, Robert, e Klausner, Michael, *Do IPO maximize firm value? Antitakeover protection in IPOs*, in *Journal of Law, Economics and Organization*, 2001, pp. 30-33. Entre as técnicas utilizadas, pode-se citar o uso de mais de uma classe de ações para estruturar o poder de controle, criação de órgãos de administração em que os administradores possuem mandatos com prazos escalonados (*classified* ou *staggered board*), restrições à convocação de assembleia pelos próprios acionistas, as *poison pills*, a suspensão dos direitos de voto de acionistas que atingirem determinado percentual de participação no capital social (geralmente entre 20% a 50%), determinação estatutária do preço justo a ser oferecido pelo ofertante, recompra de ações pela companhia visada, realização de oferta concorrente por um *"white knight"*, alienação de ativos relevantes para o ofertante e oferta de vantagens aos acionistas que decidirem não vender suas ações na oferta. Na Europa, as técnicas defensivas são menos desenvolvidas, assim como são menos aceitas. Duas previsões comuns em estatutos de companhias europeias, em especial França, Itália e Alemanha, eram

desincentivar o desenvolvimento de um mercado de controle societário, importante instrumento de monitoramento do desempenho dos administradores, bem como estimular a perpetuação de controladores diluídos e administradores no poder.

A OPA envolve interesses diversos e, muitas vezes, conflitantes. O uso indiscriminado de técnicas de defesa com o objetivo de frustrá-la pode levar a abusos. Cabe, portanto, analisar em quais hipóteses o uso da defesa contra uma OPA indesejada é legítimo e quais os seus limites.

Além disso, diante do recente movimento de dispersão acionária no Brasil, diversas companhias brasileiras vêm adotando dispositivos em seus estatutos com o propósito de impedir ou dificultar a aquisição do controle por meio de OPA ou escaladas acionárias[768]. Tais dispositivos ainda não foram efetivamente testados, nem explorados a fundo pelos juristas brasileiros[769].

Nem sempre a OPA tem por objeto companhias com ações desvalorizadas, maus administradores e desempenho ruim. Nos EUA e na Europa, determinadas ofertas têm sido motivadas por estratégias de consolidação

---

a da submissão de negócios de transferência de controle à aprovação dos administradores e a restrição do número de votos por ação. Tais restrições vêm sendo abandonadas e restringidas a companhias fechadas, em função da modernização das legislações sobre OPA e da Diretiva da UE de 1979 sobre condições de listagem de companhias europeias (cf. Ferrarini, Guido, *Share Ownership, Takeover Law and The Contestability of Corporate Control*, discurso proferido em conferência sobre "Reforma da Legislação Societária nos Países da OCDE. Uma Análise Comparativa das Atuais Tendências" realizada em Estocolmo, dezembro de 2000, pp. 6-11, disponível [*on-line*] in *http://papers.ssrn.com/sol3/papers.cfm?abstract_id=265429* (c. 23.11.12)).

[768] Por exemplo, entre 25 de outubro de 2006 e 22 de junho de 2007, das 24 companhias que abriram seu capital, 21 incluíram as chamadas *poison pills* em seu estatuto social (cf. Hessel, Camila Guimarães, *Atenção, mantenha distância – sofisticadas poison pills ganham cada vez mais poderes para afastar tomadores de controle*, in *Revista Capital Aberto*, julho, 2007, p. 24). O tipo de *poison pill* mais comum no Brasil é aquele que prevê nos estatutos a necessidade de o adquirente de determinado percentual de ações da companhia visada realizar uma oferta pública para aquisição das demais ações em circulação da companhia por preço justo, normalmente acrescido de prêmio. Variação dessa *poison pill* determina que novas aquisições de ações, depois de atingido determinado percentual do capital social, devem ser realizadas em bolsa, mediante leilão. Outra *poison pill* utilizada é aquela que faz uso do disposto no artigo 110, §1º, da LSA, limitando o percentual de votos de cada acionista. Na Embraer S.A., por exemplo, os acionistas podem votar com no máximo 5% do capital social.

[769] Como exceção, podemos citar Nascimento, João Pedro Barroso, *Medidas Defensivas contra a Tomada do Controle*, São Paulo, Quartier Latin, 2011.

de grupos empresariais em determinados setores, como aço e energia[770].
Já em outros casos, companhias saudáveis são adquiridas para serem desmanteladas[771] e terem seus ativos vendidos separadamente.

Há ainda autores que entendem que o uso de técnicas de defesa pode ser útil para solução do problema de falta de ação coletiva dos acionistas destinatários da oferta, bem como para oferecer-lhes poder de barganha a fim de obter prêmios maiores pela alienação de suas ações[772]. Some-se ainda a essas doutas posições a daqueles que sustentam que a possibilidade de implantação de técnicas de defesa é importante para conferir estabilidade aos administradores e criar condições para o investimento de longo prazo[773].

Conforme já defendido por este autor, para proteção do interesse da companhia e do interesse público de preservação da empresa, o uso de técnicas de defesa deve ser legítimo[774].

No Direito brasileiro, tanto o acionista controlador quanto os administradores[775] têm o dever de agir no interesse da companhia, nos termos do artigo 116, parágrafo único, e dos artigos 154 e 155, II, da LSA. E, embora possam naturalmente querer utilizar as defesas para proteção de interesses particulares, é importante ressaltar que a Lei das Sociedades Anônimas impõe limites à sua atuação por meio das regras de abuso do poder de controle, de conflitos de interesse e dos deveres fiduciários dos

---

[770] Por exemplo, em 2006, a companhia indiana Mittal Steel lançou oferta pelas ações da Arcelor quando esta, então a segunda maior siderúrgica do mundo, superou as metas de cortes de custo, teve crescimento anual de 37% e propôs pagamento de dividendos 85% maiores que no exercício anterior (cf. Revista Capital Aberto, *Vitamina ou veneno?*, n. 31, março de 2006, p. 27).

[771] Vide caso recentíssimo no Brasil da aquisição da companhia aérea Webjet pela Gol Linhas Aéreas, que resultou da venda de ativos e demissão de todos os empregados, evidenciando uma estratégia de eliminação de concorrente (cf. http://www1.folha.uol.com.br/mercado/1189968-gol-anuncia-fim-da-webjet-e-demissao-de-850-funcionarios-veja-fotos.shtml (c. 23.11.12).

[772] Cf. De Ângelo, Harry, e Rice, Edward M., *Antitakeover charter amendments and shareholder wealth*, in *Journal of Financial Economics*, 1983, pp. 329-360, Stulz, Rene M., *Managerial control of voting rights: financing policies and the market for corporate control*, in *Journal of Financial Economics*, 1988, pp. 25-54, Bebchuck, Lucian A., *The case for facilitating competing tender offers: a reply and extension*, in *Stanford Law Review*, n. 23, 1982 e Zingales, Luigi, *Insider Ownership and the Decision to Go Public*, in *Journal of Economic Studies*, n. 63, 1995, pp. 425-448.

[773] Cf. Srinidhi, Bin, e Sen, Kaustav, *Effect of poison pills on value relevance of earnings*, s.l., 2002, disponível [on-line] in http://papers.ssrn.com/sol3/papers.cfm?abstract_id=302646 (c. 30.6.11), p. 2.

[774] In *Oferta Pública de Aquisição*, cit., pp. 198 a 204.

[775] V. Comparato, Fábio Konder, *Aspectos Jurídicos*, cit., p. 51, e Salomão Filho, Calixto, e Richter Júnior, Mario Stella, *Interesse Social*, cit., p. 65-75.

administradores. Nada justifica, portanto, ignorar seus deveres legais a título de uma presunção de atuação na defesa de interesses particulares. É preciso, contudo, que eles se tornem efetivos, por meio dos remédios que se discutiram ao longo deste trabalho.

Uma vez verificada a legitimidade da utilização das técnicas de defesa pelos administradores e acionistas controladores da companhia, analisar-se-á até em que medida os mecanismos de defesa utilizados pelas companhias brasileiras e os principais mecanismos empregados no Direito Comparado, em especial as *poison pills*, encontram acolhida em nosso Direito Societário.

A aplicação das técnicas de defesa não deveria proibir a transferência do controle da companhia visada. Alguns estatutos sociais de companhias brasileiras, por exemplo, impõem o pagamento de prêmios elevados para aquisição do controle com o objetivo de tornar proibitiva *per se* a transação, independentemente do seu alinhamento ou não com os interesses da companhia. Trata-se, pois, de pacto de natureza parassocietária introduzido nos estatutos e, assim sendo, não deveria se impor sobre os demais acionistas.

Como bem afirma Lipton, considerado um dos criadores das *poison pills*, estes mecanismos não foram criados – e não deveriam ser utilizados – para evitar a aquisição do controle, mas sim possibilitar a realização de um negócio melhor para a companhia[776]. A par da controversa discussão sobre a titularidade do poder de controle, a sua alienação (ou aquisição) corresponde, em última instância, a alienar (ou adquirir) bem da empresa (a organização empresarial), sobre o qual têm direito todos os acionistas[777]. Proibir a transferência (ou a aquisição) do controle corresponde a interferir na esfera de direitos dos próprios acionistas. Ademais, a proibição *per se* da transferência (ou aquisição) do poder de controle somente servirá aos interesses dos administradores e do acionista controlador, que poderão se perpetuar no poder[778].

---

[776] In Lipton, Martin, e Steinberger, Erica H., *Takeovers & Freezeouts* (1978), vol. 1, New York, Law Journal, 2005, pp. 1-6.

[777] Cf. Salomão Filho, Calixto, *O Poder de Controle*, cit., p. 119.

[778] Mais ainda, o artigo 36 da Lei das Sociedades Anônimas parece ser aplicável ao caso. A LSA não admite restrição à circulação de ações de companhias abertas. O impedimento à alienação de ações que resulte na aquisição do controle pelo ofertante parece ser uma violação a tal restrição, devendo ser vedada. V. ainda o PO nº 36/09 da CVM. V. ainda outros argumentos contrários à adoção de técnicas específicas de defesa em Oioli, Erik F., *Oferta Pública de Aquisição*, cit., cap. 7.

Parte III
Teses e conclusões

Capítulo 10
Teses e conclusões

10.1 Sumário das principais teses, observações e conclusões
Sem prejuízo das conclusões parciais expostas ao longo do documento, segue abaixo síntese das principais teses, observações e conclusões relevantes para o escopo deste trabalho:

1. A sociedade anônima não foi "inventada" ou criada pelo Direito. Para compreender a sociedade anônima contemporânea e, do mesmo modo, a lei que atualmente lhe dá contornos, é preciso reconhecê-la antes como a expressão jurídica de um fenômeno econômico, político e social. A sociedade anônima que conhecemos hoje foi sendo forjada ao longo de séculos por necessidades econômicas da época e o pensamento político e social dominante ao longo de seu processo evolutivo, que fez dela um instrumento admirável, de capacidade ilimitada para mobilizar capitais e congregar técnicas e pessoas na consecução de um objetivo comum.

2. Além disso, a sociedade anônima, mais que uma simples forma de associação, sempre foi, antes de tudo, uma técnica de organização de interesses e, sobretudo após a Revolução Industrial, de organização da empresa, influenciada de tempos em tempos pelos anseios de seus organizadores.

3. À época da edição da Lei das Sociedades Anônimas, o processo de desenvolvimento econômico, assim como o subdesenvolvimento, suas causas e os meios para superá-los, passaram a ser prioritários na atenção de

políticos, intelectuais e empresários. Algumas premissas, à época, firmavam o consenso a respeitos dos meios para se alcançar o desenvolvimento: aumento dos investimentos em capital técnico e humano como fator de crescimento da renda nacional, necessidade de pesados investimentos em infraestrutura, adoção do planejamento como meio de otimizar os investimentos e a relevância do Estado como agente promotor do desenvolvimento, seja como realizador de políticas de bem-estar social, seja como agente de mercado.

4. Sem contar com os recursos provenientes do próprio Estado, o crescimento da taxa interna de poupança depende, entre outros fatores, da consolidação do mercado de capitais – mecanismo eficiente, nas economias desenvolvidas, para estímulo à formação de poupanças voluntárias e sua alocação para as empresas do setor privado. Por isso, acreditavam os responsáveis pela reforma da legislação societária brasileira da década de 1970 que o desenvolvimento das instituições do mercado de capitais é instrumento importante para o desenvolvimento econômico.

5. O anteprojeto da Lei nº 6.404/76, como orientação geral, teve presentes, entre outros, os seguintes objetivos: (i) criar modelo de companhia adequado à organização e ao funcionamento da grande empresa privada, requerida pelo estágio da economia brasileira de então; (ii) definir o regime das companhias abertas de forma que contribua para aumentar a confiança e o interesse do público investidor nas aplicações em valores mobiliários e, consequentemente, para reconstruir o mercado de ações; e (iii) observar a tradição brasileira na matéria, que vem do direito continental europeu, mas aceitar as soluções úteis do sistema anglo-americano, que por força da aceleração das trocas internacionais, cada vez mais se impunham na Europa e cresciam em difusão entre nós.

6. Na visão dos autores do anteprojeto, no estágio de desenvolvimento de então da economia brasileira: (i) as alternativas para execução dos grandes projetos de investimento estavam reduzidas ao Estado e às empresas estrangeiras ou multinacionais; e (ii) as participações de empresas privadas nacionais em projetos desse vulto, quando ocorriam, eram tentativas sem fundamentação econômica sólida e traduzem apenas o esforço do Estado em preservar no país um modelo de economia mista.

7. A lei então em estágio de concepção não poderia simplesmente ser uma resposta à evolução das práticas comerciais ou uma mera adequação à realidade. Ela precisava ser transformadora da realidade, contradizendo a maior parte da história da positivação da sociedade anônima.

8. Por isso, a Lei das Sociedades Anônimas pode ser considerada uma lei à frente de seu tempo, especialmente se considerarmos a cronologia evolutiva brasileira. A lei foi inovadora, em grande parte, porque, como visto acima, foi concebida como instrumento de transformação econômica e até cultural. Para tanto, seus autores não estiveram alheios às transformações legislativas em matéria societária ocorridas no mundo, buscando inspiração tanto no direito continental europeu quanto no direito anglo-saxão.

9. Importante notar que os efeitos da dispersão acionária não eram desconhecidos dos autores do anteprojeto da LSA. Não só pela influência dos estudos de Berle e Means empreendidos no início do século XX, mas pela percepção da influência da ruptura da relação de risco e poder empresarial nas reformas legislativas europeias.

10. Não se pode necessariamente concluir que a escolha do modelo de concentração de poder da sociedade anônima brasileira decorreu exclusivamente de influências do Direito Comparado, pois o legislador nacional buscou institutos em ordenamentos marcados tanto pelo sistema de concentração acionária – tradicionalmente França, Itália e Alemanha – quanto de dispersão acionária – EUA e Inglaterra. Inclusive alguns dispositivos da LSA, como aqueles relativos à oferta pública de aquisição do controle, somente fazem sentido em situações de dispersão acionária. A escolha do modelo foi feita antes, a partir dos pressupostos acima delineados, quando se estabeleceu o objetivo de se formar a "grande empresa nacional".

11. O estágio evolutivo das companhias brasileiras, na década de 1970, era tão incipiente que não faria qualquer sentido, à época, criar uma disciplina complexa ou mesmo querer organizar a empresa sob a premissa da dispersão acionária. Ademais, acreditavam os autores que não haveria empresa que sobrevivesse sem estabilidade de direção, sendo a existência do acionista controlador que cria a estabilidade na companhia de mercado que não atingiu o estagio da macroempresa institucionalizada, como era o caso da massacrante maioria das empresas brasileiras no período.

12. Assim, a LSA introduziu regras favoráveis à formação de grupos de empresas, de fato e de direito (respectivamente, artigos 243 a 250 e 265 a 279), e se estruturou em torno do poder de controle. Desse modo, referida lei define quem é o acionista controlador (artigos 116, 243, §2º e 265, §1º) e fixa a soberania da assembleia geral (artigos 121 e 122) – em que a vontade do controlador é manifestada diretamente –, atribui deveres e responsabilidades (artigo 116, parágrafo único, artigo 117 e 246) e cria instrumentos legais para assegurar o seu efetivo poder.

13. Em contrapartida, como forma de viabilizar a captação de recursos pelas companhias por meio do mercado de capitais e estabelecer um sistema de compensações em função do poder extremado do controlador, foram criados direitos para proteger os acionistas minoritários. Uma das medidas tomadas foi a institucionalização dos poderes e deveres do acionista controlador e dos administradores, de que a redação do parágrafo único do artigo 116 da LSA é notório exemplo. Esses direitos de proteção aos minoritários podem ser classificados, de forma geral, como "direitos à informação" e "direitos de saída".

14. Diante dessa configuração de direitos de proteção, induz-se o pensamento do acionista minoritário como um elemento externo à sociedade, cuja função é unicamente colocar seu capital à disposição do acionista controlador. Assim, a lei privilegia o investidor do tipo especulador, preocupado em realizar seus ganhos e em poder entrar e sair de um investimento com rapidez, em detrimento do investidor de longo prazo, preocupado com os rumos da organização empresarial.

15. Eis, portanto, o modelo sintético da sociedade anônima brasileira, buscado e amparado pela LSA: centrado na figura do acionista controlador como verdadeiro protagonista da vida societária, titular de participação acionária que lhe permita, com segurança, comandar os desígnios da empresa, tendo os administradores a seu serviço, sejam eles conselheiros ou diretores, um conselho fiscal quase inócuo e o acionista minoritário como coadjuvante, um "mal necessário" para o financiamento da grande empresa, o qual sozinho o acionista controlador não é capaz de suportar. Com inúmeros benefícios particulares ao acionista controlador, o resultado dessa estrutura societária criada pela LSA contribuiu, assim, para a elevada concentração acionária no Brasil.

16. A definição de poder de controle interno na sociedade anônima é normalmente feita em função da assembleia geral, uma vez que esta é o órgão primário da sociedade anônima, que investe todos os demais órgãos e constitui a última instância decisória da companhia.

17. Apesar de exercido com menos da metade das ações com direito a voto, o controle diluído só existe porque seu detentor, ainda que com tal posição acionária, possui posição majoritária nas assembleias da companhia. Somente assim poderia existir um controlador "minoritário" à luz do artigo 116 da Lei das Sociedades Anônimas. O requisito, para definição de acionista controlador, do "uso efetivo do poder para dirigir as atividades sociais", só tem razão de ser em função da existência do controle diluído.

Em caso de controle majoritário, é irrelevante o uso do poder, pois o acionista terá *status* de controlador pelo simples fato de deter mais de metade do capital social com direito a voto, cabendo a ele as responsabilidades decorrentes, ainda que por omissão.

18. A LSA ainda reconhece a existência de controle diluído (ou ao menos a ausência de controle majoritário), ao disciplinar em seu bojo a oferta pública de aquisição de controle (artigo 257 e seguintes). Esse tipo de oferta, inspirada nos *takeovers* norte-americanos e na *tender offer* britânica, logicamente somente tem sentido na ausência de controle majoritário bem definido, hipótese em que a aquisição de controle por um terceiro apenas seria possível mediante negociação com o controlador existente e não mediante a oferta de aquisição das ações de titularidade dos demais acionistas.

19. Constata-se que os artigos 125, 129 e 135 da LSA, que tratam dos quóruns de instalação e deliberação em assembleia, admitem que alguém que possua menos da metade do capital social com direito a voto seja maioria nas deliberações sociais, em função do absenteísmo.

20. Conforme visto acima, o controle diluído se apoia sobre uma delicada linha sustentada pelo absenteísmo nas assembleias, que assegura que uma pessoa ou determinado grupo de pessoas exerça o poder de controle mesmo sem possuir a maioria das ações com direito a voto. Naturalmente, a depender da composição do quadro societário, esta situação pode gerar instabilidade, agravada pela posição jurídica que o acionista controlador assume na LSA e a consequente imputação de responsabilidade.

21. O critério de permanência para caracterização do poder de controle diluído deve ser objeto de reinterpretação. A expressão 'de modo permanente' do artigo 116 da LSA gera a ilusão de que o controle é um fenômeno estático, imutável, não sujeito a constantes disputas na vida societária, quando se demonstrou anteriormente que se trata justamente do contrário. Não há dúvida de que o reconhecimento do poder de controle não pode depender de fatos fortuitos, incertos, ou de situações conjunturais, mas a melhor forma de incluir esse requisito na definição geral do fenômeno, certamente, não é empregar a expressão 'permanente', ligada à ideia de imutabilidade no tempo".

22. Defende-se que tal critério só tem relevância para a caracterização da responsabilidade do acionista controlador detentor do poder de controle absoluto (controlador majoritário), por omissão. Não havendo clareza sobre quem detém o poder de controle não é possível punir a omissão.

23. Como visto, o acionista controlador é um centro de imputação de deveres e responsabilidades. Sua definição na lei, portanto, é funcional, criando uma *fattispecie*, que é aquela trazida pelo artigo 116 da LSA. Ora, se determinado acionista ou grupo de acionistas (ou titulares de direito de sócio) fazem prevalecer sua vontade em uma assembleia, eles estão exercendo, ainda que episodicamente, o controle da companhia, devendo ser responsabilizados pelos atos que caracterizarem abuso de poder de controle.

24. O artigo 116 da LSA sedimenta o poder de controle sobre a participação acionária, excluindo da definição o controle gerencial e o controle externo. Considerando-se a companhia uma verdadeira técnica de organização da empresa e, nesse sentido, a instrumentalização do controlador como centro de imputação de um poder-dever dentro da sociedade, trata-se de grave lacuna para a adequada disciplina da correlação entre poder de gestão, risco e responsabilidade que norteia o direito societário.

25. As teorias organizativas da empresa hoje se ocupam da adequada alocação de poder e riscos entre os diversos agentes relacionados à empresa, conferindo menor importância à dicotomia entre acionistas controladores e minoritários. O poder de controle, ao longo da vida empresarial, pode flutuar entre os referidos agentes em função da própria dinâmica que lhe é particular. De fato, se há a preocupação em se imputar responsabilidade àquele que controla bens alheios como se fossem próprios, não há razão, nos dias atuais, para limitar essa imputação ao *acionista* controlador.

26. Na disciplina do poder de controle, dever-se-ia buscar uma definição ampla para abranger todas as suas múltiplas formas de manifestação, mas que seja suficientemente precisa para conferir segurança e certeza na aplicação das normas. Para atender a esses objetivos, o modelo de regulamentação mais adequado é aquele que se baseia numa definição geral do fenômeno, acompanhada da tipificação de suas principais formas de manifestação.

27. Diante das mudanças institucionais recentes no mercado de capitais brasileiro, do desenvolvimento da autorregulação, do aprimoramento das regras de *corporate governance* e da eliminação de determinados incentivos à manutenção do controle, pode-se afirmar a existência de condições mínimas para a dispersão do capital no Brasil.

28. Os dados da análise da estrutura acionária das 92 companhias listadas no Novo Mercado revelam que 17,39% das companhias declararam não possuir acionista controlador. Entre essas companhias, havia sete

nas quais o maior acionista detinha menos de 10% do capital social. Esse dado permite, inclusive, indagar se estaríamos diante de uma situação de controle gerencial, o que depende de uma análise concreta da situação das sete companhias. O resultado que mais desperta atenção é que aproximadamente 49% das companhias eram de capital disperso (ou seja, sem controle, com controle gerencial ou com controle diluído).

29. Obviamente, a sociedade anônima que conhecemos hoje não é produto exclusivo da lei brasileira. Como visto, ela é uma obra de formação coletiva e progressiva, para cuja elaboração concorreram tanto o congresso de diversos aspectos jurídicos de desenvolvimento histórico mais ou menos fragmentado, como ainda a participação de diversos povos e, contemporaneamente, de todas as economias de mercado. A sociedade anônima, assim, encontra-se presente em diversos ordenamentos e com algum grau de similaridade, ainda que com nomes diversos ou pequenas particularidades. No âmbito do surgimento da macroempresa, a evolução foi no sentido de serem desenvolvidas normas específicas quanto a três campos importantes do fenômeno: (i) disciplina do autofinanciamento (estabelecendo limitações à poupança forçada, por meio da fixação de dividendos mínimos obrigatórios); (ii) disciplina das fusões e incorporações; e (iii) disciplina da informação no âmbito societário e no mercado de capitais.

30. Nossa lei societária, concebida há mais de 30 anos, em certa medida se adapta, sem grandes esforços, a este modelo.

31. Na mesma medida, se é fato que a *estrutura* das sociedades anônimas – ou seja, a disposição e ordem dos elementos no sistema societário – caminha para a convergência, as relações que se estabelecem entre seus componentes divergem em função da configuração do poder *interna corporis*, o que permite falar na bipolarização do mundo societário em sistemas de controle concentrado e de controle diluído. Cada sistema, por sua vez, calibra as relações entre os elementos que compõem sua estrutura – notadamente os órgãos sociais – em função dos centros de poder que se estabelecem no âmbito da empresa.

32. Nos sistemas de controle concentrado, a ênfase do direito societário é dirigida à limitação do poder de o controlador extrair benefícios particulares da companhia. Não se trata de eliminar completamente esses benefícios, mas de mantê-los ao menos em nível adequado. É interessante notar que a diferença entre o valor das ações que compõem o controle e o das demais ações é tanto maior quanto mais elevado o potencial de extração

de benefícios particulares pelo controlador. Assim, em países nos quais a lei é tolerante em relação a esse aspecto, conferindo tutela insuficiente às minorias, o valor das ações de controle costuma ser substancialmente maior que o das ações detidas pela maioria.

33. Sendo a Lei das Sociedades Anônimas estruturada em torno do poder de controle e, como sistema de controle concentrado, a lei ocupa-se da apropriação de benefícios privados pelo acionista controlador, mas somente na medida do necessário para atrair o capital de investidores do mercado de capitais, de forma a atender aos pressupostos orientadores da criação da Lei.

34. A dispersão do capital, com o enfraquecimento ou até mesmo o desaparecimento do acionista controlador, subverte a lógica da Lei das Sociedades Anônimas. O grau de importância dos direitos compensatórios tenderia a diminuir (mas sem perdê-lo por completo) e alguns dispositivos aplicáveis somente ao *acionista* controlador (como o abuso do poder de controle) tendem a perder sua função.

35. A diluição do poder de controle, como toda diluição de poder, acaba assim por permitir um melhor equilíbrio entre os vários interesses envolvidos pelas grandes companhias. Evidentemente, o problema do poder e seus potenciais abusos, passa da esfera dos acionistas para a esfera dos administradores. Há, portanto, um deslocamento da disciplina da proteção contra a apropriação excessiva de benefícios particulares, dos controladores para os administradores.

36. Ante uma estrutura de capital disperso, a preocupação central do direito societário passa a ser o monitoramento dos administradores, ou seja, a de fazer com que estes atuem, comandem a companhia, no sentido de atender aos interesses desta. Trata-se do problema dos custos de monitoramento, externados na doutrina norte-americana por meio da expressão *agency costs*. Sob esta ótica, ganha força a teoria organizativa da sociedade, que identifica nela uma função organizativa da empresa e dos interesses, em seu sentido mais amplo, ligados à empresa. Ganha, também, força a análise dos meios de monitoramento da administração no contexto de controle diluído e como eles se ajustam ao contexto da atual lei acionária.

37. Nota-se, como pano de fundo das discussões sobre os custos de transação, a relevância da sociedade, seja ela uma pessoa jurídica ou um feixe de contratos, como instrumento de organização dos interesses conflitantes de forma a obter a contratação de forma mais eficiente, o que se pode substituir, sob a perspectiva jurídica, pela adequada realização do

interesse social. Se a dispersão do capital resulta no problema dos custos de monitoramento dos administradores, naquilo em que as partes não sejam capazes de negociar – o que é de se esperar em um cenário de enfraquecimento dos acionistas – deve a lei intervir na organização da empresa de forma a permitir o atingimento dos resultados esperados caso tais custos não existissem.

38. Na empresa em que o poder empresarial é detido pelos administradores, a companhia continua a organizar juridicamente uma sociedade empresária, mas a análise econômica e social da empresa mostra que os titulares das ações deixam de desempenhar o papel de acionistas, pois não exercem de fato o comando dos administradores: salvo em momento de grave crise, não são, de fato, a fonte do poder empresarial, e se comportam como meros credores de dividendos.

39. A partir da concepção das teorias organizativas, percebe-se uma clara alteração na função da sociedade, que passa a ser a organização racional dos diversos interesses que a envolvem. Diante disso, a estrutura organizacional na companhia adquire grande importância, pois os órgãos societários passam a ter papel fundamental na mediação dos interesses conflitantes, seja através da incorporação no órgão de todos os agentes que têm interesse, ou através da criação de órgãos independentes, não passíveis de serem influenciados pelos interesses conflitantes.

40. A migração do modelo consensual para o baseado em relações de autoridade é tanto maior quanto maior for a dispersão do capital. A existência de participações atomizadas, a variedade e divergência de interesses e a assimetria de informação tendem a obstruir um papel ativo dos acionistas. Racionalmente, sob uma perspectiva econômica, um acionista somente empreenderá esforços necessários para tomar decisões informadas se os benefícios esperados superarem os custos envolvidos. Dada a complexidade e amplitude das decisões empresariais, presume-se que tais custos sejam elevados, face ao relativamente baixo retorno proporcionado pela participação atomizada (assumindo que o acionista não controlador, em regra, é incapaz de extrair benefícios particulares da companhia).

41. Com o deslocamento da autoridade para os administradores, em tese, os acionistas minoritários continuariam alijados do processo decisório. Assim, sob essa lógica, nada muda e não haveria razão para modificação dos mesmos direitos compensatórios atribuídos no modelo de concentração acionária, relacionados ao *status socii*. Esta não é uma verdade absoluta, dado que a lei anonimária brasileira, diferentemente

do modelo norte-americano, reserva algumas matérias à competência exclusiva da Assembleia Geral. Ausente a figura do acionista controlador, a ditar os rumos da Assembleia, restaurar-se-ia a autoridade do acionista (a idealizada "democracia acionária"). O problema, contudo, é que os administradores, se aproveitando da inércia e falta de ação coletiva dos acionistas, buscarão influenciar a decisão da Assembleia, ainda que seja pelo mecanismo das *proxies*.

42. Ademais, no modelo de controle concentrado, a expropriação de benefícios privados pelo acionista controlador é aceitável até na medida em que seu custo seja inferior àqueles que seriam incorridos no monitoramento dos administradores (e isto foi bem aceito na legislação pátria, a exemplo do "prêmio de controle" – artigo 254-A – e a disciplina do acordo de acionistas). Na ausência do acionista controlador, a aceitabilidade da expropriação de benefícios privados do controle pelos administradores é menor, até porque ele não é fundado na propriedade do capital.

43. A definição do interesse social é de extrema relevância para a definição de regras de organização da empresa e, assim, para a concepção de um modelo societário. É fato, contudo, que a inexistência ou enfraquecimento do poder de controle fundado na participação societária não teria o condão de modificar o interesse social, uma vez que este não se confunde com o interesse do sócio controlador e muito menos com o interesse dos administradores. De qualquer forma, a definição da finalidade que a sociedade deve perseguir é indispensável para que a lei societária possa conceber um sistema coerente e eficaz de atribuição de poderes, deveres e responsabilidades ao controlador e aos administradores. Afinal, o poder--dever somente ganha significado com a definição da finalidade que deve ser perseguida, cujo desvio acarreta a atribuição de responsabilidade ao seu titular.

44. A visão da sociedade como técnica de organização da empresa não é nenhuma novidade. Além disso, o interesse social não pode se resumir a organizar os interesses dentro da sociedade. Não se pode se contentar com a resposta das teorias organizativas de que a organização se dá com o propósito de maximizar a *eficiência* da empresa, que significa cair no risco de utilizar a análise econômica do Direito para definição de princípios e não como ferramenta. A obtenção de eficiência não resolve, portanto, a questão do interesse social e este jamais poderia se reduzir àquela.

45. Também a finalidade da sociedade anônima de capital aberto não pode estar simplesmente associada à obtenção de lucro. Atualmente, se

aceita que a finalidade da sociedade está associada à maximização do valor das ações, levando em conta não apenas o interesse dos sócios atuais como o dos sócios futuros.

46. A maximização do valor das ações vai muito além da simples maximização dos lucros. Trata-se de conceito maleável que comporta tudo aquilo que é apreciado pelo acionista enquanto empresário ou investidor, como um conjunto de indivíduos.

47. A maximização do valor das ações, por sua vez, não é um valor absoluto. Os valores sociais a serem necessariamente perseguidos pelo Direito Societário, no Brasil, estão enunciados primacialmente no artigo 170 da Constituição Federal. Normas desta natureza, que estabelecem valores ou objetivos a serem perseguidos, são hoje amplamente reconhecidas como plenas de validade e eficácia. Nesse sentido, o modelo societário brasileiro deve necessariamente se orientar à consecução dos valores consagrados na Constituição Federal, ao disciplinar o exercício da atividade empresarial, não se preocupando com as questões de índole exclusivamente privada. Sob esta ótica, é possível harmonizar as diferentes visões sobre a função da empresa, inclusive daqueles que pretendem aproximar o interesse social do interesse público.

48. Assim, a perseguição do interesse social deve encontrar limites na função social da empresa – dando sentido às disposições do artigo 170 da Constituição Federal – e nos controles internos da sociedade para que não haja desvios de finalidade, tais como a definição de regras contábeis, regras de conflito de interesses, deveres e responsabilidades, etc.

49. Esta compreensão da função social como limite à atuação da empresa na busca da maximização do valor das ações é importante. Não se deve confundi-la (a função social) com o próprio interesse social. Isto dependeria de um sistema eficaz de atribuição de legitimidade aos titulares desse interesse para sua defesa e de deveres e responsabilidades aos condutores da atividade empresarial. Tal legitimação, hoje, fica a cargo de leis específicas alheias ao Direito Societário.

50. Se se pretende que a companhia atenda a um interesse público que vá além do exercício da empresa dentro da sua função social, e em última instância a função social da propriedade, é a lei quem deve expressamente exigir. Não se pode esperar a internalização na sociedade dos direitos dos empregados, consumidores, fornecedores e comunidade em geral que não seja como instrumento de organização da empresa em busca da realização do seu interesse social.

51. Os direitos essenciais constituem o âmago da ideologia conciliatória entre os controladores e os não controladores. Nesse sentido, funcionam como neutralizadores de conflitos internos na sociedade anônima. Aparentemente são dirigidos a todos os acionistas, mas, na realidade, tais direitos, tal como originalmente concebidos, visam a proteger os não controladores, pois os controladores têm a proteção do próprio poder.

52. Em relação aos direitos patrimoniais, toma centro a disciplina do autofinanciamento da empresa. Isto porque podem os controladores decidir reinvestir a maior parte dos lucros, afastando-os das mãos dos acionistas, e empregando-os de forma a obter benefícios particulares indiretos, como, por exemplo, remuneração dos administradores ou celebração de acordos com sociedades sob controle comum, ou mesmo "esvaziando" os lucros da companhia, como, por exemplo, mediante participações nos resultados. Daí serem necessárias regras que não apenas disciplinem o direito ao lucro propriamente dito, mas também a criação de conceitos funcionais, como o é o interesse social, e regras que, partindo desses conceitos, protejam o patrimônio da sociedade, como, por exemplo, a regra do conflito de interesses.

53. Tais regras, tal como concebidas pela LSA, nenhuma ou pouca influência recebem do fenômeno de transição de poder para os administradores, dado que são assuntos reservados, em sua maior parte, à decisão ou ação dos próprios sócios. A preocupação maior, portanto, se dá, entre outras questões ligadas, por exemplo, à própria formação ou redução do capital, ao conflito entre abuso da maioria, matéria central do modelo que deu sustentação à LSA. Não obstante, os administradores têm poder de influenciar a modificação do capital social, seja pela participação nas Assembleias Gerais Extraordinárias, fazendo uso das *proxies*, pelo uso do capital autorizado ou pela proposição de aumento, além da fixação do preço das ações, nos termos do artigo 170, §2º, da LSA. Nesse sentido, ganham importância o papel do direito ao voto e o ativismo societário, bem como o Conselho Fiscal (artigo 163, III, da LSA).

54. De toda forma, uma preocupação constante da lei é a de manter o controle da Assembleia Geral sobre a formação das reservas e a distribuição do lucro como um todo, ainda que a iniciativa parta da administração (artigos 192, 195 a 197 e 199 da LSA), bem como impor limites à formação das reservas e às retenções de lucro (artigos 193, 194, III, 198, 199), face à obrigatoriedade de distribuir os lucros remanescentes (artigo 202, §6º).

55. Não obstante, tanto as reservas para contingências quanto as retenções de lucros são duas formas particulares de os administradores limitarem a distribuição de lucros, ainda que a decisão final esteja nas mãos da Assembleia Geral. O mesmo também pode ocorrer em relação aos lucros não realizados, em que o dividendo mínimo pode ser declarado, mas não pago (artigo 197).

56. Em todos os casos, ainda que a decisão caiba aos acionistas, não se pode ignorar a assimetria informacional que paira entre aqueles e os administradores. Ademais, não se pode presumir que os acionistas tenham qualificação para apreciar com a devida profundidade a proposta da administração. Isso ressalta, sobremaneira, a importância do papel do Conselho Fiscal como órgão técnico, independente e *permanente* (artigo 163, III, da LSA).

57. A Lei nº 6.404/76 estabeleceu uma garantia de dividendo mínimo a todos os acionistas, em função do lucro líquido do exercício (artigo 202). Previu duas exceções ao pagamento desse mínimo: nas companhias fechadas, desde que não haja oposição de nenhum acionista presente à Assembleia Geral; e, de modo geral, no exercício em que os órgãos da administração informarem à Assembleia Geral Ordinária ser esse dividendo incompatível com a situação financeira da companhia. Nesta última hipótese, mais uma vez evidencia-se a importância do Conselho Fiscal, que deverá dar parecer a respeito e, se se tratar de companhia aberta, uma informação será transmitida à CVM.

58. O direito ou *poder* de fiscalização é uma decorrência lógica da própria existência do poder de controle. Sempre que ao controle, em uma relação jurídica societária, é assegurada a possibilidade de invocar um poder, haverá à fiscalização a possibilidade de surgir como um mecanismo de freio e contrapeso. A fiscalização, assim, é um meio ou *função* para o exercício de direitos perante o poder de controle.

59. Sendo assim, da transmutação do modelo de controle concentrado para o capital disperso, seja ele fundado no controle diluído ou no controle gerencial, o direito de fiscalização *lato sensu* permanece inalterado. Em qualquer cenário haverá um *poder* de controle, fundado ou não na participação acionária, a justificar a existência e o exercício do *poder-função* de fiscalizar.

60. Embora o direito de voto não seja um direito essencial nas sociedades de capitais, ele é obrigatório no Novo Mercado, onde se constata o fenômeno da dispersão do capital. Tal direito ganha relevância como

instrumento de controle dos administradores (graças ao ativismo societário) e pela responsabilidade que carrega consigo, especialmente nas sociedades em que o controle diluído é instável. Portanto o voto, que por muitas vezes foi desprezado em nosso ordenamento – que inclusive se utilizou fartamente da possibilidade de supressão desse direito para facilitar e consolidar o poder de controle – volta a ocupar posição de destaque no Direito Societário.

61. Além dos pressupostos subjetivos que levam ao absenteísmo assemblear, existe um aspecto fundamental e característico da massa acionária: falta de ação coletiva. Os acionistas, em especial aqueles das companhias com grande dispersão acionária, têm dificuldade para agirem coordenadamente, o que lhes retira poder de barganha e dá chance a ações oportunistas por quem detém o poder. Isto se agrava pelo fato de que dos ganhos decorrentes do ativismo, apenas uma fração (muitas vezes pequena) aproveita ao acionista ativo. Ou seja, o acionista incorre em custos elevados – que os acionistas passivos não incorrem – para gerar proveito a todos e do qual ele tem pouca participação.

62. Dessa forma, qualquer iniciativa que vise a fomentar o ativismo societário deve atacar justamente a falta de ação coletiva, que se dá de suas formas básicas: (i) informação adequada e suficiente; (ii) facilitação do exercício de direitos dos acionistas.

63. O desenvolvimento tecnológico – uma realidade com a qual não se poderia contar em 1976 – pode e deve ser usado de forma a facilitar a participação *segura* dos acionistas, seja para promover sua aproximação e coordenação de interesses, seja para disponibilizar informações, disseminá-las amplamente ou reduzir custos.

64. A respeito da representação dos acionistas em Assembleia, o artigo 126 da LSA trata de duas situações *distintas*: (i) a representação *no interesse do representado* (§1º); e (ii) a representação no *interesse do representante*, objeto de *pedido* de pedido público de procuração (§2º). Foi mal a lei, criando séria restrição à representação, *no interesse do representado*, para o exercício do voto. De fato, na impossibilidade de o acionista comparecer a uma Assembleia, seria absolutamente legítimo que se fizesse representar por qualquer terceiro absolutamente capaz, com base no mandato.

65. A respeito do pedido público de procuração, admitindo-se a possibilidade de requerimento de procuração no interesse do *representante*, questão de extrema importância refere-se ao conflito de interesses. A LSA, nesse sentido, é econômica, ao afirmar que o administrador não

pode votar, como acionista ou procurador, os documentos referidos no artigo 133 (cf. 134, §1º da LSA). Isto permite estender a disciplina dos limites e deveres impostos no artigo 115 da LSA também a quem exerce o voto, e não só ao representado, quando o voto for exercido no interesse do representante. A questão, sem dúvida, é dada a polêmicas, complicando ainda mais a já complicada disciplina do conflito de interesses assemblear.

66. Os custos podem ser um importante limitador para o exercício de direitos dos acionistas. Como agravante, no contexto da dispersão acionária em que disputa-se poder com os administradores, estes têm a vantagem de colocar a própria máquina da companhia a seu favor.

67. Por outro lado, a imposição de custos ao acionista para exercício de determinados direitos, em contrapartida à redução dos percentuais mínimos de participação, pode ser uma fórmula útil para coibir abusos da minoria.

68. Em regra, fala-se de risco moral quando, no decurso de uma relação jurídica de caráter duradouro, uma das partes, abusando da sua vantagem informativa, não cumpre ou cumpre defeituosamente a sua prestação, confiando em que as assimetrias informativas verificadas impeçam ou dificultem a detecção do descumprimento. A (falta de) informação é, portanto, um problema central para o adequado desempenho do poder de fiscalização.

69. O direito do acionista à informação não se encontra, ao menos expressamente, positivado na Lei das Sociedades Anônimas, diferentemente do que ocorre em outros países. Realmente, no Direito Societário brasileiro, o que há, além do dever de informar que cabe aos administradores são regras esparsas que, conjuntamente, como visto, compõem um verdadeiro "sistema de informações", dentro do pacote de "direitos compensatórios" criado pela Lei face à institucionalização do poder de controle.

70. Em um sistema de dispersão acionária, em que os acionistas detêm participações pouco expressivas, tendem a se envolver menos na vida empresarial e admitem que os administradores assumam mais riscos. Torna-se ainda mais importante, nesse sentido, o adequado tratamento da informação, para que os acionistas tomem decisões acerca da manutenção ou não de posição acionária na companhia. O direito à informação e o correlato dever de informar, inclusive, têm sido amplamente adotados pela regulamentação, por ser um dos instrumentos de controle mais compatíveis com a economia de mercado, porque é o que menos interfere com a liberdade e a concorrência.

71. Em um regime de capital disperso, sem prejuízo dos direitos que já são assegurados às companhias abertas, os direitos de informação devem ser reforçados de forma a: (i) assegurar maior participação dos acionistas nas Assembleias; (ii) garantir o adequado acesso de informação ao Conselho Fiscal; (iii) assegurar a confiabilidade das demonstrações financeiras e regras contábeis seguidas pela companhia; e (iv) estimular a adoção de regras de "boas práticas de *corporate governance*" que não possam, ou não devam, ser incorporadas no direito positivo.

72. Os caminhos trilhados por este trabalho infelizmente não comportam desvios para o aprofundamento da matéria, mas é certo que, no contexto de eventual reforma da Lei das Sociedades Anônimas para acomodar o regime jurídico das companhias de capital disperso de que aqui se trata, o reconhecimento explícito do dever de lealdade e a proteção contra os abusos da minoria devem estar presentes.

73. Os mecanismos de saída da companhia reforçam a psicologia do poder de controle, levando o acionista minoritário a ser encarado com um elemento estranho à atividade empresarial, mero credor social que precisa ser protegido dos mandos e desmandos do poder. Está incutida nessa lógica, ainda que muito implicitamente, a possibilidade de o acionista controlador agir no interesse próprio, em detrimento do interesse social, como verdadeiro "dono" da empresa. A tutela do direito de o acionista retirar-se da sociedade implica o reconhecimento, de certa forma, da falibilidade da responsabilização pelo abuso no poder de controle, dada a existência de uma zona cinzenta em que é impossível distinguir o que é interesse particular do acionista e o que é interesse da sociedade. Em uma companhia desprovida de interesses particulares, em que somente existe o interesse comum dos sócios na realização do objeto social para auferir lucro, os "direitos de saída" seriam dispensáveis, devendo a fiscalização do controle pautar-se principalmente na verificação do cumprimento do dever de diligência empresarial.

74. Pode-se afirmar que a lei, mais que tutelar a vontade do acionista dissidente de deliberações que alterem as bases do contrato associativo, protege o acionista do poder de controle fundado na participação acionária. Trata-se, pois, de "direito minoritário", ou seja, dos acionistas enquanto grupo, ainda que exercido individualmente e no interesse próprio. Na ausência ou enfraquecimento da figura do acionista controlador, torna-se questionável esse tipo de tutela.

75. Primeiro, porque a ausência de um centro de comando enraizado na Assembleia Geral permite, ao menos em tese, o verdadeiro debate democrático de ideias, concretizando o verdadeiro interesse comum dos sócios, dissociado do interesse pessoal de quem controla. Devem prevalecer, em regra, as deliberações que forem realmente úteis ao interesse social.

76. O raciocínio acima leva, portanto, à superação das hipóteses de direito de retirada fundadas nas relações de conflito *controlador-controlado*, mas não supera o conflito *maioria-minoria*, que é da essência das Assembleias e pode resultar na modificação das bases essenciais do contrato de sociedade. Contudo, a própria lei já criou o remédio para o conflito *maioria-minoria* com a criação de um núcleo de direitos essenciais que não podem ser alterados pela maioria. Fora desse núcleo e respeitados os direitos do acionista enquanto indivíduo (em contraste com seus direitos enquanto sócio), faz parte da regra do jogo a alteração das características *da empresa*.

77. Com isto chega-se a um segundo ponto no questionamento ao direito de recesso: a liquidez e sua tutela. A expansão dos mercados de ações demonstrou que os acionistas das grandes companhias abertas, cujas ações têm liquidez no mercado, não precisam da proteção do direito de retirada porque podem a qualquer momento deixar a companhia, vendendo suas ações em bolsa.

78. Portanto, dentro do regime jurídico da companhia de capital disperso, o Direito Societário deve buscar a proteção do acionista não por meio do direito de retirada, mas sim pela *tutela da liquidez* acionária. Onde a liquidez não puder existir, como é o caso das companhias fechadas, o direito de retirada deve continuar servindo como remédio, sobretudo para o conflito *controlador-controlado*.

79. Diferentemente das hipóteses de direito de retirada – que merecem reformulação – a disciplina da OPA, com pequenos reparos e reflexões, conserva sua coerência com o regime jurídico da companhia de capital disperso.

80. A investigação do Direito Comparado aponta para uma tendência na distinção funcional dos órgãos de administração entre as atividades de comando dos negócios e supervisão, com maior intensidade nos países europeus. Embora os órgãos sob o aspecto de vista formal ainda apresentem estruturas próprias em cada país – em grande parte explicada pela dependência histórica de cada sistema (*path dependence*) – a convergência funcional de sistemas é clara.

TESES E CONCLUSÕES

81. Outra tendência verificada é o requisito de independência para o preenchimento de ao menos parte dos órgãos administrativos. Em alguns países, a independência inclusive é o caminho para se alcançar a dicotomia funcional dos órgãos (Reino Unido, EUA e Itália). Da mesma forma, nota-se que, não obstante a especialização funcional dos órgãos administrativos, é consonante em todos os países a exigência da criação de órgãos ou comitê para supervisionar controles internos e o relacionamento da companhia com a auditoria externa – ainda que com certa diversidade de poderes e funções.

82. O Conselho de Administração no Brasil, ocupa, na prática, papel secundário na atividade empresarial. De forma geral, o Conselho de Administração, quando não é um órgão de exercício da *longa manus* do acionista controlador, limita-se a funções meramente consultivas, quando muito, fixando a orientação geral dos negócios da companhia. A verdadeira essência do conselho – de atividade supervisora – acaba por vezes ficando em segundo plano.

83. A prática, contudo, deve mudar com a dispersão acionária. Longe de a lei ser inadequada quanto às atribuições do Conselho de Administração, o uso efetivo desse órgão é que deve ser melhorado. A ele deve ser dada maior relevância, seja como efetivo orientador dos negócios da companhia – suprimindo o absenteísmo assemblear – e, acima de tudo, supervisor das atividades diretivas.

84. Há que se considerar, contudo, que o papel do Conselho de Administração na definição da orientação geral dos negócios da companhia, é limitador da sua atuação como verdadeiro "Conselho de Supervisão", o que deve gerar impacto na estrutura orgânica da companhia. Isto ainda é agravado pelo fato de que, não sendo as atribuições legais do Conselho de Administração estanques e não havendo clareza, na lei, sobre a extensão das atribuições da Diretoria, é bastante comum que os estatutos atribuam ao Conselho de Administração decisões de gestão, típicas da Diretoria.

85. Embora o papel de fixação da orientação geral dos negócios tenha vantagens, isto faz persistir o problema de quem controla o controlador (fiscalizador). Existe, portanto, um latente conflito na fiscalização da execução das orientações que o próprio Conselho faz.

86. A solução retórica para o problema é dada por Alchian e Demsetz, para os quais a instância final decisória deve recair sobre quem detém valor residual sobre a companhia, ou seja, aos acionistas. Atendidos todos os interesses que orbitam a companhia, o resultado, positivo ou negativo,

pertence aos acionistas. Pressupõe-se, portanto, que eles devem atuar sempre no sentido de maximizar o valor residual, o que implica o direito e dever, em última instância, de monitorar. Como se sabe, a solução, entretanto, não é satisfatória por causa do absenteísmo e falta de ação coletiva dos acionistas.

87. Cabe, ainda, uma distinção entre companhias com controle diluído e com controle gerencial. Nestas últimas, ganha relevo o mecanismo das *proxies*. Já nas primeiras, a existência do acionista controlador pressupõe seu poder de eleger a maioria dos membros do Conselho de Administração. Continuam válidas, portanto, todas as preocupações já endereçadas pela LSA dentro da concepção de concentração acionária. Por outro lado, assume relevo o mecanismo do voto múltiplo, previsto no artigo 141 da lei anonimária.

88. De outra parte, as inovações do texto legal trazidas pela Lei nº 10.303/01 em matéria de voto múltiplo (§§4º a 7º do artigo 141) são inócuas no contexto de dispersão acionária. Primeiramente, porque os percentuais para exercício do direito de eleger e destituir um membro e seu suplente do conselho de administração, em votação em separado na Assembleia Geral (15% do total das ações com direito a voto ou 10% do capital social, na hipótese de ações sem direito a voto ou com voto restrito), somente fazem sentido se controlador diluído exercer o controle em percentual maior.

89. Nos termos da LSA, até 1/3 dos membros do Conselho de Administração podem compor a Diretoria, o que vale dizer que é possível haver Diretoria totalmente exercida por membros do Conselho de Administração. Esta talvez seja uma das principais razões do papel secundário exercido pelo Conselho de Administração na atividade de supervisão, pois acaba muitas vezes sendo uma extensão da Diretoria.

90. O problema se agrava quando os cargos de presidente do Conselho de Administração e de presidente da Diretoria (CEO) se acumulam ou ao menos quando o presidente do Conselho de Administração também é membro da Diretoria, ainda que não seja o CEO. Na primeira hipótese, confere-se uma força quase imbatível nos assuntos da empresa. No segundo caso, a subordinação do presidente do Conselho de Administração ao CEO gerará, no mínimo, constrangimentos na atuação no órgão colegiado.

91. Assim, membros do Conselho de Administração não podem ser membros da Diretoria, sob risco de perda da possibilidade de se exercer efetivamente, por meio daquele, o controle e a supervisão das atividades

da Diretoria. Não se pode compreender como alguém poderia julgar com isenção atos ou atividades das quais participou, ou mesmo comandou. Assim, nada mais lógico que a apreciação dos atos da Diretoria, para ser feita imparcialmente, o deva ser por um Conselho de Administração do qual não faça parte nenhum diretor.

92. Ainda que a lei não imponha o requisito de independência aos administradores, ela deve ser amplamente monitorada com base em duas ferramentas: (i) informação (aos acionistas deve ser dada ampla e adequada informação como meio de proteção dos seus direitos e do interesse social, o que inclui, por exemplo, o conhecimento sobre as qualificações pessoais para o exercício do cargo de administrador, seus vínculos com a companhia, etc.; ademais, uma das formas para se contornar eventuais questionamentos sobre a adoção do critério de independência pode ser a adoção da política de "pratique ou explique" (*comply or explain*), que também é adotada em alguns países); e (ii) adequada aplicação da doutrina dos deveres fiduciários, particularmente em relação à vedação do conflito de interesses e seu reflexo dever de lealdade.

93. A busca dissimulada de remuneração em prejuízo da companhia deve ser proibida. O princípio geral econômico e de mercado relativo a preços deve ser aplicado. Isso não apenas no interesse individual das partes, mas também no interesse da economia de mercado e da função orientadora das forças deste. É certo que remunerações excessivas ou desvinculadas do desempenho individual ou coletivo dos membros da administração, são, hoje, um grande problema ético, econômico e jurídico.

94. A definição de parâmetros amplos e genéricos, originados da técnica americana dos *standards*, tem sua utilidade na presença da figura do *acionista* controlador, pois oferecem balizadores para análise *ex post* da deliberação tomada em Assembleia Geral e eventualmente permitir que acionistas minoritários argúam abuso de poder de controle.

95. Na ausência da figura do acionista controlador, a utilidade desses parâmetros é limitada. Vale dizer ainda que eles se prestam a balizar a remuneração fixada pela Assembleia Geral, mas não trata a lei da individualização, quando for o caso, da remuneração dos diretores pelo Conselho de Administração. Outra omissão legal diz respeito a benefícios indiretos (*fringe benefits*) que os administradores podem se outorgar sem aprovação da Assembleia Geral. Trata-se de falha grave, que permite aos administradores expropriarem riquezas dos acionistas, sem sequer ter a obrigação de informá-los da outorga de tais benefícios (exceto quando

da solicitação por acionistas titulares de 5% ou mais do capital social, nos termos do artigo 157, §1º, c, da LSA).

96. Sem prejuízo da proteção dos direitos patrimoniais dos acionistas, a forma de remuneração trata-se de um dos aspectos fundamentais do regime jurídico das companhias de capital disperso, pois está estreitamente ligada ao alinhamento de interesses dos administradores com a realização do fim social. Os administradores tenderiam a tomar as melhores decisões para a sociedade, porque estas repercutiriam diretamente em seu patrimônio individual. Ademais, o sucesso do monitoramento por quem exerce o poder será tanto maior quanto forem os incentivos para que o agente participe dos ganhos residuais da sua atividade (de monitoramento).

97. Muitos sustentam, com base na doutrina institucionalista de Rathenau, que o interesse social das companhias alemãs sintetiza-se no interesse de preservação da empresa. Este, na verdade, é o elo comum entre os interesses dos acionistas e trabalhadores, é a regra de calibragem e discurso que permitiu o equilíbrio do sistema tal com concebido. Por outro lado é óbvio que, para preservação da empresa, os interesses dos acionistas bastariam (a menos que a companhia tivesse prazo de duração determinado). Assim como, para se atingir este propósito, não só os interesses dos trabalhadores como também os interesses dos credores deveriam ser internalizados na companhia (e a nossa Lei de Falências é prova da necessidade de equilíbrio de interesses da companhia para com os credores, com o objetivo de preservação da empresa).

98. Apesar das críticas, o modelo mereceria atenção, pois o objetivo, no sistema de controle diluído, não seria administrar interesses externos à sociedade, mas garantir representatividade a ponto de equilibrar os poderes dentro dos órgãos de exercício do poder de condução das atividades sociais, gerando independência.

99. O controle é objeto de diferentes negociações e acordos, ao longo do exercício da atividade empresarial, podendo ser alocado, em graus variáveis, a qualquer um dos seus participantes (sócios, administradores, empregados, fornecedores e consumidores). Com base em tal teoria, esses elementos deixam de ser "externos" à sociedade, e passam a ser elementos essenciais no equilíbrio eficiente de forças dentro da empresa.

100. A par de escolhas legislativas, o ponto central da discussão é saber até que ponto faz sentido internalizar esses interesses na sociedade. A medida da internalização de interesses é a própria realização do interesse social.

101. Estudos evidenciam que a multiplicidade de interesses representados no Conselho de Administração tende a reduzir o desempenho da administração como um todo, proporcionando maior oportunidade de desvio de foco do interesse social para interesses dos grupos representados, além de dificultar o processo decisório, inclusive em sua agilidade.

102. Trazendo a discussão da cogestão para o universo da Lei das Sociedades Anônimas, não se pode esquecer que no Brasil, como na Alemanha, o trabalho e o trabalhador são protegidos em sede constitucional e nem por isso o legislador pátrio fez a escolha de internalizar o interesse dos empregados na companhia. O fez apenas pela declaração vaga do parágrafo único do artigo 116 e pelas alíneas "b" e "c" do §1º do artigo 117, além de deixar aberta a possibilidade para participação dos empregados no Conselho de Administração (artigo 140, parágrafo único) – sem obrigá-la – o que parece ser o mais correto.

103. O poder de controle do acionista (diluído) é um importante obstáculo à liberdade de condução da companhia pelos administradores, especialmente para a satisfação de interesses pessoais ou de terceiros que não a companhia.

104. Portanto, se o controle diluído tem influencia decisiva sobre o comportamento da administração, a relação dúbia que se estabelece entre esses dois centros de poder requer o reforço dos demais mecanismos de monitoramento, bem como dos direitos de participação *lato sensu* dos acionistas. Isto permite ainda inferir que, na presença de um acionista controlador diluído, o regime jurídico das companhias de capital concentrado e capital disperso não são necessariamente contrapostos, mas *complementares*.

105. Essa atividade de supervisão, para ser bem exercida, deve ser, o máximo possível, independente, livre e desinteressada, porém orientada por objetivos claros. Afinal, a supervisão deve se prestar a uma finalidade. No caso do Direito Societário, tal finalidade não pode ser outra que não a realização do interesse social, a estrela polar que movimenta toda a companhia. Assim, esse verdadeiro *poder* de fiscalizar não deve ser executado no interesse dos acionistas enquanto indivíduos ou grupos individualizados, muito menos se prestar ao interesse do controlador.

106. Nesse contexto, a luz se dirige para o Conselho Fiscal, órgão que, no regime da companhia de capital disperso, deve exercer papel de extrema importância na proteção do interesse social, atuando como ferramenta para manutenção do equilíbrio entre administradores, acionistas controladores

diluídos e acionistas. Contudo, a disciplina conferida pela Lei das Sociedades Anônimas ao Conselho Fiscal faz dele objeto de desprestígio e desconfiança.

107. Ainda, na ausência da figura do poder de controle e diante do potencial de expropriação de valores da companhia pelos administradores, o Conselho Fiscal, dentro de suas limitações, pode e deve (cf. artigos 163, IV, 165 c/c 154 e 165, §1º, da LSA) ser um importante protetor do interesse social.

108. Em companhias abertas com controle diluído, o Conselho Fiscal *deve* ser instalado permanentemente. Não se pode deixar o monitoramento à mercê do absenteísmo nas assembleias. Pelo contrário, o absenteísmo é uma das razões que justificam sua existência.

109. Sobretudo, existe uma razão muito importante para justificar o funcionamento permanente do Conselho Fiscal que não recebe a devida atenção da doutrina, que reside na imprestabilidade do Conselho de Administração como órgão puro de fiscalização. Isto se deve não apenas pela confusão entre as funções de supervisão e gestão, como também pela ausência de requisitos de independência e qualificação para composição daquele órgão, o que compromete a adequada atuação como supervisor por seus membros, não obstante os deveres fiduciários que se lhes impõem.

110. A forma de eleição dos membros do Conselho Fiscal urge ser reformada para adequação ao regime de dispersão do capital. Deve ser adotado um regime de representatividade dos acionistas – nos moldes do voto múltiplo, como forma de prevenir a preponderância do controlador diluído – mas, sobretudo, devem ser trabalhados os requisitos para ocupação do cargo, que assegurem efetiva independência e deem ao órgão um caráter eminentemente técnico.

111. Como ponto de partida para propostas de aperfeiçoamento da disciplina sobre o Conselho Fiscal das companhias abertas, enumera-se: (i) falta de funcionamento permanente; (ii) falta de independência dos membros; (iii) inexigibilidade de qualificação condizente com a função; (iv) regime confuso de responsabilidades; (v) falta de conteúdo mínimo para os pareceres do órgão; (vi) atribuições diluídas em outros órgãos conflitando com o veto de outorga de atribuições para outros órgãos (§7º do artigo 163 da LSA); (vii) instabilidade da função; e (viii) mandatos muito curtos.

112. O Conselho Fiscal e o comitê de auditoria previsto na SOX possuem similitudes, porém diferenças. O Conselho Fiscal, pela atual Lei

das Sociedades Anônimas, tem como função primordial fiscalizar os atos de gestão. Já o papel fundamental do comitê de auditoria é avaliar os riscos das companhias, e foi criado pela SOX em resposta às fraudes contábeis e financeiras das grandes empresas norte-americanas em 2000 e 2001. Sua constituição seria autorizada pelo artigo 160 da LSA, compondo os órgãos de administração.

113. Como o administrador não pode dissentir do acordo de acionistas e manifestar-se de maneira contrária a seus termos, nem se abster de votar ou de comparecer à reunião do órgão administrativo, não poderá ele exercer plenamente seu juízo de valor na tomada das decisões que julgar melhores para a companhia. Pior, como o interesse manifestado pelos acionistas vinculados por acordo pode não se confundir integralmente com o interesse da companhia, o comportamento dos administradores poderia ser orientado por uma decisão que visasse maximizar a utilidade individual do grupo em detrimento da utilidade da maioria dos acionistas.

114. O administrador, antes de tudo, deve ser leal à companhia e não àqueles que o elegeram (artigos 154, §1º, e 155 da LSA). A S.A. não pode ser dada à divisão em feudos, facções ou congêneres, particularmente quando não contribuam de forma efetiva para a realização do interesse social. Ainda que o acordo de acionistas possa ser utilizado como instrumento efetivo de controle da administração ou de grupos de administradores, deve-se perseguir, sobretudo, a coerência do sistema. E em nome de tal coerência, embora se deva aceitar a legitimidade da celebração de acordos parassociais, não se pode admitir organizações paralelas de poder com instrumentos capazes de desviar os rumos da empresa da realização do interesse social, que é, como já se mencionou, o fundamento e elemento de legitimação de qualquer modelo societário.

115. O papel dos investidores institucionais e, de forma geral, dos titulares de blocos significativos de ações, como portadores da bandeira do ativismo, pode ser limitado e não resolve, por si só, o problema do monitoramento dos administradores. Será útil, de forma geral, na gestão de crises ou mesmo como contraponto à atuação dos administradores nas OPA para aquisição de controle. Pode, por outro lado, agravar o quadro, se não for adequadamente aplicada uma disciplina de proteção ao abuso de minoria ou se sua "personificação" dos interesses dos demais acionistas levar a uma noção distorcida de lealdade dos administradores ao investidor de maior representatividade.

116. Reconhecidos os limites de atuação dos investidores institucionais, o desempenho efetivo de papel ativo por esse tipo de investidor, de forma geral, padecerá dos mesmos problemas que afetam o ativismo societário como um todo, com exceção da limitação de determinados quóruns (quando sua participação for maior que os quóruns mínimos para exercício de direitos) e o acesso a determinadas informações, caso tome assento no Conselho de Administração.

117. Inexistindo um poder de controle bem definido, maiores são as chances de entrincheiramento dos administradores. Portanto, o foco da lei societária deve se deslocar do sistema de imputação de deveres e responsabilidades ao controlador, para um sistema de imputação de responsabilidade e monitoramento dos administradores, que permita o restabelecimento da correspondência entre poder de gestão e risco. Nesse sentido, a regra do conflito de interesses passa a ser dispositivo de fundamental importância para o regime jurídico das companhias de capital disperso, regra geral orientadora do exercício do *poder-dever* que recai sobre os administradores na condição de verdadeiros controladores.

118. Os problemas da verificação *in concreto* do conflito de interesses são de duas ordens: (i) dificuldade prática de delegar a um terceiro – juiz – a definição do interesse social, pois, ainda que esse seja identificado à maximização do valor das ações, aquele não tem necessariamente aptidão e qualificação técnica suficiente para tanto, o que pode resultar na inutilidade prática do instituto; e (ii) falta de interesse dos acionistas da companhia de capital disperso em fiscalizar e efetivamente ingressar com a ação cabível para resguardar os interesses da companhia. Isso tudo faz com que administradores possam se sentir à vontade para contratar com a companhia em condições não equitativas e que lhe propiciem benefícios particulares.

119. Como medidas preventivas relativas à contratação dos administradores com a companhia, quatro alternativas, isolada ou combinadamente, se mostram plausíveis, então: (i) aprovação prévia e informada da contratação pela Assembleia Geral; (ii) o estabelecimento de uma presunção, relativa ou absoluta, de existência de conflito de interesses na contratação com administradores e a consequente inversão do ônus da prova; (iii) reforço das regras de transparência; ou (iv) análise *in concreto* da operação por outro órgão interno da companhia, adequado à defesa do interesse social.

120. Na esteira da comparação entre as matrizes de deveres e responsabilidades do acionista controlador e dos administradores, convém refletir sobre a existência de diferenciação imposta pela lei ao coibir o *abuso* de poder de controle do acionista, assim como o *desvio* de poder dos administradores. Trata-se de critério de extrema significância para a responsabilização dos administradores como centro de poder na sociedade anônima.

121. Ainda que o título que antecede o artigo 154 da LSA fale expressamente em "desvio de poder", referido artigo deve ser interpretado de forma ampla, abrangendo as situações de abuso de poder, ou seja, tanto do desvio quanto do excesso de poder. Isto resta claro da própria análise do artigo. Os exemplos de vedações trazidos pelo §2º filiam-se mais às hipóteses de excesso de poder do que propriamente de desvio de finalidade. Ademais, o administrador, mesmo que controlador, exerce seu poder (de fato) na condição jurídica de administrador, isto é, sujeito às obrigações e limites da lei. Isto significa estar adstrito à realização do objeto social para consecução do objetivo imediato do lucro. A atuação com excesso de poderes dará ensejo à aplicação da doutrina dos atos *ultra vires*, resultando, portanto, na responsabilização do administrador.

122. Com relação ao dever de diligência, importa reconhecer que as dificuldades envolvendo tal dever decorrem menos do *standard* adotado pelo legislador, mas, de certo que sim, resultam da aplicação do *standard* ao caso concreto; mais especificamente, resultam da árdua tarefa de extrair, à luz das particularidades do caso concreto, o comportamento que se poderia razoavelmente esperar do administrador em hipóteses semelhantes.

123. O dever de lealdade também é regra de fundamental importância para a completude do sistema de responsabilização dos administradores. Estes responderão não apenas quando agirem com desvio ou excesso de poder, mas também quando deixarem de agir na defesa dos interesses da companhia, resultando na responsabilização por omissão, que, por exemplo, não é explicitamente reconhecida na lei para o acionista controlador. Esta noção será importante, por exemplo, quando se analisar a postura dos administradores no âmbito de uma OPA para aquisição do controle.

124. Não há justificativa para que a divulgação das informações previstas no artigo 155 da LSA seja restrita à Assembleia Geral Ordinária e a pedido de determinados grupos de acionistas. Se é certo que o administrador exerce suas funções para a companhia e não para atender aos interesses de determinados grupos, toda e qualquer informação sobre atos ou fatos que importem na criação de vínculos de qualquer natureza dos

administradores com a companhia ou que infiram a detenção de qualquer interesse em particular dos administradores em relação à companhia (dos quais aqueles enumerados no artigo 157, §1º, são exemplo), deveriam ser imediatamente divulgados a todos os acionistas, independente de solicitação.

125. Isto porque é fundamental que os acionistas, presentes ou futuros, da companhia tenham conhecimento dos verdadeiros vínculos de interesse dos administradores com aquela. É a forma mais simples, pois, de se avaliar a verdadeira persecução do interesse social.

126. Como contraponto, poder-se-ia cogitar, de forma análoga à divulgação de ato ou fato relevante, a possibilidade de manter sob sigilo determinadas informações, sempre que necessárias para resguardar interesse legítimo (da companhia). Neste caso, entende-se que tais informações deveriam, de qualquer forma, ser disponibilizadas ao Conselho Fiscal, que ficaria encarregado de zelar pelo cumprimento das finalidades da administração, bem como da divulgação da informação sempre que entender necessária para o resguardo dos interesses da companhia.

127. Ainda, impõe-se o reconhecimento de que o dever de sigilo e o dever de informar andam juntos e impõem um tênue balanceamento entre o que deve ser informado e o que deve ser mantido em sigilo, o que, em regra, cabe à fiscalização da CVM. Porém, o elo entre tais deveres e a razão de sua aplicação encontra-se no dever de lealdade. A regra, sob a perspectiva de monitoramento dos administradores, é a prevalência do dever de informar. Contudo, é o dever de lealdade, que se posto à prova, deve justificar a manutenção do sigilo de determinadas informações.

128. O procedimento de propositura da ação social precisa ser repensado no regime de dispersão do capital. Via de regra, a ação será movida pela sociedade contra seus (ex) administradores, que serão suspensos de suas funções enquanto perdurar o processo judicial, se assim deliberado pela Assembleia. Difícil imaginar que o administrador, na condição jurídica de representante orgânico da companhia, com o poder que esta qualidade lhe confere, deixe de influenciar a deliberação da Assembleia, normalmente marcada pelo absenteísmo, para tentar impedir o ajuizamento da ação social.

129. Um segundo problema relativo às ações sociais *ut singuli* é que elas são propostas visando à reparação de todo o prejuízo causado à companhia, revertendo-se os resultados positivos da demanda a esta. Contudo, se o acionista decair de seu pedido, cabe a ele suportar os ônus financeiros,

que não são partilhados com a companhia. Existe uma razão para tanto, que é a de se evitar a leviandade na propositura de ações e ainda por cima transferir o ônus de tal postura para a companhia e, indiretamente, a todos os acionistas. Por outro lado, se tal dificuldade ou ônus recai sobre o acionista, resulta que este permanece em regra inerte no exercício dos direitos de defesa do interesse da companhia.

130. Para se evitar o problema, em certas legislações no Direito Comparado, o tribunal tem o poder de ordenar que os custos do processo sejam, em dadas circunstâncias (em regra, sob a presença de pedido de boa-fé e no interesse da companhia), suportados pela própria companhia. Curiosamente, a LSA prevê forma de incentivo ao acionista quanto à propositura de ação de responsabilidade apenas contra a sociedade controladora, nos termos do artigo 246, §2º. Defende-se que a mesma sistemática possa ser adotada em todas as ações *ut singuli* movidas pelos acionistas.

131. Considerada, portanto, a literal falta de interesse de agir dos acionistas, indaga-se ainda sobre a possibilidade de se atribuir legitimidade ativa extraordinária *e concorrente* a outros integrantes da sociedade, como o Conselho de Administração e o Conselho Fiscal. Esperar que tais órgãos cumpram seu papel apenas levando suas conclusões sobre descumprimento de deveres para a Assembleia, que deve deliberar sobre o ingresso da ação, é escrever letra morta. Eles devem substituir a vontade dos acionistas na proteção do interesse social, até mesmo porque os acionistas não controladores não têm esse dever, assim como o interesse social não se confunde com o interesse individual do acionista que se arrisque na aventura de processar os administradores em nome da companhia.

132. A lei autoriza que o juiz deixe de condenar o administrador a reparar os danos causados, se estiver convencido de que agiu de boa-fé e no interesse social (artigo 159, §6º, da LSA). A admissibilidade desta hipótese parece pouco aceitável ou o deveria ser de forma bastante restritiva – excluindo-se expressamente, por exemplo, os casos de conduta dolosa ou negligente – no contexto de extremada dissociação entre poder e controle. Uma companhia não pode ser dirigida por terceiros apenas com base em boas intenções.

133. Para a tutela dos direitos do acionista e da companhia, poderia ainda o legislador ter feito uso do instrumental utilizado no sistema processual norte-americano, o das *derivative suits* e as *class actions*, de grande valia para companhias com capital disperso.

134. A disciplina da Lei das Sociedades Anônimas, quanto ao aspecto de responsabilização do titular do poder de controle, pode, com algum esforço interpretativo, se prestar tanto ao poder de controle diluído quanto ao controle gerencial, ainda que não expressamente reconhecido. Melhor, contudo, que a disciplina do poder de controle fosse unificada e não apenas restrita ao poder fundado no controle acionário, resguardando-se as particularidades de cada uma de suas formulações que impactam, como visto, não apenas a esfera de direitos dos acionistas, como a própria estrutura orgânica da sociedade.

135. O mercado de controle societário possui importante função disciplinadora dos agentes. A potencial ameaça de aquisição do controle das companhias é um estímulo para a gestão eficiente das companhias. Ademais, em sistemas de capital disperso, especialmente naqueles em que os custos de monitoramento são elevados, o mercado de controle societário tem papel importante no preenchimento da lacuna deixada pelo absenteísmo assemblear.

136. O mercado de controle societário, pois, é uma das pedras angulares do sistema de dispersão acionária, atuando de forma decisiva no equilíbrio de forças entre administradores, de um lado, e acionistas ausentes, de outro, controlando, quanto ao mérito, as decisões administrativas, de forma complementar ao controle legal e de formalidade desempenhados pelo Conselho Fiscal e auditoria independente, e servindo, sobremaneira, como mecanismo de salvaguarda em eventuais falhas no sistema de monitoramento interno da companhia.

137. Com a ausência do acionista controlador no modelo de dispersão acionária, consegue-se visualizar com clareza uma ideia elementar, simples, porém fundamental: a sociedade, enquanto técnica de organização da empresa, pertence aos sócios. Assim, negócios que envolvam a transferência das ações do bloco de controle com o objetivo de *transferir a empresa* dizem respeito a todos os acionistas.

138. A origem de todo equivocada do sobrepreço na venda do controle não está propriamente no valor do controle, mas na assunção pelo controlador de obrigações que não são suas (vícios redibitórios *da empresa*), sob o amparo da Resolução nº 401/76, do CMN, que o tempo tratou de transformar em "prêmio de controle".

139. Poder e objeto não se confundem. O poder de controle resume-se no poder de gerir bens alheios *como se fossem* próprios, mas isto não faz do seu titular proprietário dos bens. Não se pode, também, justificar o

sobrepreço como contrapartida das responsabilidades assumidas pelo controlador. O argumento é falacioso. A contrapartida da responsabilidade é o próprio poder.

140. Com isso, conclui-se que, se é verdade que não cabe aos acionistas impedir *per se* a venda de ações integrantes do bloco de controle, todo e qualquer negócio, envolvendo a *aquisição* do poder de controle, deve ser tutelado sob dois aspectos: (i) divisão do sobrepreço, quando houver; e (ii) assegurar o direito de retirar-se da sociedade.

141. A OPA do artigo 254-A da LSA foi concebida no ordenamento jurídico societário como um direito compensatório – um verdadeiro "direito de saída" da sociedade – em contrapartida à atribuição de amplos poderes ao acionista controlador. Tanto é verdade que, se o objetivo fosse apenas a divisão do sobrepreço, bastaria a regra impor ao adquirente do controle o pagamento aos demais acionistas do valor correspondente à diferença entre o valor de mercado das ações e o valor pago por ação integrante do bloco de controle, tal como faz, hoje, como opção, o §4º do artigo 254-A.

142. Conclui-se que, hoje, a lei disciplina as alienações onerosas de controle, porém de forma inadequada, pois não estabelece tratamento equitativo entre todos os acionistas, seja em relação à divisão do valor atribuído à organização empresarial, seja por não assegurar a todos o direito de retirar-se da sociedade.

143. Ainda, mesmo que o artigo 254-A não faça menção expressa ao acionista controlador ou ao poder de controle, o "controle" citado expressamente no dispositivo é manifestação do poder de controle do acionista controlador, definido na Lei das S.A. em seu artigo 116. A dificuldade de aplicação do dispositivo à transferência de controle diluído não é motivo para a sua não aplicação. Afinal, dificuldade não é sinônimo de impossibilidade. E a dificuldade, aqui, é meramente operacional. Ela decorre da fragilidade da caracterização do controle diluído, mas, uma vez que este esteja bem caracterizado ou identificado, inegável é a aplicação do direito de venda conjunta (*tag along*) em caso de sua transferência. Mesmo porque o que está em questão é a transferência do poder sobre a organização empresarial e não meramente de quantidade de ações.

144. A OPA para aquisição do controle (artigo 257 e seguintes da LSA), nas companhias de capital disperso, é o meio adequado e desejável para a aquisição do poder de controle. Primeiro, porque evita negociações privadas de um poder que diz respeito a todos, dentro e fora da sociedade, e

a consequente possibilidade de expropriação de valor da companhia e dos acionistas. Depois, porque possibilita um tratamento transparente e igualitário aos acionistas. Mas, principalmente, por duas características inerentes a este meio de aquisição do controle que atendem em cheio às premissas necessárias a qualquer disciplina sobre o assunto: (i) os acionistas tem a oportunidade de negociar diretamente com o ofertante o sobrevalor atribuído à organização empresarial; e (ii) mais que um mecanismo de saída da sociedade, a OPA permite que *todos* os acionistas e todos os titulares de interesses na companhia – controlador, administradores, conselheiros fiscais, trabalhadores, consumidores e governo – se posicionem sobre a mudança de controle, com particular interesse naqueles que defendam os interesses da própria companhia.

145. Portanto, no contexto da dispersão acionária, é fundamental que a OPA para aquisição do controle venha a ser adequadamente regulada, corrigindo suas distorções naturais decorrentes da falta de ação coletiva dos acionistas e servindo como instrumento apropriado para a negociação do controle nas companhias e, sobretudo, ferramenta de fomento do "mercado de controle societário".

146. A principal deficiência da regulamentação da OPA para aquisição do controle vem, contudo, da pouca experiência do país com o tema e da regulamentação incipiente ou ineficaz dos países que influenciaram a legislação brasileira. Assim, peca a lei especialmente por não reconhecer expressamente as particularidades do instituto – especialmente aquelas que levam à distorção da livre manifestação de vontade dos acionistas e ao reconhecimento da potencial existência de conflitos de interesses – o que resulta também em uma regulação deficiente – a despeito dos esforços recentes da CVM de aperfeiçoar a Instrução CVM nº 361/02 – e na necessidade de reinterpretar determinados dispositivos para que ofereçam uma resposta adequada às demandas provocadas pela OPA.

147. Um importante obstáculo ainda põe em risco o fenômeno da dispersão acionária: a falta de tratamento adequado às aquisições originárias de poder de controle, seja por meio de aquisições privadas ou por meio da escalada em bolsa de valores. A lei, ao definir a obrigatoriedade da OPA *a posteriori*, olha para o polo do alienante do controle, pressupondo que quem aliena já possuía o poder de controle. Ora, a escalada acionária é uma forma de aquisição originária do poder de controle, pois, não ocorrendo a transferência de nenhuma ação do bloco de controle, não há que se falar em alienação de controle.

148. Não havendo a obrigatoriedade de realização da OPA *a priori* ou *a posteriori*, a dispersão do capital na verdade torna-se um facilitador à aquisição do controle por terceiros, que em situação inversa – de concentração de capital – seriam ao menos obrigados a negociar com o controlador e pagar prêmio pelo controle.

149. Não há dúvidas, portanto, de que, no contexto de dispersão acionária, o adequado tratamento da escalada acionária – hoje absolutamente inexistente na LSA – é necessário. A disciplina deveria lidar com a questão sob duas perspectivas: (i) possibilidade de aquisição do poder de controle em detrimento dos demais acionistas sem pagamento de sobrepreço; e (ii) preservação da liquidez. Embora sejam problemas distintos, eles se inter-relacionam o que pode se levar à cogitação de um mesmo remédio: a realização de uma OPA.

150. Contudo, a fixação indiscriminada de gatilhos para realização de OPA atrelada a percentuais do capital social pode servir a interesses outros que não os de todos os acionistas da companhia, particularmente quando tais percentuais sejam inferiores à participação do acionista controlador e o preço de lançamento da OPA seja proibitivo. Salvas hipóteses de proteção da liquidez acionária, dispositivos semelhantes poderão servir para entrincheiramento de acionistas controladores e administradores, sendo passíveis de questionamento. Ademais, a fixação de um gatilho em função do capital social serve apenas como frágil presunção de controle que pode, sobretudo, afetar a liquidez.

151. Assim, é necessária a aplicação de uma adequada regra de proteção da liquidez, especialmente no tocante à possibilidade de saída da sociedade em virtude da mudança de controle. Isto é particularmente verdadeiro na escalada, onde não há sobrepreço a ser dividido. Portanto, não haveria que se falar, *a princípio*, em OPA com esse objetivo. Porém, continua extremamente necessária a tutela da liquidez, que sirva de porta adequada à saída do acionista.

152. A solução dada pela LSA para a redução de liquidez é apenas relativamente satisfatória. Primeiro porque embora a lei preveja a proteção da liquidez acionária, ela limita a obrigação de lançamento da OPA ao acionista controlador. Não se presta, portanto, à escalada acionária. Segundo, porque na formação do preço justo de lançamento da OPA (§4º do artigo 4º da LSA), não necessariamente leva em conta o valor já pago aos acionistas que venderam suas ações ao escalador. Terceiro, porque não leva em consideração a preservação do mercado de controle societário,

mediante a possibilidade de lançamento de uma OPA para aquisição de controle que, como visto, deve ser o meio mais adequado para negócios envolvendo controle no contexto da dispersão acionária.

153. Assim, além do limite de 1/3 das ações em circulação, no contexto específico das companhias de capital disperso, deve ser respeitado o percentual de 50% do capital social (com direito a voto, especialmente no contexto do Novo Mercado) em circulação, de forma a preservar o mercado de controle societário, mediante a possibilidade de lançamento de uma OPA.

154. Esta oferta, contudo, pode ser de duas naturezas: para aquisição do controle – explicitando as reais intenções do adquirente em se tornar controlador da companhia – ou para aquisição de todas as ações da companhia, no modelo atualmente existente para as OPA por aumento de participação, assegurando-se, em todo o caso, adequado tratamento aos acionistas remanescentes da oferta, com apropriada tutela da liquidez ou dos direitos de retirada (*sell out* e/ou *squeeze out rights*).

155. Todavia, em um cenário de mudança de controle, em que se confrontam diversos interesses, em particular com os interesses do adquirente, a tutela da liquidez pode não ser suficiente face à possibilidade de expropriação de valor da companhia. Quando um controlador toma decisões no próprio interesse, especialmente naquela zona cinzenta em que não se configura com clareza o abuso do poder de controle, a tendência é reduzir o valor das ações (o que, por outro lado, vem reforçar o argumento esposado nesta obra de reforço dos direitos e fiscalização nas companhias de capital disperso).

156. Nesses casos, diferentemente do que se advogou em relação à supressão do direito de retirada, a liquidez pode não – e não deve ser – solução. O fundamento, neste caso, é outro. O sobrepreço que não foi pago quando da escalada acionária é extraído por via indireta, prejudicando o acionista pela mudança de orientação na condução das atividades empresariais.

157. Nesse sentido, a solução seria, na ocorrência de determinados eventos dentro de um determinado período de tempo após aquisição do controle, o lançamento de uma OPA *a posteriori* a todos os acionistas remanescentes assegurando-se a diferença de preço, no mínimo, entre o valor da cotação das ações na ocorrência do evento e o maior valor pago pelo controlador no processo de escalada.

158. A solução acima se prestaria, inclusive, à solução do problema da transferência do controle minoritário. Importante, assim, que a companhia declare se possui ou não controlador, como já faz em seu Formulário de Referência, ou então, nos termos do artigo 10 da Instrução CVM nº 358/02, o adquirente do controle divulgue fato relevante sobre o evento. Neste caso e no caso da companhia que declara ter controlador (como presunção *juris tantum*), aplica-se a regra de aquisição derivada do controle (nos moldes do artigo 254-A da LSA, *reformulada*). Caso contrário, ou caso a transferência das ações do bloco de controle se dê por valor equivalente ou próximo à cotação das ações em bolsa, aplicar-se-ia a mesma regra de OPA *a posteriori* que se discutiu para a escalada acionária. Afinal, mais importante que saber como se adquirem as ações que dão o poder de controle, é saber o real propósito do adquirente e como serão usadas.

159. Para proteção do interesse da companhia e do interesse público de preservação da empresa, o uso de técnicas de defesa deve ser legítimo.

160. A aplicação das técnicas de defesa não deveria proibir a transferência do controle da companhia visada. Alguns estatutos sociais de companhias brasileiras, por exemplo, impõem o pagamento de prêmios elevados para aquisição do controle com o objetivo de tornar proibitiva *per se* a transação, independentemente do seu alinhamento ou não com os interesses da companhia. Trata-se, pois, de pacto de natureza parassocietária introduzido nos estatutos e, assim sendo, não deveria se impor sobre os demais acionistas. Proibir a transferência (ou a aquisição) do controle corresponde a interferir na esfera de direitos dos próprios acionistas. Ademais, a proibição *per se* da transferência (ou aquisição) do poder de controle somente servirá aos interesses dos administradores e do acionista controlador, que poderão se perpetuar no poder.

10.2 Considerações finais

Tomando-se emprestadas as palavras da própria Exposição de Motivos da Lei nº 6.404/76, "as leis mercantis, sobretudo numa realidade em transformação, como é a do mundo moderno e especialmente a do Brasil, não podem pretender à perenidade, tem necessariamente vida curta, e o legislador deverá estar atento a essa circunstância para não impedir o seu aperfeiçoamento, nem deixar em vigor as partes legislativas ressecadas pelo desuso".

Ficou demonstrada, no presente estudo, uma alvissareira tendência à dispersão acionária, ainda que restrita ao segmento do Novo Mercado.

Podem-se identificar, no Brasil, ao menos dois grandes grupos de companhias, aquele formado de companhias tradicionalmente de controle concentrado e aquelas com controle diluído.

A existência de companhias com capital disperso rompe com o modelo concebido pela reforma da LSA ocorrida em 1976, qual seja, do controle concentrado, com a clara identificação de um poder de controle bem definido, ao qual se imputam deveres e responsabilidades, em contrapartida do estabelecimento de direitos compensatórios, a fim de estimular o investimento acionário por não controladores e o consequente desenvolvimento do nosso mercado de capitais.

O rompimento desse modelo desloca o eixo estrutural da lei societária para a relação entre acionistas e administradores, desta vez sem um acionista controlador a fiscalizá-los de perto, ou seja, num aparente contexto de equilíbrio de forças internas na companhia, onde, na verdade, sobressaem-se os administradores como os potenciais expropriadores de benefícios privados pela detenção de poder na companhia. Na ausência ou enfraquecimento do acionista controlador, um novo sistema de freios e contrapesos deve ser desenvolvido para suprir o seu papel na fiscalização dos administradores.

Importante frisar, quanto a isto, que não há modelo ótimo para o governo das sociedades. Como se demonstrou, as estruturas variam entre cada país de acordo com suas particularidades e assim devem ser compreendidas, para não se cometer a ingenuidade de adaptação de fórmulas inservíveis ao contexto brasileiro. Os mecanismos de controle passam pela própria estrutura (funcional) da administração, com a existência efetiva de órgão(s) de supervisão, regras de alinhamento de interesses (e não apenas prevenção de conflitos), composição e outros mecanismos de controle interno (como o ativismo societário e a cogestão) ou externo (auditoria independente, acordo de acionistas e o mercado de controle societário), que, neste caso, podem ou não ser comuns ao modelo de concentração acionária (como são os casos da auditoria independente, o ativismo, cogestão, o acordo de acionistas e o órgão de supervisão; todos esses, de forma igual ou similar ao modelo de dispersão acionária, podem, em certa medida, se prestar ao monitoramento do acionista controlador).

Há que se considerar, ainda, que o modelo de companhia com capital disperso pode ser híbrido, equilibrando-se entre a existência do controle acionário (diluído) e o controle não acionário (gerencial) que, se ora demanda a criação de novos mecanismos de supervisão dos administradores, também demanda a preservação de controles sobre o acionista controlador. Isto permite inferir que, na presença de um acionista controlador diluído, o regime jurídico das companhias de capital concentrado e capital disperso não são necessariamente contrapostos, mas *complementares*.

Nesse sentido, a disciplina da Lei das Sociedades Anônimas, quanto ao aspecto de responsabilização do titular do poder de controle, pode, com algum esforço interpretativo, se prestar tanto ao poder de controle diluído quanto ao poder gerencial, ainda que não expressamente reconhecido. Melhor, contudo, que a disciplina do poder de controle fosse unificada e não apenas restrita ao poder fundado no controle acionário, resguardando-se as particularidades de cada uma de suas formulações que impactam, como visto, não apenas a esfera de direitos dos acionistas, como a própria estrutura orgânica da sociedade.

Não obstante, a Lei das Sociedades Anônimas dá sinais de ter estado à frente do seu tempo quando foi criada, conseguindo lidar, com relativo grau de satisfação, com a maior parte das questões trazidas pelo modelo de dispersão acionária. A possibilidade de soluções flexíveis, no âmbito da lei, evidencia o pragmatismo que permeia nosso Direito Societário, cujo exemplo maior é a referida lei. Importa registrar aqui que a Lei das Sociedades Anônimas continua sólida e a manutenção de sua estrutura fundamental, com os necessários ajustes, contribui para a desejada estabilidade, fundamental para o crescimento dos mercados e a credibilidade das instituições.

Por outro lado, naturalmente, como se demonstrou, adaptações são necessárias para criação de um adequado regime jurídico das companhias com capital disperso. Algumas das imperfeições identificadas tocam, inclusive, a ambos os sistemas de controle concentrado e controle disperso, especialmente àquelas referentes aos direitos individuais e coletivos dos acionistas. Exemplo delas são as regras relativas aos percentuais mínimos e alocação de custos para exercício de direitos e prerrogativas pelos acionistas. Não obstante, as particularidades da dispersão acionária demandam o aperfeiçoamento dos instrumentos de fiscalização da administração (especialmente o funcionamento do Conselho Fiscal) e do cumprimento dos deveres fiduciários (especialmente pelo aperfeiçoamento do processamento da ação social), bem como das regras sobre aquisição de controle e preservação do mercado de controle acionário. Em alguns casos, inclusive, a solução pode vir por meio de normas do mercado de capitais, notadamente regulamentos da CVM, ou mesmo da autorregulação.

Encerrando, cita-se Lamy, como uma homenagem: "[e]sta é, pois, a hora do jurista, que não pode ficar apegado a instituições que fenecem, colocando-se de costas para o futuro, por amor a uma ordem que não é mais ordem. Cumpre-lhe, com seu pensamento crítico, e sua fé na justiça, retomar a liderança que lhe cabe no processo, tentar a abertura de caminhos novos, trazer sua contribuição ao mundo que nasce, participar da grande aventura de torná-lo mais humano e solidário". Esperamos, com este trabalho, ter ao menos aberto o caminho da reflexão sobre os efeitos da dispersão acionária em nossa lei pátria e, assim, dar nossa pequena contribuição para essa nova realidade nascente.

BIBLIOGRAFIA

ADAMEK, Marcelo Vieira von (org.), *Temas de Direito Societário e Empresarial Contemporâneos – Liber Amicorum Prof. Dr. Erasmo Valladão Azevedo e Novaes França*, São Paulo, Malheiros, 2011.

—, *Abuso de minoria em direito societário : abuso das posições subjetivas minoritárias*, tese de doutorado, Faculdade de Direito da USP, 2010.

—, *Responsabilidade Civil dos Administradores de S/A e as Ações Correlatas*, São Paulo, Saraiva, 2009.

AGUILERA, R. V. *Corporate Governance and Director Accountability: An Institutional Comparative Perspective*, in *British Journal of Management*, n. 16, s.l., s.e., 2005.

—, e CUERVO-CAZURRA, A., *Codes of Good Governance*, in *Corporate Governance: An International Review*, vol. 17, 3ª ed., s.l., Blackwell, 2009.

—, FILATOTCHEV, I., GOSPEL, H., JACKSON, G., *An Organizational Approach to Comparative Corporate Governance: Costs, Contingencies and Complementarities*, in *Organization Science*, n. 19, s.e., 2008.

—, e JACKSON, G., *The Cross National Diversity of Corporate Governance: Dimension and Determinants*, in *AMR*, n. 28, s.l., 2003.

ALCOK, Alaister, *The Financial Services Aspects and Market Act 2000: A Guide to the New Law*, Bristol, Jordan, 2000.

ALCHIAN, Armen A., e DEMSETZ, Harold, *Production, Information Costs and Economic Organization*, in *AER*, n. 62, s.l, 1972.

ALLEN, Franklin, CARLETTI, Elena e MARQUEZ, Robert S., *Stakeholder Capitalism, Corporate Governance and Firm Value*, SSRN eLibrary, 2009, disponível [on-line] in http://ssrn.com/paper=968141 (c. 8.11.12).

ALVES, Carlos Francisco, *Os Investidores Institucionais e o Governo das Sociedades: Disponibilidade, Condicionantes e Implicações*, Lisboa, Almedina, 2005.

AMBROSINI, Stefano, *L 'Amministrazione e I Controlle nelle Società per Azioni*, Giur. Comm., 2003.

ANDRADE, André Martins de, *Anotações à Lei das Sociedades Anônimas – Um Estudo Comparativo da Lei nº 6.404, de 15-12-76, com a Legislação Anterior*, São Paulo, Atlas, 1977.

ANDRADE, Lelis de, e ANDRADE, Lelis Pedro de, *Corporate Governance: An Analysis of Board of Directors in Relation with the Value of Market and Performance of the Brazilian Companies/Governança Corporativa: Uma Análise da Relação do Conselho de Administração com o Valor de Mercado e Desempenho das Empresas Brasileiras*, in *RAM*, v. 10, no. 4.

ANDREWS, William D., *The stockholder's right to equal opportunity in the sale of shares*, in *Harvard Law Review*, n. 78, 1965.

ARMOUR, John, e McCAHERY, Joseph A., *After Enron – Improving Corporate Law and Modernizing Securities Regulation in Europe and the US*, Portland, Hart, 2006.

ARROW, Kenneth J., *The Limits of Organization*, New York, Norton, 1974.

ASCARELLI, Túlio, *Problemas das Sociedades Anônimas e Direito Comparado*, 2ª ed., Campinas, Bookseller, 2001.

—, *Iniciación al Estudio del Derecho Mercantil*, trad. it. de Evelio Verdera y Tuells, Barcelona, Bosch, 1964.

—, Tulio, *Problemi Giuridice*, II, Milano, Giuffrè, 1959.

—, *Interesse Sociale e Interesse Comune nel Voto*, in *Studi in Tema di Società*, Milano, Giuffrè, 1952.

ASQUINI, Alberto, *I Batteli del Reno*, Rivista delle Società, Milão, 1959.

ACSP, *Ciclo de Debates sobre a Nova Lei das Sociedades Anônimas*, São Paulo, 1976.

AZEVEDO, Antônio Junqueira de, *Negócio Jurídico – Existência, Validade e Eficácia*, 2ª ed., São Paulo, Saraiva, 1986.

BAINBRIDGE, Stephen M., *Dead hand and no hand pills*, Los Angeles, 2002, disponível [on line] in http://papers.ssrn.com/abstract=347089 (c. 30.6.11).

—, *The Politics of Corporate Governance: Roe's Strong Managers, Weak Owners*, in *SSRN eLibrary*, s/d, disponível [on-line] in http://ssrn.com/paper=275172 (c. 8.11.12).

BARBIERA, Lelio, *Il Corporate Governance in Europa Amministrazione e Controlli Nelle Società Per Azioni In Italia, Francia, Germania E Regno Unito*, Milano, Giuffrè, 2000.

BATALLER, Carmen Alborch, *El Derecho de Voto del Acionista (Supuestos Especiales)*, Madrid, Tecnos, 1977.

BAXE, Domingos Salvador André, *A Tutela dos Direitos dos Sócios em Sede de Fusão, Cisão e Transformação das Sociedades*, Coimbra, Almedina, 2010.

BEASLEY, Mark, *An Empirical Analysis of the Relation Between the Board of Directors Composition and Financial Statement Fraud*, in *The Accounting Review*, vol. 71, s.l., s.e., 1996.

BEBCHUCK, Lucian Arye, *The Case for Increasing Shareholder Power*, in *Harvard Law Review*, vol. 118, n. 3, janeiro, 2005, disponível [on-line] in http://ssrn.com/paper=387940 (c. 8.11.12).

—, *Why Firms Adopt Antitakeover Arrangements*, Philadelphia, University of Pennsylvania Law Review, n. 152, 2003.

—, *A Rent Protection Theory of Corporate Ownership and Control*, NBDER Working Paper N. 7203, 1999.

—, *The Case for Facilitating Competing Tender Offers: a Reply and Extension*, in *Stanford Law Review*, n. 23, 1982.

—, COATES IV, John e SUBRAMANIAN, Guhan, *The powerful antitakeover force of staggered boards: theory, evidence, and policy*, Discussion Paper n. 353, in *Stanford Law Review*, vol. 54, 2002.

—, e HART, Oliver, *Takeover bids vs. proxy fights in contests for corporate control*, Discussion Paper nº 336, disponível [*on-line*] in *http://papers.ssrn.com/abstract=290584* (c. 30.6.11).
—, e ROE, Mark, *A Theory of Path Dependence in Corporate Ownership and Governance*, 52, in *Stanford Law Review*, n. 127, 1999.
BECHT, Marco, BOLTON, Patrick e RÖELL, Ailsa A., *Corporate Governance and Control*, in *SSRN eLibrary*, 2002, disponível [*on-line*] in http://ssrn.com/paper=343461 (c. 8.11.12).
BERLE JR., Adolf A., e MEANS, Gardiner C., *The Modern Corporation and Private Property*, 11ª reimp., New Brunswick, Transaction, 2010.
BERGIN, Paul, *Voting by Institutional Investor on Corporate Governance Issues in The 1988 – Proxy Season, Investor Responsibility Research Center*, s.e., 1988.
BERMIG, Andreas, e FRICK, Berndt, *Board Size, Board Composition, and Firm Performance: Empirical Evidence from Germany*, in *SSRN eLibrary*, 2010, disponível [*on-line*] in http://ssrn.com/paper=1623103 (c. 8.11.12).
BERTOLDI, Marcelo M., *O poder de controle na sociedade anônima – alguns aspectos*, in *RDM*, n. 118.
BHAGAT, S., BLACK, B., e BLAIR, M., *Relational Investing and Firm Performance*, in *JFR*, n. 27, s.l., s.e., 2004.
—, e —, *The Non-Correlation Between Board Independence and Long Term Firm Performance*, in *Journal of Corporation Law*, vol. 27, s.l., s.e., 2002.
BIZJAK, John M., *The impact of poison pills adoption on managerial compensation*, Portland, 1998, disponível [*on line*] in *http://papers.ssrn.com/sol3/papers.cfm?abstract_id=148396* (c. 30.6.11).
—, *Shareholder Proposals to Rescind Poison Pills: All Bark and No Bite?*, Texas, 1996, disponível [*on line*] in *http://papers.ssrn.com/sol3/papers.cfm?abstract_id=1352* (c. 30.6.11).
—, e MARQUETTE, Christopher J., *The Impact of Poison Pill Adoption on Managerial Compensation*, s.l., 1998, disponível [*on-line*] in *http://papers.ssrn.com/sol3/papers.cfm?abstract_id=148396* (c. 30.6.11).
BOBBIO, Norberto, *Teoria do Ordenamento Juridico*, tradução de SANTOS, Maria Celeste C. J., 10ª ed., Brasília, UnB, 1997.
BOLTON, P., Scheinkman, J., e ZIONG, X., *Executive Compensation and Short-termist Behavior in Speculative Markets*, in *NBER Working Paper* n. W9722, disponível [*on-line*] in http://ssrn.com/abstract= 410649. (c. 17.11.12).
BONAVIDES, Paulo, *Curso de Direito Constitucional*, 5ª ed., São Paulo, Malheiros, 1994.
BONELLI, Franco, *Gli Amministratori di S.P.A. Dopo la Riforma delle Società*, Milano, Giuffrè, 2004.
—, *La Responsabilità degli Amministratori di Società per Azione*, Milano, Giuffrè, 1992.
BORBA, José Edwaldo Tavares, *Direito Societário*, 12ª ed., Rio de Janeiro, Renovar, 2010.
BOROKHOVIC, Heneth A., BRUNARSKI, Kelly R., e PARRINO, Robert, *CEO Contracting and antitakeover amendments*, in *Journal of Finance*, n. 52, 1997.
BOYD, B. K., GOVE, S., e HITT, M. A., *Consequences of Measurement Problems in Strategic Management Research: The Case of Amihud and Lev.*, in *Strategic Management Journal*, n. 26, s.l., s.e., 2005.
BRACCIODIETA, Angelo, *La Nuova Società per Azioni*, Milano, Giuffrè, 2006.

BRADSHAW, D. S., *Defensive tactics employed by incumbent managements in contesting tender offers*, in Stanford Law Review, vol. 21, 1969.
BRAENDEL, Addison D., *Defeating poison pills through enactment of a state shareholder protection statute*, s.l., s.d., disponível [*on line*] in http://papers.ssrn.com/sol3/papers. cfm?abstract_id=261770 (c. 30.6.11).
BRATTON, William W., *The disappearing disciplinary merger*, s.l., 2003, disponível [*on-line*] in http://www.law.uiuc.edu/content/conferences/capitalmarkets/pdf/bratton_disappearing_merger.pdf (c. 30.6.11).
—, *Berle and Means reconsidered at the century's turn*, in Journal of Corporation Law, University of Iowa, 2001.
—, William W., e McCAHERY, Joseph A., *Comparative Corporate Governance and The Theory of the Firm: The Case Against Global Cross Reference*, in Columbia Law Journal of Transnational Law n. 38, s.l., s.e., 1999.
BROWN, Courtney C., *Putting the Corporate Board to Work*, Michigan, MacMillan, 1976.
BRUNER, Robert, *Hostile Takeover: A Primer for the Decision-Maker*, s.l., 2001, disponível [*on line*] in http://papers.ssrn.com/sol3/papers.cfm?abstract_id=294710 (c. 8.11.12).
BUITONI, Ademir, *A Ideologia na Sociedade Anônima Brasileira*, dissertação de mestrado apresentada na Faculdade de Direito da Universidade de São Paulo, São Paulo, 1983.
BULGARELLI, Waldírio, *Regime Jurídico de Proteção às Minorias nas S/A*, Rio de Janeiro, Renovar, 1998.
—, *O Anteprojeto da CVM para a Reforma da Lei de Sociedades por Ações Brasileira*, in RDM, n. 86.
—, *Regime Jurídico do Conselho Fiscal das S/A de Acordo com a Reforma da Lei das S.A.*, Rio de Janeiro, Renovar, 1998.
—, *Proteção às Minorias na Sociedade Anônima a Luz da Nova Lei das Sociedades por Ações Lei 6.404, de 15 de dezembro*, São Paulo, Pioneira, 1977.
BURKART, M., GROMB, D. e PANUNZI, F., *Large Shareholders, Monitoring, and The Value of the Firm*, in Quarterly Journal of Economics, n. 112, s.l., s.e., 1997.
BURT, R., *Corporate Profits and Cooptation*, New York, Academic Press, 1983.
CÂMARA LEAL, Ricardo Pereira, *Controle Compartilhado e o Valor das Empresas Brasileiras*, Revista de Administração Contemporânea Eletrônica, n. 2.
CÂMARA, Paulo et al (ob. col.), *Conflito de Interesses no Direito Societário e Financeiro – Um Balanço a Partir da Crise Financeira*, Coimbra, Almedina, 2010.
CAMPOS, Roberto, *Economia, Planejamento e Nacionalismo*, Rio de Janeiro, APEC, 1963.
CANTIDIANO, Luiz Leonardo, *Direito Societário & Mercado de Capitais*, Rio de Janeiro, Renovar, 1996.
—, *Alienação e aquisição de controle*, in RDM, n. 59.
—, e SILVERSTEIN, Leonard A., *The illusory protections of the poison pill*, Atlanta, 2002, disponível [*on line*] in http://papers.ssrn.com/sol3/papers.cfm?abstract_id=423512 (c. 30.6.11).
CAPACCIOLI, Enzo, *Controlli sulle Società per Azioni: Profilli Pubblicistici*, in Controlli Interni ed Esterni delle Società per Azioni, Milano, Giuffrè, 1972.
CARNELUTTI, F., *Teoria Geral do Direito*, tradução de Ferreira, Antônio Carlos, São Paulo, Lejus, 1999.

CARPENTER, M., e WESTPHAL, J., *The Strategic Context of External Network Ties: Examining the Impact of Director Appointment on Board Involvement in Strategic Decision-Making*, in *AMJ*, n. 44, s.l., s.e., 2001.

CARVALHO DE MENDONÇA, J. X., *Tratado de Direito Comercial Brasileiro*, Rio de Janeiro, Freitas Bastos, 1957.

CARVALHOSA, Modesto, *Comentários à Lei de Sociedades Anônimas*, 4ª ed., vol. 2, 3 e 4, São Paulo, Saraiva, 2009.

—, *Responsabilidade civil dos administradores de companhias abertas*, in *RDM*, n. 49.

—, *O Desaparecimento do controlador nas companhias com ações dispersas*, in ADAMEK, Marcelo Vieira von (org.), *Temas de Direito Societário e Empresarial Contemporâneos – Liber Amicorum Prof. Dr. Erasmo Valladão Azevedo e Novaes França*, São Paulo, Malheiros, 2011.

—, *A Nova Lei das Sociedades Anônimas – Seu Modelo Econômico*, Rio de Janeiro, Paz e Terra, 1976.

—, e EIZIRIK, Nelson, *A Nova Lei das S/A*, São Paulo, Saraiva, 2002.

CASTRO, Rodrigo R. M. de, *Controle Gerencial*, São Paulo, Quartier Latin, 2010.

—, e ARAGÃO, Leandro Santos de (coord.), *Sociedade Anônima – 30 anos da Lei 6.404/76*, São Paulo, Quartier Latin, 2007.

—, e — (coord.), *Direito Societário – Desafios Atuais*, São Paulo, Quartier Latin, 2009.

—, e AZEVEDO, Luis André de Moura, *O Poder de Controle e Outros Temas de Direito Societário e Mercado de Capitais*, São Paulo, Quartier Latin, 2010.

CHAKRABORTY, Atreya, e BAUM, Christopher F., *Poison pills, optimal contracting and the market for corporate control: evidence from Fortune 500 firms*, in *Journal of Finance*, 1998.

CHAMBOULIVE, Jean, *La Direction des Societés par Actions aux Etats-Unis d'Amerique*, Paris, Sirey, 1964.

CHEFFINS, Brian R., *Corporate Law and Ownership Structure: a Darwinian Link?*, s/l, 2002, disponível [*on-line*] in http://ssrn.com (c. 24.6.11).

CHEW JR., Donald H., e GILLAN, Stuart L., *Corporate Governance at the Crossroads*, New York, McGraw Hill/Irwin, 2005.

CHOPER, Jesse H., COFFEE Jr., John C., e GILSON, Ronald, *Cases and Materials on Corporation*, 7ª ed., New York, Aspen, 2008.

CLAESSENS, Simeon Djankov S., FAN, Joseph, e LANG, Larry, *Disentangling the incentive and entrenchment effects of large shareholdings*, in *The Journal of Finance*, vol. LVII, n. 6, 2002.

CLARK, Robert C., *Corporate Law*, New York, Aspen Law & Business, 1986.

COASE, Ronald Harry, *The Nature of the Firm*, in *Journal of Law, Economics, & Organization*, n. 1, abril de 1988.

—, *The Firm, the Market, and the Law*, Chicago, University of Chicago, 1990.

COATES IV, John C., *Explaining Variation in Takeover Defenses: Failure in the Corporate Law Market*, Cambridge, Harvard Law School, 2000.

—, *The contestability of corporate control – a critique of the scientific evidence on takeover defenses*, Discussion Paper n. 265, 1999, disponível [*on line*] in *http://papers.ssrn.com/paper.taf?abstract_id=173628* (c. 30.6.11).

COELHO, Fábio Ulhôa, *Profissão: Minoritário*, in Castro, Rodrigo Monteiro de, e Aragão, Leandro Santos de (coord.), *Sociedade Anônima – 30 Anos Depois da Lei nº 6.404/76*, São Paulo, Quartier Latin, 2007.

COFFEE JR., John C., *The rise of dispersed ownership: the role of law in the separation of ownership and control*, New York, 2001, disponível [*on line*] in http://papers.ssrn.com/paper.taf?abstract_id=254097 (c. 30.6.11).

—, *Convergence and Its Critics: What Are the Preconditions to the Separation of Ownership and Control?*, New York, 2000, disponível [*on line*] in http://papers.ssrn.com/paper_taf?abstract_id=241782 (c. 30.6.11).

—, *The Future as History: The Prospects for Global Convergence in Corporate Governance and Its Implications*, in *SSRN eLibrary*, 1999, disponível [*on-line*] in http://ssrn.com/paper=142833 (c. 8.11.12).

COMMENT, Robert e SCHWERT, G. William, *Poison or Placebo? Evidence on the Deterrence and Wealth Effects of Modern Antitakeover Measures*, in *Journal of Financial Economics*, n. 39.

COMPARATO, Fabio Konder, *Direito Empresarial – Estudos e Pareceres*, São Paulo, Saraiva, 1990.

—, *Novos Ensaios e Pareceres de Direito Empresarial*, Rio de Janeiro, Forense, 1981.

—, *Ensaios e Pareceres de Direito Empresarial*, Rio de Janeiro, Forense, 1978.

—, *Aspectos Jurídicos da Macroempresa*, São Paulo, RT, 1970.

—, *Sociedade anônima – poder de controle*, in *RDM*, n. 9.

—, *Poder de Controle na Sociedade Anônima*, in *RDM*, n. 9, 1973.

—, e SALOMÃO FILHO, Calixto, *O Poder de Controle na Sociedade Anônima*, 4ª ed., Rio de Janeiro, Forense, 2005.

CONARD, Alfred F., *Corporations in Perspective*, Mineola, Foundation, 1991.

COPLAND, James R. *Proxy Monitor Report – A Report on Corporate Governance and Shareholder Activism*, s.l., s.e., 2012, disponível [*on-line*] in http://www.proxymonitor.org/Forms/pmr_04.aspx?goback=2%Egde_139464_member_162688431 (c. 20.11.12).

CORDEIRO, António Menezes, *Os Deveres Fundamentais dos Administradores de Sociedades"*, in Revista da Ordem dos Advogados, vol. II, ano 66, 2006.

—, António Menezes, *Manual de Direito das Sociedades, I Das Sociedades em Geral*, Coimbra, Almedina, 2004.

CORREA-LIMA, Osmar Brina, *Sociedade Anônima*, 3ª ed., Belo Horizonte, Del Rey, 2005.

COSTA, Philomeno J. da, *Anotações às Companhias*, São Paulo, RT, 1980.

COTTER, James, SHIDASANI, Anil, e ZENNER, Marc, *Do Independent Directors Enhance Target Shareholder Wealth During Tender Offers*, in *Journal of Financial Economics*, vol. 43, s.l., s.e., 1997.

CUNHA, Rodrigo Ferraz Pimenta da, *Estrutura de Interesses nas Sociedades Anônimas – Hierarquia e Conflitos*, São Paulo, Quartier Latin, 2007.

CRISTIANO, Romano, *A Nova Estrutura da Sociedade Anônima*, São Paulo, RT, 1977.

DAINES, Robert, e KLAUSNER, Michael, *Do IPO Maximize Firm Value? Antitakeover Protection in IPOs*, in *Journal of Law, Economics and Organization*, 2001.

DANIELSON, Morris G., e KARPOFF, Jonathan M., *Do Pills Poison Operating Perfomance?*, s.l., 2002, disponível [*on-line*] in http://papers.ssrn.com/abstract=304647 (c. 23.11.12).

DAVIES, Paul L., *Board Structure in the UK and Germany: Convergence or Continuing Divergence?*, in *SSRN eLibrary*, s/d, disponível [*on-line*] in http://ssrn.com/paper=262959 (c. 8.11.12).

—, e HOPT, Klaus, *Control Transactions*, in Kraakman, Reinier R. *et al* (coord.), *The Anatomy of Corporate Law. A Comparative and Functional Approach*, Oxford, Oxford University, 2006.

DAVIS, Gerald F, *The Twilight of the Berle and Means Corporation*, in *Seattle University Law Review*, vol. 34, 2011, pp. 1121-1138, disponível [*on-line*] in http://ssrn.com/paper=1860097 (c. 8.11.12).
DE ANGELO, Harry, e RICE, Edward M., *Antitakeover charter amendments and shareholder wealth*, in *Journal of Financial Economics*, 1983.
DECHOW, Patricia, SLOAN, Richard, e SWEENY, Amy, *Causes and Consequences of Earnings Manipulation: An Analysis of Firms Subject to Enforcement Actions by SEC*, in *Contemporary Accounting Research*, vol. 13, s.l., s.e., 1996.
DEMSETZ, Harold, *The Theory of the Firm Revisited*, in *Journal of Law, Economics, & Organization*, n. 1, abril de 1988.
DESENDER, Kurt A., AGUILERA, Ruth V., CRESPI-CLADERA, Rafael, e CESTONA Miguel Á. García, *When Does Ownership Matter? Board Characteristics and Behavior*, in *Strategic Management Journal, Forthcoming* (2012), disponível [*on-line*] in http://ssrn.com/paper=1774684 (c. 8.11.12).
DESENDER, Kurt A., *The Relationship Between the Ownership Structure and Board Effectiveness*, in *SSRN eLibrary*, 2009, disponível [*on-line*] in http://ssrn.com/paper=1440750 (c. 8.11.12).
DIAMOND, D. W., e RAJAN, R. G., *Liquidity Risk, Liquidity Creation and Financial Fragility: a Theory of Banking*, in JPE, n. 109.
DIAS, Luciana Pires, *Regulação e Autorregulação no Mercado de Valores Mobiliários*, dissertação de mestrado apresentada na Faculdade de Direito da Universidade de São Paulo, 2005.
DIONNE, Georges, e TRIKKI, Thouraya, *Risk Management and Corporate Governance: The Importance of Independence and Financial Knowledge for the Board and the Audit Commitee*, in *HEC Montreal Working Paper n. 05-03*, Montreal, disponível [*on-line*] in http://ssrn.com/abstract=730743 (c. 17.11.12).
DWORKIN, R. *Taking Rights Seriously*, Cambridge, Harvard University, 2001.
DYCK, I. J. Alexander, e ZINGALES, Luigi, *Private benefits of control: an international comparison*, NBER Working Paper n. 8711, 2002, disponível [*on-line*] in *http://www.nber.org.papers/w8711* (c. 30.6.11).
EASTERBROOK, Frank H., e FISCHEL, Daniel R., *The Economic Structure of Corporate Law*, Cambrigde, Havard University, 1996.
EDWARDS, Jeremy S., e NIBLER, Marcus, *Corporate Governance in Germany: The Role of Banks and Ownership Concentration*, in *Economic Policy*, n. 15, s.l., s.e., 2000.
EISENBERG, Melvin Aron, *The Structure of the Corporation – a Legal Analysis*, reimpressão, Washington, Beard Books, 2006.
—, *Corporations and Other Business Organizations*, 9ª ed., Foundation, New York, 2005.
EISENHARDT, K., *Agency Theory: An Assessment and Review*, in *Academy of Management Review*, n. 14, s.l., s.e., 1989.
EIZIRIK, Nelson, *Temas de Direito Societário*, Rio de Janeiro, Renovar, 2005.
—, *Sociedades Anônimas – Jurisprudência*, Rio de Janeiro, Renovar, 1998.
—, *Questões de Direito Societário e Mercado de Capitais*, Rio de Janeiro, Forense, 1987.
—, *O mito do "controle gerencial" – alguns dados empíricos*, in *RDM*, n. 66.
—, *Propriedade e controle na companhia aberta – uma análise teórica*, in *RDM*, n. 54.

ESTACA, José Nuno Marques, *O Interesse da Sociedade nas Deliberações Sociais*, Coimbra, Almedina, 2003.
FAMA, E. F., *Agency problems and the theory of the firm*, in *JPE*, n. 88, 1980.
—, e JENSEN, Michael C., *Agency Problems and Residual Claims*, in JENSEN, Michael C., *Foundations of Organizational Strategy*, Harvard University Press, 1998 e *Journal of Law & Economics*, v. 26, 1983, disponível [on-line] in http://ssrn.com/paper=94032 (c. 8.11.12).
—, e —, *Separation of Ownership and Control*, in JLE, n. 26, s.l., s.e., 1983.
FARRAR, John H., *Company Law*, London, Butterworths, 1995.
FERRARINI, Guido, *Share Ownership, Takeover Law and The Contestability of Corporate Control*, discurso proferido em conferência sobre *"Reforma da Legislação Societária nos Países da OCDE. Uma Análise Comparativa das Atuais Tendências"* realizada em Estocolmo, dezembro de 2000, disponível [on-line] in *http://papers.ssrn.com/sol3/papers.cfm?abstract_id=265429* (c. 30.6.11).
—, HOPT, Klaus J., WINTER, Jaap, e WYMEERSCH, Eddy (coord.), *Reforming Company and Takeover Law in Europe*, New York, Oxford University, 2004.
FERRAZ JR., Tércio Sampaio, *A Ciência do Direito*, 2ª ed., São Paulo, Atlas, 1980.
—, *Introdução ao Estudo do Direito – Técnica, Decisão, Dominação*, 2ª ed., São Paulo, Atlas, 1994.
FERREIRA, Waldemar, *Tratado de Direito Comercial*, v. 4, São Paulo, Saraiva, 1960.
FERRI, Giuseppe, —, *La Riforma delle Societa per Azioni Secondo la Legge 7 Giugno 1974, n. 216 e i Decreti Legislativi 31 marzo 1975, nn. 136, 137, 138*, Torino, Torinese, 1976.
—, *I Controlli Interni nelle Società per Azioni*, in *Controlli Interni ed Esterni delle Società per Azioni*, Milano, Giuffrè, 1972.
—, *Le Società*, in Vassalli, Filippo, *Trattato di Diritto Civile Italiano*, vol. X, Tomo III, Torino, UTET, 1971.
FERRIS, S. P., JAGANNATHAN, M., e PRITCHARD, A., *Too Busy to Mind the Business? Monitoring by Directors with Multiple Board Appointments*, in *Journal of Finance*, n. 58, 2003.
FIELD, Laura Casares, e KARPOFF, Jonathan M., *Takeover Defenses at IPO Firms*, s.l., 2000, disponível [on line] in *http://papers.ssrn.com/sol3/papers.cfm?abstract_id=236043* (c. 30.6.11).
FILATOTCHEV, I., *Developing and Organizational Theory of Corporate Governance: Comments on Henry L. Tosi (2008) "Quo Vadis?" Suggestions for Future Corporate Governance Research*, in *Journal of Management and Governance*, n. 12, s.l., s.e., 2008.
FITZROY, Felix R., e KRAFT, Kornelius, *Co-Determination, Efficiency, and Productivity*, in *SSRN eLibrary*, 2004, disponível [on-line] in http://ssrn.com/paper=643645 (c. 8.11.12).
FORBES, D. P., e MILLIKEN, F. J., *Cognition and Corporate Governance: Understanding Board of Directors as Strategic Decision-making Groups*, in *Academy of Management Review*, n. 24, s.l., s.e., 1999.
FORTUNATO, Sabino, *I Controlli nella Riforma delle Società*, in *Le Societá*, n. 2 bis, s.l., 2003.
FOSS, Nicolai J., *Capabilities and the Theory of the Firm*, in *SSRN eLibrary*, s/d, disponível [on-line] in http://ssrn.com/paper=66788 (c. 8.11.12).
FRANCESCHELLI, Remo, *Traccia per la Relazione Generale sul Tema dei "Controlli Interni ed Esterni delle Società pera Azioni"*, in *Controlli Interni ed Esterni delle Società per Azioni*, Milano, Giuffrè, 1972.

FRANÇA, Erasmo Valladão Azevedo e Novaes, *Dever de lealdade do acionista controlador por ocasião da alienação do controle – dever de maximização do valor das ações dos acionistas não controladores – interpretação de estatuto de companhia aberta – possibilidade de cumulação de OPA*, in RDM, v. 50, n. 158, 2011.

—, (coord.), *Direito Societário Contemporâneo I*, São Paulo, Quartier Latin, 2009.

—, *Temas de Direito Societário, Falimentar e Teoria da Empresa*, São Paulo, Malheiros, 2009.

—, *Ainda o Conceito de Benefício Particular – Anotações ao Julgamento do Processo CVM n. RJ-2009/5.811*, São Paulo, Malheiros, in RDM, v. 47, n. 149/150, 2008.

—, *Invalidade das Deliberações de Assembleia das S/A*, São Paulo, Malheiros, 1999.

—, *Conflito de Interesses nas Assembleias de S.A.*, São Paulo, Malheiros, 1993.

FRANKS, Julian R., e MAYER, Colin, *Ownership and Control of German Corporations*, in *SSRN eLibrary*, 2000, disponível [on-line] in http://ssrn.com/paper=247501 (c. 8.11.12).

FREITAS, Ricardo dos Santos, *Natureza Jurídica dos Fundos de Investimento*, São Paulo, Quartier Latin, 2005.

FRONTINI, Paulo Salvador, *Responsabilidade do administrador em face da Nova Lei das Sociedades por Ações*, in *RDM*, n. 26.

GALGANO, Francesco, *Trattato di Diritto Civile e Commerciale, Le Società in Genere, Le Società di Persone*, 3ª ed., Milano, Giuffrè, 2007.

—, *La Società per Azioni*, Milano, CEDAM, 1988.

—, *Pubblico e Privato nella Regolazione dei Rapporti Economici. In Trattato di Diritto Commerciale e di Diritto Pubblico dell'Economia, La Constituzione Economica*, Padova, CEDAM, v. I, 1977.

—, *Il Principio di Maggioranza nelle Società Personali*, Padova, CEDAM, 1960.

—, e GENGHINI, Riccardo, in *Il Nuovo Diritto Societario, Gli Statuti delle Nuove Società di Capitali*, vol. 29 do *Trattato di Diritto Commerciale e di Diritto Pubblico dell'Economia*, 3ª ed., Milano, CEDAM, 2006.

GAUILLARD, Emile, *Crise de la Societè Anonyme*, Paris, Lib Gen de Droit et de Paris Jurisprudence, 1933.

GIERKE, Otto von, *Sulla Storia del Principio di Maggioranza*, in *Rivista delle Società*, Milano, ano 6, 1961.

GILSON, Ronald e BLACK, Bernard S., *The Law and Finance of Corporate Acquisitions*, 2ª ed., Westbury, Foundation, 1995.

GORDON, Jeffrey N., *Just say never? Poison Pills, Deadhand Pills, and Shareholder-Adopted Bylaws: an Essay for Warren Buffett*, in *Cardozo Law Review*, vol. 19. n. 2, 1997.

—, e ROE, Mark J., *Convergence and Persistence in Corporate Governance*, Cambridge, Cambridge University, 2004.

GORTON, Gary, e SCHMID, Frank A., *Capital, Labor, and the Firm: A Study of German Codetermination*, in *Journal of the European Economic Association*, n. 2, s.l., s.e., 2000.

GORGA, Érica Cristina Rocha, *Direito Societário Brasileiro e Desenvolvimento do Mercado de Capitais Uma Perspectiva de 'Direito e Economia'*, tese de doutoramento defendida na Faculdade de Direito da Universidade de São Paulo, 2005.

—, *Changing the Paradigm of Stock Ownership: From Concentrated Towards Dispersed Ownership? Evidence from Brazil and Consequences for Emerging Countries*, in *SSRN eLibrary*, 2008, disponível [on-line] in http://ssrn.com/paper=1121037 (c. 8.11.12).

GORTON, Gary, e SCHMID, Frank A., *Universal Banking and the Performance of German Firms*, in *JFE*, n. 58, s.l., s.e., 2000.
GOWER, L. C. B., e DAVIES, Paul L., *The Principles of Modern Company Law*, 3ª ed., London, Stevens & Sons, 1969.
GUERREIRO, José Alexandre Tavares, *Responsabilidade dos administradores*, in *RDM*, n. 42.
GROSSMAN, Sanford J., e HART, Oliver D., *One share-one vote and the market for corporate control*, in *Journal of Financial Economics*, 1988.
GRUNDMANN, S., KERBER, W., e WEATHERHILL, S. (org.), *Party Autonomy and the Role of Information in the Internal Market*, Berlin/New York, De Gruyter, 2001.
GUYON, Yves, *Droit des Affaires, tome 1: Droit Commercial Générale et Sociétés*, 12ª ed., Paris, Economica, 2003.
HALPERIN, Issac, OTAEGUI, Julio C., *Sociedades Anónimas*, 2ª ed., Buenos Aires, Depalma, 1998.
HAMIAUT, Marcel, *La Reformè des Socìètès Commerciales*, vol. II, Paris, 1966.
HANSMANN, H., *The Ownership of Enterprise*, Cambridge, The Belknap, 1996.
—, e KRAAKMAN, Reinier H., *The Essential Role of Organizational Law*, in *SSRN eLibrary*, 2000, disponível [*on-line*] in http://ssrn.com/paper=229956 (c. 8.11.12).
HART, Oliver D, *Incomplete Contracts and the Theory of the Firm*, in *Journal of Law, Economics, & Organization*, n. 1, 1988.
—, e MOORE, J., *Property Rights and the Nature of Firm*, in *JPE*, n. 98, s.l., s.e., 1990.
HARRIS, Milton, e RAVIV, Arthur, *Optimal Incentive Contracts With Imperfect Information*, in *JET*, 20/2, 1979.
HAYES, Rachel, HAMID, Mehran, e SCOTT, Schaefer, *Board Committee Structures, Ownership and Firm Performance*, in *Working Paper*, University of Chicago e Northwestern University, 2004.
HECK, Philipp, *Interpretação da Lei e Jurisprudência dos Interesses*, tradução de José Osório Imprenta, São Paulo, Saraiva, 1947.
HECKSHER, Eli, *La Epoca Mercantilista*, tradução de ROCES, Wenceslao, Mexico, Fondo de Cultura Economica, 1943.
HEFLIN, F., e SHAW, K., *Blockholder Ownership and Market Liquidity*, in *Journal of Financial and Quantitative Analysis*, n. 35, s.l., s.e., 2000.
HENN, Harry G. e ALEXANDER, John R., *Laws of Corporations*, St. Paul, West Publishing, 1983.
HERMALIN, Benjamin, e WEISBACH, Michael, *The Effects of Board Composition and Direct Incentives on Firm Performance*, in *Financial Management*, vol. 20, s.l., s.e., 1991.
HERON, Randall A., e LIE, Erik, *On the use of poison pills and defensive payouts by takeover targets*, in *Journal of Business*, s.d., disponível [*on line*] in http://papers.ssrn.com/sol3/papers.cfm?abstract_id=647637 (c. 30.6.11).
HILLMAN, A. J., DALZIEL, T., *Boards of Directors and Firm Performance: Integrating Agency and Resource Dependence Perspectives*, in *AMR*, n. 28, s.l., s.e., 2003.
HOPT, Klaus J., e LEYENS, Patrick C., *Board Models in Europe – Recent Developments of Internal Corporate Governance Structures in Germany, the United Kingdom, France, and Italy*, in *ECGI – Law Working Paper No. 18/2004*, s/d, disponível [*on-line*] in http://ssrn.com/paper=487944 (c. 8.11.12).

—, WYMEERSCH, Eddy, KANDA, Hideki, e BAUM, Harald (coord.), *Corporate Governance in Context – Corporations, States, and Markets In Europe, Japan, and the US*, New York, Oxford University, 2005.
—, KANDA, H., ROE, M. J. WYMEERSCH, E., e PRIGGE, S. (coord.), *Comparative Corporate Governance. The State of Art Emerging Research*, Oxford, Oxford University, 1998.
—, e WYMEERSCH, E., *Capital Markets and Company Law*, Oxford, Oxford University, 2003.
JAEGER, Pier Giusto, *Interesse Sociale Rivisitato (Quarent'anni Doppo)*, in *Giurisprudenza Commerciale*, I, 2000.
JENSEN, Michael C., JENSEN, M., *Agency Cost of Overvalued Equity*, in *Working Paper, The European Corporate Governance Institute*, s.l., s.e., 2004
—, *Value Maximization, Stakeholder Theory, and the Corporate Objective Function*, in *Tuck Business School Working Paper No. 01-09; Harvard NOM Research Paper No. 01-01; Harvard Business School Working Paper No. 00-058*, 2001, disponível [*on-line*] in http://ssrn.com/paper=220671 (c. 8.11.12).
—, *The Modern Industrial Revolution, Exit and The Failure of Internal Control Systems*, in *Journal of Finance*, n. 48, s.l., s.e., 1993.
—, *The Eclipse of Public Corporation*, in *Harvard Business Review*, n. 67, s.l., s.e., 1989.
—, *Agency Costs of Free Cash Flows, Corporate Finance, and Takeovers*, in *American Economic Review*, n. 76, s.l., s.e., 1986.
—, e MURPHY, K., *Remuneration: Where We've Been, How We Got There, What Are The Problem, And How To Fix Them*, in *Working Paper, The European Corporate Governance Institute*, s.l., s.e., 2004.
JOSUÁ, Adriana, *Governança Corporativa e Teoria da Agência*, dissertação de mestrado defendida na Faculdade de Direito da Universidade de São Paulo, 2005.
KIRCHNER, Christian, PAINTER, Richard W., *Takeover Defenses Under Delaware Law, the Proposed Thirteenth EU Directive and The New German Takeover Law: Comparison and Recommendations for Reform*, in *The American Journal of Comparative Law*, vol. 50, n. 3, 2002.
KLEIN, William, GULATI, Mitu e ZOLT, Eric, *Connected Contracts*, University of California Law Review, 2000.
KNOEBER, Charles R., *Golden Parachutes, Shark Repellents, and Hostile Tender Offers*, in *American Economic Review*, 1986.
KRAAKMAN, Reinier R. et al, *The Anatomy of Corporate Law – A Comparative and Functional Approach*, New York, Oxford University, 2004.
—, DAVIES, Paul, HANSMANN, H., HETIG, G., HOPT, K. J., KANDA, H., e ROCK, E. B., *Diritto Societario Comparato: Um Approccio Funzionale*, Bologne, Mulino, 2006.
LA PORTA, Rafael, LOPEZ-DE-SILANES, Florêncio, SCHLEIFER, Andrei e VISHNY, Robert, *Investor protection and corporate governance*, 58, in *Journal of Financial Economics* 3, 2000.
—, —, e —, *Law and Finance*, in *JPE*, n. 106, s.l., s.e., 1998
LAMY FILHO, Alfredo *A Empresa – Formação e Evolução – Responsabilidade Social*, in Santos, Teophilo de Azeredo (coord.), *Novos Estudos de Direito Comercial em Homenagem a Celso Barbi Filho*, Rio de Janeiro, Forense, 2003.

—, *Temas de S.A.*, Rio de Janeiro, Renovar, 2007.
—, *A Reforma da Lei de Sociedades Anônimas*, in RDM, v. 7, n. 123.
—, e BULHÕES PEDREIRA, José Luiz, *A Lei das S.A.*, t. III (Pareceres), vol. 2, 2ª ed., Rio de Janeiro, Renovar, 1996.
—, (coord.), *Direito das Companhias*, vol. I e II, Rio de Janeiro, Forense, 2009.
LEÃES, Luiz Gastão Paes de Barros, *Pareceres*, vol. 1 e 2, São Paulo, Singular, 2004.
—, *Estudos e Pareceres sobre Sociedades Anônimas*, São Paulo, RT, 1989.
—, *Mercado de Capitais & Insider Trading*, São Paulo, RT, 1982.
—, *Comentários à Lei de Sociedade Anônimas*, vol. 2, São Paulo, Saraiva, 1980.
LEHMAN, Erik E., e WEIGAND, Jürgen, *Does the Governed Corporation Perform Better? Governance Structures and Corporate Governance in Germany*, in *EFR*, n. 4, s.l., s.e., 2000.
LEITE FILHO, Fernando Rudge, *Da responsabilidade dos administradores das sociedades anônimas no Direito brasileiro e no Comparado*, in *RDM*, n. 11.
LEITE, Leonardo Barém, *A Lei das Sociedades Anônimas, 30 Anos Depois! Uma Breve Análise da Evolução da Legislação e da Realidade do Mercado Brasileiro, Chegando-se ao Momento Atual – em Tempos de Governança Corporativa, "IPOs" e "Sarbanes-Oxley Act"*, in CASTRO, Rodrigo R. Monteiro de, e ARAGÃO, Leandro Santos de (coord.), *Sociedade Anônima – 30 anos da Lei 6.404/76*, São Paulo, Quartier Latin, 2007.
LINDSTROM, Soren, *Shareholder activism against poison pills: an effective antidote?*, in *Wall Street Lawyer*, vol. 9, 2005.
LIPTON, Martin e ROWE, Paul K., *Pills, Polls and Professors: a Reply to Professor Gilson*, in *Delaware Journal of Corporate Law*, 2001.
LIPTON, Martin e STEINBERGER, Erica H., *Takeovers & Freezeouts* (1978), vol., 1 New York, Law Journal, 2005.
LOBO, Jorge, *Interpretação realista da alienação de controle de companhia aberta*, in *RDM*, n. 124.
—, *Princípios de Governança Corporativa*, in *Revista da Escola da Magistratura do Estado do Rio de Janeiro – EMERJ*, vol. 10, n. 37, 2007.
LUZZI, P. Ferro, *I Contratti Associativi*, Milano, Giuffrè, 1976.
MAASSEN, Gregory Francesco, *An international comparison of corporate governance Models*, Amsterdam, Spencer Stuart, s.d.
MACAVOY, Paul, e MILLSTEIN, Ira, *The Active Board of Directors and Its Effect on the Performance of the Large Publicly Trade Corporation*, in *Journal of Applied Corporate Finance*, vol. 11, s.l., s.e., 1999.
MACE, M., *Directors: Myth and Reality*, Boston, Harvard Business School, 1986.
MACEDO, Ricardo Ferreira de, *Controle não Societário*, Rio de Janeiro, Renovar, 2004.
MAGALHÃES, Roberto Barcellos, *A Nova Lei das Sociedades por Ações*, v. 2, Rio de Janeiro, Freitas Bastos, 1977.
MAIDA, Silvia Maria do Prado, *Acionista controlador, alienação de controle e incorporação de sociedades – responsabilidade nas operações em desacordo com as normas do contrato e da lei*, in *RDM*, n. 113.
MALATESTA, Paul H., e WALKING, Ralph A., *Poison pill securities: stockholder wealth, profitability, and ownership structure*, in *Journal of Financial Economics*, n. 20, 1988.
MARTINS, Fran, *Comentários à Lei das Sociedades Anônimas*, 3ª ed., Rio de Janeiro, Forense, 1989.

MASTEN, Scott E., *A Legal Basis for the Firm*, in *Journal of Law, Economics, & Organization*, n. 1, 1988.
MCDONNELL, Brett H., *Shareholder Bylaws, Shareholder Nominations, and Poison Pills*, s.l., 2005, disponível [*on line*] in http://ssrn.com/abstract=659322 (c. 30.6.11).
MIRANDA JÚNIOR, Darcy Arruda, *Dicionário Jurisprudencial das Sociedades por Ações*, São Paulo, Saraiva, 1990.
MIGNOLI, Ariberto, *La Società per Azioni – Problemi, Letture, Testimonianze*, Tomo I, Milano, Giuffrè, 2002.
—, *Idee e Problemi nell' Evoluzione dela "Company" Inglese*, Rivista dele Societá, Milano, ano 5, 1960.
—, *L'Interesse Sociale*, in *Rivista delle Società*, Milano, Giuffrè, 1958.
MONTALENTI, Paolo, *La Riforma dell Diritto Societario nel Progetto dela Commisione Mirone*, Giur. Comm., 2000.
MOTTA, Nelson Cândido, *Alienação de poder de controle compartilhado*, in *RDM*, n. 89.
MUNHOZ, Eduardo Secchi, *Empresa Contemporânea e Direito Societário*, São Paulo, Juarez de Oliveira, 2002.
—, *Desafios do Direito Societário Brasileiro na Disciplina da Companhia Aberta: Avaliação dos Sistemas de Controle Diluído e Concentrado*, in CASTRO, Rodrigo R. Monteiro de, e ARAGÃO, Leandro Santos de (coord.), *Direito Societário – Desafios Atuais*, São Paulo, Quartier Latin, 2009.
MURPHY, K., *Executive Compensation*, in Ashenfelter, O. C., e Card, D. (coord.), *Handbook of Labor Economics*, vol. 3, Amsterdan, Elsevier, 1999
NICHOLSON, G. J., e KIEL, G.C., *A Framework for Diagnosing Board Effectiveness*, in *Corporate Governance*, n. 12, s.l., s.e., 2004.
NOACK, Ulrich, e ZETZSCHE, Dirk A., *Germany's Corporate and Financial Law 2007: (Getting) Ready for Competition*, in *SSRN eLibrary*, 2007, disponível [*on-line*] in http://ssrn.com/paper=986357 (c. 8.11.12).
OIOLI, Erik Frederico, *Oferta Pública de Aquisição do Controle de Companhia Aberta*, São Paulo, Quartier Latin, 2010.
—, *Obrigatoriedade de Tag Along na Aquisição de Controle Diluído*, in ADAMEK, Marcelo Vieira von (org.), *Temas de Direito Societário e Empresarial Contemporâneos – Liber Amicorum Prof. Dr. Erasmo Valladão Azevedo e Novaes França*, São Paulo, Malheiros, 2011.
—, e VEIGA, Marcelo Godke, *Convergência e divergência em sistemas de mercado de capitais: o caso brasileiro*, in MONTEIRO DE CASTRO, Rodrigo R., e AZEVEDO, Luís André N. de Moura (org.), *Poder de Controle e Outros Temas de Direito Societário e Mercado de Capitais*, São Paulo, Quartier Latin, 2010.
ORTS, Eric, *Shirking and Sharking: a Legal Theory of the Firm*, in *Yale Law and Policy Review*, v. 16, 1998.
PAES, P. R. Tavares, *Responsabilidade dos Administradores de Sociedades*, 2ª ed., São Paulo, RT, 1997.
PACCES, Alessio M., *Control Matters: Law and Economics of Private Benefits of Control*, in *SSRN eLibrary*, 2009, disponível [*on-line*] in http://ssrn.com/paper=1448164 (c. 8.11.12).
PAILLUSSEAU, Jean, *La Société Anonyme: Technique d'Organisation de L'entreprise*, Paris, Sirey, 1967.

PAKAMORE, Mantas, PUSNAKOVS, Nikita, TIMOFEJEVS, Dmitrijs, e OSIPOVS, Pavels, *German Corporate Law Reform's Impact on Publicly Listed Companies' Performance Through Changes in Ownership Concentration*, in *SSRN eLibrary*, 2010, disponível [*on-line*] in http://ssrn.com/paper=1603215 (c. 8.11.12).

PARENTE, Flávia, *O Dever de Diligência dos Administradores de Sociedades Anônimas*, Rio de Janeiro, Renovar, 2005.

PARENTE, Norma, *O Direito de Recesso a Incorporação, Fusão ou Cisão de Sociedades*, in *RDM*, n. 97.

PEIRONCELY, Rafael Ansón, e DORRONSORO, Carmen Gutiérrez, *La Sociedad Anónima Europea*, Barcelona, Bosch, 2004.

PENNINGTON, Robert, *Company Law*, London, 1967.

PENTEADO, Arthur Bardawil, *CVM – Decisão administrativa sobre alienação de controle – ações vinculadas a acordo de acionistas – O caso Votorantim*, in *RDM*, n. 126.

—, PENTEADO, Arthur Bardawil, *Aspectos Jurídicos da Estrutura da Propriedade Acionária das Companhias Abertas Brasileiras*, dissertação de mestrado defendida na Faculdade de Direito da USP, 2005

PENTEADO, Mauro Rodrigues, *20 Anos da Promulgação da Lei das S.A.: Anteprojetos e Projeto Visando sua Reforma*, in *RDM*, n. 105.

—, *Sociedade Anônima – Acionista Controlador*, in *RDM*, n. 83.

—, *Apontamentos sobre a Alienação de Controle de Companhias Abertas*, in *RDM*, n. 76.

—, *Aumentos de Capital das Sociedades Anônimas*, São Paulo, Saraiva, 1988.

PEREIRA, Guilherme Döring Cunha, *Alienação do Poder de Controle Acionário*, São Paulo, Saraiva, 1995.

PETITPIERRE-SAUVAIN, Anne, *La Cession de Contrôle, Mode de Cession de L'entreprise*, Geneve, Université Georg, 1977.

PIETRO, Maria Sylvia Zanella di, *Direito Administrativo*, São Paulo, Atlas, 2004.

PIOLA, Giuseppe, *Societá Commerciale (parte generale)*, in, Lucchini, Luigi, *Il Digesto Italiano*, v. 21, III, Torino, Unione Tipografico, s.d.

PISTOR, Katharina, *Co-determination in Germany: A Socio-Political Model with Governance Externalities*, in *SSRN eLibrary*, s/d, disponível [*on-line*] in http://ssrn.com/paper=10322 [8.11.12].

PONTES, Aloysio Lopes, *Sociedades Anônimas*, 4ª ed., vol. II, Rio de Janeiro, Pontes Imprenta, 1957.

PONTES DE MIRANDA, Francisco Cavalcanti, *Tratado de Direito Privado*, 3ª ed., Rio de Janeiro, Borsoi, 1984.

PONTES, Evandro Fernandes de, *O Conselho Fiscal nas Companhias Abertas Brasileiras*, São Paulo, Almedina, 2012.

—, *Pedido Público (Notas Sobre Representação em Assembleias Gerais de Companhias Abertas no Brasil)*, in ADAMEK, Marcelo V. von (org.), *Temas de Direito Societário e Empresarial Contemporâneos – Liber Amicorum Prof. Dr. Erasmo Valladão Azevedo e Novaes França*, São Paulo, Malheiros, 2011.

POSNER, R., *Economic Analysis of Law*, 2ª ed., Boston, Little Brown, 1977.

PRADO, Roberta Nioac, *Oferta Pública de Ações Obrigatória nas S.A. – Tag Along*, São Paulo, Quartier Latin, 2005.

—, *Da obrigatoriedade por parte do adquirente do controle de sociedade por ações de capital aberto fazer simultânea oferta pública, em iguais condições, aos acionistas minoritários – art. 254 da Lei 6.404/76 e Resolução CMN 401/76 – Efetivo mecanismo de proteção aos Minoritários?*, in *RDM*, n. 106.

PROENÇA, José Marcelo Martins, *Insider Trading. Regime Jurídico do Uso de Informações Privilegiadas no Mercado de Capitais*, São Paulo, Quartier Latin, 2005.

RAJAK, Harry, *A Sourcebook of Company Law*, s.l., Jordans, 1989.

REALE, Miguel, *O Direito como Experiência*, 2ª ed., São Paulo, Saraiva, 1999.

RENNER, Karl, *The Institutions of Private Law and Their Social Functions*, London, Routledge & Kegan Paul, 1976.

REUTER, D., *Die Soziale Verantwortung von Managerunternehmen im Spiegel des Rechts*, Non Profit Law Yearbook 2005, Cologne, Carl Heymanns, 2006.

RIBEIRO, Renato Ventura, *Direito de Voto nas Sociedades Anônimas*, São Paulo, Quartier Latin, 2009.

RIPERT, Georges, e ROBLOT, René, *Traité Élémentaire de Droit Commercial*, tomo I, 11ª ed., Paris, LGDJ, 1983.

ROCK, Edward B., *Controlling the Dark Side of Relational Investing*, in *Cardozo Law Review*, n. 15, 987, s.l., s.e., 1994.

ROE, Mark J., *Political Determinants of Corporate Governance – Political Context, Corporate Impact*, New York, Oxford University, 2003.

—, *Strong Managers Weak Owners – The Political Roots of American Corporate Finance*, New Jersey, Princeton, 1996.

ROMANO, Roberta, *Foundations of Corporate Law*, New York, Foundation, 2010.

—, *Less is More: Making Institutional Activism a Valuable Mechanism of Corporate Governance*, in *Yale Law Journal*, n. 18, s.l., s.e., 2001.

ROSEN, Robert, *Risk Management and Corporate Governance: The Case of Enron*, in *Connecticut Law Review*, vol. 35, s.l., s.e., 2003.

RYNGAERT, Michael, *The effects of poison pills securities on shareholder wealth*, in *Journal of Financial Economics*, vol. 20, 1988.

SACRAMONE, Marcelo Barbosa, *Ato de Preenchimento de Órgão de Administração Natureza Jurídica da Relação entre o Administrador e a Sociedade Anônima*, tese de doutoramento defendida na Faculdade de Direito da Universidade de São Paulo, 2012.

—, *Exercício do Poder de Administração na Sociedade Anônima*, dissertação de mestrado defendida na Faculdade de Direito da Universidade de São Paulo, 2007.

SALANITRO, Niccolò, *Società per Azioni e Mercati Finanziari*, Milano, Giuffrè, 1996.

SALLES, Denise Chachamovitz Leão de, *O Conselho Fiscal nas Companhias de Capital Pulverizado*, in Monteiro de Castro, Rodrigo R., e Azevedo, Luis André de Moura, in *O Poder de Controle e Outros Temas de Direito Societário e Mercado de Capitais*, São Paulo, Quartier Latin, 2010.

SALOMÃO FILHO, Calixto, *O Novo Direito Societário*, 3ª ed., São Paulo, Malheiros, 2006.

—, *Sociedade anônima: interesse público e privado*, in *RDM*, n. 127.

—, *Sociedade anônima e mercado de capitais*, in *Roma e America – Diritto Romano Comune: Rivista di Diritto dell'Integrazione e Unificazione del Diritto in Europa*, in *America Latina Roma*, n. 13, Roma, 2002.

—, *Sociedade Anônima: Interesse Público e Privado*, in *Interesse Público*, Porto Alegre, ano 5, nº 5, 2003

—, e RICHTER JÚNIOR, Mario Stella, *Interesse social e poderes dos administradores na alienação de controle*, in *RDM*, n. 89.

SALOMÃO NETO, Eduardo, *Brazilian poison pills: rare but legitimate*, in *International Financial Law Review*, 1990.

SALTZBURG, Mark W., *Background Report on Poison Pills at US Companies*, Washington, Investor Responsibility Research Center, 2005.

SCHMITT-HOFF, Clive M. e THOMPSON, James H., *Palmer's Company Law*, 21ª ed., London, Stevens & Sons, 1968.

SENA, Giuseppe, *Il Voto Nella Assemblea dela Società per Azioni*, Milano, Giuffrè, 1961.

SHLEIFER, A., e VISHNY, *Large Shareholders and Corporate Control*, in *JPE*, n. 94, s.l., s.e., 1986.

SHULL, F., DELBECQ, A., e CUMMINGS, L., *Organizational Decision Making*, New York, McGraw-Hill, 1970.

SCOTT, John, *Capitalist Property and Financial Power: a Comparative Study of Britain, the United States and Japan*, New York, New York University, 1986.

SEALY, L. S., *Cases and Materials in Company Law*, 3ª ed., London, Butterworths, 1985.

SHLEIFER, Andrei, e VISHNY, Robert W., *Equilibrium short horizons of investors and firms*, in *American Economic Review*, 1990.

SCHMID, Frank A., e SEGER, Frank, *Arbeitnehmermitbestimmung, Allokation von Entscheidung un Shareholder Value*, in *Zeitcshrift für Betriebswirtschaft*, n. 68, 1998.

SCHMIDT, Dominique, *Les Droits de la Minorité dans la Societé Anonymé*, Paris, Sirey, 1970.

SCIALOJA, Antonio, *Saggi di Vario Diritto*, v. 2, Roma, Foro Italiano, 1927.

SIMIONATO, Frederico Augusto Monte, *O Interesse Social das Sociedades por Ações Perante a Teoria Jurídica da Empresa*, tese de doutoramento defendida na Faculdade de Direito da Universidade de São Paulo, 2000.

SOLOMON, Lewis, e PALMITER, Alan R., *Corporations*, New York, Aspen Law & Business, 1999.

SRINIDHI, Bin e SEN, Kaustav, *Effect of Poison Pills on Value Relevance Earnings*, s.l., 2002, disponível [*on line*] in http://papers.ssrn.com/sol3/papers.cfm?abstract_id=302646 (c. 3.2.07).

STAJN, Raquel, *Conceito de liquidez na disciplina do mercado de valores mobiliários*, in *RDM*, n. 126.

STIGLER, G. J., *Free Rides e Collective Action: An Appendix to Theories of Economic Regulation*, in Bell Journal of Economics & Management Science, n. 5, s.l., s.e., 1974.

STOUT, Lynn A., *Do antitakeover defenses decrease shareholder wealth? The ex post/ex ante valuation problem, Law and Economics Research Paper n. 02-05*, in *Stanford Law Review*, 2002.

STULZ, Rene M., *Managerial control of voting rights: financing policies and the market for corporate control*, in *Journal of Financial Economics*, 1988.

SCHWARK, Eberhard, *Corporate Governance: Vorstand und Aufsichtsrat*, in Hommelhoff, P. et al (coord.), *Corporate Governance – Gemeinschaftssymposium der Zeitschriften ZHR/ ZGR*, Heidelberg, Verlag Recht und Wirtschaft, 2002.

TEIXEIRA, Egberto Lacerda, *Observações sobre estatuto atípico de sociedade anônima*, in RDM, n. 71.

—, e GUERREIRO, José Alexandre Tavares, *Das Sociedades Anônimas no Direito Brasileiro*, vol. 1 e 2, São Paulo, Bushatsky, 1979.

THOMPSON, O'Kelley, *Corporations and Other Business Associations – Cases and Materials*, 3ª ed., New York, Aspen Law & Business, 1999.

TOLEDO, Paulo Fernando Campos Salles de, *O Conselho de Administração na Sociedade Anônima*, São Paulo, Atlas, 1997.

—, *O Conselho de Administração na Sociedade Anônima Brasileira – Propostas Para Sua Melhor Utilização*, tese de doutoramento defendida na Faculdade de Direito da Universidade de São Paulo, 1993.

TRIMARCHI, Pietro, *Invalidità delle Deliberazioni di Assemble adi Società per Azioni*, Milano, Giuffrè, 1958.

TUGLE, C.S., SIRMON, D. G., REUTZEL, C. R., *Commanding Board of Directors Attention: Investigating How Organizationl Performance and CEO Duality Affect Board Member's Attention to Monitoring*, in Strategic Management journal, n. 31, s.l., s.e., 2010.

VALVERDE, Trajano de Miranda, *Sociedade por Ações (Comentários ao Decreto-lei nº 2.627 de 26 de setembro de 1940*, vol. 2, 3ª ed., Rio de Janeiro, Forense, 1959.

VELASCO, Julian, *Just do it: an antidote to the poison pill*, in Emory Law Journal, n. 52, 2003.

—, *The enduring illegitimacy of the poison pill*, in The Journal of Corporation Law, vol. 27, n. 3, 2002.

VENTURA RIBEIRO, Renato, Direito de Voto nas Sociedades Anônimas, São Paulo, Quartier Latin, 2009.

—, *Aplicação de Novas Tecnologias nas Assembleias Gerais de Sociedade Anônimas*, in Castro, Rodrigo R. Monteiro de, e Aragão, Leandro Santos de (coord.), *Sociedade Anônima – 30 anos da Lei 6.404/76*, São Paulo, Quartier Latin, 2007.

VIEIRA, Jorge, MARTINS, Eliseu, e FÁVERO, Luiz Paulo Lopes, *Poison Pills No Brasil: Um Estudo Exploratório*, in Revista Contabilidade e Finanças, n. 50, agosto de 2009.

VIVANTE, Cesare, *Trattato di Diritto Commerciale – Le Società Commerciali*, 3ª ed., Milano, Vallardi, 1904 [1922].

WEIL, GOTSHAL & MANGES, *Comparative Study of Corporate Governance Relevant to the European Union and Its Members States (Final Report)*, janeiro de 2002, disponível [on-line] in http://europa.eu.int (c. 18.11.12).

WIEDEMANN, H., *Gesellschaftsrecht I, Grundlagen*, München, Beck, 1980.

WILLIAMSON, Oliver E., *Why Law, Economics, and Organization?*, in SSRN eLibrary, 2000, disponível [on-line] in http://ssrn.com/paper=255624 (c. 8.11.12).

—, *Employee Ownership and Internal Governance: a Perspective*, in Journal of Economic Behavior and Organization, n. 6, s.l., s.e., 1985.

—, *Corporate Governance*, in YLJ, n. 93, s.l., s.e., 1984.

—, e WINTER, Sidney G., *Introduction*, in Journal of Law, Economics, & Organization, n. 1, 1988.

ZAHRA, S.A., e PEARCE, J., *Board of Directors and Corporate Financial Performance: a Review and Integrative Model*, in Journal of Management, s.l., s.e., 1989.

ZANINI, Carlos Klein, *A Doutrina dos "fiduciary duties" no Direito norte-americano e a tutela das sociedades e acionistas minoritários frente aos administradores das sociedades anônimas*, in *RDM*, n. 109.

—, *A Poison Pill Brasileira: Desvirtuamento, Antijuridicidade e Ineficiência*, in ADAMEK, Marcelo Vieira von (org.), *Temas de Direito Societário e Empresarial Contemporâneos – Liber Amicorum Prof. Dr. Erasmo Valladão Azevedo e Novaes França*, São Paulo, Malheiros, 2011.

ZINGALES, Luigi, *Insider Ownership and the Decision to Go Public*, in *Journal of Economic Studies*, n. 63, 1995.

—, *The Value of the Voting Right: a Study of the Milan Stock Exchange Experience*, in *Review of Financial Studies*, n. 7, s.l., s.e., 1994.

APÊNDICE

TABELA I – Percentuais de participação acionária necessários ao exercício de prerrogativas legais de acionistas minoritários

Percentual de participação	Direito do acionista	Fundamento (Lei n. 6.404/76)
10% das ações em circulação	Requerer a convocação de assembleia especial dos titulares de ações em circulação no mercado, a fim de requerer nova avaliação da companhia para determinação do seu valor justo na hipótese de fechamento de capital	Art. 4º–A
5% do capital social	Requerer, de modo fundamentado, a exibição dos livros sociais em juízo	Art. 105
5% do capital social	Convocar assembleia geral extraordinária para deliberar sobre matérias específicas, quando os administradores não atenderem, no prazo de 8 dias, a pedido de convocação devidamente fundamentado	Art. 123, parágrafo único, "c"
5% das ações votantes ou 5% das ações sem direito a voto	Convocar assembleia geral extraordinária, quando os administradores não atenderem, no prazo de 8 dias, a pedido de convocação de assembleia para instalação do Conselho Fiscal	Art. 123, parágrafo único, "d"
0,5% do capital social	Requerer a relação de endereços dos acionistas da companhia, para fins de representação em assembleias gerais, inclusive para encaminhamento de *proxies*	Art. 126, §3º
O percentual varia de acordo com o capital social da companhia aberta (*): Capital social de até R$ 10 milhões: • 10% das ações votantes Capital social de R$ 10 milhões até R$ 25 milhões: • 9% das ações votantes	Requerer, em até 48 horas antes da assembleia geral, a adoção do procedimento do voto múltiplo para a eleição dos conselheiros de administração	Arts. 141 e 291

Percentual de participação	Direito do acionista	Fundamento (Lei n. 6.404/76)
(cont.) Capital social de R$ 25 milhões até R$ 50 milhões: • 8% das ações votantes Capital social de R$ 50 milhões até R$ 75 milhões: • 7% das ações votantes Capital social de R$ 75 milhões até R$ 100 milhões: • 6% das ações votantes Capital social acima de R$ 100 milhões: • 5% das ações votantes	Requerer, em até 48 horas antes da assembleia geral, a adoção do procedimento do voto múltiplo para a eleição dos conselheiros de administração	Arts. 141 e 291
Para companhias abertas integrantes do Novo Mercado (ou demais companhias que tenham seu capital representado apenas por ações ordinárias): • 10% do capital social (**) Para as demais companhias abertas: • 15% das ações votantes ou ações sem direito a voto que representem, no mínimo, 10% do capital social • caso tais percentuais não sejam atingidos de forma isolada, é possível agregar as ações com e sem direito a voto, prevalecendo o quorum de 10% do capital social	Eleger e destituir um conselheiro de administração e o respectivo suplente, em votação em separado na assembleia geral	Art. 141, §4º, I e II

APÊNDICE

Percentual de participação	Direito do acionista	Fundamento (Lei n. 6.404/76)
5% do capital social	Requerer ao administrador, durante a assembleia geral ordinária, informações a respeito de valores mobiliários de emissão da companhia e opções de compra de ações de sua titularidade, bem como sobre benefícios e vantagens que tenha recebido, condições dos contratos de trabalho firmados com diretores e empregados de alto nível, quaisquer atos ou fatos relevantes nas atividades da companhia	Art. 157, §1º, "a" a "e"
5% do capital social	Ajuizar ação de responsabilidade civil em nome da companhia, pleiteando a reparação de danos causados a ela por seus administradores, caso a assembleia geral tenha previamente deliberado pela não propositura da demanda	Art. 159, §4º
O percentual varia de acordo com o capital social da companhia aberta (***): Capital social de até R$ 50 milhões: • 8% das ações votantes e 4% das ações sem direito a voto Capital social entre R$ 50 milhões e R$ 100 milhões: • 6% das ações votantes e 3% das ações sem direito a voto Capital social entre R$ 100 milhões e R$ 150 milhões: • 4% das ações votantes e 2% das ações sem direito a voto Capital social acima de R$ 150 milhões: • 2% das ações votantes e 1% das ações sem direito a voto	Requerer a instalação do Conselho Fiscal	Arts. 161, §2º e 291

Percentual de participação	Direito do acionista	Fundamento (Lei n. 6.404/76)
Qualquer número de ações ordinárias, desde que as ações ordinárias em circulação representem ao menos 10% do capital social (****); e Qualquer número de ações sem direito a voto	Eleger um conselheiro fiscal e o respectivo suplente	Art. 161, §4º, "a" e "b"
5% do capital social	Requerer informações ao Conselho Fiscal a respeito de matérias de sua competência	Art. 163, §6º
5% do capital social	Ajuizar ação de dissolução da companhia, quando demonstrado que não pode preencher o seu fim	Art. 206, II, "b"
5% do capital social	Propor ação contra o acionista controlador, pleiteando a reparação de danos causados à companhia sem a necessidade de prestar caução pelas custas e honorários advocatícios devidos na hipótese de a ação ser julgada improcedente	Art. 246, §1º
5% das ações votantes ou 5% das ações sem direito a voto	Requerer a instalação de Conselho Fiscal de companhia filiada a grupo de sociedades (art. 265 e ss.)	Art. 277

Obs.: Esta tabela não indica as prerrogativas legais cujo exercício independente da titularidade de uma quantidade mínima de ações de emissão da companhia.
(*) Cf. Instrução CVM n. 165, de 11 de dezembro de 1991, alterada pela Instrução CVM n. 282, de 26.06.1998.
(**) Entendimento do Colegiado da CVM manifestado no julgamento do Processo CVM n. 2005/5664, em 11.04.2006.
(***) Cf. Instrução CVM n. 324, de 19 de janeiro de 2000.
(****) Cf. entendimento do Colegiado da CVM manifestado no julgamento do Processo CVM n. 2007/11086, em 06.05.2008.

ÍNDICE

Agradecimentos   7
Prefácio   9
Abreviaturas e convenções   11
Introdução   15

Parte I – ESTRUTURA E DINÂMICA DO CONTROLE DAS COMPANHIAS: A SUPERAÇÃO DE PARADIGMAS   **27**

1. Pressupostos e estrutura da Lei das Sociedades Anônimas   29
   1.1 Uma breve história das companhias: a evolução do fenômeno associativo até a Lei das S.A.   29
   1.2 Pressupostos da Lei das Sociedades Anônimas   39
   1.3 Influências do Direito Comparado   43
   1.4 O modelo de sociedade anônima na Lei nº 6.404/76   47

2. O poder de controle na Lei das Sociedades Anônimas   53
   2.1 A doutrina do poder de controle como centro de imputação de deveres e responsabilidades   53
   2.2 O reconhecimento do controle diluído na LSA   56
   2.3 A relevância do critério de permanência para definição do poder de controle   60
   2.4 O poder de controle fundado na participação acionária   63

3. A superação do modelo de concentração acionária no Brasil: o despertar da dispersão acionária   65
   3.1 Direito Societário e sistemas de controle: evolução darwinista?   65
   3.2 Novo Mercado: uma nova perspectiva para a dispersão do capital   69

3.3 A recente evolução da dispersão do capital no Brasil   73
3.4 A definição de capital disperso   79

4. Quebra dos paradigmas estruturais da LSA: a nova organização da sociedade   83
4.1 A convergência dos modelos societários: fim da história para o Direito Societário?   83
4.2 Deslocamento da disciplina da expropriação de benefícios privados do controle   87
4.3 O problema dos conflitos de agência (*agency cost*)   91
4.4 A S.A. como técnica de organização da empresa   96

PARTE II – A CONSTRUÇÃO DE UM MODELO: O REGIME JURÍDICO DO CAPITAL DISPERSO NA LEI DAS SOCIEDADES ANÔNIMAS   101

5. Considerações sobre o modelo: abstracionismo e pragmatismo jurídico   103
5.1 Construção da hipótese: premissas do modelo   103
5.2 Sistema e integração de modelos: considerações sobre o método   109
5.3 Direito Societário em perspectiva: a inquietante disciplina do interesse social como fundamento de legitimação dos modelos societários   112
5.4 Fundos de Investimento em Participações: evidências para um modelo societário brasileiro de dispersão acionária?   123

6. Tutela e exercício dos direitos individuais e coletivos nas companhias e capital disperso: a posição do acionista   131
6.1 Considerações iniciais e colocação do tema   131
6.2 Direitos patrimoniais   135
6.3 O direito de fiscalização *lato sensu*   140
    6.3.1 O direito de voto e de participação na Assembleia Geral   141
    6.3.2 Do absenteísmo assemblear ao ativismo societário   144
    6.3.3 Mecanismos de facilitação do exercício de direitos dos acionistas   146
        i) redução de quóruns ou percentuais mínimos para exercício de direitos   146
            a) "quóruns" assembleares   146
            b) exercício de direitos   147
        ii) voto por procuração (*proxy*) e representação em Assembleia Geral   151
        iii) procedimentos da Assembleia Geral   155
        iv) estímulos financeiros   158
        v) outros   159

6.3.4 Direito à informação	159
6.3.5 Dever de lealdade societária e abuso de minoria	164
6.4 Direito de "saída"	165
6.4.1 Direito de retirada	167
6.4.2 A OPA como saída	173
6.5 Companhias abertas e mercado de capitais: a proteção do investidor acionário	177
7. Organização da sociedade: a administração das companhias de capital disperso e seu monitoramento	**181**
7.1 Colocação do problema	181
7.2 Estrutura orgânica da administração	184
7.2.1 Sistemas monista e dualista de administração	184
i) Alemanha	185
ii) Reino Unido	187
iii) França	189
iv) Itália	190
v) EUA	191
7.2.2 Convergência e divergência de modelos: primeiras constatações	192
7.2.3 Brasil: considerações preliminares	195
7.3 O novo "Conselho de Supervisão"	196
7.3.1 Eleição, mandato, composição e requisitos	200
i) eleição	200
ii) mandato	202
iii) composição	203
iv) requisitos	206
7.3.2 Remuneração	209
7.4 A cogestão e a internalização de interesses	216
7.5 O acionista controlador diluído	224
7.6 Conselho Fiscal e comitê de auditoria	226
7.6.1 Função	227
7.6.2 Instalação e funcionamento permanente	229
7.6.3 Eleição, requisitos e funcionamento (sugestões)	231
i) eleição	231
ii) requisitos	232
iii) funcionamento (sugestões)	233
7.6.4 Comitês de auditoria	235
7.7 Outras limitações aos poderes da administração	235
7.7.1 Auditoria externa	235
7.7.2 Acordo de acionistas	239

7.7.3 Ativismo de investidores institucionais e detentores de outros
blocos significativo de ações ... 242
7.7.4 Intervenção do Estado, dos credores e outras limitações ao poder
de administrar os bens sociais ... 249

8. Deveres e responsabilidades dos administradores. A disciplina da responsabilidade da companhia de capital disperso na lei das sociedades anônimas ... 251
8.1 Deveres e responsabilidades dos titulares do poder *interna corporis* ... 251
8.2 O conflito de interesses como centro da disciplina de monitoramento
da administração ... 252
8.3 Finalidade das atribuições e desvio de poder: regra matriz para
a imputação de responsabilidade aos titulares do poder de controle
interna corporis? ... 259
    8.3.1 Abuso e desvio de poder ... 265
8.4 Doutrina dos deveres fiduciários ... 267
    i) dever de diligência ... 269
    ii) dever de lealdade e conflito de interesses ... 272
    iii) dever de sigilo ... 273
    iv) dever de informar ... 275
    v) dever de vigilância ... 278
    vi) outros deveres gerais e específicos ... 279
    8.4.1 O Parecer de Orientação CVM nº 35/08 ... 280
    8.4.2 A limitação da doutrina dos deveres fiduciários ... 283
8.5 Responsabilidade dos administradores ... 284
8.6 Conclusões parciais: a disciplina da responsabilidade do controlador
na companhia de capital disperso ... 292

9. A disciplina da aquisição e transferência do controle ... 295
9.1 Considerações iniciais ... 295
9.2 O mercado de controle societário ... 296
9.3 Negócios envolvendo aquisição do controle: breves anotações
e premissas ... 299
9.4 As aquisições derivadas do poder de controle: a problemática
do artigo 254-A da Lei das Sociedades Anônimas ... 305
    9.4.1 A aplicação do artigo 254-A à transferência do controle diluído ... 309
9.5 A oferta pública de aquisição do controle: o despertar da disciplina
do "Ovo de Colombo" do Mercado de Capitais ... 313
    9.5.1 A disciplina da OPA para aquisição de controle no Brasil ... 318
    9.5.2 Críticas pontuais à disciplina da OPA para aquisição do controle
na LSA ... 320

9.6 A escalada e a proteção da liquidez e dispersão acionária — 327
9.7 Disciplina da aquisição do controle: uma nova visão — 331
9.8 Limitações à transferência ou aquisição de controle: o caso das técnicas de defesa — 337

Parte III – TESES E CONCLUSÕES — 341

10. Teses e conclusões — 343
    10.1 Sumário das principais teses, observações e conclusões — 343
    10.2 Considerações finais — 376

Bibliografia — 381

Apêndice — 399